康有为、梁启超

谭嗣同

黄兴

宋教仁

徐世昌

杨士骧

赵秉钧

赵尔巽

张謇

章太炎

杨度

梁士诒

左起：载涛、载沣、载洵

左起：赵秉钧、徐世昌、毓朗

1905 年，美国驻北京公使馆拍摄的两张照片中的第一张照片，对当时各部门的官员进行了
新年访问

1906 年，戴鸿慈、端方在美国考察宪政

上：1909年，溥仪与父亲载沣、弟弟的合影

下：1909年载洵（前排左二）等赴欧美考察海军

清末部分留美中国学生与使馆官员在纽约的合影

孙中山博士与同盟会新加坡分会成员合影，（前排左起）林刚廷、张永福、陈春楠、孙中山、尤烈、刘金生、林毅顺；（后排左起）吴武素、张华丹、张吉、陈如和、邓紫玉、黄耀廷、张冰庚

1911 年初，清政府大臣校阅新军陆军

1912 年 4 月，孙中山宣布解职原内阁成员欢送孙中山时的合影。前排左起第二人为梁士诒，第三人为孙中山，第四人为黄兴

1912 年 5 月 17 日商办粤路公司欢迎孙中山先生。右一为詹天佑，右三为孙中山

1915 年 9 月 25 日，孙中山在日本东京华人革命党总部向即将回国抗争的同志们告别

加拿大中华帝国改革协会会员肖像

上：八国联军的部队

下：日俄战争之奉天战役
期间日军进攻的插图

民国初期的一张钞票

马勇／著

NATIONAL
CONSTRUCTION
&
MODERN DILEMMA

涵变

清末民初的
国家建构与
现代困境
（1895—1917）

中国大百科全书出版社

图书在版编目（CIP）数据

涵变：清末民初的国家建构与现代困境：1895—1917 / 马勇著 . —北京：中国大百科全书出版社，2024. 6. —ISBN 978-7-5202-1521-3

Ⅰ. K252.07

中国国家版本馆 CIP 数据核字第（2024）4DP644 号

涵变：清末民初的国家建构与现代困境（1895—1917）

著 者 马 勇

出 版 人 刘祚臣
策 划 人 赵 易
责 任 编 辑 赵春霞
责 任 校 对 宋 杨
责 任 印 制 魏 婷
出 版 发 行 中国大百科全书出版社
地 址 北京市西城区阜成门北大街 17 号
邮 政 编 码 100037
电 话 010-88390767
网 址 http://www.ecph.com.cn
印 刷 北京汇瑞嘉合文化发展有限公司
开 本 710 毫米 × 1000 毫米 1/16
印 张 37.25
字 数 415 千字
印 次 2024 年 10 月第 1 版 2025 年 2 月第 2 次印刷
书 号 ISBN 978-7-5202-1521-3
定 价 128.00 元

目　录
Contents

导　论

回望 1895—1917

在上一部《叠变》中，我主要探讨中国文明在大航海之后所面对的困扰。特别是英国工业革命之后，中国为什么与世界失去了"共时"的机遇，从而使中国原本可以及时解决的问题一拖再拖，直至叠压至不可承受。

接续前书，这本《涵变》主要研究近代中国在一系列困扰叠压之后的反应。所谓"涵变"，其实就是"涵化"，也就是摄入外来政治文化与思想所引发的变化。不管是西风东渐还是国人向东求学，西方和日本的文化陆续传入中国，使中国固有的制度和文化发生了变化，国人的观念在"接受、适应或反抗"中开始发生蜕变。

我们知道，在甲午战争之前的几十年，尽管中国也向西方学习了不少，坚船利炮、声光电化，甚至国际公法等，中国也并非一概不知道，有些内容比如坚船利炮、声光电化，不仅学得不错，而且还有"二度创造"，很多物品既为中国人所欢迎，也受西方人青睐。仔细检讨洋务新政三十年的中国发展，必须承认中国在器物层面，将创新转化为实用方面，朝廷主导的国家主义经济模式确实获得了巨大的进步，中国工业化与西方的差距在急剧缩小。

但是就文化的本来意义说，甲午之前的中国文化还是以"中国"为主导，三十年发展虽然包含了许多西方因素，但西方文化的真谛、要义、精神，似乎并不在那时的中国文化体系中，中国文化之所以接纳坚船利炮、声光电化等，主要还是因为这些因素是"末"，是

"用"，是枝节，是奇技。换言之，正如那个时代或稍后的知识人王韬、冯桂芬、马建忠、郑观应等人所看到的那样，中国采纳了西方近代工业化发展之"末"，注意了器物、技术、实用，而忽略了国际体制的根本再造。中国缺少英国意义上的工业化发展，缺少一个社会中间层，因而中国没有办法随着社会经济的调整，重新调整政治权力格局，没有办法将家天下转变为公天下，将君主的普遍权力给予制度性改造，重构一个近代国家。这是非常可惜的，但又是中国历史发展的必然环节。

维新时代的政体探索

甲午之后的情形就不一样了。甲午战争是中国历史上的一次巨大失败，中国三十年积累顷刻之间化为乌有，近乎归零。这是一个极为惨痛的教训，也应该是中国历史上最值得珍惜的教训。"知耻而后勇"，是中国圣人的教诲。中国知识精英、政治精英在失败之后并没有沉沦，而是迅速转身，向打败自己的敌人学习，仿行明治维新，开启了自己的"维新时代"。

所谓"维新时代"，就不再是修修补补，小打小闹，也不再是以中国文化为主吸收外来文明，更不存在什么"本末"，什么"体用"，而是将所有文化，不论东方，还是西方，包括古今，全部拿来，摄入"涵化"，重构出中国所需要的文化样态，甚至政治样态。更直截了当地说，甲午后的中国开启了国家重构、国家再造的过程，李鸿章那一代人所谓"三千年未有之巨变"，其实所指就是中国随着工业化、城市化进程，不仅要重构周初以来的人际关系、社会关系，而且必然会重构周秦之际建构的中央集权、君主专制权力架构，可能会发生与英国近代历史同样的故事，一个新的阶级萌生，政治权力体系重构，王权不再是一家一姓之护符，王朝不再是一家一姓之私产，不再是某一个或几个特殊利益集团，甚至是那些开国功臣、军功贵族手中的私人财富。王朝必然转型为具有普遍性的现代民族国家，君主与民众之间的权力分际、边界必然会重构。

　　这本书，就是研究这个过程，其时间段大致限定在 1895 年甲午战后至 1917 年张勋帝制复辟失败。这二十二年，涵盖了晚清十几年，以及民初几年。这二十二年，从大历史视角而言，应该是中国三千年历史上变化最剧烈的时期，从帝制到共和，又从共和到帝制，再从帝制到共和。在如此短的时间内重演了西方一些国家上百年的历史。尽管政治基础依然不牢固，但的确开启了现代中国的长河，引领中国走上一条全新的道路，中国不再在一家一姓之天下、之王朝史中打转转，不再遵循王朝史"兴盛衰亡"历两千年而不变的"四部曲"，逐步进入一个人民本位的天下，天下事由天下人做主。即便是最坏的政党政治，也不再是一家一姓，其权力的传承不再凭借血统，而是在政党内部的竞争。

　　这二十二年来，中国历史上发生了许多重大的事件，但其根本的价值指向就是中国的现代化。而且从甲午战争之后的最初反应看，也是要延续或者是调整之前三十年洋务新政的缺陷。所以我们看 1895 年之后的所谓维新运动，其实就是在接续洋务运动，又是在对洋务运动进行了很大的改革和调整。

然而让人们想不到的是，就在这个关键时刻，掌控大局的恭亲王奕䜣于 1898 年春突然病逝。许多人都像张荫桓、宋育仁、张謇那样敏感地意识到政随人亡的规律又将发挥作用。[①]

恭亲王奕䜣是咸丰皇帝的弟弟，在三十年的洋务运动中协助嫂子慈禧太后、侄儿同治帝与光绪帝，是洋务新政实际的领导人。甲午战后，受命与李鸿章一起善后，再引领中国走向维新变法路径。奕䜣的政治主张就是那个时代的主旋律，就是"中学为体西学为用"，稳步推进中国的工业化、城市化，在此基础上于政治、法律、教育、社会等更多问题的改革，奕䜣并不一味反对、拖延、不赞成，而是根据需要，切合实际，因时因地灵活应对。比如说，洋务新政主旨是坚船利炮、声光电化，不主动触及政治、法律、教育诸多层面，但我们从奕䜣主政时期的实际举措看，似乎并没有绝对化。中国在洋务新政开启不久就引进翻译了《万国公法》；就破天荒地组建了总理各国事务衙门；就创办同文馆；就允许教会、传教士近乎公开在中国传播西方新思想新文化新教育。奕䜣被誉为中国现代化的开启者，应该说是实至名归。

1898 年 6 月 11 日，也就是恭亲王奕䜣去世十余天后，光绪帝宣布改革，先是设立京师大学堂，大力推动新教育。进而，光绪帝在不到一百天的时间里宣布了一系列改革，涉及政治、经济、法律、

---

① 参见拙著《觉醒与沉沦》，成都：四川人民出版社 2019 年版，第 14 页。

教育、文化、外交等诸多领域，并宣布翁同龢开缺回籍，宣布提升一批新人，罢黜一些旧人。实事求是地说，光绪帝这些改革都是中国现代化进程中应该解决的问题，他连篇累牍地发布谕旨，过去的研究认为属于激进，是导致保守势力反扑的根源。其实，这些年我重新研究这些举措，并不认为光绪帝的政策宣布有问题，因为发布的这些新政策有的属于滞后，是对已有改革的确认；有的是超前，但并不是要求立即执行，而是未来一个很长时期的政策。所以，我并不认为 1898 年维新运动迅速失败，是政策激进的结果。百日维新失败另有原因。

短时期发布的诏书，并不都是要马上执行的。一个政策宣布之后，要有个消化过程，它实际上是在弥补过去几十年有些该做而没做的事情。当然，也有一些已经在做，或在局部地区做，而尚未获得官方确认的改革。就总体来讲，光绪帝在政治、经济、知识产权、外交、法律制度方面的政策宣布都很有意义。从现代化角度讲，光绪帝要推动的变革其实就是中国资产阶级发展起来之后，必然要发生的一个权力分享运动，从全球史观点看，就是大宪章改革。虽然晚了西方几百年，但意义是一致的。

通过这种政治改革，其目标就是要把皇权置于法律之下，至少是为皇权画出一个比较清晰的边界，从无限的不受任何限制的普遍权力变为具有某种节制的权力。比如政治顾问机构如何设置，让众人参与讨论，就不再是天子家的私事，而是为皇帝配置了一个顾问班子，是顾问而不是南书房，也不是事务性的军机处。至于中央机关的机构调整，实际上就希望能够设立某种议政机构，让行政权、司法权、立法权分置。这并不是光绪帝的异想天开，而是日本明治维新已经走过的路。日本 1890 年前后开始实施宪政，甲午战争也证明了这套制度的有效性。这是一个现代化的制度安排，在这方面并没有引起多大的争议。光绪帝与维新大臣长达几个月近一百天的反复讨论，说到底就是如何将中国从一个"前现代"的政治体转型到一个现代国家，其价值取向虽然没有说的那样清楚，但在光绪帝和主事大臣的心目中，"先发的"欧美诸国，特别是与中国国情相仿的日本，就是自己的榜样或摹本。可惜的是，突发的政变打乱了既定的政治日程，光绪帝的理想继续只是理想。

戊戌变法失败的原因之一，现在看来是康有为那批"政治边缘人"的焦虑与想象所导致的。比如康有为，我们不必怀疑他的政治赤诚，但是作为一个"政治素人"，他在北京实在是太活跃了。阅读他的"自编年谱"和同时期的他人记录，康有为太急于进入北京官场了，他与翁同龢、张荫桓、文廷式等朝臣往还，与谭嗣同、林旭这些政治新锐结成密友，短短几天通过各种方式干预了许多政策制定，以自己的名义，更多以大臣的名义上了大量的诏书。[1]但仔细研究康有为的活动，其实他是一个"政治边缘人"，并不了解政治运作的根本，对实际政治缺少体认。当然，我们也不必否认康有为重建现代国家的理想，在近代中国国家再造过程中，康有为依然代表了一个清晰的方向。他对日本、俄国变法历史的研究，对西方宪政体制的观察，都为中国后来国家体制的现代转型提供了丰厚的思想资源。

政治立场当然不可能清一色的团结一致，各色人等的认识差异、

---

[1] 详见孔祥吉：《康有为变法奏议研究》，沈阳：辽宁教育出版社 1988 年版。

人际关系肯定不一样，翁同龢、张荫桓这些人在与康有为熟悉之后，肯定讲过一些官场矛盾、人际关系之蛛丝马迹。这些原本并不是那么严重的差异，可能就被康有为牢牢记住，进而演化出更富细节的官场内幕。这不仅是康有为一个个案，我们日常接触的类似故事不胜枚举。惊心动魄，但并不真实。

戊戌政变打断了中国现代化进程，是中国现代化的重大挫折。中国原本可以通过温和的政治变革调整自己已不太合理的早期资本主义制度，现在却因为政变一切归零。

流亡海外的康梁等人属于"话语强势"人物，他们继续用维新话语建构戊戌叙事，依然坚持支持光绪帝的保皇立场，这当然是康梁的认识、权利，但却害苦了紫禁城里的光绪帝。直接当事人谭嗣同等人死无对证，而略微知道此事的袁世凯也可以证明谭嗣同确实找他说过"围园劫后"的计划。慈禧太后与光绪帝的关系在政变后变得非常微妙，光绪帝表示自己与太后没有二心，更没有阴谋，但康梁在海外发声却给出信誓旦旦的相反旁证。太后心中的疑云如何能够去除？

新政改革：现代中国步入正途

　　光绪帝不得已的选择，大约只有不再恋战才能表明自己的心迹，于是我们看到政变后一年时间里，光绪帝的身体时好时坏，至1899年下半年终于确认慈禧太后以及最核心贵族圈的操作，为光绪帝选个大阿哥。理由固然很充分，毕竟光绪帝身体欠佳，成婚十多年尚无子嗣，但事实确是光绪帝无法再继续行使自己的权力，他无法解释清楚谭嗣同去见袁世凯的那些故事。当然，作为后来者，我们知道这些故事只是当局者迷，不论光绪帝，还是康有为、袁世凯，他们所知其实只是自己所经历的那一段，而无法重构全部的故事脉络。

　　大阿哥的设置、选拔，是中国的主权，外国人无权置喙。但外国人对中国的理解，不论是外交官、传教士，还是一般人，其实也都受中国舆论的影响。戊戌政变撕裂了中国官场，同情维新的人一般都相信康有为、梁启超等人的叙事，以为大阿哥的父亲端郡王代表着守旧势力，光绪帝失势，意味着中国维新运动的失败，因而国内外舆论差不多都不认同清廷的选择，这是后来义和团运动，以及中外冲突的一个最直接的原因。

大阿哥事件、义和团运动给中国的现代化按了一个暂停键，特别是义和团运动激活了排外主义、中国与世界的对抗，进而发生的八国联军侵华，让中国与世界的关系受到了极大损伤，是中国现代化的巨大挫折。

庚子义和团运动结束后，相关诸国与中国议和善后，经过极为艰难的谈判妥协，于 1901 年达成《辛丑条约》，中国付出了巨大的代价，接受武器禁运，拆除一大批炮台，允许外国在一些关键地方驻军，而且必须约束各级官员，必须控制民族主义情绪，不得煽动排外，违者如《辛丑条约》已经处理的那样严惩"肇祸者"，停止该地科举考试若干年。

在体制上，《辛丑条约》签订之前，很多大臣已经深刻认识到必须进行某些政治改革，必须在体制上尽可能与主流国家大体一致，因而改革了外交体制，废止了总理各国事务衙门，设立外务部。这是一个很大的变化，中国由此彻底走出"天朝体制"，承认各国交往的一般原则，极大推动了民族国家的建构。

湖广总督张之洞、两江总督刘坤一也在这一年联名上书多篇重要奏疏，各省督抚、内外大臣也先后提出新的改革建议，于是从这一年开始，清政府主导的新政与辛丑谈判同时进行，互有影响。

1901 年开始的新政，接续几年前的戊戌维新，重新认同了政治改革的必要性，而且拿出了实际的措施。这是中国现代化史上很重要的一步，进入近代以来几十年所积累的许多问题获得了一个初步解决。

在价值观上，新政改革之中国不再刻意强调自己的特殊性，而是比较心悦诚服地相信西方价值就是现代价值，日本明治维新可以将之运用东方，证明起源于西方的现代价值具有普遍的适应性，承认日本先走几步的价值与示范性。此后的中国变革，在很大程度上是日本几十年改革的中国实践，具有极强的移植特征。[1]

1901 年新政改革，如果不出意外的话，这种稳健的改革一定会推动中国积小步为大步，日日新，日又新，方向不错，终会见效。然而历史的偶然性，或巧合在于，中国的变革每每遇到外部环境变化的干扰，近代中国之内与外总是盘根错节，相互交织，互为因果。新政仅仅实施了三年，又突然爆发了改变中国政治走向的日俄战争。

日俄战争是日本与俄国为争夺中国东北地区而发生的。起先，义和团运动从内地传播到东北地区，而东北地区此时拥有相当数量的外国投资，其中因为地缘因素，俄国的比重较他国为高。而关内、直隶的乱局不仅拖住了朝廷的注意力，而且也使列强在华北的军事力量无法顾及东北。就是在这种特别的历史背景下，当然也与俄国人一直觊觎东北，觊觎寻找进入太平洋出海口有关，俄国军队乘此乱局大举进兵，遂将整个东北收入囊中。东北地区是俄国东进南下的必由之路，不论是进入亚洲，还是进入太平洋，进入南洋，东北都具有极为重要的战略意义。

日本是亚洲的岛国，经过明治维新，日本确立了踏上大陆，与欧美诸强竞争的基本国策，朝鲜半岛、中国的东北地区对于日本来说都具有极端重要的意义。经甲午一役，朝鲜不再是中国的藩属国，但是朝鲜的独立极为脆弱，实际上沦为日本的势力范围。以朝鲜为

---

[1] 参见［美］任达：《新政革命与日本：中国，1898—1912》，南京：江苏人民出版社 2010 年版。

踏板，日本很容易经过中国的东北地区进入欧洲，与诸强会师，在同一竞技场竞争。然而现在俄国人借义和团事件染指整个东北，且久居不退，日本认为这极大损害了自己的利益。

其实，中国政府对于俄国占领东北也极为恼火，但毕竟当时情况特殊，清政府有苦说不出，稍后清政府派员与俄国人交涉东北归还问题，并达成俄军撤退协议。只是俄国人实在不愿意退出，一拖再拖，日本人于是不再忍耐，直接向俄国人发难。

俄国人自认此事与日本人无关，在俄国人的概念中，这是中俄之间的悬案。而中国的交涉底气似乎不足，也没有与俄国人翻脸的勇气，因而日本向俄国挑战，中国宣布局外中立。这是一场诡异的战争，但由此却改变了中国历史走向，加速了历史演变。

中国的局外中立当然不是真的中立，毕竟战火在中国燃烧，而且是清帝国的圣地，那里不仅有大量中国底层民众未及撤离，事实上也不可能撤离；而且东北是清王朝龙兴之地，那里埋葬着满洲人的列祖列宗。清廷内心深处非常矛盾，出于实际利益考量，当然希望日本人胜利，赶走俄国人，拿回自己的土地。但从政治上，清廷发自内心希望俄国人获胜。这是为什么呢？

俄国人胜，日本人败，中国可能暂时拿不回来东北，但对中国政治具有非常重要的意义，足以证明中国君主专制体制之正当性和合理性。中俄两国的国家体制都是君主独裁，君主拥有至上的权力，不论君主身边有多少顾问、南书房、军机处，重大决策就是由君主一人独自判断、独自裁决。所谓君主独裁，就是君主拥有的至上权力不可分享，更不可分割。清政府选择局外中立就是认同俄国体制，与俄国有点价值观同盟的意味。但是这个事情的结局很糟糕，日本战胜俄国。俄国的失败导致其内部迅速改革，俄国政治变革有点突飞猛进的味道，沙皇俄国允许开国会，允许选举，允许新闻自由。1905 年俄国变革是日俄战后之最大觉醒，俄国向资本主义迈出了一大步，在体制上反而向日本这样的宪政国家看齐。这就将清政府置于极为尴尬的境地。

为了化解这种尴尬，也是为了摆脱外交困境，清政府在 1905 年派遣五大臣出洋考察宪政。这本来是做做样子，缓解外交孤立，让西方人觉得中国开始变革了，体制上可能会拉近。由于是为了做做样子，因而更大张旗鼓；由于大张旗鼓，又引起革命党人内心的不踏实，因此发生吴樾只身炸五大臣事件；五大臣事件不是吓坏了清廷和官僚，而是启发了清廷和官僚重新认识到了宪政的意义和力量。于是，吴樾临门一脚，实际上以一己之死将中国踢进了宪政的大门。这是 1895 年以来中国政治维新变革最有意义的进步，是中国现代化的关键之举。

经过长达一年的漫长考察，五大臣向国内传递东西洋各国的政治进步，以及各国朝野对中国的期待，启发了清廷，甚至慈禧太后也有了开启宪政的信心。1906 年 9 月 1 日，清廷颁布预备立宪谕旨，一个全新的时代终于拉开帷幕。中国现代化终于步入正途。正如梁漱溟后来所说，政治上没有办法，一切都没有办法。反过来，一个国家只要找到正确的方向，持续向着这个方向走，总有达到目的的机会。1906 年预备立宪，开启了近代中国真正变革的大门，走活一步，全盘皆活。瞬间，宪政进行中的中国拉近了与世界的距离，世界主流大国逐步开始与中国重建新的关系，让中国与世界主流更接近。所谓走出传统，步入现代，就是与传统农业文明挥别，与旧体制切割，拥抱现代工业文明，成为国际体系中让世界放心、踏实、合格的成员。

从大历史来看，1906年宪政，实际上就是真正意义上的中国资产阶级革命，而且是从朝廷开始推动。朝野共识的宪政就是预备立宪，就是"有计划的政治"。翻检九年预备立宪计划书，每年做什么都有规划，有设计。必须承认，过去的评估，以为清廷在死亡之前推动宪政是骗人的把戏，肯定是不对的阴谋论。清廷确曾长时期犹豫徘徊甚至倒退，是事实，但形势比人强，当世界潮流逼着清廷只有这一条道路可选择时，他们并没有选择逆行，也没有躺平，听之任之，而是顺势而为，打开了历史的时间窗口。中国从英国大宪章运动、工业革命、法国大革命以来所耽搁的全部课程，终于开始有计划地补上。进步有先后，方向对了，终究可以赶上。

预备立宪与先前几年的新政无缝对接，在地方自治基础上大幅度推动地方政治的进步。各省谘议局先后成立，地方精英纷纷投入地方政治，参加竞选或助选，尽管地方省级层面的行政权仍由朝廷主导，督抚的选择与任命仍然是皇帝的权力，但各省谘议局开议之后，督抚的权力受到了监督，特别是地方财政的收入与支出，地方公共设施的修建等，都必须经谘议局审查与决定。这才是宪政的真谛，关注钱袋子，才能真正监督政府；约束权力，从制度层面制止权力任性。

而且，从制度设置视角观察，各省谘议局的成立也是"两千年未有之巨变"，被秦王朝一举摧毁的周王室、各诸侯国双层政治架构终于又被重新提上议事日程。进入近代，关注西方的知识人，政治家如魏源、徐继畬、郭嵩焘、黄遵宪、康有为、梁启超等都注意到近代西方进步的一个关键，是中央与地方的分权治理，地方自治让治理精细化，比大一统模式下的粗糙、粗暴不知强了多少倍。十七世纪思想家顾炎武曾萌发地方自治的想法，也曾主张寓封建于郡县的制度构想，在承认大一统前提下，主张各地重建稳固持久的政治架构。十九世纪晚期，黄遵宪在湖南从事政治实践时，也曾将地方自治列为一个重要事项。黄遵宪虽然没有看到成功，但后来湖南自治运动以及西南各省之联省自治，都可以从漫长的历史过程中找到一些线索或影子。宪政改革时期各省谘议局的创建无疑更具有制度重建层面的意义，深刻影响了二十世纪特别是民国时期的政治格局。

在中央层面，预备立宪开始不久先成立了资政院，作为正式国会成立前的过渡机构。资政院议员两百人，一百名由各省民选谘议局议员再选举，这个竞争非常激烈，因而竞选者竞相向选民示好，纷纷提出各自的政治理念。资政院开议之后，中央政府接受其监督，人事任免、预算、决算等关涉全国的重大事务，均由资政院议决。皇权、中央政府的权力开始有了一个护栏，这是两千年帝制的一个巨大进步。资政院议政能力远较皇帝秘书班子——军机处更有效更多元，不仅提高了决策透明度，让国内外更容易理解中国的政策走向，明白中国的民意，让国内外对清政府政治决策、政治变动建立了可预期的政治信任，而且极大提升了决策质量，让皇帝、让政府少犯错误，或不犯错误。资政院成为君主的外脑，虽然不是正式国会，但事实上让预备立宪前进了一大步。这是对君主专制体制最大的修改，是"两千年未有之巨变"一个最大的修正。帝制继续存在，秦始皇的一世二世以至于万世的梦想不是更远，而是更近。宪政架构下的君主体制，很难想象被什么力量颠覆。

《钦定宪法大纲》：迈向现代国家的关键

1908 年，清廷按计划颁布了《钦定宪法大纲》，仅就文本看，中国将成为一个典型的资产阶级宪政国家，当然是模仿了日本，皇权仍然是至上的，但是辅助皇权的合法机构——议会将要出现，独立于政府之外，独立运作。议员将从一半选举，一半钦定逐步过渡到全部竞选，不再钦定，不再有特殊议员。这需要一个过程，但显然方向是对的，是向现代国家迈出最关键的一步，是两千年帝制的重要转型。

至于政府，钦定宪法规定向议会负责，享有完整的行政事务处分权，但必须是一个"责任政府"，是一个可以对其行政进行追责的政府。这一点非常重要。

皇帝是国家主权的象征，拥有宣布战争、结束战争等重大权力。但皇帝实际上只是象征，不再承担专制体制中事必躬亲、事必钦定的角色。皇帝的决定主要来源于议会的辩论，不再是过去内外大臣的奏疏，更不是他们的密折；不是秘密政治，而是透明、阳光，可辩驳，可争论的票决。

按照钦定宪法，中国除了重建立法、行政、司法三权于皇权之下，还有宪政国家普遍拥有的所谓"第四权力"，即开放的媒体。也是这一年，清廷公布了《大清报律》，从制度上规定了新闻出版的自由与限制。什么东西可以自由报道，什么东西必须审查，批准或不批准，都有明确的文本。这是中国历史上第一次将新闻出版作为国民合法而不可剥夺的权利，同时也负有对国家利益必须承担的义务。过去的研究对这个报律持完全的否定态度，其实仔细研究宪政国家体制，不存在完全放任的新闻自由。国家利益，比如军事情报、军队调动，大约现代国家也不会允许毫无约束地报道。至于君主立宪体制中的皇室私密，似乎也不是毫无限制地八卦，毕竟皇室最主要的功能是国民行为示范，荒诞无稽的八卦不仅伤害皇室，而且有害于社会。仔细研读《大清报律》的放开与限制内容，不以先入为主的偏见自蔽蔽人，我们应该承认这是中国历史的巨大进步，也是现代国家重构中极为重要的一个环节。

1908 年钦定宪法的公布是中国历史上的重大事件，这个文件是中国历史上第一部成文宪法，不论有多少缺陷，但都标志着中国向完整的宪政国家迈出了关键的不可逆的一步。然而，中国历史的遗憾总在于突发性事件每每扭转历史的方向，或让顺畅的历史进程陷入一段弯路。

钦定宪法颁布不久，光绪皇帝、慈禧太后在不到十二个小时内相继去世。这是历史上不曾见的巧合，因而演绎出各种各样的解释。但是不管怎么讲，两宫突然去世让政治变革受到很大的破坏，接替他们的"三人组"是光绪帝的未亡人隆裕太后、光绪帝的弟弟摄政王载沣以及载沣几岁的儿子宣统小皇帝。这个班底从年龄上说，大于 1861 年慈禧太后、恭亲王奕䜣、同治皇帝之三人组，也大于 1870

年代慈禧太后、恭亲王奕䜣或醇亲王奕譞、光绪帝三人组。慈禧太后、恭亲王奕䜣均属于强势领导人，因而他们建构的体制属于威权体制。摄政王载沣、隆裕太后属于"弱势领导人"，缺少大时代政治人物所应具备的决断力，或者说铁石心肠，因而让清帝国已经铺就的康庄大道在此后几年被完全废弃。

摄政王载沣是晚清第一个出国考察过的王爷，到过德国等西欧诸国，知道宪政的意义，也从心里认同慈禧太后、光绪帝预备立宪的选择，所以在他接班主持朝政时，萧规曹随，并没有影响预备立宪的进程。

问题出在稍后。我们知道，甲午战争之后，朝鲜不再是中国的藩属，两国关系也降到了冰点。而日本以朝鲜的保护者身份与中国交战后，也延续先前二十年的惯性，与朝鲜的关系日趋紧密。日俄战争爆发，朝鲜被绑上日本的战车，同意日本可以临时征用朝鲜的资源和土地。

战后，日朝关系更趋密切，朝鲜实际上成为日本的保护国。1905 年，日朝签署协约，朝鲜将外交权交给日本代为行使，日本成为朝鲜新的宗主。日本在朝鲜设置了统监等机构，朝鲜在实际上成为日本的殖民地。1907 年，日朝再签新约，日本殖民机构统监府有责任掌握朝鲜内政权，朝鲜内政外交均由日本人代理。在中国人的观察里，朝鲜实际上就是亡国了。

"日朝合邦"本来是日朝之间的事情，但对此时的中国人却具有无比强烈的刺激并突然产生亡国意识。为防止亡国，中国知识人、中产阶级即那些刚刚出现的资产阶级忧心忡忡，他们期待清廷加速变革，不要再遵守慈禧太后、光绪帝他们宣布的九年立宪规划，即刻立宪，明年立宪。

预备立宪是"有计划的政治"，是仿照日本立宪进程的安排。日本 1868 年明治维新，1881 年宣布宪政，1889 年开国会。日本从宣布立宪到开国会，实际过渡时间为八年。但日本自明治维新开始，其实就是以宪政为诉求，以西方先发国家政治架构为自己的摹本。而中国的情形则不然。从立宪进程看，九年预备实际上并不充分，现在如果再缩短，很可能欲速则不达，衍生出许多新的问题。于是在民族资本家阶级策动的国会请愿运动爆发之初，摄政王载沣并没有理会这些请求，强调必须遵照慈禧太后、光绪帝制定的计划办。

摄政王不破坏既定的政治日程是对的。但民族资产阶级看到了朝鲜被殖民之初的情形不明所以，出于亡国本能的考虑，无法接受摄政王给出的理由。而且，还有一个背景是，《钦定宪法大纲》规定皇帝拥有至上的权利，这条规定当年是为光绪帝量身定做的，那时的光绪帝年方三十八岁，属于有思想有理想的英明君主。现在，换了一个几岁的娃娃，这个最高权力的行使当然就不让这批资本家放心。这也是他们坚持呼吁朝廷提前立宪的一个不便明说的理由。①

中国资本家阶级的坚持终于打动了摄政王。1910 年秋，国会请愿团策动第三次请愿活动，动员了国内外各种力量向朝廷施压。有请愿者拔刀剖腹以明心迹，全国各大中心城市几乎都有类似活动，

---

① 严复后来说，如果大家对小皇帝不太放心，"如果有利的话，可以迫使幼帝逊位，而遴选一个成年的皇室成员接替他的位置。"参见［澳］骆惠敏编：《清末民初政情内幕——泰晤士报驻北京记者袁世凯政治顾问乔·厄·莫理循书信集》上，上海：知识出版社 1986 年版，第 785 页。据此可知，这是中国资本家阶级不便明说的一个理由。

一些省区的督抚也被请愿运动感染，联名上书朝廷建议立即组织内阁，召开国会，尽快步入宪政门槛。

立宪党人和各省政治领导人的呼吁引起了朝廷的警觉。1910 年 11 月 4 日，摄政王宣布将原定为九年的期限提前三年，大致确定于宣统五年（1913）召集国会。

清帝退位：中国版"光荣革命"

　　摄政王的答应显然是草率的，由此打开了"旧制度与大革命"的潘多拉魔盒。江浙等经济发达、政治变革比较稳健地区的立宪党人尊重朝廷的稳健风格，但更多的请愿团体则不理解朝廷，反而认为朝廷的让步是胆怯，主张乘胜追击，逼迫清廷加快变革，要求速开国会，不必再等三年。激进主义在政治变革关键时刻总是容易赢得人们的追慕，但其结果并不必然美好，中外同理，古今如是。

　　在1906年宣布预备立宪时，朝野认为九年预备立宪是一个稳妥的判断，九年走完日本二十多年走过的路，走完英国、法国走了几百年的路，这已经是一件非常了不起的事情。现在因为外交危机加大，加快立宪进程，实际上就把步履打乱了，欲速则不达，提前了几年，结果引起此后百余年的动荡。

　　根据调整后的日程，清廷于1911年5月8日成立第一届责任内阁。这是中国历史上破天荒的大事件，也是近代中国资产阶级梦寐以求的理想。责任内阁成立，军机处不废而废；内阁总理大臣、协理大臣，以及各部部长，均不再强调满汉身份，也不再设置满大臣、汉大臣，每部一大臣，满汉蒙回诸族一视同仁，量才而用。这个原则当然不错，然而落实到具体名单则出了问题。庆亲王奕劻出任第一届责任内阁总理大臣，那桐、徐世昌为协理大臣，梁敦彦、盛宣怀等十人分任各部尚书。这是巨大进步，不仅优化了行政机构，而且不再以族群身份为用人标准。然而，清廷想不到的是，细心的观察家发现，十三个阁僚中，竟有九个皇族或满洲贵族。很显然，如此人事安排，似乎还不如改革前的满汉均分，一比一。这是后来引发争议并最终导致清帝国退出实体统治的原因之一。

导致清帝国结束的第二个原因是新内阁精心准备的新政策"铁路干线国有化"方案。

中国的铁路建设在早期被人为耽搁，至甲午战后，方才因开放外国资本进入各通商口岸而开始铁路建设。不到十年，基本路网大致完成。如此快速的建设主要就是利用外国资本，基本上与民族资本无缘。

1903 年，民族资本看到了铁路带来的巨大利润，因而要求朝廷向民间开放路权。朝廷于是允许民族资本进入铁路。但是不久，发现民族资本的进入让铁路建设出现标准不统一、融资不规范的问题，不仅有经济风险，而且弄不好会有巨大的社会风险、政治风险。事实上，清帝国的终结就从这项举措开始。

为防范风险，清政府进行了审慎的研究，于第一届责任内阁宣布成立第二天，郑重宣布"铁路干线国有化"新政策。这个政策一开始引起巨大震荡，稍后经过更细致的政策解读、疏导，大部分省份接受了这个安排。但是到了四川，却遇到巨大障碍，并最终将铁路干线国有化演变为压死清帝国的最后一根稻草。

四川的情形太特殊了，"蜀道难，难于上青天"。出川的路确实不那么容易修建，高山峻岭，长江大河，技术难度不用说了，而经济上，出川的路仅仅凭借四川人的融资显然也是杯水车薪。川汉铁路总公司在铁路建设大干快上的氛围中也融了一大笔资金，只是这笔资金修路显然不够，于是拿去保值增值炒股票去了。

但当时的国际市场并不稳定，川汉铁路公司保值增值的愿望并没有实现，相反，待清廷铁路干线国有化政策公布，川汉铁路在股票市场损失惨重，无法接受清廷国有化的要求，于是发动"保路运动"，将清政府的铁路干线国有化政策解读成国进民退，与民争利。于是有四川总督府门前流血事件，于是有湖北新军入川，于是有武昌空虚，于是湖北新军乘虚起事，引发我们通常所说的武昌起义、辛亥革命。

武昌新军的政治诉求极为简单，就是稍后黎元洪在与袁世凯代表的谈判中所期待的，清廷重回宪政改革路径。然而这一点对于清廷主政者来说似乎又太难了，于是僵持不下。直至十四省宣布独立，清廷仍然不愿让步。于是，清帝国过去十年集中国力财力训练的中央军实在看不下去了，滦洲兵谏，终于冲开了一个缺口，宣统小皇帝下诏罪己，摄政王载沣退回藩邸，清代政治掀开新的一页。

重臣袁世凯在光绪帝、慈禧太后去世后不久就退出政治，回籍养疴。武昌起义后，即受命出山，收拾残局。稍后，接替庆亲王奕劻出任内阁总理大臣，全面负责与南方诸省义军的交涉，答应各省义军和滦洲兵谏中央军的要求，重回宪政轨道。清政府于是颁布"宪法重大信条十九条"。

然而稍后的南北谈判并不顺利，清廷内部的满洲贵族强硬派并不愿意如此轻易丢掉两百多年所享有的特权，重回宪政轨道，于是南方革命党和立宪派联合组建了中华民国南京临时政府，推孙中山为临时大总统，逼清廷让步。

孙中山、南京临时政府的加入，让问题的性质悄然改变：重回君宪改革路径、构建一个全新的美国式共和国家，成为两个并重的政治选择。

我们知道，十年前清帝国刚刚开始新政时，梁启超就给出了一个清晰的路径选择：君主专制必须改革，美国式的共和则不可取，中国的唯一前途在于君主立宪。[①]这个选择是南京临时政府成立前十年中国人的基本共识。现在，清帝国内部反对宪政改革的力量越来越多，于是在君主专制还是共和的选择上，留给中国人的空间实在不多了。

而且，由于列强在武昌起义发生即宣布局外中立，至此几个月过去了，列强在华利益因为中立而受损，他们似乎也有了不满的意思。1912 年 1 月 20 日，南方革命党、立宪党人策划了一个清帝退位的方案，给出了一个极为丰厚的退位优待条件，立宪党人、袁世凯这些老臣不愿太亏待旧主之孤儿寡母。但这个优待条件实在也害了清帝国。隆裕太后面对满洲贵族"战则不行和则不肯"的现实，依然选择接受这个优待条件，不是没有原因的。

各方面的变量都在促动中国发生一次巨大的变化。1 月 22 日，英国公使朱尔典会同法俄日公使发布声明，赞成清帝退位，甚至有为退位协议背书的意思。1 月 26 日，段祺瑞和那些新军将领四十七人联名通电，呼吁朝廷明降谕旨，宣示中外，立定共和政体，从根

① 《立宪法议》，《饮冰室合集》文集之五，北京：中华书局 1989 年版，第 4 页。

本上化解持续几个月的政治危机。

　　在各方面压力的促动下，清廷在 2 月 2 日御前会议上决定退位。一个两百多年的帝国以和平的方式退出中国政治。这是中国历史的荣光，是中国的"光荣革命"。①

---

① 参见拙著《1911 年中国大革命》，北京：社会科学文献出版社 2011 年版。

帝制与共和的博弈

清帝退位、中华民国的建立，是中国历史上最重大事件之一，清帝退位不仅仅是结束两千年帝制的开始，与1789年法国大革命意义相媲美，关键是中华民国开辟了一个非常美好的未来。后世中国国家建构，中国一系列的改变，其实都是从这个原点开始的。

但是比较可惜的是中华民国构建之后挫折连连，短短几年时间，至本书所描述的1917年，国内政治像过山车一样使中国与世界一惊一乍。

先是清帝退位，袁世凯接受清帝委托，与南方政府商量组建、构建一个共和国家。袁世凯是作为清帝国的老臣，用孙中山后来的话讲袁世凯是属于具有"新思想旧手腕"的政治家，属于清末民初举世皆知的"非袁莫属"。而孙中山就不一样了，他虽然具有很高的革命家声望，但毕竟流亡海外十几年，对国内局势格外生疏，新兴的资产阶级不可能将身家性命托付给像他这样的革命党，因而袁世凯取代临时大总统孙中山，就具有势之必然的意味。

袁世凯就任之后，延续孙中山退职前修订的中华民国临时约法，按照约法规定一年后选举正式大总统，制定中华民国正式宪法。一年时间转眼就到，然而谁也没有想到就在这个时间段却发生了改变历史走向的大事件。1913 年 3 月 20 日，国民党领袖宋教仁在上海火车站遇刺身亡。宋教仁是清末民初杰出的政治家，充满激情，也是狂热的议会迷，是当时最具有情怀的宪政主义者。他重组的国民党已获得了议会多数，按照组阁原则，宋教仁出任内阁总理，几乎板上钉钉。

宋教仁之死是一个并不复杂的刑事案件，按照清末以来的司法体制，完全可以在法律范围内予以解决。然而由于民主政治、议会选举在中国刚刚开始，旧传统的影响让这一案件迅速演化成党派之争。以孙中山为主的一派国民党人认定幕后主使者为袁世凯，进而发动"二次革命"，试图以武力推翻袁世凯的统治。

"二次革命"迅速失败，但由此也埋下了民国初年政治不安宁的种子。几个月后，1913 年 10 月，袁世凯经国会选举当选中华民国总统，在各方势力支持下试图建立一个强有力的中央政府。然而，民主政治初始阶段各派政治势力都不知道妥协退让的意义，相互敌对的立场让国会残缺，政治分裂，几乎什么事情都很难进行。因此，袁世凯采取了许多临时性措施，成立什么政治会议替换国会，希望能够以这些临时性措施度过宪政不完整的特殊时期，拖至正式大总统选举，中华民国正式宪法制定。1913、1914 年大部分时间就这样过去了。

当中国政治陷入困顿时，国际格局发生重大变化。1914 年夏，欧战爆发。这件事本来与中国并没有太大关系，但日本执意参战，帮助英国，进攻德国，但又不是进攻德国本土，而是进攻德国在远东的租借地青岛，这就与中国发生了关系，并深刻影响了中国政治的走势。

青岛就是 1898 年春租借给德国的胶州湾，或称胶澳。远东局势危急时，德国也曾与中国政府协商，讨论过多种可能性，比如提前结束租借，由中国提前收回。但是时间匆忙，中国内部意见也很难统一。这个方案事实上不具备实行的可能性。而日本进攻青岛前，也曾通报中国，袁世凯政府自以为聪明，借日俄战争前例选择局外中立，划出一条通道供日本军队使用，任由日本进攻青岛的德国军队。战斗很快结束，青岛从德国人手里转到日本人手里；而胶济线等山东境内德国原先所享有的某些优先权、独占权，也被日本人攫取。

《胶澳租借协议》是中德政府间签订的，日本人从德国人手里夺得了青岛后，于 1915 年初向中国政府提出了一个"善后条款"，解决如何确认权利转移的相关事项，以及过去二十年中日之间的一系列悬案。这个条款就是我们通常所说的《二十一条》。

《二十一条》是日本提出的供讨论的文件，日本也没有狂妄到逼迫中国一字不改照单全收的地步。这个文件对中国的要求确实比较苛刻，特别是涉及中国行政主权时，日本的一些要求绝对不可接受。

不可接受就要靠谈判来解决，漫天要价，就地还钱，本来就是外交谈判的通常情形。但是这一次，袁世凯不准备这样做。他一直被国内政治乱局所困扰，此次外交危机既是一个全新的考验，似乎也给解决国内乱局提供了一个机会。袁世凯告诉他的外交官与日本人慢慢周旋，并有意识地悄悄将日本人逼迫中国的情形向新闻界以及外交界透露，营造出一种悲情氛围。袁世凯期待利用外交危机化解国内政治困境、僵局。

日本人原本希望与袁世凯政府迅速达成妥协，几个月过去了，双方外交官谈了几十次，日本人仍然不得要领，不知道袁世凯用意究竟何在。各国外交界对中日谈判高度关注，国内舆论也对日本人的要求越来越反感，认为欺人太甚。面对如此窘境，日本人恼羞成怒，于1915年5月7日提出最后通牒，对于中国政府最敏感的问题有所让步，但要求袁世凯政府对于这个最后通牒必须在5月9日下午六时以前答复。

收到最后通牒，袁世凯别无选择，只好答应，同时不忘提醒国人，这是国耻，是中国的最大失败，希望国人思考何以至此。

袁世凯希望利用外交危机解决内政问题，这一点袁世凯显然达到了目的。修订后的《二十一条》又称《民四条约》，其中一些条款仍然带有很多问题。由此人们普遍都在思考一个问题：为什么建立民国了，中国已经与东西洋各宪政国家一致了，依然不被尊重呢？

国人的困扰与不解是真实的，但答案何在就不是一般人所能想到的。当中日谈判尚无头绪时，最著名的君宪主义者杨度写出《君宪救国论》，托他的老同学夏寿田密呈袁世凯。

杨度在这篇文章中提出的问题是：民国已经四年了，为什么"欲为强国无望也，欲为富国无望也，欲为立宪国亦无望也"？杨度通过周密论证，其结论也非常直白："非立宪不足以救中国，非君主不足以成立宪。立宪则有一定法制，君主则有一定之元首，皆所谓定于一也。"[1]

这份"内参"获得袁世凯的高度欣赏，指示先不要向外发布，"姑密之。然所论列，灼见时弊，可湖北段芝贵精印数千册，以备参

---

[1] 《君宪救国论》，《杨度集》，长沙：湖南人民出版社1986年版，第573页。

考"，又亲题"旷代逸才"四字，由政事堂制匾颁给杨度。

如此大事，无论如何保密也只是屏蔽掉一般民众，想知道的政界知识界人士一定会知道。稍后，美国宪法顾问古德诺发表《共和与君主论》[①]，直接否认中国现在就走向共和是不恰当的，中国人的知识素养、政治能力都不支持共和。结论也就不言而喻。

在杨度的活动下，孙毓筠、李燮和、胡瑛、刘师培、严复等六人，以研究共和政治得失的理由堂而皇之于 8 月公开成立"筹安会"，成为鼓吹帝制复辟的言论机关。

政客们也不遑多让。袁世凯多年来的部属、追随者也都纷纷加入鼓吹帝制复辟的行列。梁士诒等人公开组织全国请愿联合会，以虚假民意制造舆论。

当然，这一切诡异的政治操作幕后推手就是袁世凯。然而聪明反被聪明误。虚假的民意制造了不真实的"国体投票"，所有投票人一致赞成废止共和，重建帝制，推戴袁世凯为"中华帝国皇帝"，定于 1916 年元旦登基。

所谓一致，当然只是投机者、不明真相者的一致。在一个无法公开讨论、辩论的体制中，这种一致赞同瞬间可以转换为一致反对。12 月 25 日，蔡锷、唐继尧、李烈钧在云南登高一呼，宣布独立，反对帝制，护国战争打响。不数月，举国响应，袁世凯的"帝制自为"迅速走到终点。1916 年 6 月 6 日，袁世凯因病逝世，他用一个最特殊的方式化解了巨大的政治危机。

---

① 古德诺：《共和与君主论》，章伯锋、李宗一主编：《北洋军阀》卷二，武汉：武汉出版社 1990 年版，第 918 页。

袁世凯去世后，中华民国重建，只是几年前国体变革衍生出来的问题并没有解决。因而不过一年时间，张勋、康有为等裹挟小皇帝宣统重演复辟闹剧，结果仅仅十余天就被粉碎，段祺瑞成为"三造共和"的英雄，中国政治重回正轨。此后，尽管民国政治依然步履维艰，一步三回头，但帝制，一家一姓之天下，则从野心家的政治盘算中基本清除。

回望1895—1917年这二十二年的历史，我们必须承认这是中国三千年历史上变化最剧烈的一段时间，从帝制到共和再到帝制再回共和，一波三折，峰回路转，令人眼花缭乱。二十二年犹如法国大革命之后的一百多年，中国虽然没有像法国第五共和那样建构坚固的共和民主政治基础，但政治大逆转的可能性越来越小。这是不争的事实。

回望这一段历史，我们最感慨的还是东西洋各种文化在那个自由的言论空间中无窒碍地进入中国，与中国固有文明相互激荡，涵化出一种全新的中国现代文化。这是一个不经意的历史奇迹。我们只要简单比较1895年中国人的政治诉求，求君主立宪而不得，甚至很多人都没有想到；再看看1917年的中国，不仅抛弃了清帝国，也抛弃了袁世凯的"第一帝国"、张勋的"第二帝国"。中国正在涵化出自己的新知识新思想新文化，一个全新的现代中国正在缓缓地走来。

历史三峡不会一天走过，但只要方向不错，终有冲出三峡，冲向大海的那一天。回望历史，我们不能忘记那些引领中国进步的志士仁人，也不能忘记一个良好的国际环境对于中国变革至关重要的意义。"后发"不可怕，方向错了才是致命的。这是我们回望1895—1917年这段历史的一点启示。

第一章

现代中国前奏

辛亥革命是中国历史上最伟大的事件之一，它的意义不仅在于终结了大清帝国两百六十多年对中国的政治统治，而且中国几乎在一瞬间告别了帝制，结束了自秦始皇帝以来两千余年的君主专制统治。

转向现代之必然

　　传统社会就此画了一个句号，从而使19世纪中叶开始被迫进入近代的中国抛却了传统的束缚，为中国现代化进程开辟了一条政治上的康庄大道。它斩断了中国社会所有后退的可能，中国只有义无反顾地向前走，犹豫、彷徨、畏缩不前在某种特殊条件下尚可理解，但任何倒退、复辟、归复旧制的企图都只能是一厢情愿的幻想。不要说人民不愿放弃共和国公民地位而去做专制皇帝的臣民，即便是统治者自身也深感时代条件不同了，"惟有遵守法律，巩固共和，期造成法治之国"①，而无法再存丝毫复辟之想；如果有人执意要复辟，不管用什么理由，也不管具有多少真实的合理性，没有一个成功的。

如果就中国历史发展的总趋势看，辛亥革命确实是中国历史上的一个重要的分水岭。在国家制度层面，这场革命开辟了中国历史的新纪元。

不过，辛亥革命毕竟来得过于迅猛，而且也不合乎辛亥前十年中国人的普遍期待。那时的中国人，除了孙中山等革命党人之外，绝大多数最担心的是两个问题：一是清廷的不改革，二是共和革命。暴力的、类似于法国大革命的政治革命，是中国人最反对，也是最担心的事情。为了避免这样的革命发生，辛亥前十年，中国人主要在推动宪政变革上用功。因而对于革命，中国缺少必要的理论准备和组织准备，从而使革命之后一个相当长的时期无法稳定局势，恢复秩序，推动中国在现代化的轨道上持续发展，反而因旧辙已坏、新轨未立而陷入空前的混乱。

辛亥革命在中国历史上毕竟是前无古人的盛事伟业，既无成功的经验可以借鉴，又无失败的教训可以汲取。于是我们便不难看到一个极其奇怪的现象：辛亥革命的客观效果与主观愿望严重背离。虽然尚不能说它使中国现代化发展丧失了一次重要机会，但毕竟其实践的客观效果不佳，而给20世纪的中国留下了许多隐患，投下了许多阴影，从而使人们有理由怀疑资产阶级共和革命是否合乎中国国情？资产阶级民主政治、政党政治，在中国是否有发展空间，是

---

① 《黎元洪就任民国大总统申令》（1916年6月7日），天津市档案馆编辑：《袁世凯天津档案史料选编》，天津：天津古籍出版社1990年版，第311页。

否一定需要西方式的竞争性政党？中国现代化发展是否必然要经过资本主义这一阶段？凡此种种足以表明，辛亥革命对中国历史的最大影响并不在于 20 世纪早期，而在于关涉中国现代化发展根本路径的大问题上。

现代化是一个综合性极强的概念，它不仅具有复杂的内涵和外延，而且具有极强烈的阶段性或时代性持征。不过，对一个民族来说，所谓现代化，不外是克服自身的封闭性和狭隘性，确立一种世界观念，坦然步入世界民族之林，从而使自己的发展呈现出与世界同步的现象。因而从这个意义上说，现代化不仅没有阶级的分野，与某一特殊的社会属性也没有必然的内在联系，而且现代化不可能具有同一的模式，各个国家、各个民族只能根据自己的不同国情，确定现代化的发展模式和途径。

然而，就中国的实际情况来说，现代化的要求虽然来自中国社会的内部，但它的启动毕竟导源于外来因素，而且过于突然和急剧。正如毛泽东所分析的那样："中国封建社会内的商品经济的发展，已经孕育着资本主义的萌芽，如果没有外国资本主义的影响，中国也将缓慢地发展到资本主义社会。外国资本主义的入侵，促进了这种发展。外国资本主义对于中国的社会经济起了很大的分界作用，一方面，破坏了中国自给自足的自然经济的基础，破坏了城市的手工业和农民的家庭手工业；另一方面，则促进了中国城乡商品经济的发展。"[1]也就是说，外国资本主义的入侵，既符合中国传统社会向现

---

[1] 《中国革命和中国共产党》，《毛泽东选集》，北京：人民出版社 1967 年版，第 589 页。

代化转化的必然趋势，实际上又扰乱了这种必然趋势的正常秩序和必然阶段。因而中国的现代化历程从开始启动就带有某些超前或被迫的意味，无法建立一种循序渐进的现代化模式。

可以说，中国现代化的超前与失序，一直没有得到很好的调整，遂使矛盾愈积愈深，终于演化成一个又一个的激进运动，结果是适得其反，欲速则不达。中国的现代化一次又一次地陷入困境，后退不能，前进不得，往复循环而不得其要领。从这个意义上说，辛亥革命的爆发一方面具有内在的必然性和久远的历史意义，另一方面在客观效果上与革命倡导者的主观愿望偏离乃至相反，这也就成为情理之中的事了。

从内在必然性一方面说，辛亥革命的发生是中国历史的必备环节，因为中国现代化的真正实现，虽然并不一定要建立在辛亥革命所要达到的民主政治的基础上，但中国的现代化也绝不可能建立在中国传统社会专制体制上。换言之，即使辛亥革命所要达到的民主政治并不一定是当时中国最先产生的东西，但是中国传统政治体制必须发生某些变动和改变，则具有相当必然的意味。

事实上，自从 19 世纪中叶中国被迫进入近代以来，中国的传统社会便再也无法停滞在某一凝固状态，而是不停顿地发生着一系列的裂变和改革。至少是在镇压太平天国运动之后的数十年间，清政府的统治者们确曾意识到中国传统社会的危机，确曾致力于模仿并采用西方的设备和制度，以便恢复和加强中国在世界的地位。所谓同治中兴，不仅意味着两宫皇太后重用曾国藩、李鸿章、左宗棠这些有才干的汉人，授之以兵权和事权，镇压了太平天国运动，以及云南、贵州回民起义等各种"骚乱"，赢得了和平建设的国内环境，而且实际上"中国开始引进西方技术即在此时，广东、上海、北京办起外语学校，福州兴建海军造船厂，上海、南京等城开始设机器制造局，并在外国专家的帮助下设置现代海关"①。显而易见，如果中国在这条道路上持续走下去，随着经济的发展，生产力水平的提高，社会基本关系的改变，政治体制的变革也迟早要提上议事日程，中国的现代化或许能以健康的状况向前稳定发展。

经过几十年相对稳定、相对和平的发展，到了19世纪80年代后再迟一些时候，清朝的综合国力有了一定的提高。在这一过程中，中国民族资本主义也开始产生，虽然它因为客观环境的制约，具有明显的先天不足、后天失调等严重的内在缺陷，但它毕竟是中国传统社会中分化出来的新兴力量和进步势力，民族资产阶级必将随着自己势力的不断增强而义不容辞地担当起推动社会进步和中国现代化发展的历史责任。易言之，伴随着他们经济地位、社会地位的不断提高，他们绝不会安分于传统社会"士农工商"的末席，而必然要求获得对国家事务的参与权力，必然要求合乎他们利益的民主政治。马建忠在1877年描述自己考察欧洲的感受时说："窃念忠此次来欧一载有余，初到之时，以为欧洲各国富强，专在制造之精，兵纪之严。及披其律例，考其文事，而知其讲富者，以护商会为本。求强者，以得民心为要。护商会而赋税可加，则盖藏自足。得民心则忠爱倍切，而敌忾可期。他如学校建而智士日多，议院立而下情可达。其制造军旅水师诸大端，皆其末焉者也。于是以为各国之政，

---

① ［美］A.W. 恒慕义主编：《清代名人传略》（下），西宁：青海人民出版社1990年版，第419页。

尽善尽美矣。"①马建忠的这一思想转变过程实际上是中国早期民族资产阶级思想变化的一个缩影。

中国民族资产阶级的这些要求并不过分，而且伴随着经济发展和他们自身地位的不断提高，社会关系的改变乃至政治体制的改革也是继续发展的应有之义。随着获得新的生产力，旧的社会形式无法不发生相应的变化，这就是不依任何人的主观意志为转移的社会发展的内在规律。清朝晚期的最高统治者当然不可能对这一规律建立明晰认识，否则，他们从一开始便会坚决拒绝一切变革。然而在事实上，中国的变革不是来自社会最底层的呼吁，而正是在清廷最高领导者的倡导下开始的。不过，当以自强为主要和唯一目的的运动进行到一定程度的时候，"不料却发现他们自己被吸入一个无法抗拒的过程。在这个过程中，借用一项西方事物导致他们必须借用另一项，从引进机器而需要引入技术，从引入科学进而需要引入一切学问，从接受新思想进而要改革制度"②，从而最终必将超过清政府对改革所能承担的极限，清政府实际上面对进退两难的选择困境。

如果不带有偏见的话，我们应该承认，晚清政府未尝不想谋求中国的进步与发展，未尝不想使中国早日完成向现代化的转化。不仅晚清的实权人物慈禧太后确曾真诚地主张进步与革新，因为如果没有她的默许和支持，恐怕没有晚清的"新政"之举，即使1898年的维新运动也无从发生。而且在慈禧太后之后的清廷掌权者，既

① 马建忠：《上李伯相言出洋工课书》，郑振铎编：《晚清文选》，上海：上海书店出版社1987年版，第388页。

② ［美］费正清著，张理京译：《美国与中国》，北京：商务印书馆1989年版，第141页。

无力拉历史的车轮倒退，将局面归复到慈禧太后之前，更无心这样去做，他们实际上继续着慈禧太后在世时业已开始的政治改革，于 1909 年 10 月 4 日宣布正式成立各省谘议局（新疆缓办）并开议。不论清政府这一举措的实质目的如何，它在政治上不可避免的效果便是为政治改革打开了通路。

不过，清政府毕竟不是现代政府，它虽然渴望向现代社会转变，渴望中国的进步与发展，但这种转变、进步与发展毕竟要保持在适度的范围内，即以不损害皇权和作为统治阶级的满洲贵族的利益为基本前提。用慈禧太后的话说："变法乃素志，同治初即纳曾国藩议，派子弟出洋留学，造船制械，凡以图富强也。若师日人之更衣冠，易正朔，则是得罪祖宗，断不可行。"[1]也就是说，不论清政府怎样地渴望中国的进步与发展，都不可能放弃他们的既得利益，更不会自行放弃他们的统治地位。

---

① 费行简：《慈禧传信录》，中国史学会主编：《中国近代史资料丛刊·戊戌变法》卷一，上海：上海人民出版社 1957 年版，第 464 页。

华夷之辨

如此看来，清政府对中国改革与发展的最大极限，就是满洲贵族继续执掌政权，只要能"皇位永固……君位万世不改"[①]，清政府对于各种选择方案虽然一拖再拖，但并没有坚决拒绝。也就是说，清政府即使到了最后时刻，依然期望保持满洲贵族的特权地位，以和平的手段来谋取中国的进步与发展，它最不愿看到的是满洲贵族沦为被统治阶级，极力避免汉族人以革命的手段推翻自己，光复中华。

从统治者的立场来理解，清政府的政策底线也只能如此。反动的阶级，你不打，它就不倒。他们绝不会自动退出历史舞台。其实，何止"反动的阶级"，一切统治阶级都是如此，他们无论怎样开明，都不可能真诚而从容地将政治权力和平地转交给另一个阶级。如果指望清政府的统治者自动放弃政权，建立民主国家，那当然只能是永远无法实现的美妙幻想。不过，问题的症结不在于清政府是否愿意自动放弃政权，而在于清政府所固守的满洲贵族的利益虽然只是

---

① 载泽：《奏请宣布立宪密折》，中国史学会主编：《中国近代史资料丛刊·辛亥革命》卷四，第28页。

一种假象，但它势必激起强烈的民族仇恨和汉民族的民族复仇主义情绪，从而使本以现代化的追求为主要目标的中国改革运动，不幸而演化成一种民族解放运动，致使中国在相当长的一个时期里不得不陷入一种狭隘的民族主义误区。

本来，满汉之间的民族冲突由来已久。不仅在清朝建立之初，汉民族的知识分子对满洲人充满仇视和敌意，即使到了康雍乾三朝盛世，汉族知识分子也很难与满族人产生民族认同，至于各地汉族民众的起义和武装斗争，更是民族之间冲突的明证。不过，经过将近三百年的民族冲突与融合，满族人汉化应该说是相当明显的，除了少数的满洲贵族依然对汉民族存在严格的隔膜外，绝大多数满族人渐已消失早期的那种民族情结。但是，作为一个统治民族，尤其是人口占全国总人口绝对少数的周边民族，满洲贵族为了维护自己的统治地位，时常不自觉地将他们的利益泛化，将本来只是满洲贵族的利益说成是整个满族人的共同利益，以期以满族人的共同意识来抵消和抵制汉民族的反抗。

很明显，满洲贵族作为一个统治集团，在相当程度上说，既不是整个满族人的共同利益的代表者，也不是一个独立的民族和独立的阶级，而是清政府的一个特殊的利益阶层。他们出于自身利益的考量，理所当然地拒绝放弃政权和既得利益，这是任何一个社会都无法避免的现象。他们能够在维护他们的既得利益和统治地位的前提下允许适度改革与发展，已属相当不容易。

然而，历史的发展毕竟不以后来者的善良愿望为转移。事实上，在清朝的最后时期，伴随着满洲贵族的处处滞后与被动，全体国民对满洲贵族越来越失望，他们不相信满洲贵族有能力推动中国的进步与发展，更无法理解清政府的两难选择和内在苦闷。于是，一种民族主义情绪日趋高涨，遂将中国的现代化道路引到了民族主义的沼泽之中。

晚清民族主义思潮的再次兴起至迟在戊戌变法失败之后。康有为作为汉族知识分子的代表，虽然一方面高唱"保皇""保大清"的曲调，但他在内心深处已开始抱怨满洲贵族不识时务，将变法运动的失败乃至中国现代化的艰难统统归之于满洲贵族的阻挠。他不仅认为戊戌政变"是旗人策划执行的"，而且相信"高级旗人和慈禧太后都顽强地反对变法。……高官中的旗人，多半是顽固的，新法对于他们，比对于高级汉官更不合意。他们的不满伴随着变法诏谕连续公布而逐渐加深。到光绪意欲改变中国辫子风俗的诏令一经传出时，旗人的不满达到顶点。对满洲人来说，割掉象征旗人征服汉人的辫子，即等于否认旗人在中国的统治"[1]。值得注意的是，康有为的抱怨并没有涉及全体满族人，而仅仅局限于他所认定的那些满洲贵族中的保守派。

孙中山以及他所领导的革命党人与康有为的看法明显不同，虽然在主观目的上孙中山等革命党人是为了推动中国现代化的进展，但他们在斗争策略上至少在一开始是以推翻清王朝为一必然阶段，期望在推翻清王朝的前提下，重新规划中国现代化的道路，以为汉民族的民族解放为中国现代化的必由之路。孙中山在1894年的一份文件中写道："中国积弱，非一日矣！上则因循苟且，粉饰虚张；下

---

[1] 《窦纳乐致英国外交大臣信》，中国史学会主编：《中国近代史资料丛刊·戊戌变法》卷三，第537页。

则蒙昧无知，鲜能远虑。近之辱国丧师，荆藩压境，堂堂华夏不齿于邻邦，文物冠裳被轻于异族。有志之士，能无抚膺！夫以四百兆苍生之众，数万里土地之饶，固可发奋为雄，无敌于天下。乃以庸奴误国，涂（荼）毒苍生，一蹶不振，如斯之极。"[①] 很明显，孙中山将中国落后挨打的全部责任统统推到清政府的头上，要求清政府承担中国体制弊病的原罪，"庸奴误国，荼毒苍生"。因此在孙中山看来，中国的未来与希望完全有待尽快推翻满族人的统治，恢复汉民族的统治地位。他曾说："使中国脱离殖民化的危机，是保卫亚洲的第一步，为了拯救中国，我与同志们正准备发动革命，打倒清朝，我发誓要建立一个真正汉民族的国家。……不打倒满清，中国是没有前途的！"[②]

如果站在革命党人的立场上，孙中山的判断与选择固然合乎逻辑，但从中国当时的实际情况看，孙中山的这种分析是基于一种假设性的前提，即清政府与满族人和全体中国人民尤其是汉族人不仅不存在共同的利益，反而存在着根本的利益冲突。他指出："清虏执政于兹三百年矣，以愚弄汉人为治世第一义，吸汉人之膏血，锢汉人之手足，为满奴升迁调补之符。认贼作父之既久，举世皆忘其本来，经满政府多方面之摧残笼络，致民间无一毫之反动力，以酿成今日之衰败。"[③] 由此不难看到，在孙中山的心目中，中国之亡已有三百年，他的历史使命与责任首先在于推翻清王朝的统治，恢复汉民

---

① 《檀香山兴中会章程》，《孙中山全集》卷一，北京：中华书局1981年版，第19页。

② 陈锡祺主编：《孙中山年谱长编》，北京：中华书局1991年版，第80页。

③ 《与宫崎寅藏平山周的谈话》，《孙中山全集》卷一，第172页。

族的独立。不消说，这是一种狭隘的大汉民族主义或民族沙文主义，它的实际效果便是把已经开始的中国现代化运动转化为民族独立和民族复仇的轨道上，将满洲贵族中的腐败、保守视为整个满族人的责任，这势必阻碍中国的进步与发展。

满洲贵族不能代表整个满族人，满族人行使对中国的统治并不意味着中国已经沦为满族人的殖民地。因此，孙中山和他领导的革命党人所倡导的以推翻清王朝为中国进步与发展的必由之路，即使主观目的不错，但其客观效果并无助于中国的现代化进程。我们看到，在辛亥革命之后，满洲贵族确实退出了中国的政治舞台，中国也确实成为孙中山期望的"一个真正汉民族的国家"，但是，中国的政治不仅没有好转，反而因汉族人之间的冲突与斗争变得更加暗无天日。故而在一定意义上说，孙中山"驱逐鞑虏，恢复中华，创立合众政府"[①]的理想或许并没有错，但其客观效果与主观愿望之间严重背离则是毋庸否认的事实，于是中国的现代化不可避免地陷入了民族主义的误区。

现代化的发展与民族的独立不存在着必然的关联。世界各国的现代化过程早已表明，即使是那些沦为殖民地、半殖民地的国家或地区，也不可能在根本上有碍于它们的现代化运动。更何况满族人对中国的统治，并不意味着中国已经沦为满族人殖民地呢？辛亥革命的先驱者不明白现代化与殖民化的分野，于是将推翻清王朝、民族独立视为中国现代化的必由之路。

与此情况相类似的，是辛亥革命的先驱者对皇权与民权的辨认，

① 《檀香山兴中会章程》，《孙中山全集》卷一，第 20 页。

他们虽然对中国民主政治的发展功不可没，但冷静想来，实在也是陷入了民主主义的误区，客观效果与主观愿望依然严重背离。

就现代化的基本要求和世界各国现代化的一般模式来说，政治民主化无疑是一个国家是否能够真正步入现代化的基本标志和必由之路。一个国家如果一味地实行专制独裁，人民无法享受最起码的民主权利，那么，这个国家或许能够实现经济的腾飞与繁荣，但这种纯粹的经济上的成功绝不意味着这个国家真的实现了现代化。换言之，经济的增长有着许多复杂的因素以及机缘巧合，它的腾飞与发展和现代化的过程有一定的关联，但二者毕竟不是一回事。而政治的民主化则不同，它不仅是现代化的一个基本标志和必由之路，而且也是现代化这一综合要素中的一个重要组成部分。离开了政治的民主化，那么所谓的现代化便无从谈起。

然而值得指出的是，从世界各国已有的现代化经验看，政治民主化并没有一个通用的模式，它不仅依据各国的具体情况诸如历史背景、文化传统、社会现实等确立不同的政治民主化的模型，而且各国的政治民主化实际上都是一个漫长的过程，它不可能一步到位，建立一个尽善尽美、万世不易的模型。以今天的美国政治去和二百年前，甚至一百年前的美国政治相比较，我们便很容易看到其中的差别。如果人们无视政治民主化在各国的特殊性和阶段性，人为地追求某一既成的模式和超前发展，那么必定不能成功，甚至适得其反。

以此反观辛亥革命的先驱者，我们不必怀疑他们对中国现状的焦灼与愤怒，更不必怀疑他们对政治民主化的真诚向往和全身心的追求。然而遗憾的是，由于他们忽视了中国国情的特殊性，期望以外国既成的模式强加给中国，更缺乏对政治民主化阶段性的深刻理解和认识，企图一步到位，在一夜之间完成那些需要几十年乃至上百年方能完成的事情。因而，辛亥革命虽然推翻了帝制，建立了民国，但除了换了招牌，中国的政治民主化实际上并没有多大的进展，中国的现代化道路依然是曲折而漫长。

在对中国国情的把握和对政治民主化内涵的理解上，孙中山和他的同志们一般是将皇权和民权绝对对立起来。他们所向往的政治民主化也只是美利坚合众国的模式。孙中山说："至中国现行之政治，可以数语赅括之：无论为朝廷之事，为国民之事，甚至为地方之事，百姓均无发言或与闻之权；其身为民牧者，操有审判之全权，人民身受冤抑，无所吁诉。且官场一语等于法律，上下相蒙相结，有利则各饱其私囊，有害则各委其责任。娄索之风已成习惯，官以财得，政以贿成。间有一二被政府惩治或斥革，而其弊害乃愈甚。"[1]正是基于此种考虑，所以孙中山发誓要推翻清王朝，建立美国式的合众政府。

晚清政治确如孙中山所分析的那样腐败堕落，中国的未来与发展当然也有待于中国从体制上下决心解决这些问题。但是孙中山的分析毕竟包含着两个方面：一是皇权与民权存在着根本的利害关系，皇权不可能代表平民的利益；二是腐败堕落为皇权专制政体的派生物，中国问题的真正解决无法依靠旧有的政体。他说："自义和团战争以来，许多人为满清政府偶而发布的改革诏旨所迷惑，便相信那个政府已开始看到时代的征兆，其本身已开始改革以使国家进步。

---

[1]《伦敦蒙难记》，《孙中山全集》卷一，第51页。

他们不知道，那些诏旨只不过是用以缓和民众骚动情绪的具文而已。由满洲人来将国家加以改革，那是绝对不可能的，因为改革意味着给他们以损害。实行改革，那他们就会被中国人民所吞没，就会丧失他们现在所享受的各种特权。"[1]因此，中国问题的真正解决的唯一出路就是革命，就是政治民主化，就是人民当家作主，就是推翻清政府。

关于第一点，我们相信皇权与民权在本质上确实存在着利害冲突，因为不论统治者怎样宣称他们代表着社会全体公众的利益，但在实际上他们只能是统治阶级利益的代表。不过，这种现象一方面不是晚清时期所独有，而是阶级社会的共有特征。另一方面，这里实际上涉及对民权内涵的正确理解。我们知道，即使按照孙中山的理想，中国全盘采用美国的政治模式，那也并不能代表全体民众的共同利益，美国的民主政治在根本上也只是有利于那些有产阶级。再者，民主政治不可能只有美国一种模式，世界已有的现代化经验足以表明，民主政治的存在与发展并不一定以废除皇权为前提。

事实上，对中国传统社会的整体情况而言，皇权虽是一种国家权力，但更多的则是中国人意义世界的象征。它在行使国家权力时，虽然有时候因某种人为的因素而导致了君主的独裁和政治的腐败，但在更多的正常情况下，皇权实际上也只是一种象征性的权威，是保证政府决策正常化和社会秩序稳定化的一种威慑力量。

至于腐败堕落为皇权专制政体的派生物，这一论点只是具有宣传意义。因为腐败堕落反映了人之所以为人的本质，是自古以来人

---

[1]《中国问题的真解决》，《孙中山全集》卷一，第 251 页。

性恶人性善一类争论始终无法解决的问题，与政治架构有关联，但并不是关键。因此，中国问题的真正解决，腐败堕落现象的真正克服，恐怕并不在于从根本上废除皇权专制政体。

这样说，当然并不意味着辛亥革命推翻皇权是一个大错误，更不是说清朝的皇权专制政体是不可更易的最佳模式。我们的意思只是说，民主政治毕竟是一个漫长而艰难的过程，如果不顾中国的国情以及固有文化传统，不试图在旧有的体制上进行渐进的改革和谋求阶段性的发展，而期望"革命成功之日，效法美国选举总统，废除专制，实行共和"①，虽然理想甚美，追求无误，但其结果不可避免地和自己的主观愿望相反，除了赢得中华民国的一幅空招牌之外，其他的一切几乎都没有改变，而那些没有皇帝头衔的"皇帝"较之皇权专制的黑暗更是有过之而无不及。这一点恐怕是辛亥革命的先驱者们万万没有预料到的。

---

① 《在檀香山正埠荷梯厘街戏院的演说》，《孙中山全集》卷一，第 226 页。

君主与民主

    辛亥革命的先驱者们没有预料到的后果，在当时的中国并不是没有任何人预料到，然而由于革命党人一方面陷入了革命的误区，只认准了一条革命的道路才能救中国，从而对其他各种选择方案均置于不容讨论之地；另一方面，由于清廷自身的原因，处处被动，既无协调社会进步发展的能力，又无法稳居社会生活与社会运动的主导地位，从而使清廷丧失了一次又一次机会，并一次又一次地激起革命党人的反感和失望，于是中国只能沿着革命的道路义无反顾地前进。

    应该承认，清廷的有利机会在它存在的最后几十年里并不算少。戊戌维新运动不必说了，即使在戊戌维新运动被镇压下去之后，清政府也有几次重大时机可以重振起来。比如1901年的新政，虽然它在开始的阶段由于戊戌政变的阴影无法唤起国人的理解和支持，但随着时间的推移，随着清政府不断地加大改革力度和深度，至少到了1905年的时候，由于立宪运动的开展，国人的政治情绪实际上已被调动起来，清政府完全可以利用这个时机完成中国政治的现代转化，为中国的未来与发展开辟一条通路。

善良的愿望当然无法代替残酷的现实。立宪运动或许代表着中国的未来与希望，但毕竟由于诸种复杂的原因和机缘巧合而无法变为现实。从清政府方面说，我们当然不能相信他们对立宪的态度有多么的真诚与渴望，它和所有的政府一样，就其本质而言，面对权力的削弱与可能的制衡均会感到不快，至少统治阶层中的主要人物无法毫无私心。事情的真相或许如某些传统的说法那样："以专制暴戾之慈禧太后，于晚年训政之日，乃有采用立宪之意，此亦事之至奇者也。盖慈禧太后当庚子之时，信用载漪，纵容拳匪，开衅列国，犯天下之不韪，当载漪失势，慈禧太后、荣禄等，几为所制。辛丑回京以后，惩于权臣之专擅，首设会议政务处，集王公大臣以议要政。而其里面，则尤有一重要之关系，即大阿哥被黜，废立之谋未遂，恐光绪帝一旦亲政，故集其党羽，设此会议，使光绪虽出，亦仅能拥其名而不能握其权也。迨袁世凯等以君主立宪之说进，彼慈禧太后者，当垂暮之年，岂犹为国利民福计，而为此立宪之预备耶？亦欲藉此限制君权之说，使光绪帝不能行权于其身后耳。故慈禧太后之采用立宪，全出于私心。其假逐年筹备以为敷衍之计者，盖不欲于及身亲见之。司马昭之心，固路人之所知也。"[1]

如果从统治权术的角度这样推测慈禧太后，我们相信这种说法是有相当的说服力的，也相信所谓预备立宪不过是清王朝在最后灭亡前夕而玩弄的一场骗局。不过，立宪之事毕竟非同儿戏。它的目标不仅是对君权特别是光绪皇帝个人的权力的制约，而且实际关涉

---

[1] 伧父：《立宪运动之进行》，中国史学会主编：《中国近代史资料丛刊·辛亥革命》卷四，第4页。

到大清王朝国家体制的变革。也就是说，一旦立宪的目标得以实现，不论是慈禧太后，还是光绪帝，或者其他什么人，他们都不可能再是大清王朝传统政治体制下的君主，而必然要受制于新的政体。聪明如慈禧太后者不能不明白这一点，因此说她故意拖延时间，"盖不欲于及身亲见之"尚可理解，说她以立宪作为骗局愚弄大臣，欺骗百姓则未必可信。她的真实想法可能像她自己所透露的那样："立宪一事，可使我满洲朝基础永久确固，而在外革命党，亦可因此消灭，候调查结局后，若果无妨碍，则必决意实行。"①即以维护满洲贵族的统治地位为最后的政策底线。

　　然而问题在于，立宪之事毕竟意味着国家体制的重大变革，它不仅要求循序以进，稳步推行，更重要的恐怕在于国人就此应该建立起码的共识，真诚地相信立宪政体合乎中国国情，至少是中国现代化漫长过程中的必然环节和必然阶段。换言之，即使从最长远的眼光来衡量，立宪政体不可能是完美无缺的最佳政体，但在目前阶段，从中国的实际来考量，应该承认立宪政体不失为一个可以试验的选择，国人应该建立这一起码的共识。正如在立宪运动正式开展之后的一份上谕中所指出的那样："惟立宪之道，全在上下同心，内外一气，去私秉公，共图治理。自今以后，应如何切实预备，乃不徒托空言，宜如何逐年施行，乃能确有成效，亟宜博访周咨，集思广益，凡有实知所以预备之方施行之序者，准各条举以闻。……只要切合时势实在可行者，逐一具陈，以便省览而资采择。总之，此

---

① 《清太后之宪政谈》，陈旭麓主编：《宋教仁集》，北京：中华书局1981年版，第16页。

事既官民各有责任，即官民均应讲求，务使事事悉合宪法，以驯致富强，实有厚望。"①很显然，国人果真能"上下一心，内外一气，去私秉公"，那么，立宪的结果恐怕应该比已经发生的情况好得多。

清政府的立宪决定当然不是出于主动的行为，在某种程度上说，它是国内外各种压力的结果，是清政府在这种强大的压力之下被迫争取的主动。不过，尽管如此，一旦清政府立宪的决定传出，它依然立即获得了相当多的同情者和支持者。梁启超说："今夕见号外，知立宪明诏已颁，从此政治革命问题，可告一段落。此后所当研究者，即在此过渡时代之条理如何。"②更有甚者以为立宪之举有可能成为中国历史的重大转折："自日本以区区岛国，崛起东海，驱世界无敌之俄军，使之复返其故都，而后世之论者，咸以专制与立宪分两国之胜负。于是我政府有鉴于此，如梦初觉，知 20 世纪之中，无复专制政体容足之余地，乃简亲贵，出洋游历，考察政治，将取列邦富强之精髓，以药我国垂危之痼疾。盛哉斯举，其我国自立之权欤，吾人莫大之幸福欤！"③

当然，与一片赞扬和支持声相对的，也不乏怀疑者和反对者。一般说来，革命党人对立宪之举便持基本否定的态度。孙中山说："有谓各国皆由野蛮而专制，由专制而君主立宪，由君主立宪而始共

① 《立宪应如何预备施行准各条举以闻谕》，故宫博物院明清档案部编：《清末筹备立宪档案史料》（上），北京：中华书局 1979 年版，第 44 页。
② 梁启超致蒋智由的信，转引自孟祥才《梁启超传》，北京：北京出版社 1980年版，第 108 页。
③ 觉民：《论立宪与教育之关系》，张枬、王忍之编：《辛亥革命前十年间时论选集》卷二（上），北京：生活·读书·新知三联书店 1963 年版，第360 页。

和，次序井然，断难躐等；中国今日亦只可为君主立宪，不能躐等而为共和。此说亦谬，于修筑铁路利用知之矣。铁路之汽车，始极粗恶，继渐改良，中国而修铁路也，将用其最初粗恶之汽车乎，抑用其最近改良之汽车乎？于此取譬，是非较然矣。"[①]很显然，在孙中山的心目中，既然共和之制远优于立宪之制，那么中国人为什么一定要"次序井然"，拾阶而进，为什么不可以超越某些发展阶段，迎头赶上，"躐等"进步呢？因此他强调：'若我们今日改革的思想不取法乎上，则不过徒救一时，是万不能永久太平的。盖这一变更是很不容易的。我们中国先是误于说我中国四千年来的文明很好，不肯改革，于今也都晓得不能用，定要取法于人。若此时不取法他现世最文明的，还取法他那文明过渡时代以前的吗？我们决不要随天演的变更，定要为人事的变更，其进步方速。兄弟愿诸君救中国，要从高尚的下手，万莫取法乎中，以贻我四万万同胞子子孙孙的后祸。""所以我们为志士的，总要择地球上最文明的政治法律来救我们中国，最优等的人格来待我们四万万同胞。若单说立宪，此时全国的大权都落在人家手里，我们要立宪，也是要从人家手里夺来。与其能夺来成立宪国，又何必不夺来成共和国呢？"[②]

假如抛开中国的特殊国情和文化背景，仅就理想而言，谁也不会怀疑共和主义远高于立宪主义，共和之制有着立宪之制根本无法比拟的优点。基于此种考虑，中国人在可能摆脱君主专制时，当然应该义无反顾地超越"天演的变更"，而选择共和政体。但是，历史

---

① 《在东京中国留学生欢迎大会的演说》，《孙中山全集》卷二，第283页。
② 《在东京中国留学生欢迎大会的演说》，《孙中山全集》卷一，第282页。

的发展从来不可能完全遵照理想的选择。孙中山和革命党人的理想虽然很美好，然而毕竟超越了中国社会的实际承受力，超越了社会发展所必然要经过的阶段，而陷入了一种理想主义的误区。这一至关重要的失误不仅导致了辛亥革命爆发之后一个相当长时期的混乱，而且它实际上开启了 20 世纪中国政治浪漫理想主义的先河。人们仿佛一致相信，当中国面临多种选择时，只要凭借人为的力量，便理所当然地要选择那些更加动人的理想。于是，孙中山用于反对清王朝的思想武器，最终反而被用来对付他亲手开创的那些事业上。这其中的教训确实值得后人三思。

孙中山和革命党人基于对立宪与共和两种方案的比较，力主舍弃立宪，实行共和，这其中的原因除了相信人为的力量可以改变历史的进程，以及共和之制优于立宪制之外，另一个更重要的背景，是他们对清廷的普遍失望，一方面不相信清廷有能力实行立宪政体。宋教仁说："立宪者，决非现政府之所得而成者也；其所以设资政院，立内阁，非以立宪国之立法机关与责任政府视之也。故其对付资政院之权限与内阁之组织者，亦不得责以立宪之原则者也；其所以宪法大纲者，不过欺人之门面，赖人之口实，万不可信者也。立宪者，决非现政府之所得成者也。"① 先不说清政府是否真的愿意就此放弃部分君权，即其能力也不能不令人怀疑。另一方面，革命党人从一开始就深深地怀疑清廷的立宪诚意，以为清廷所允诺的预备立宪只是清廷在灭亡前夕所玩弄的骗局，其唯一目的只是为了消弭革命，维护满族人的政治统治。吴樾说："吾国今日之行政、军事、教

---

① 《希望立宪者其失望矣》，陈旭麓主编：《宋教仁集》，第 255 页。

育、实业，一切国家社会之事，必经非常之改革始克有真进步，决非补苴罅漏、半新半旧之变法，足以挽此呼吸间之危亡也。……满洲政府实中国富强第一大障碍，欲救亡而思扶满，直扬汤止沸，抱薪救火。"[1] 不消说，这是基于民族主义情结而对清政府的不信任。

立宪不足以救亡，共和才是中国的唯一出路，然而共和比立宪更进一步，清政府更不可能同意。于是辛亥革命的先驱者决计彻底打碎那个旧世界，然后建立全新的人人平等的共和政体。朱执信说："吾今正告天下，曰中国立宪难。能立宪者，惟我汉人。汉人欲立宪，则必革命。彼满洲即欲立宪，亦非其所能也。……凡此诸难，一以民族不同之故而迄，则欲救其难，舍革命更无他术。革命者，以去满人为第一目的，以去暴政为第二目的。"[2]

确实，就人类历史发展的一般规律看，彻底的革命远比渐进的改良来得痛快和容易。以暴力为基本手段，以陈旧的政治上层建筑为主要目标的革命，由于立足于彻底打碎和破坏，因而它必然比那种在旧的基础上进行渐进的改良来得痛快和容易。但是，革命的发生，在人类历史上毕竟是极其少见的现象，它不仅需要革命的时机，如统治者无法照旧统治下去，统治者也不愿就统治方式进行丝毫的变革，而且必须要有一种新的生产力获得了极其充分的发展，旧的生产关系或交往方式已经无法容纳这种发展。否则，"如果还没有具备这些实行全面变革的物质基础，就是说，一方面还没有一定的生产

---

[1]　吴樾：《意见书》，张枬、王忍之编：《辛亥革命前十年时论选集》卷二（上），第 392 页。

[2]　《论满洲虽欲立宪而不能》，广东省哲学社会科学研究所历史研究室编：《朱执信集》，北京：中华书局 1979 年版，第 7 页。

力，另一方面还没有形成不仅反抗旧社会的某些个别方面，而且反抗旧的'生活生产'本身、反抗旧社会所依据的'综合活动'的革命群众，那么，正如共产主义的历史所证明的，尽管这种变革的思想已经表述过千百次，但这一点对于实际发展没有任何意义"①。

由此反观辛亥革命，我们明显地感到，革命的条件并不充分具备，在相当程度上甚至可以说，辛亥革命之所以于此时爆发，是因为革命志士鼓吹起到了很大作用。汪精卫说，中国不欲立宪则已，苟欲立宪，舍革命外，不可能有更好的办法。"革命者，建立宪制之唯一手段也。"汪精卫的论证逻辑是，既然知道只有通过革命，破坏一个旧制度，从头开始才有立宪的可能性，那么我们就应该毫不犹豫奋起革命。目的既定，不论有多少艰难险阻，终有实现之机会。那些以为革命困难，重建困难，"不如希冀有开明专制之一日为愈，斯则大逆不道，而中国之罪人也"。汪精卫承认，至于革命之际，流弊或所不免，然但当思患预防，力求最大限度减少或减弱危害，不当以革命之有流弊而至于不敢革命。汪精卫指出："且天下岂惟革命乃有流弊，世界一日未至于至善之域，则无事不有流弊。世之言曰两害相权取其轻，两利相权取其重。此就比较上言之也，若自根本上言，则革命者建立宪制之唯一手段也。"②

很显然，革命党人虽然未彻底排除中国实行立宪制度的可能性，但认为立宪制度的实行，无法凭借清政府居于主导地位的改良措施，

---

① 《德意志意识形态》，《马克思恩格斯全集》卷三，第44页。
② 精卫（汪兆铭）：《驳〈新民丛报〉最近之非革命论》，张枬、王忍之编：《辛亥革命前十年时论选集》卷二（上），第403页。

而只能采取自下而上的彻底革命，推翻清朝统治，由汉族人建立自己的立宪政权。只是在推翻了清朝之后，立宪体制已无实行之必要，于是自然而然的逻辑结论便是建立民权共和政府。

如果说辛亥革命的领导者在对待满族问题上，已如我们说过的那样，陷入了民族主义的误区的话，那么，辛亥革命爆发的前提条件便不足以成立。从这个意义上说，辛亥革命不是中国社会发展的必然环节，不是中国社会生产力的发展已经遇到无法克服的障碍而采取的革命手段。因此，辛亥革命的领导者，其主观目的虽然是为了中国的现代化，但由于这一运动本身几乎完全凭借领导者的主观能动性，而缺乏现实的生活基础，所以其客观效果并不能与领导者的主观愿望完全吻合，许多方面甚至与他们的主观愿望相反。

辛亥革命的倡导者对革命的迷信，陉了相信人的能力能够改变一切外，更重要的原因在于对中国旧体制，以及对清政府倡导的君主立宪制的评估。也就是说，革命者对于共和政体的渴望，实际上是他们对立宪政体的失望的必然反映。然而问题的实质在于，他们的这种失望有多少扎实的内在依据，他们的失望究竟是建立在怎样的一个基础上？

清政府的立宪政体如欲获得真正实现，至少取决于两个基本条件：一是清政府拿出诚意来，二是举国同心、上下一致。如果第二个条件真的具备，那么即使清政府一时没有诚意，也迟早将在人民的推动下完成立宪。然而当时的情况却是，革命党人几乎从一开始就抱定推翻清朝的宗旨，在推动清廷立宪问题上没有丝毫的松动和可能。于是，共识就建立不起来。

从革命者方面说，他们自信他们的历史责任是推翻清王朝，光复中华，建立共和国家。因此，他们对清廷的失望和彻底的不合作，我们就完全可以理解。不过，现在的问题在于，当革命者揭示革命的纲领和目标时，并不是举国赞成和拥护，相反，诸如康有为、梁启超等人也提出许多的反对意见。后来的事实证明，康、梁的反对意见没有辩倒革命者，但我们更感兴趣的是，革命者对康、梁的辩论，实质上并没有逐一正面回答康、梁对革命的责难，相对说来是以武断的方式、以取消问题作为解决问题的基本手段。

康、梁认为，从中国的历史与现状来观察，共和政体不是中国目前可以立即采用的最佳方案，革命不是中国问题获得真正解决的最佳道路。一方面，历史的发展不可能躐等前进，中国目前只能由"开明专制以移于立宪"，然后由政府进行有"秩序"的改革，"拾级而进"。因此，从这个意义上说，不论将来中国的整体是什么样子，而在目前最宜采用的"唯一正当之手段，唯一正当之武器"便只能是改良式的君主立宪制。这是中国未来与发展的必由之路。另一方面，"政治上正当之要，实救国之唯一手段也。然则中国之能救与否，惟视人民之能为要求、肯为要求与否以为断。夫彼毫无政治智识、毫无政治能力者，不知要求为何物，不知当要求者为何事，固无冀焉矣"①。也就是说，当国民程度尚未达到共和革命的水平的时候，而强行进行共和革命，便不可能得到良好的结果。

对于康、梁的责难，革命党人确曾给予有力的反击，关于前者，一如我们前已分析的那样，孙中山和革命党人普遍认为中国社会的

---

① 梁启超：《申论种族革命与政治革命之得失》，张枬、王忍之编：《辛亥革命前十年时论选集》卷二（上），第237页。

发展不可能只循天演的规律，而应超前发展，躐等前进："我们定要由平民革命，建国民政府，这不止是我们革命的目的，并且是我们革命的时候所万不可少的。"[1] 至于后者，革命党人不相信康、梁对中国国民程度的基本估计，以为自由、平等、博爱为"人类之普遍性"，是任何民族都天然具备的，"夫我国民既有此自由、平等、博爱之精神，而民权立宪则本乎此精神之制度也。故此制度之精神必适合于我国民，而决无虞其格格不入也"；"我国民必能有民权立宪之能力"。[2]

革命党人对康、梁的反击干脆明确，但我们也不难觉察，他们实际上并没有正面回答康、梁所提出的问题。此点或许正如梁启超所分析的那样："昨某报印号外，发表与本报辩驳之纲领十二条。虽其词意之牵强者甚多，然以为彼既干预强辩，则必能将本报重要之论点，难倒一二，殷殷然引领愿听，而不意见彼报第四号，乃使我大失望也。何也？彼文皆毛举细故，或枝蔓于论点之外，而本报所以难彼说者，于根本上无一能解答也。本报论文最要之点曰：'今日之中国万不能行共和立宪制。'而所以下此断案者，曰：'未有共和国民之资格。'欲论共和国民之有无，则必先取共和国民资格之标准，而确定之。然后按诸中国现象，视其与此之标准相应不相应，则其已有此资格与否，较然易见。共和国民之资格不一端，或非吾之学所能悉知，或非吾之文所能悉举，然吾隐括言之，吾所以认为重要者，则曰'有能行议院政治之能力者，斯有可以为共和国民之

————————

[1] 《在东京〈民报〉创刊周年庆祝大会的演说》，《孙中山全集》卷一，第236页。
[2] 《驳〈新民丛报〉最近之非革命论》，《民报》第四号。

资格。'此吾所命之标准也。论者如欲难吾说也，则于吾所命之标准，或承认，或不承认，不可不先置一言。若可承认之，则还按诸中国现象，指出其已与此标准相应之确据，夫如是斯吾之说破。若不肯承认之，则说明吾所命标准不正确之理由，夫此如此则可谓已有共和国民之资格者也，而中国现象实已如此如此者也，夫如是斯吾之说益破。不幸而论者所以相难者不尔尔，于吾所谓'凡国民有可以行议院政治之能力者，皆其有可以为共和国民之资格者也'之一前提，避而弗击。吾读其文至再三，其果承认此前提与否，渺不可见。而惟悍然下一断案曰：'吾之意以为中国国民，必能有为共和国民之资格者也。'"[1]

梁启超的自负我们大可不必相信，但他的这段分析无疑指出了这样一种事实，即对于革命党人来说，当他们的目的已经确定之后，不论条件具备与否，他们都将义无反顾地为之献身，为之奋斗。他们坚信："若创造这立宪共和二等的政体，不是在别的缘故上分判，总在志士的经营。百姓无所知，要在志士的提倡；志士的思想高，则百姓的程度高。所以我们为志士的，总要择地球上最文明的政治法律来救我们中国，最优等的人格来待我们四万万同胞。""所以鄙人无他，惟愿诸君将振兴中国之责任，置之于自身之肩上。昔日本维新之初，亦不过数志士为之原动力，仅三十余年，而跻于六大强国之一。以吾侪今日为之，独不能事半功倍乎？"[2] 很显然，如何发

---

① 梁启超：《答某报第四号对于本报之驳论》，张枬、王忍之编：《辛亥革命前十年时论选集》卷二（上），第 240 页。
② 《在东京中国留学生欢迎大会的演说》，《孙中山全集》卷一，第 283 页。

挥人的主观能动性创造条件进行革命，建立共和，这便是信奉改良主义信条的梁启超根本无法想象到的。于是，革命派不仅"辩倒"了改良派，而且后来的事实也确实证明在人为的推动下，革命并不是不能发生，共和也不必是不能超前实现。至于后果如何，那就是另外一个问题了。

改良派没有"说服"革命派，因此，不仅君主立宪的举国共识建立不起来，事实上，革命的共识也无法成立，革命的影响和力量依然小于君主立宪派。中国的未来前途依然存在着多种可能性，关键就看清政府的态度和诚意了。

执其两端而用中

　　清政府君主立宪的方案酝酿、发动于慈禧太后执政的时候，不论慈禧太后本人对君主立宪的真实用意何在，在其中起决定性作用的非慈禧太后莫属。因此，如果不是光绪帝、慈禧太后分别在1908年11月14日和15日突然相继死去，君主立宪制的推行或许尚需时日，但清政府绝不会因皇权中心的突然丧失而手足无措，从而失去对全国秩序的维护和控制。

　　慈禧太后死前将光绪皇帝的弟弟载沣之子溥仪立为皇帝。但溥仪当时年仅三岁，于是载沣被任命为摄政王。正如有的研究者所指出的那样，慈禧太后任命"载沣为摄政，由载沣之子继承皇位这一安排并未考虑到是否有助于清王朝的安定与帝国的繁荣。载沣几乎毫不具备做摄政王的一切必要素质。他无力节制他的兄弟和其他王公显贵，他被迫授予他们政府高位，而不考虑他们的能力。因此，他失去了许多有才干的汉官的支持，否则这些汉官在1911年革命爆发时就会站在他这一边。在实质问题上的每一点他都让了步，最终只好接受其子的退位和清王朝的覆灭"[1]。

载沣为 1908—1911 年间的中国实际的最高统治者。他一方面愿意继承和继续推行慈禧太后开创的君主立宪事业，在主政不久即公开重申于宣统八年即 1916 年颁布宪法，召集议员，并命在宪政编查馆内设立专科，考核九年限内议院未开以前逐年应行筹办进行事宜，以期次序推行，合乎维新图治之宗旨。另一方面，由于能力所限，载沣面对日趋变革的政治局势，以及立宪派、革命派、保皇派等各种派别互相抵触的要求，缺乏足够的政治智慧加以协调，反而显得束手无策，"处置之失当"[2]，造成一系列意想不到的后果。

按照载沣的本意，君主立宪为清政府既定的方针，何时付诸实施只是时间问题，但绝没有理由拒绝和倒退。然而此事毕竟事关重大，只能在政府的主导下有秩序地进行，而不能不顾中国的实际情况躐等前进。因此在摄政的最初阶段，社会舆论对他颇有好感，有所谓载沣看到"直东两省人民签名者已达十三万之谱"的国会请愿书后，"拍案大呼曰：'人民请愿如此之多，倘再不准，未免大失民心'"等传闻。[3] 或许是基于此种同情心，载沣于 1910 年 11 月 4 日通过"上谕"宣布把原定召开国会九年为期的期限提前三年，并称"一经宣布，万不能再议更张"，立宪政体的真正实现已是指日可待。

将原定召开国会的期限提前三年，是立宪党人连续请愿施加压力的结果，清廷在被迫做出这一让步的同时，也不能不顾及皇族的

---

① ［美］A.W. 恒慕义主编：《清代名人传略》（下），第 425 页。

② 梁启超：《为国会期限问题敬告国人》，中国史学会主编：《中国近代史资料丛刊·辛亥革命》卷四，第 132 页。

③ 《大公报》（天津）1910 年 7 月 14 日。

利益，因此清廷一方面宣示期限提前，另一方面下令禁止继续进行国会请愿，"现经降旨以宣统五年为开设议院之期，所有各省代表人等，著民政部及各省督抚剀切晓谕，令其即日散归，各安职业，静候朝廷详定一切，次第施行"①。以期使各方面都能接受，并力图使清廷在立宪运动中起主导作用。

对于清廷的这些决定，立宪党人虽然并不十分满意，但相对来说，毕竟有了些微的进步，于是江浙两省一批立宪派首领害怕进一步请愿会与清廷发生激烈的对抗，祸及自身，决定顺水推舟，鸣金收兵，纷纷发文表示"祝贺"，②为自己留下进退两便的后路。

然而，暂时的平静并不能永保平安。按照缩短立宪期限修订的筹备事宜，宣统三年即 1911 年应颁布内阁官制，设立内阁。是年 5 月，清廷发布内阁官制和任命总理、协理大臣以及各部大臣的上谕，由于成员几乎是清一色的皇族和满族人，于是全国舆论为之哗然。最感失望的是那些立宪派，而革命党人则因此事愈证明了非推翻清政府实行革命不可。进而，立宪党人开始分化，相当一部分人转到革命派的方面来了。

"皇族内阁"的出台是清廷的一大错误，它最严重的后果，便是使大批的立宪党人从此失望。皇族内阁上台后干的第一件事更为糟糕，那就是下令把正在建设中的各条铁路干线全部收归"国有"。这一愚蠢的决定更进一步地把立宪党人推到革命派的一方。因为当时

---

① 《宣统政纪》卷四十五。

② 徐鼎新，钱小明：《上海总商会史 1902—1929》，上海：上海社会科学院出版社 1991 年版，第 151 页。

各省铁路公司多数在立宪党人手中，铁路收归国有，直接侵犯了立宪党人的利益，从而诱发了由立宪派领导的保路运动。

正如有的研究者指出的那样："如果清政府真是为了'国家收回，赶紧修筑'，以加快发展中国的交通事业，那末，实行铁道干线国有的政策，是无可非议的；如果清政府能拒绝任何奴役性的条件，在确保无损于独立和主权的情况下利用外资，以扩大国家的经济建设，那末，举借外债也是不应指责的。问题在于这个反动政府的当权集团不是这样想的，也不是这样做的。他们无非是假'国有'之名，将已允准各省集股商办的干线收了回来，接受奴役性的外债，将路权出卖，以换取帝国主义的支持，借以挽救那行将崩溃的封建政权。"[1]因此，铁路国有政策遭到各方面的一致反对，便是情理之中的事了。

对于清政府来说，铁路国有政策的最大失误，恐怕不仅仅在于接受了奴役性的外债，将路权出卖，更重要的恐怕在于这样两个方面：一是立宪派和革命派就此找到了共同语言，尽管他们之间依然存在利益上的不一致性，但共同的利害关系将他们暂时结合到了一起，联手反对清政府；二是以立宪派为主要领导的保路运动迅速席卷了长江中游，一方面引起了清政府的空前恐慌，另一方面也分散了清政府的注意力，为革命党人的武装起义造成了可乘之机，从而使 1911 年 10 月在武昌"一个只不过是由士兵组成的团体成功地发

---

[1]　章开沅、林增平主编：《辛亥革命史》（中），北京：人民出版社 1980 年版，第 493 页。

动一场并无充分准备的革命，清王朝因而覆亡"。①

由此可见，辛亥革命的发动和它戏剧性地成功，在一定程度上说，并不是革命形势发展的必然结果，而是国内外各种因素互相冲撞的机缘巧合，如果不是清政府在慈禧太后去世之后采取一系列的愚蠢举动，立宪党人不会那么快和清政府分手，革命党人可能依然没有武装起义成功的机会，中国社会的发展便也不可能发生那么大的急剧性变化。

正因为革命的基础并不是充分地具备，所以，尽管共和的口号叫得震天响，共和的观念亦深入人心，然而在事实上，辛亥革命的直接后果并不是导致中国立即建立起一个牢固而不可动摇的共和国家，而只能在经过一番急剧性的变动之后，逐步退回到社会经济状况所能真正承受的水平上。也就是说，辛亥革命之后的复辟与倒退，或许有着许多复杂的人为因素，但从根本上说，这种种现象只能是中国社会经济发展的必然产物，历史发展的内在规律在这里依然起着决定性的作用。

辛亥革命的主观目的无疑是为了推动中国现代化的进程，它的崇高理想无疑是要推翻野蛮的专制集权政体，建设民主的共和国家。然而崇高的理想毕竟代替不了、抵抗不住残酷的现实，中国只能在已有的轨道上继续前进。辛亥革命的那些志士仁人用鲜血和生命换来的除了"中华民国"那幅空招牌外，中国社会的实际情况并没有发生多少根本性的改变。正是从这个意义上说，辛亥革命不是不应该发生，而是因为革命志士的觉悟太早了些，人为的力量太大了些。

① ［美］A.W.恒慕义主编：《清代名人传略》（下），第473页。

因此我们可以说，辛亥革命的倡导者准确地预见到中国将要发生大的政治变动，但对变动后的未来模式的追求过于完美。结果，播下了龙种，却收到了跳蚤。从认识论的立场看，他们显然不明白历史发展的辩证规律，他们真诚地追求完美，历史却无情地给他们开了一个玩笑。有鉴于此，我们除了要做历史的创造者和推动者，更要学会容忍历史发展过程中的缺陷和不完美性，相信这些缺陷和不完美在历史发展的过程中只能是暂时的现象，既然历史发展为它们提供了暂时的存在的基础和条件，那么，随着基础和条件的改变，它们又有什么理由不退出历史舞台呢？

不过，作为一次巨大的政治变革的辛亥革命，虽然它没有达到既定的目标和理想，虽然给 20 世纪的中国留下了诸多的难题和困惑，但由于这次革命在总体上代表了中国历史发展的总趋势，符合人类的进步潮流，因而它在中国现代化的发展过程中依然具有至关重要的地位和意义，它的正反两方面的经验教训都是中国人最可宝贵的智慧财富和思想资源，永远值得中国人汲取和借鉴！

第二章

现代中国的起点

西历 1900 年，为中国传统纪年庚子年。在中国老辈口耳相传的记忆中，庚子年属于不太吉祥的年份，或多或少总会出现一些意想不到的突发事件。仅以近代中国为例，1840 年的庚子，发生中英冲突；1900 年的庚子，发生义和团事件，以及由此引发的八国联军侵华；又六十年，1960 年的庚子，原本风调雨顺的中国突然遭遇严重的大饥荒；又六十年，2020 年的庚子，在改革开放四十年之后，一场突如其来的新型冠状病毒感染让中国措手不及。这些说法，当然只具有统计学的意义，是概率，并不表明有规律。我们现在所要讨论的是 1900 年的庚子究竟给中国给世界带来了什么，以及如何影响了后续历史的发展。

民族主义诉求

按照近代中国史学界传统的说法，义和团战争之所以发生主要是因为帝国主义入侵，是一场"文明的冲突"，是中国农民一场自发的爱国反帝运动。最近二十年，随着中国与世界的距离越来越近，研究者渐渐以为这是一场愚昧的排外主义运动，与中国现代化走向相背离。这些分析都有道理，但无疑都忽视了引发义和团战争起源的直接因素，即震动中外的"大阿哥事件"。

大阿哥事件的发生是因为光绪帝病了，而且很严重。在过去一百多年，由于人们普遍相信康有为、梁启超等人提供的叙事框架，普遍以为慈禧太后和光绪帝分属两个鲜明对立的政治阵营，一个以慈禧太后为首的保守派，一个以光绪帝为首的革新派，进而将1898年的政治变动看作是保守派对革新派的镇压，进而将那年秋天事变结束后光绪帝"瀛台养病"解读成"瀛台泣血"，于是后来发生的许多事都只能放在这样的框架中进行解读。光绪帝确实不是慈禧太后的亲生儿子，他们之间也确实不可能处处一致。有矛盾有不同看法都很正常，但说他们是誓不两立不共戴天，显然夸大了他们的分歧与冲突，从而使晚清历史越说越矛盾。最近若干年，研究者慢慢开始质疑康有为、梁启超的叙事框架，慢慢意识到他们的那个叙事框架并不真实，与其说是历史，不如说是他们这些政治流亡者的现实期待。

按照康、梁的戊戌叙事脉络，由于皇太后与光绪帝有冲突，因而所谓"戊戌政变"就是皇太后剥夺了光绪帝的权力，并进而准备一旦条件成熟废黜光绪帝，另立新君。这个说法在1898年秋天流传甚广，再加上光绪帝不时休假不理朝政，中外各界越来越相信这个传言是真的。

综合各方面可信记载，这些传言当然是假的。1898年10月15日，庆亲王奕劻率总理衙门大臣主动告诉英国驻华公使窦纳乐，"关于光绪的健康和阴谋杀害他的谣言，他们都知道"。庆亲王以官方的身份告诉窦纳乐，"光绪的健康大为增进，且常和慈禧太后一同听政"；"慈禧太后并不完全反对改革，不过以为中国的准备条件不够，不适宜于像光绪那样操之过急而又规模过大的改革"。庆亲王"装出很诚恳的样子"问窦纳乐"如何使目下动乱的情形平静下去"。窦纳乐的建议是："一个保证有效的使不安状况归于平静的办法，便是找一位外国医生为光绪看病，并签署一份光绪的健康证明书。"窦纳乐预料，庆亲王和清政府不会接受这样的建议，然而他的这个预判显然错了，这是近代中国最典型的阴谋论，是以自己想象的恶意猜测对方。①

真实事件的后续发展是，庆亲王代表清政府欣然接受了这个建议。通过外交渠道安排，法国公使馆多德福医生 10 月 18 日得以进宫诊视光绪帝，为光绪帝做了一个全面检查，"外交团的领袖从总理衙门接到一个大夫的诊断报告，指出虽然没有立刻的危险，但皇帝是有了微恙"②。一般的看法是，光绪的病情属于"突发肾炎"，并不很严重，只要在饮食上善加调理，辅助一些药物治疗，病情就会好转。言下之意，光绪帝的病情并不影响其继续履行职责。

外国医生的诊断证明在西方世界确实有用，此后很长时间，中外之间并没有因此再起风波。只是突发肾炎在当年确实并不那么好治，光绪帝的病情几经反复，时好时坏，有时他能参与朝政处理，

---

① 《关于光绪帝的健康事》（1898 年 10 月 16 日），中国史学会主编：《中国近代史资料丛刊·戊戌变法》卷三，第 538 页。

② 《窦纳乐致沙侯》（1898 年 10 月 29 日），中国史学会主编：《中国近代史资料丛刊·戊戌变法》卷三，第 549 页。

有时又显得连一些礼仪性活动都没有力气参加。到了 1899 年下半年，光绪帝甚至出现了病危的情形。

在高度集权的王朝，皇帝的健康关乎国家稳定。面对这种情形，清廷并没有刻意将光绪帝的病情列为绝密，而是以上谕方式适时向外界公布。这种公布当然具有正面效果，中外大臣毕竟由此知道朝廷中的消息，知道光绪帝的病情。然而随着光绪的病情越来越严重，在内外大臣中也在酝酿着各种各样的建议，一种最盛行的看法是，即便光绪帝的病情没有大碍，但他的这种病，来时如山倒，去时若抽丝。其预后究竟怎样真的不容乐观，因此他们建议从大局考虑，从大清前途及政治稳定考虑，应该有一个预案，应该让国内外对未来有一个比较稳定的期待，"上春秋已盛，无皇子，不如择宗室近支子，建为大阿哥为上嗣，兼祧穆宗，育之宫中"[1]。

说白了，这些内外大臣的考虑蕴含着另外一个问题，即光绪帝大婚至今已十几年了，尚无龙子。现在又是肾病复发，那么在可以预见的未来，光绪帝生养皇子的概率越来越小。光绪帝马上就到而立之年了，身体又不好，所以这些内外大臣暗中酝酿着一个重大计划，就是为光绪帝过继一个孩子，用心培养，将来做接班人，以此稳定国内外对中国政治未来的预期，"于是改命新皇帝溥儁屈为大阿哥，入宫养育，承嗣穆宗，称今上曰皇叔"[2]。

光绪帝没有孩子当然可以过继一个，就像光绪帝本人一样，原

---

[1] 恽毓鼎：《崇陵传信录》，中国史学会主编：《中国近代史资料丛刊·戊戌变法》卷一，第 478 页。

[2] 王照：《方家园杂咏纪事》，《近代稗海》卷一，成都：四川人民出版社 1985 年版，第 8 页。

本就不是咸丰帝的孩子，不是慈禧太后的亲生子。然而由于 1898 年政治转折后铺天盖地的传闻总在说两宫之间的恩怨情仇，现在突然要为光绪帝过继皇子，无疑引起海内外的无端猜疑。

光绪二十五年十二月二十三（1900 年 1 月 23 日），清廷发布一道上谕，命令恭亲王溥伟，贝勒载濂、载滢、载澜，以及大学士、御前大臣、军机大臣、内务府大臣、南书房、上书房、中央部院满汉尚书等于第二日侍候召见。这么一个庞大的贵族、高官群体，就是"海选"大阿哥的"小圈子选举团"，大阿哥就是由他们通过一定方式选举产生的。①

在这之前很长一段时间，慈禧太后，还有光绪帝等皇室成员就约满洲贵族领袖人物谈过话，并一起连续数天考察了皇族中溥字辈幼童数十人，从中物色出备选名单，然后再将这些备选名单提交到那个规模更大的贵族会议上去讨论。

经过漫长且复杂的程序，也肯定经过充分而详细的讨论，清廷终于在 1900 年 1 月 24 日御前会议上做出重大决定，宣布由端郡王载漪之子溥儁为大阿哥，入继为穆宗毅皇帝同治之子。这样一来，这个大阿哥就不是光绪帝的皇子，而是光绪帝的从弟。换言之，清廷准备由这个大阿哥继续奉慈禧太后为尊，慈禧太后依然是"皇太后"，而不是"太皇太后"。

从一个比较善良的愿望进行解读，清廷是要为未来政治发展提供一个值得信赖的预期，然而由于清廷政治处在一个单边的不对称、不透明状态，因此其所有的用意都被各界从相反方向去解读。

---

① 《光绪朝东华录》卷四，北京：中华书局 1958 年版，第 4457 页。

康有为、梁启超等因 1898 年那场未遂政变而流亡海外的政治人物自然竭力夸大这个事件的负面意义，一再猜测和宣扬是以慈禧太后为首的所谓保守派对光绪帝下了黑手，是一场不见硝烟的宫廷政变。他们散布"皇太后虐待皇上情形，为中国四百兆人中境遇最苦者"；"皇太后将皇上闭诸瀛台，瀛台在南海中心，四面皆有水环之，设板桥以通出入，台中约只十余室"；"皇上虽有亲裁大政之名而无其实，一切用人行政皆仍出皇太后之手"，等等。这显然是在散布流言，离间两宫，制造混乱。《申报》的一篇文章写道，康、梁的这些说法是不真实的，极为荒唐，但由于信息不透明，人们又倾向于相信没经过正式渠道的传言。仅举瀛台幽禁一例，该作者指出："谨按瀛台为列圣游憩之所，康雍之际，屡于此赐君臣宴饮，诗篇赓和，流播人间，其见之高江村《金鳌退食笔记》及诸名臣集中者，盖比之相台华林辉煌焜耀焉。……讽咏再三，想见其中水木清华，亭台精雅，翚飞鸟革，鱼跃鸢飞，皇太后盖见皇上宿恙未瘥，故令于此消遣世虑，岂得谓为闭置其中乎？"平心而论，此说更合乎事实，合乎情理，也与清廷官方文书以及那些大臣的私下记录相吻合。[①]

三人成虎，谣言可畏。康有为等人的这些猜测被一些"智者"分析加工之后越说越像真的一样，各国公使也越来越倾向于认为大阿哥事件可能真的反映了清廷内部两股势力的角力和冲突，因而他们的对应策略是冷静观察，不动声色，不祝贺不反对。这种态度在后来的政治发展中起到了非常坏的影响，在某种程度上可以说正是这个态度撩拨起了中国下层民众的民族主义情绪。

---

① 《禁逆书议》，《申报》1899 年 11 月 13 日。

其实，如果从同情立场去看待"大阿哥事件"，不难感到这一事件在清廷、慈禧太后那里并没有什么阴谋。第一，虽然为皇上选择了一个大阿哥，但皇上的地位并没有因此而动摇，皇上还是皇上，大阿哥只是储君，只是预防万一的顺位接班人；第二，皇上有严重肾炎或其他不便言说的疾病已经不能生儿育女，过继一个养子是注定的，至于何时过继，只是一个时机问题；第三，大阿哥毕竟只是大阿哥，可以是储君，但如果在后来发现有什么问题，或者有了更好选择，还可以调整；第四，大阿哥的功能或最紧迫的事情，只是在皇上生病期间分担一些礼仪性活动，并不触及实际的朝政，大阿哥的主要任务就是学习，是清廷培养的一个接班人。

如果从善意角度去理解大阿哥事件，这件事对于中国政治发展本不应该构成任何问题。使用过继的办法解决皇位传承危机，为未来政治走向提供一个良好预期，这本来是一件好事，但为什么会弄成一个惊天动地、震惊中外的大事件，而且由此改变中国历史进程的呢？

其实，中国几千年的皇位传承很少出现 1900 年这样的尴尬，中国文明至少在三千年前已将这些问题非常技术化、标准化，遇到类似问题只要按照原则去实行，或者稍加变通去实行，大位传承的危机在正常年份大大减少。

根据"嫡长子继承制"原则，像光绪帝这样没有亲生皇子的情形在技术上并不难解决，因为"嫡长子继承制"还蕴含着"兄终弟及"等"顺位"原则。即便皇帝没有同胞兄弟，依然可以按照血缘关系的亲近，规范出第一继承人、第二继承人，甚至更多可能的皇位继承人。这一点就像现在一些君主立宪制国家皇室所呈现的情形，候任皇位继承人很多，其实很多人根本就没有机会。所以按照"嫡长子继承制"原则，只会有很多顺位继承人，不存在需要满洲贵族统治集团进行内部选拔之类的事情。

那么究竟是什么原因使清廷放弃最简便、最不容易出乱子的选择，而去选择一个具有冒险性的方案呢？这里面可能有两层原因。

先说第一层原因。从善意层面去理解，作为周边族群，满洲人始终没有弄清楚中国文明要义，始终没有弄清"嫡长子继承制"的好处。由于清初满汉之间的仇杀，汉人与满人之间有着巨大的心结，而且清政府有个规定，汉臣不得议论清宫内部的事情，尤其是像皇位继承这样重大的事情，更不能议论，当然，汉人士大夫在有清两百年也不太愿意让满洲人弄清这些事。如果我们去分析乾嘉汉学家的成果，我们会发现这些汉学家根本不愿阐释中国文明要义。我们回望有清十二帝两百多年历史，大清国皇位传承从顺治至宣统，很少风平浪静皆大欢喜。从顺治到康熙，有过挫折与血腥；从康熙到雍正，更加有问题；至于后来为咸丰过继载湉继承同治，又过继溥隽接着继承同治，其实都是因为弄不清怎样才是最好的"顺位"继承。

第二层原因是，慈禧太后和满洲贵族统治集团或许懂得中国文明精要，知道"嫡长子继承""兄终弟及"的道理，但是他们就是不愿这样做，或者光绪帝也不愿这样做。由此可检讨的空间也很大，但最主要的问题又要回到1898年秋的政治转折上。

1898年的政治转折说起来比较复杂，大致上说就是康有为鉴于政治改革推动困难，认为主要阻力来自以慈禧太后为首的"后党"，因而他自以为派谭嗣同去找袁世凯，希望袁世凯用兵包围颐和园，然后再派大刀王五、毕永年、唐才常等江湖义士入园劫持皇太后，逼着皇太后以某种公开方式向光绪帝转让权力。他们甚至想着改年号，仿明治维新，以期在中国重现。

康有为的想法其实只是想法，两宫之间或许对一些问题有不同看法，但要说皇太后刻意遏制皇权，阻碍改革，根据现在的研究并不成立，只是康有为当年不知道。康有为知道的是，袁世凯面对谭嗣同的软硬兼施与威逼利诱始终不为所动，并坦诚告诉谭嗣同，所谓两宫冲突只是一种不负责任的谣言，并请谭嗣同转告康有为终止这种荒诞不稽的想法。袁世凯说："皇太后听政三十余年，迭平大难，深得人心。我之部下，常以忠义为训诫，如令以作乱，必不可行。"①

袁世凯的拒绝使问题复杂化。他后来一直说自己没有向什么人"告密"，更不存在"出卖"康有为、谭嗣同等维新志士。根据袁世凯的日记，等他回到天津与荣禄谈及谭嗣同来访这个事情的时候，朝廷捉拿康有为的电报已到，"业已自内先发矣"。②

与袁世凯的情形稍有不同，康有为得到谭嗣同的报告后，心里就开始发慌。因为袁世凯毕竟在朝廷内，又是新提拔的兵部侍郎，于是慌乱的康有为匆忙逃出北京，由此惊动朝廷，形成了1898年的政治大逆转。

朝廷在此后的搜捕中很快弄清了事情的来龙去脉，康有为的计划是要让慈禧太后归政，移交权力。不言而喻，康有为的这个计划直接受益者为光绪帝，尽管事情发生后光绪帝一再辩解自己对这件

---

① 袁世凯：《戊戌日记》，中国史学会主编：《中国近代史资料丛刊·戊戌变法》卷一，第551页。

② 袁世凯：《戊戌日记》，中国史学会主编：《中国近代史资料丛刊·戊戌变法》卷一，第553页。

事一无所知。但慈禧太后确实很伤心，很愤怒。

慈禧太后有资格愤怒，而且愤怒得有道理，毕竟将载湉过继过来是她做的主，毕竟老佛爷对待小皇帝从小到大视同己出，老佛爷的管教有时确实很严厉，但光绪帝也知道那是为了自己好，因为皇太后毕竟在小皇帝刚刚十七岁的时候就主动提出归政，给小皇帝成亲，让小皇帝亲政，自己管理国家大事。当然，有时遇到重大问题，光绪帝也会来征询意见，皇太后发现有什么不合适的地方，也会毫不隐讳地指出来。这都是很正常的事情。现在弄出康有为"围谋颐和园劫持皇太后"这样的事情，怎能不让慈禧太后伤心、悲痛、愤怒呢？

一百多年后，可以看到的资料越来越多，我们现在知道光绪帝对康有为的计划其实是真的不知道，尽管如果成功，他会是实际的受益者。由于他真不知道，光绪帝对皇太后的指责就很难接受，也同样觉得委屈，所以在将康有为"谋反案"处理告一段落后，光绪帝也向皇太后提出了一个很合乎情理的要求，请求皇太后再度垂帘，实行训政。

光绪帝的这个请求，理由是自己用人不察，让康有为等钻了漏洞，因而自己还需锻炼，更需反省。然而，光绪帝近乎撂挑子的请求使皇太后很没有面子，皇位继承大约就在这个时候这种情绪支配下开始出了点问题。①

---

① 政变发生后，光绪帝"因念宗社为重，再三吁恳慈恩训政"，既有真诚检讨自己用人不察的意思，也有一点委屈在心头。见《光绪朝东华录》卷四，第 4200 页。

这只是光绪帝心理转变的一个迹象。其真实情形，光绪帝在这件事情处理告一段落后，也确实急火攻心，旧疾复发，这是有法国公使馆医生的诊断证明的。不过，法国公使馆医生也明确表示光绪帝的肾病不妨碍其继续履行职务，只要饮食得当，辅以必要的药物治疗，就会慢慢好起来。事实上，当清廷度过庚子劫难后，光绪帝相当健康地又活了八年。如果从 1898 年算起，就是十年整。

慈禧太后当然并没有一直怀疑光绪帝在 1898 年捣鬼，但光绪帝知道自己毕竟不是皇太后的亲生子，因而也必须为这件事情承担自己的责任。当慈禧太后在 1899 年光绪帝病情忽好忽坏很不稳定，甚至几度影响朝廷政治运作时，选择一个合适的皇位继承人，为大清政治发展提供良性预期，应该是一番好意，光绪帝对此也不会竭力反对，甚至乐观其成。我们还可以相信，在为光绪帝选择大阿哥的时候，光绪帝仍然拥有相当的发言权，这个判断不是简单依据由光绪帝发布谕旨选择大阿哥、公布"海选"结果这种形式化，而是在后来几年政治发展中，我们依然可以清晰感受到光绪帝乾纲独断的魄力。

光绪帝刻意不让继承人继续从醇亲王府中出，有避嫌的意思。既然最简单的办法不能使用，那就使用稍微复杂的程序。根据清廷档案，慈禧太后偕同满洲贵族中的重量级人物，在 1899 年上半年就对皇族近支中溥字辈幼童十多人进行了详尽考察，希望从中选拔出一个光绪帝的继承人。这就是端王爷家的二公子溥隽胜出的背景。

后来许多研究大阿哥事件的学者都注意到了端王载漪与慈禧太后家族的亲密关系。端王载漪有着正宗血统，1856 年出生。他是嘉庆帝第三个儿子惇亲王绵恺的孙子，道光帝五子惇亲王奕誴的第二个儿子。载漪于 1860 年过继给瑞亲王绵忻为嗣孙，1894 年与慈禧太后娘家侄女成婚。换言之，端王载漪也是慈禧太后的侄女婿。这样一来，端王载漪的儿子溥隽不仅具有正宗的皇族血统，而且也像光绪帝载湉一样，与皇太后家族有着比较特殊的关系。

当准备为光绪帝寻找大阿哥的消息传开后，有条件的皇族成员相互间激烈争夺，各个家族想尽办法争取让自己的孩子上位。这是可以理解的。我们看到，慈禧太后偕同满洲贵族的重量级人物考察幼童时所提及的恭亲王溥伟，贝勒载濂、载澜等，他们的祖辈或父辈原本都有机会上位成为皇帝，只是机缘巧合，成为亲王，无望大位。

现在回看这些潜在竞争者，实事求是地说，论能力和在当时政治中的影响力，第一人选应该是庆亲王奕劻。他不仅具有皇室正宗血统，更重要的是庆亲王很早时候就介入了现实政治，更是继恭亲王奕䜣之后皇族、满洲贵族第一大臣，内政外交只手遮天，可以说是"两人之下万人之上"，除了慈禧太后和光绪帝，没有哪一个人的权势能够和庆王爷比。然而，庆王爷的悲剧或许就是他太能干了，所以在此次大阿哥选拔中，庆王府最早被边缘化。

恭亲王溥伟，贝勒载濂、载澜等家族其实也都不错，他们在此后十年的政治发展中也都贡献良多，成为"晚清太子党"重要成员，对于推动晚清十年政治改革贡献巨大。不过他们也没有办法在此次大阿哥"海选"中谋求机会，他们的问题即便没有庆亲王那么严重，但其性质是一样的，都是因为能干而成为别人的障碍，这就是清廷体制造成的结果。

由此，我们再来看为什么是端王爷家的孩子？其实真的不是端王爷的这个二少爷溥隽多么优秀，主要原因应该是端王爷为人厚道一些，从来没有和别的王爷争风吃醋，一比高低。当然，不是不想而是不能。更重要的是，端王载漪一直没有介入或者说深度介入现实政治，你可以说他没有本事，没有政治理念，但是在那种环境中，这些缺点或弱点就是最大的优点。用一个成语说叫作"鹬蚌相争，渔人得利"，端王爷或许也有对皇位的觊觎，但他毕竟不是很有实力，他只是一个普通的王爷，只是在1893年开始担任御前大臣。①各位有能耐的王爷相互争斗厮杀纷纷出局，逆淘汰体制使这位没有深度介入政治的"端王爷家的"轻松胜出。

没有深度介入现实政治成全了端王爷的帝王梦，或许也是这个原因引发了稍后的王爷纷争，进而引爆"庚子国变"、义和团战争。

"鹬蚌相争"成全了端王先前想都不敢想的帝王梦。然而正因为如此，先前与各位王爷相处还算融洽的端王府，在出了一个大阿哥之后，很快就成为权力冲突的焦点。趋炎附势的那一拨王爷很快将端王爷视为满洲人的政治领袖，迅速表态，坚定支持，衷心拥护，以此抢占有利地位。这拨人稍后成为端王爷的权力基础，从总体上而言，这拨人能耐稍差，品行欠佳。另外一批王爷，或许因为在大阿哥争夺中相互伤害太大，或许对端王府、端王爷素来就有成见，因而由此成为端王爷体系内的反对派。尽管这种反对不公开，但是后来的历史证明，不公开，危害更大。

---

① 《清史稿》卷一六五说载漪咸丰十年（1860）袭贝勒，光绪十四年（1888）加郡王衔；二十六年（1900），晋端郡王。很显然，在大阿哥事件之前很少有机会介入政治。

从端王爷成长经历看，正因为这位王爷在这之前没有过多介入政治，才与各位王爷相对比较友好；正因为端王爷自认为没有多少机会，才缺少锐气，缺少竞争，才有机会脱颖而出。也正因为这两层原因，后来有历史学家说端王爷是一个天生的排外主义者，显然缺少根据。端王爷尽管在义和团战争之后受到严厉处分，但他发自内心不服气，只怪自己命不好、运不济。

戊戌秋的政治逆转是一个关键。如果不是这个逆转，就不会有后来的故事。没有后来的故事，就没有端王爷什么事，端王爷还会像过去那样优哉游哉地过着王爷的生活。然而现在一切全变了，端王爷突然不再是原来的端王爷了，突然变成了一人之下万人之上了，甚至那个曾经乾纲独断的光绪帝也不再像过去那样精神了。端王爷内心中的那点虚荣心被这个突然的变故激活了。

戊戌前若干年，端王爷只是因王爷身份被任命为御前大臣，并没有具体参与国务管理，更没有从事外交，现在端王爷家的儿子成了大阿哥，也就是王储，也就是未来的国君。先前没有政治理念的端王爷如果不是遇到了非常事件，他一定也会像光绪帝的亲生父亲醇亲王奕譞那样继续垂拱而为，越平庸越好，不会去构建什么政治理念，更不会刻意排外，不会向左也不会向右，继续一切听从慈禧太后的安排，因为这位老太太才是大清王朝真正的掌权者。

然而现在不同的是，大阿哥的消息刚宣布就遇到了困难，流亡海外的保皇党的强烈抗议当然可以不去管，但各国公使视而不见，持续沉默，弄得端王爷实在没有脸面。还有南方，特别是上海一大批不知天高地厚的士大夫公开抗议，公开斥责端王爷策动的大阿哥事件就是抢班夺权。[①]

端王爷在大阿哥事件之前确实只是个没有政治理念的王爷，但在这个事件发生之后就不一样了。

当大阿哥事件还处在酝酿阶段时，南方士大夫和官僚阶层中的许多人就明确表示了反对意见，并通过各种渠道让朝廷知道。这时的反对者主要还是从政治层面为大清王朝着想，他们善意地希望不要因为 1898 年秋天的政治逆转而中断改革进程，更不能因此中途换马，撤换或变相撤换光绪帝。果如此，必将引起国本动摇，引起政治动荡。[②]

南方士大夫和官僚阶层的反对没有说服清廷主政者，或许因为光绪帝的病情不容许此事继续拖下去。总而言之，清廷在 1900 年 1 月 23 日做出如此重大决定，确立了大阿哥的政治地位。清廷或许没有什么阴谋，或许真的想给中国带来一个不一样的新世纪。

然而清廷的这个政治决定不仅没有获得官僚阶层的积极回应，反而将原本并不反叛的士大夫阶层推到了对立面。南方士大夫阶层立即起而反对，海外华侨也在各方面鼓动下酝酿着政治抗争。更可怕的是，原先只是一门心思与清政府做生意的各国公使，到了这个时候也长时间保持缄默，不愿对大阿哥事件说一句话。当然，各国公使或许弄不清清政府内部决策的真相，他们的缄默只是不得已的选择。

---

① 上海电报局总管经元善策动上千名流公开致电朝廷，指责"名为立嗣，实则废立"。虞和平编：《经元善集》，武汉：华中师范大学出版社 1988 年版，第 309 页。

② 刘坤一：《寄总署》（光绪二十四年八月二十八日），中国史学会主编：《中国近代史资料丛刊·戊戌变法》卷三，第 631 页。

除了反对的声音和力量，就是保持缄默的各国公使，剩下的人能够认同清廷这项政治决策的是绝对的少数，这些少数群体在这个特殊的机遇中得以上位，就是因为他们在最困难的时刻挺了一下大阿哥，给了端王爷一个面子。在这个环节中，最重要的人物就是刚被撤职的山东巡抚毓贤。他的姿态、他的支持终于将端王爷引到了一个政治立场上。只是这个政治立场事后看来确实错了，而且错得太厉害。①

毓贤生于 1842 年，时年四十八岁。毓贤为内务府汉军正黄旗，算是根正苗红的新一代，他不是通过科举正途获得提升，而是在那个特殊的时代通过"捐纳"，也就是公开买个同知资格而踏入仕途的。毓贤以同知身份发山东候补，然后从山东曹州知府任上一步一步爬升上来，历任山东布政使、江宁将军等，1897 年接替因教案被免职的李秉衡，出任山东巡抚。

山东此时的教案冲突、官民冲突确实很严重，毓贤大致上采取强力办法去维持稳定，将先前散布城乡的义和拳、大刀会改组成官方主管的官办组织"义和团"。我们今天张口闭口说"义和团"不说"义和拳"，就是毓贤干的事。②从严格意义上说，将义和拳称为义和团其实是不准确的，只是口耳相传、约定俗成，不再计较而已。

毓贤在山东做了一些事情，对于山东局势稳定确实有帮助。只

---

① 《清史稿·毓贤传》"论曰"："戊戌政变后，废立议起，患外人为梗，遂欲仇之，而庚子拳匪之乱乘机作矣。太后信其术，思倚以锄敌而立威，王公贵人各为其私，群奉意旨不敢违，大乱遂成。"

② 《教务教案档》卷六，第 152 页；《筹笔偶存》，北京：中国社会科学出版社 1983 年版，第 42 页。

是山东当年的最大问题不在于土匪势力，而在于怎样处理因外国资本大规模流入之后的中外冲突、民教冲突。在这一点上，毓贤对义和拳、大刀会等民间秘密结社比较友善。因为他看到民教冲突的责任并不都在中国方面，传教士、外国商人甚至各国公使、在山东的其他外国人，都在某种程度上负有相当责任。所以他在巡抚任上，并不是一味接受外国人的要求，而是适度、适时表示出某种程度的抗争，进而期待用民间抗争作为与外国人交涉的筹码。毓贤利用民间抗争与外国人交涉也取得一些效果，当地老百姓对此并不反对。老百姓分不清排外还是排内，有人替他们的委屈打抱不平，他们就感激。这很正常。

不正常的是，毓贤的做法很快被各国公使发现了奥秘，各国公使强烈要求将毓贤从山东巡抚任上撤职，并提议用袁世凯替换他。

袁世凯此时正在天津小站训练新军，很得朝廷和列强欢心。袁世凯就任之后，三下五除二，很轻松地将山东问题搞定，这当然让灰溜溜被撤职罢官的毓贤很恼火，也很忌妒袁世凯。

回到北京的毓贤闲来无事，很快发现位高而无权的端王爷其实和自己一样很郁闷，于是他为自己找到了同道而暗喜。毓贤找机会向端王爷汇报了几年来在山东的工作，特别是与列强打交道的经验，对症下药式地告诉端王爷，要想让列强服输，或者要想让各国公使对大阿哥事件有一个正面态度，就得利用民心利用民气，这是外国佬最害怕的东西。[①]

① ［美］马士：《中华帝国对外关系史》，上海：上海书店出版社2006年版，第199页。

端王爷的焦虑与毓贤的焦虑当然不是一回事，只是毓贤这么直白的表示肯定启发了端王爷。

从当时的情形看，端王爷的困境就是怎样让各国公使表现出一点起码的外交礼貌，毕竟为光绪帝选拔接班人是中国政治生活中的一件大事，外国人保持缄默，无疑在很大程度上鼓励甚至在支持清政府政治上的反对派。端王爷在选拔大阿哥消息发布后最觉得窝火的就是这些外国人太不给面子。

根据李希圣《庚子国变记》，端王爷在立大阿哥之后曾托人给各国公使带话，希望他们能够给予清政府以起码的礼仪尊重。端王爷甚至通过中间人暗示，一旦这个问题解决了，其他事情都好商量，毕竟他和各国公使还要长期合作共事。

端王爷给各国公使的暗示已经很明确了，但各国公使就是不给面子。他们始终不愿集体觐见端王爷和大阿哥，甚至不愿派代表表示祝贺，不愿给端王爷背书，不愿留下任何凭借。

各国公使不愿这样做的原因一方面是他们自己对中国政治派系斗争的理解，不到水落石出时不给任何一派结盟的感觉。[①] 作为局外中立方才能够保证他们利益最大化。另一方面，各国公使还有他们的政府，此时实际上深受海外政治反对派康有为、梁启超等人的影响，他们一致认定清廷为光绪帝立大阿哥，就是中途换人，就是政治上的倒退。如果列强认同了这个政治决定，就是对中国政治改革不负责任，就是助纣为虐，即便中国政治不发生大逆转，他们也总

---

① 李希圣：《"庚子国变"记》，中国史学会主编：《中国近代史资料丛刊·义和团》卷一，第11页。

觉得有道义上的不合理之处。

康有为、梁启超等人的看法从大历史的观点看当然问题多多，但在当时，各国公使和各国政府当然不希望中国政治往回走，因为那样不符合列强的利益。因而在这非常微妙的气氛下，各国公使选择了静观，他们不愿在清廷最困难的时候伸出援手。

对于各国公使的这种心态，清政府是知道的，但怎样才能说服各国公使，或者说怎样才能不失外交尊严，而又能让外国公使给予适度尊严呢？这既是清政府的困境，更是端王爷的困境。当他们各种关系各种柔性办法都用尽之后，还有什么办法能够制造一个机会，或者说能够提供一个寻求突破的契机呢？

当此时，前山东巡抚毓贤的经验就显得很重要很独特，那就是以静制动、静以待变，不怕各国公使不来求我。于是，此后一段时间，清廷在端王爷等人建议下，一改过去两百多年对民间秘密结社强硬镇压毫无商量余地的做法，默认义和拳、大刀会等各种秘密结社组织在各地惹是生非。端王爷等人的意思很明显，一旦这些事故影响了外国人的利益，还怕各国公使不来求我吗？

我们不能说后来的义和团战争就是这样引起的，但是我们应该注意王爷之间的利害冲突，确实影响了各国公使对大阿哥事件的看法，影响了他们对中国事务的判断，义和团战争起源在这里或许能够找到一点蛛丝马迹。

变局起南国

　　1900 年"庚子国变"深刻改变中国历史走向，是 1898 年戊戌维新、政变的延续，而关节点就是大阿哥的选择，以及此后引发的外交困难。也就是大阿哥被选出来之后，一直没有获得列强的认可，列强不愿向大阿哥，以及大阿哥的父亲端王爷表示祝贺。清帝国是一个威权国家，政治统治的合法性并不是简单地占据权力要津，而是能否获得来自各主要大国的认可。这一点就像先前的属国体制背景下各属国与清帝国的关系那样，经济的、物质的关系都不重要，最重要的就是能否获得认可，承认是可以交往的一方。很显然，列强并不愿意接纳大阿哥、端王爷及其新政府。这中间究竟是什么原因，其实还可以继续研究，但事实毕竟是列强不愿轻易与之交往，不愿像对待光绪帝那样延续旧关系。这一点应该不必怀疑。

　　列强不愿与端王的政府继续交往，就是不愿介入、干预中国内政。这是经过近代化改革之后一般西方国家最愿意采纳的态度。但从"庚子国变"实际情形看，这种不介入导致了清帝国内部各种政治势力乘虚而起，那些反对端王的人于是有了活动的空间。

　　换言之，当清帝国为光绪帝选择大阿哥的事件将发未发之际，甚至已发之后，假如列强以强硬的立场表达反对，相信清帝国多少会注意各国的立场，不至于一条道走到黑。

当然，列强的不干预，其实也是不愿承认大阿哥的合法性，不愿为大阿哥背书。而对于端王和那些依附于端王的人来说，列强的这种不干预本身就是干预，于是如何让列强转变立场，便是1900年初端王政府最重要的外交事务。并由此理解卜克斯事件，理解数十万义和拳在京津地区闹哄哄的几个月，就可以深切体会端王和他的那些智囊的用意。

然而，列强并没有接过端王政府提交的外交由头，各国依然按照自己的判断行事。他们始终不在大阿哥问题上表态，至于义和拳和大刀会，他们也只是强调不要让这些组织伤害各国利益，至于如何处置，各国并不愿介入。假如各国使馆卫队进京受挫时转变强硬立场，直接对付义和拳，相信此时的义和拳肯定不堪一击，闻风而作鸟兽散。当然，果如此，也势必引起中外之间整体性的对立，让局面一发不可收拾。

各国的态度与做法深刻影响了中国内部各个政治派系的思路，东南各省督抚的立场，上海、广东、武汉等地政治形势的诡异，其实都可以从这里找到影子。但是等到各国政府明白无误地表达了依然会与清政府继续打交道时，南方各省的异动迅即结束，中国的未来如何演变成为一个新的问题。

重置未来

　　1900 年 8 月 21 日，也就是八国联军进入北京不到一周时间，美国总统麦金莱发表声明，表示愿意与光绪帝、慈禧太后的清政府继续打交道，希望各国能够尽快达成一项谅解，进行善后谈判，尽早结束当前中国的混乱局面。23 日，美国政府告诉清政府驻美公使伍廷芳，清政府在此次事变中并没有协助各国营救各国公使，致使各国不得不"重费兵力"，不过美国政府仍然愿意派员与中国"实在任事秉权之政府所派大员"，会同各国进行谈判。[①] 美国的立场不仅有力地支持了慈禧太后、光绪帝主导的清政府，而且极大化解了列强之间的分歧。

　　8 月 27 日，清政府发布谕旨，命庆亲王奕劻即日驰回京城，便宜行事，毋庸再赴行在。谕旨称，庆亲王谊属懿亲，与国同休戚，当此宗社安危所系，自必力任其难，无所畏避。该谕旨仍令李鸿章

---

① 　日本佐原笃介、浙西沤隐同辑：《八国联军志》，中国史学会主编：《中国近代史资料丛刊・义和团》卷三，第 217 页；而《清议报》将美国政府承认李鸿章资格的声明系于 9 月 4 日。

遵照先前指示，迅速来京，仍会同妥商办理。[①]与此同时，清政府还通过军机处通知赫德，表示朝廷已同意他的建议，委派庆亲王奕劻迅速回京，会同赫德与各国妥商一切。并请赫德与各国商谈，借轮船前往上海接李鸿章迅速来京，会同庆亲王商办善后事宜。[②]同一天，清廷还发布谕旨，派昆冈、崇礼、裕德、敬信、溥善、阿克丹、那桐、陈夔龙等作为留京办事大臣，随同庆亲王商办一切事宜。[③]庆亲王受命返回北京与各国进行交涉之后，先至怀柔县（今怀柔区）就医，以病请假十日，定于9月2日（八月初九日）回京，并照会各国公使知之。[④]

与此同时，总税务司赫德9月1日向清政府提交了一份备忘录，告诫清政府万不可把围攻使臣一事看轻，亦不可误看。此事"实系万国来往第一犯法之举，而为各国各人至死不允之事"。这份文件详细列举事件始末，分析清政府应该承担的责任，这对于后来议和谈判起到了相当重要的作用。文件共有八条，主要内容为：

一、1898年因甘肃提督董福祥调兵赴京，其迹可疑，始有各国调兵数十名暂行保护使臣之事。

二、1899年内，各口西人均怀警惧，因闻山东义和拳起事，虽

---

① 《军机处寄庆亲王奕劻等上谕》（光绪二十六年八月初三日），《义和团档案史料》（上），北京：中华书局1959年版，第513页。

② 《军机处寄总税务司赫德上谕》（光绪二十六年八月初三日），《义和团档案史料》（上），第513页。

③ 《军机处寄大学士昆冈等上谕》（光绪二十六年八月初三日），《义和团档案史料》（上），第514页。

④ 杨典浩：《庚子大事记》，中国史学会主编：《中国近代史资料丛刊·义和团》卷一，第26页。

未见有朝廷信任之明文，而该省大宪及各地方官多有信从保护之说。

三、1900 年春间，义和拳自山东向直隶地区转移，扰及保定府，遇有教堂即行烧毁，遇有教民即行杀害，各国驻京公使复行调兵到京保护。

四、彼时义和拳仍行骚乱，竟至丰台车站，猖狂更甚，较前更险，各国公使复欲多调兵守护，不料铁路均已毁坏，以致各国所调之兵不能到京，只可退回天津。

五、1900 年 6 月 11 日，日本使馆书记杉山彬出永定门，竟被董福祥甘军之勇丁杀害。13 日，义和拳进入崇文门内，于街市左右放火杀人。自是日后，各国使臣派护馆兵在东交民巷一带巡逻，并不准中国人任意来往，此系自行保护使馆无法之事。

六、6 月 15 日京津两处不能通信，在大沽口外之联军将领因思必须多派兵丁迎接各国使臣出京，是以有自定占取大沽炮台之事，以便各国兵出入。旋于 6 月 19 日有总理衙门行知各国使臣限二十四小时出京赴津之事。至二十四小时期满，即有勇丁开枪围攻使馆之事。

七、围攻使馆以前，虽闻山东地方官保护义和拳，而总未明见谕旨。围攻以后，屡见上谕嘉奖义和拳，并令派王大臣统带，街市各处均贴有统带义和拳王大臣告示。是以义和拳所为，或害华民，或害洋人，国家均不能推诿，各国必坚持此意为词。若谓此系君主不知不愿之事，各国大臣必定当面质证：此事究系不听君谕之众臣为国主，抑系任听众臣所为之君上为国主？因此，中国方面无论如何辩驳，此事仍系国家之责成，一切所为均属国家应行赔偿之事。

八、中外双方此次请办允办各事，必非易办，而中国方面此次所请所允，较各国更为困难。然欲了结此事也并不是毫无办法，清政府必须在这样两个方面有所抉择：一系听从董福祥等之主见，交战到底；一系设法乘机说和停战。惟半月之内，西兵自海口至京，路遇之华军不能抵敌，观此则交战到底之美意似无后望。至设法说和一法，亦非易办之事。但如果没有勇敢大臣出头，或请或允，则大局之十成全无把握，若敢出头料理，则所失者似不过一成内之数分而已，此意亟应熟思。^①

赫德提出的节略肯定引起了中国方面的重视，清政府在此后的一切交涉活动中也一直按照赫德这份文件中的提示进行。至少在观念上确立了清政府必须在纵容义和团的问题上承认错误，在围攻使馆的问题上进行道歉并给予适当的赔偿。

在赫德这份建议提出之前，在清政府的概念中，一直把这次中外冲突的原因解释成民教冲突，一直强调朝廷的为难之处。清政府在 8 月 19 日的上谕中仍然坚持这样的观点，并强调已将这样的观点历次备具国书详告各国，而各国则答以他们之所以出兵中国，只是为了代清政府剿灭乱民，并无他意。然而现在联军却得寸进尺，猛攻入城，图扑宫禁。似此举动，显然是不顾邦交，也与各国先前的历次表态不符。上谕还辩解称，清政府对驻京各使臣始终委曲求全，未尝失礼，各国待中国就更不应该如此。

从清政府的这种认识看，如果清政府继续坚持这种观点，显然很难与各国公使达成共识，这也就是为何赫德反复强调清政府必须

---

① 《赫德围攻使臣始末节略》（1900 年 9 月 1 日），《中国海关与义和团运动》，北京：中华书局 1983 年版，第 32 页。

改变对这次事变性质的认识的原因，而朝廷方面也必须有敢于负责任的大臣出头求和，而且在观念上也必须合乎各国的看法，才有可能取得共识，才能真正坐下来进行谈判。而这种敢于负责任的大臣，在赫德的心目中显然就是指庆亲王和李鸿章、刘坤一、张之洞等少数几个具有世界眼光的人。

9月2日，李鸿章、刘坤一、张之洞联名上奏清政府，请饬令奕劻、荣禄等星夜回京，并表示李鸿章也将设法乘坐俄国兵船尽快北上，先赴天津，专俟庆亲王、荣禄到京，便可催各国派员进行善后谈判。但在怎样进行谈判的问题上，李鸿章等人明确表示不赞成清政府8月19日上谕中的观点，以为这种观点与各国政府反复声明的立场"间有不符"，各国政府认为，兵民围攻使馆数十日之久，几无生路。德国公使被害之后，尚有荷兰、比利时两国公使受伤。各国政府和舆论初则认为清政府袒护义和团而不能有效地保护使馆，继则又认为清政府纵兵与义和团合而围攻使馆。在上海的各国总领事也众口一词，称始终没有看到清政府剿办义和团的谕旨，故各国联军由天津而入京师，且入京师而仍不断添兵，皆因为清政府始终不曾主动剿办义和团。因此之故，李鸿章在先前加派王公大臣参与议和的奏折中曾请朝廷严厉剿办义和团，实以中国势力不足以强制各国，若非理足，更无办法。在这份由李鸿章起草的奏折中，格外强调自古邦交论势不论理，其气势足以凌人，仍必执理与人争论。现在既然朝廷在理上就亏了三分，那么在善后谈判中的地位也就可想而知。李鸿章指出，从来城下之盟有越数十年而转为强盛者，然断无目前不忍辱而能自全之理。李鸿章建议政府改变态度，明发谕旨表明对此事的忏悔与责任，这样各国或许能够给予原谅，同意开议。否则，德国所派的联军统帅瓦德西率领的两万军队一旦到来，中国的处境将更加困难。① 显然，李鸿章期待以新的理念影响清政府政治高层，希望他们能够转变看法促成中外和解，以为中国赢得一线生机。

李鸿章等大臣的劝说深刻影响了清廷的决策，而严酷的外部环境也让清廷不得不痛下决心面对现实，结束过去，开辟未来。清廷的妥协也换来了列强的让步，何况列强之间原本就不是铁板一块，各方经密集协商，遂于 1900 年 12 月 24 日向清政府提交了一份《议和大纲十二条》，对于如何善后找到了一个大致可以商量的思路。除赔款、惩办肇祸大臣、对死难者抚恤等具体事项，这个大纲还特别规定了当时中国改革的大致思路。分别见于第十款、第十二款：

第十款　（一）清政府应于两年之内在所有州县张贴一道上谕，其中包含：永远禁止加入排外结社，违者处死。列举对犯罪人所应施加的刑罚，包括在外国人被杀或遭受虐待的城镇停止一切考试在内。

（二）应发布一道上谕，并在全国各处张贴，使所有总督、巡抚及各级地方官员对他们管辖地区内的秩序负责；同时，无论什么时候在该地区内发生排外骚乱或任何其他违反条约事件，如果那些事件没有立即被镇压，而且有关罪犯没有受到惩罚，这些官员应马上被撤职，不得担任新的职务或接受新的恩典。

第十二款　清政府应允改革外交机构，并且按照各国所指出的

_____

① 《调补直隶总督李鸿章等折》（光绪二十六年八月初九日），《义和团档案史料》（上），第 541 页。

方式订正朝廷关于接待各国使节的礼仪。[1]

在李鸿章、庆亲王以及各国公使、赫德等人共同努力下，《议和大纲十二条》确实顾及了清政府的面子，是一个清廷统治者大致可以接受的方案。12月27日，清政府发布上谕，同意全部接受各国所提出的十二项条款中规定的原则。上谕称，览奕劻、李鸿章所奏各国政府提出的议和条款，曷胜感慨，然而考虑到祖宗社稷关系至重，不得不委曲求全。"所有十二条大纲，应即照允。惟其中利害轻重，详细节目，著照昨日荣禄等电信各节，设法婉商磋磨，尚冀稍资补救。该王大臣勉为其难，惟力是视可耳。钦此"。[2] 即原则上同意各国政府提出的《议和大纲十二条》作为谈判的基础，不致使各国由此节外生枝，拖延谈判，同时也希望奕劻、李鸿章能够尽量婉求各国体谅清政府的难处，尽量维护清政府的利益，争得一分算一分。

庆亲王、李鸿章收到由军机处代转的这份上谕后迅即于第二天（12月28日）分送各国公使，请求各国公使以《议和大纲十二条》为基础，早日与清政府正式开议。之后二人也对十二条中的一些问题提交了清政府的建议。与未来改革有关的两条，清廷的建议是：

关于第十款，清政府认为最近的骚乱是由于基督教徒和非基督教徒之间缺乏和睦所引起的，因此主张制定一项政策以保证这两类人之间的相互和睦，这将是有好处的。清政府希望列强按照这个意思起草一项专门条款。

---

[1] 《送给中国全权大臣的照会草稿》，胡滨译，丁名楠、余绳武校：《英国蓝皮书有关义和团运动资料选译》，北京：中华书局1980年版，第434页。

[2] 《军机处寄全权大臣奕劻李鸿章电旨》（光绪二十六年十一月初六日），《义和团档案史料》（下），第854页。

对第十二款中所规定的礼仪问题，清廷全权大臣辩论说，对礼仪的任何修改，都应该等待时机成熟时经过相互讨论之后再做出安排。至于改组总理衙门为外务部的问题，清政府此时也不愿意深入讨论。①

清帝国的面子大于里子，因此任何改革都只能自己提出，自主进行。当然，更不能消极等待和议完成再开始。诚如时论所说："必待国事大定而后颁行新政，犹之既食而方耕田，既饮而方凿井，已饥渴不可待矣。未饥而先储米，未渴而先储水，或饮或食，惟适其用，则新政预行之说也。夫今日者，各疆臣遇有新政事宜，百姓之所请，绅董之所禀，地方官皆以北事未定了之。即紧要公事、紧要交涉，地方官亦皆以和议未就诿之。亦若国事一日不定，各事可以不办者，殊不知和议杳杳无期，办事尽归办事。且亦当思和议一成，各事皆当从新整顿，从新恢复。国家望治已久，急不可待，早一日行新政，则早一日卜太平，即国家早一日恢复，早一日自强，未可得而推诿也。"② 这应该是八国联军进京不久当时中国精英的普遍共识，中国问题的真正解决，并不是被动地等待各国发话，而是应该主动变革，接续之前的改革路径，能改的、能做的，都应该先改起来，先做起来。

对国内外各界的呼吁，清廷也给予最大善意回应。庚子十二月

---

① 《萨道义爵士致兰士敦侯爵电》（1901 年 1 月 17 日），胡滨译，丁名楠、余绳武校：《英国蓝皮书有关义和团运动资料选译》，第 404 页。

② 《新闻报》论说：《论行新政不必待和局》（庚子十月初五日，1900 年 11 月 26 日），路遥主编：《义和团运动文献资料汇编·中文卷》（下），济南：山东大学出版社 2012 年版，第 590 页。

十日（1901 年 1 月 29 日），清廷发布新政诏书，认同了甲午后知识界一直流行的危机意识，但对康有为等人却依然大加痛斥，认为康有为等人几年前所说的新法，其实只是"乱法"，而非变法。这些政治叛逆一直在海外攻击慈禧太后的行为是非常恶毒的，言论也多为虚假。上谕指出，太后从来就不是一个守旧者，太后"何尝不许更新，损益科条？朕何尝概行除旧？酌中以御，择善而从"。确实，如果从历史主义的观点看，慈禧太后并不是一个彻头彻尾的保守主义者。反观 1860 年之后中国政治发展，出现的挫折、问题固然有她的责任，而进步，比如中国工业化起步、推进，中国向世界中心靠拢，如果没有她的默许，中国在过去的四十年间就不可能发生那么大的变化。所以，康有为以及那些戊戌后流亡海外的保皇党对慈禧太后的攻击，恐怕并不是全部的历史真相，应该从历史主义立场予以重新检讨。

对于将要进行的政治变革，上谕也提出了一些大原则，强调现在重新开始的政治变革，就是要"一意振兴，严祛新旧之名，浑融中外之迹"，"服往圣之遗训，即西人富强之始基"。中国向西方学习，既不能全盘照搬，也不能裹足不前、食洋不化，要结合中国国情因时因地制宜，特别是要注意中国的思想传统文化背景，注意在革新政治、引进西洋文化的同时，充分吸收中国传统中的精华。"不此之务，徒学其一言一话一技一能，而佐以瞻徇情面，肥利身家之积习，舍本源而不学，学其皮毛而又不精"，那么怎么能达到强国富民重建辉煌的目的呢？[1]

———————

[1] 《光绪朝东华录》卷四，第 4602 页。

　　"庚子国变"是近代中国最悲惨的事件，也是近代中国支付的战争赔款之最，使中国实实在在跌入了历史的谷底。只是中华民族毕竟善于汲取历史教训，庚子末开启的新政，是中国历史的新起点，是继上一个庚子的最重要的觉悟。"庚子国变"的六十年前（1840）的庚子，中国从康乾盛世的虚幻中走出，带有城下之盟印痕的《南京条约》虽然让很多国人不爽，但五口通商毕竟打开了中国与世界之间久已关闭的通道。读《海国图志》《瀛寰志略》，就知道五口通商后中国思想文化已经从18世纪走出，向世界靠拢，向西方学习，至少在理论上已经有了初步基础。

　　五口通商毕竟只是五个通商口岸，通过一段时间的实践，西方人仍感到不满足，相信中国的巨大市场依然值得开发；中国更多地方的商民也对五口通商带来的变化充满欣羡。于是过了十几年，中外都有扩大通商的主观诉求。只是历史的发展无法在平稳宁静中实现转轨。1860年，清政府与西方诸国分别签订的《北京条约》还是在战争背景中催生。这是中国历史的不幸，也是先发各国政治视野的缺失。中国应该融入世界，世界也应该进入中国。这是近代中国的一个历史主题，然而在当事人那里却往往被各种因素所困扰。

　　《北京条约》不再是五口通商，也不再是"天朝上国"与各国之间的"夷务"。中国被更大的强力纳入世界轨道，各大国开始驻使北京；中国也开始思考向各大国派驻使臣的可能性与路径。专司外语教学与外交人才训练的同文馆，比较细致地展示了清政府决策层的考量。此后三十余年，中国实实在在迈出走向世界的第一步，以农业文明为主导的中国也终于开始了自己的工业化、城市化进程。这就是后世史家笔下的洋务运动，在当年或称新政，或称自强，大致都是这个意思。

自强、新政表明中国以"后发国家"开始了自己的现代化运动。"后发国家"的优势是可以减少许多基础性的原创，可以站在人类文明最前沿追赶先发国家，然后与各国共同发展共同进步。

就其本质而言，所谓"先发"，主要是指英国工业革命。这个革命发生在18世纪中期，当时正是中国历史的黄金时代，所谓"康乾盛世"，就是指这个时期。这一时期最主要的标志，就是清政府一系列大规模的文化工程、基础建设。只是工业革命初期的西方太混乱了，不论中西，没有一个人指出这是新世纪将要出现必然要付出的代价。于是"盛世中国"切断了与西方原本就不多的文化交流，中国避免了工业革命之后资本主义早期发展的混乱，但也错失了难得的历史机遇。

英国工业革命发生大约一百年后，到了19世纪中期欧洲资产阶级革命大致趋于平稳。中国的自强运动赶上了欧洲资产阶级革命之后的发展，但这一百年也确实让中国人有点时不我待的急迫感。洋务新政之所以将"体用"分为两橛，之所以强调船坚炮利、声光电化，并不是因为当时的中国精英不知道社会发展的整体性。整体性协调发展是中国文明的精华，而在19世纪中叶被强制分离出体与用、本与末，其根本原因就是当时的中国精英太知道已经耽搁的一百年。在他们看来，中国只有选择将最紧要的事情先做起来，实现弯道超车、迎头赶上，否则就会被各先发国家越抛越远。中国无法像同时期的日本那样进行国家再造，从根本问题着手，而是只能利用国家资本主义，抄了一个近路。

历史就是一个因果相连的连续过程，抄近路可以获得发展，但也必然会衍生出一些新问题。假如再给中国一个比较长的时间，中国或许也会发生政治上的变动，弥补政治变革的缺失。然而历史没有留给中国这样的机会。1894 年的甲午战争让三十年自强新政原形毕露。

中国在甲午战争中的失败有许多原因，这在甲午后的改革进程中可以体会出前几十年的问题之所在，于是此后开放社会，催生新教育，放开媒体和政治参与，允许区域发展差异，等等，解决先前明显不足的短板。当然最重要的莫过于允许外国资本的自由进入。

资本主义发展到资本输出阶段，是二业革命的深化，也是全球化的一个重要延伸，当然也给中国带来一个真正意义的变革。国际资本可以在中国的通商口岸自由出入，享受着资本主义国家的一般待遇，而不再是超国民的外资优惠待遇。这是中国与世界保持一致的重要一步。中国的通商口岸在很大程度上就是成熟资本主义体制的延伸。外国资本在这里不再需要特别政策，这就是真正意义上的自由资本主义。

外国资本在中国的通商口岸可以像在自己的母国那样自由发展，赚取利润。那么一个必然的逻辑是，中国资本为什么不能像外国资本一样，在通商口岸自由发展，与世界保持一致呢？于是我们看到的一个情形是，《马关条约》带给中国割地赔款一系列屈辱的同时，也开启了中国自由资本主义的通道。李鸿章那代人所谓三千年未有之大变局，数千年未有之大变局，其实就是指中国资本主义的发生。这是一个新时代的开启。

遗憾的是，中国被耽搁的时间太久了，一旦释放国际资本的自由流动，既大幅度解决了国际资本长期被抑制的困境，也使国际资本像潮水一样无规则地涌入中国，衍生出义和拳这样的事件。甲午后国际资本潮水般进入中国，无疑表明中国政治的稳定、可期，国际舆论一般也认为中国终于从原来的不开放半开放中走出来了。然而让人猝不及防地是竟然发生义和拳这样的大事件，给中国、给世界都带来了巨大的损失。如何防止类似事件再次发生，其实是"庚子国变"中各方思考的重点。清政府进行某种程度的政治改革，与世界保持一致或大体一致，即是当时比较广泛的国际共识。列强在议和大纲以及稍后《辛丑条约》的要求，清政府"自主"发布的新政诏书，其实就反映了这个事实与趋势。

六十年一甲子转眼就过去。从《南京条约》到《辛丑条约》，如果从全球史背景去检讨，也可以获取不一样的认知。

不管怎么说，清政府庚子末发布的上谕绝不是批评者所谓的政治儿戏或胡闹，这是清廷在国内外政治压力下不得不做出的一个正面的积极的回应。这是一个良好的开端，一切归零，从头开始。中国或许能够以此为契机走出一条新路，登上一个新台阶，成为国际社会中一个负责任的成熟大国。

第三章

新希望与新困扰

"庚子国变"是近代中国空前的大灾难，至少可以说是中国历史上影响深远的几个大灾难之一。而且，与先前的灾难很不相同，在全球化背景下，这场灾难并不单单局限于中国内部，而是波及了世界各主要国家，是中国进入近代后第一次真正的大考。1900年全世界的焦点，主要集中在中国，在北京。

开启新纪元

痛定思痛，国内外有识之士在"庚子国变"的过程中及之后，无不思索中国在经历了长达六十年与世界各国的交往，经过六十年的改革、发展和进步，何以在这次大考中暴露出这么多问题。中外各国观察家都看到，先前的中国在政治理念、政治制度、法律制度安排、教育体制、社会管理等方面，在几乎所有环节、所有领域，中国人的那些满满自信都像泡沫一样破灭，中国人的不自信在"庚子国变"后半段被极为充分地展示出来。

灾难就是灾难。聪明的政治家会利用灾难重建共识，推动改革，取得平稳时期根本无法想象的效果。当然，灾难就是灾难，对于因灾难而死亡者来说，未来如何发展，如何进步，与他们没有一丁点关系，是百分之百的罪恶。只是就大历史而言，人们为灾难做出的牺牲也不应该白费，总应该换为教训，推动进步，让悲剧、灾难不再发生。从这个意义上说，"庚子国变"是 1840 年国门打开之后最大的灾难，那么随后如何吸取教训，重建改革共识，也就成为当时的中国精英必须思考和面对的问题。

庚子七月二十日（1900 年 8 月 14 日），八国联军在公使馆被困五十多天后终于进入北京。而清政府方面，由于先前与八国联军指挥系统缺乏实质性沟通，不知道八国联军进京究竟意味着什么，因此，在八国联军进京的第二天（1900 年七月二十一日，8 月 15 日），慈禧太后、光绪帝婉拒联军方面希望他们继续待在紫禁城的暗示，而是取最保险的思路，浩浩荡荡地离开北京，外出巡狩，躲躲风头。

慈禧太后离开北京的当天（七月二十一日，8 月 15 日），俄国户部大臣维特就设法转给李鸿章一份电报，表示"中国乱事，我皇极愿早了。事虽至此，我皇与贵国暨太后睦谊无损，且深信公如故。亟盼各国添兵暨德国统帅瓦尔特到华以前，先自靖乱。迟则枝节丛生"。① 俄国政府的这个提示太重要了，如何在被动中获得一点点主动，其实也是清政府，以及那些稍具世界眼光的大臣最为关心的问题。

在京留守大臣也想方设法请求总税务司赫德从中斡旋，更值得

---

① 《驻俄杨使来电》（庚子七月二十一日），《义和团档案史料》（上），第 543 页。

注意的是，总理衙门大臣在提交给赫德的这份外交文件中，不仅提出请赫德居间斡旋，而且给出一个很重要的思路，将中外冲突的责任推给那些"权臣"："前因民教相仇，种种败坏，其故总因权臣擅政，皇太后皇上几无自主之权，遂大局决裂至此。阁下久任中国，素受皇太后皇上恩礼有加，睹此情形，定思挽救，俾使宗社转危为安，京城生灵不致同归于尽。"① 这个解释虽然并不完全合乎历史事实，但对于大局如何发展，对于如何让慈禧太后从乱局之责任中解脱出来，无疑提出了一个思路。

重启外交尽管只是零星的、局部的和个别国家的，不过毫无疑问，这些初步交涉预示着列强最终不会与慈禧太后、光绪帝之外的政治领导人达成和解协议，绕开端王改组政府之后这一段历史，而重新回到端王改组政府之前的外交格局，渐渐地露出端倪。

8 月 18 日，湖广总督张之洞、两江总督刘坤一联名"向住在这个口岸的所有各国总领事发出一份同文照会，要求他们劝告各本国政府保证皇帝和慈禧太后的人身安全。总督们答应，如果皇帝和慈禧太后不受侵害，他们将毫不动摇地坚持他们为维护东南各省和平和秩序而达成的协议"。② 中国地方最具实力和威望的大员如此表态，也预示着中外和解并不是一件遥不可及的事情。

这一系列外交举动，不论中外，都在相当程度上影响了慈禧太

---

① 《1900 年 8 月 16 日（光绪二十六年七月二十二日）总署总办舒文等致赫德函》，《中国海关与义和团运动》，第 25 页。

② 《代总领事霍必澜致索尔兹伯理侯爵电》（1900 年 8 月 18 日发自上海，同日收到），胡滨译，丁名楠、余绳武校：《英国蓝皮书有关义和团运动资料选译》，第 183 页。

后和光绪帝。8 月 19 日，"西狩"途中的慈禧太后、光绪帝一行，自怀来启行，经土木驿，至沙城堡东大寺，遂谕令荣禄、徐桐、崇绮等迅速设法在京办理与列强议和事宜；谕令李鸿章"迅筹办法，或电各国政府外部，或商上海各总领事从中转圜，务期竭尽心力，为国家消除此大患"。①

李鸿章、张之洞、刘坤一等大臣都在充分利用各自的资源与外国交涉，大家的一个共同看法是，要想交涉顺利，不致太过于节外生枝，清政府就必须拿出改革的勇气，必须重回改革道路，必须在各国面前重塑清政府勇于开拓进取的形象，必须就庚子事件带给世界的困扰表达歉意，否则一切都无从谈起。基于这样的思路，1900年 8 月 20 日（七月二十六日），风尘仆仆的慈禧太后、光绪帝自沙城至宣化府鸡鸣驿驻跸，遂以光绪帝名义下诏罪己，对过去一年来所发生的诸多大事进行反省，开始意识到之所以爆发如此大规模的中外冲突，可能与先前清政府的政策失误有着某些关联："我朝以忠厚开基，二百数十年厚泽深仁，沦浃宇内。""不谓近日衅起，团教不和，变生仓卒，竟致震惊九庙，慈舆播迁。自顾藐躬，负罪实甚。"②

这个"罪己诏"的认识当然还不是很明晰、很坚定，但这至少表明清政府统治阶层对 1898 年后的政治逆转有几分怀疑和几分反省，确实在考虑政策的大转向及大调整，确实准备重新回归 1895 年开始的维新时代，认同康、梁当年的危机意识，有步骤、有计划地

---

① 《义和团档案史料》（上），第 540 页。
② 《光绪朝东华录》卷四，第 4536 页。

推动中国政治缓慢改革。所以，清廷的这个罪己诏虽然只是空话连篇，并没有多少实质性内容，但确实为后来的新政准备了恰如其分的铺垫和舆论基础。

两天后（8月22日），清政府下诏求直言。这就有点重新回到戊戌年政治改革起点的味道了，谕旨承认这一次内讧外侮给国家带来了毁灭性打击，多年来的全力经营几乎毁于一旦。这个空前的大劫难并非毫无征兆，只是朝廷闭目塞听，不及察看而已。谕旨要求惩前毖后，凡有奏事之责者，对于朝廷决策中的失误知无不言，言无不尽，直陈无隐，随时呈递。这个政策在后来也起到很大作用，内外臣工确实就新政改革提出了许多好的建议，其改革的力度、深度和广度甚至在某种程度上远远超过1898年的政治变革，既是1898年政治变革的延续与继承，也是1898年政治变革的逻辑发展和必然结果，是没有康、梁的"康、梁"政治革新。

清政府倾向革新的政治姿态很快在列强那里获得了积极回响。10月9日，日本天皇在回复光绪帝的国书中表示，清政府如果有意早日结束战争，重建和平，就应该"明降谕旨，断不举用守旧顽固之人，亟应简选中外重望有为者派为大臣，另立一新政府"，实行政治改革。英国政府也于此时对清政府做过类似的表示。

改变清政府的政治构架，实行适度的政治革新，应该是清政府在义和团战争之后的唯一出路，因为只有进行这种改革，东西方各国才会重新接纳清政府。这一点是当时稍明事理、稍具新思想的官绅的一个比较普遍的看法。到了1900年冬，善后谈判的基本框架大致确定，中国究竟应该向哪个方向发展已经刻不容缓地摆在了清廷面前，往回走归复旧制，不思进取，不思改革，不仅列强不答应，国内舆论也不会同意。中国的唯一出路只有往前走，只有重建信心，锐意改革，所以当时比较有思想见解的督抚、枢臣都在设法影响朝廷，促使朝廷尽快宣誓变法，重回正确轨道。

在这些督抚、枢臣等大员中，最活跃的无疑当数这几年横空出世的政治新秀袁世凯。袁世凯在 1898 年和 1900 年这两个历史关键时刻的政治选择，可能在今天仍然受到许多人的指责。从历史主义的观点看，他的选择确实表现了他的政治敏锐、视野开阔、意志坚定、手腕不凡，所以当义和拳事件大体平息后，袁世凯不仅受到列强的青睐，而且其政治地位在督抚疆臣乃至那些枢臣中都有很大提升，成为当时参与主导政治发展的重要人物。

当议和谈判还在进行时，袁世凯一方面以个人的名义向西安行在致电，建议朝廷积极筹备重启改革，认为和议将成，赔款甚巨，此后愈贫愈弱，势难自立，如果继续延续先前几年的政治轨道，因循守旧，蹈常习故，故步自封，墨守成规，那么肯定是没有前途的，没有办法的，当然也不是列强所能答应的。

他建议朝廷要求并允许内外臣工各陈富强之策，共谋发展，在回銮之前重建一个开明的维新政府形象，以让列强改变对清政府的观感，帮助中国回归国际社会。如果清政府继续保持保守排外的政治形象，列强肯定不答应，一旦回銮，必然向清政府直接施加压力，直接推动中国的政治改革，那样的话，当然有失国体，有失尊严。袁世凯不厌其烦地劝说政治高层，与其将来被列强牵着鼻子进行改革，不如主动改革，重建开明政府形象，使各国耳目一新，不致对中国内政粗暴干涉，无端指责。

另一方面，袁世凯还积极与湖广总督张之洞、两江总督刘坤一等大员串联，表示愿意与两位政治元老一起不断向朝廷施压，三人联衔入告，每月两三次，不断上奏，不厌其烦，不怕朝廷不被感化。同时，袁世凯还运用各方面的关系，请盛宣怀这些政治身份比较特殊的人物向朝廷建议，请朝廷中受两宫信任的枢臣不断吹风，以期全方位影响朝廷，促使朝廷的政治觉醒。

对于袁世凯的认识和做法，张之洞深表赞同。他同样认为，在目前情势下，只有枢臣与疆臣同心合力共同补救，或许能够寻找到拯救中国的办法。这个办法就是尽快重新开始已经中断很久的新政。张之洞指出，即便是碍于康有为等人的政治影响，现在不愿重提新政这个名词，也应该强调化新旧之见，在事实上推动新政的重新启动。

清廷此时大概确实比较忌讳新政、西法这类概念，因为康有为、梁启超在 1898 年秋天的变法留给人们的影响太大了，所以不仅慈禧太后忌讳新政、变法和西法之类的概念，就是先前倾向和热心新政变法和西法西学的光绪帝，也实在不愿回首往事，重提变政。

然而，张之洞、袁世凯等朝中朝外大吏则认为，变法、新政和西法是中国的出路，这些变革本身并没有错，1898 年的变革也没有错，错只错在康有为借变法之名行其阴谋之实。所以他们通过各种方式向朝廷和两宫建议坚信坚守以中法为主，采用西法以弥补中法之不足，浑化中西新旧之见的方针。绝对不能因为康有为过去和现在一直在说而清廷不能做不愿做。所以我们后来看到在宣布新政的上谕中，有非常突兀的一段话，大批康有为的假改革、假变法，不是变法而是乱法，强调清廷现在开始的变法新政，才是真变法、真新政。

袁世凯、张之洞以及刘坤一、盛宣怀等朝中朝外大臣坚持不懈地反复劝说，终于使两宫回心转意，重新认同了政治变革，重新回到向西方学习的轨道上来。两宫开始有意识疏远那些误导他们走向排外道路的王公大臣，特别是在列强和李鸿章、庆亲王、张之洞、刘坤一等人的坚持下，将这些王公大臣予以惩处后，两宫在政治上失去倒退的凭借，失去保守的基础，也就只好义无反顾地被袁世凯、张之洞等人赶着向变法、新政的道路上走。

1900 年 12 月 1 日，清廷上谕诏内外大臣督抚条呈朝章国政、吏治民生、学校科举、兵政财政的改革事项，限两个月内具奏。这意味着清廷开始考虑重回政治变革的轨道，并开始为即将启动的新政进行实实在在的准备。

12 月 24 日，各国公使反复商量拟定的《议和大纲十二条》终于交给了清政府，惩处肇乱祸首的原则、中国赔偿的原则以及中国必须进行某些改革的原则等，都在这份议和大纲中有明确的表述，清廷特别是慈禧太后、光绪帝心中的石头终于落地，终于可以开始重启政治改革，重新回归国际社会。也就是说，即将到来的政治变革，不仅是中国的内部要求，也有某种程度的外部压力或外部动力。

1901 年 1 月 29 日，流亡中的清政府出人意料地发布变法诏书，宣称"世有万祀不易之常经，无一成不变之治法"，穷变通久，是一个亘古不变的常理，"大抵法积则蔽，法蔽则更，惟归于强国利民而已"。上谕表示，过去几年之所以出现这么多的政策失误，沉痛反省，其实就是"积弊相仍，因循粉饰，以致酿成大衅"。现在议和，"一切政事尤须切实整顿，以期渐至富强"。上谕强调，慈禧太后一直教导说："取外国之长，乃可去中国之短；惩前事之失，乃可作后事之师。"将大清王朝实际上的最高统治者依然供奉为将要到来的政治变革的主导者。

上谕认同了康有为早几年反复强调的危机意识，但对康有为本身却大加痛斥，认为康有为过去所说的新法，其实只是乱法，而非变法，康有为等政治叛逆一直在海外攻击皇太后也是非常恶毒的。①

清廷1901年1月29日的改革上谕循旧例，依然号召内外臣工认真领会上谕中的精神，克服旧习，锐意创新，并就现在国家所处的国际政治环境，参酌中西政治，就朝章国政、吏治民生、学校科举、军制财政等重大问题发表意见，对于哪些应该改革，应该如何改革，提出具体方案。上谕希望内外臣工知无不言，言无不尽，各举所知，各抒所见，限两个月内报送上来，以供朝廷参考。

这个上谕开启了20世纪初中国政治改革的风潮，是大清王朝最高统治者真的认同了危机意识，认同了普世价值，认同中国必须世界化，必须与世界同步发展这一客观而不可更易的大原则。

朝廷中的所谓守旧势力因惩处肇乱祸首而被差不多消灭殆尽，现在朝廷又要开始变法，而且这次的调子比过去任何时候都要高，所以即便是先前对政治改革逐渐失去信心的人也被重新唤起巨大热情，投身于这场政治变革。在朝廷的一再督促下，朝野上下很快提出了一些好的建议，并逐渐被朝廷所采纳。

提出这些建议的来自各个方面，不过最先做出反应的还是那些原本具有政治变革思想倾向又有准备的政治新秀。山东巡抚袁世凯是先前力主朝廷进行政治变革最有力的人，现在朝廷已经决定这样

① 《光绪朝东华录》卷四，第4602页。

做了，袁世凯当然是发自内心第一个拥护和支持，所以他大概是督抚大员中最先表态支持朝廷变法号召，最先回应朝廷号召，并提出比较有价值、有影响和有操作可能的具体建议的人。

袁世凯的建议于 1901 年 4 月 15 日向朝廷提交，共十条，标题为《遵旨敬抒管见上备甄择折》，十条内容在袁世凯看来都是"言之易行，行之易效"者，即慎号令、教官吏、崇实学、增实科、开民智、重游历、定使例、辨名实、裕度支和修武备。很显然，袁世凯虽然是鼓吹政治改革最用力的人，但他的建议中并没有触及政治改革，而是将改革限定在易行、易效的范围，没有像康有为 1898 年那样大动干戈，大张旗鼓。这可能也是 1901 年开启的新政改革能够稳步推进、初见成效的原因之一。

除袁世凯的回奏外，各省督抚在张之洞的策动下，也正准备联衔回奏，只是在反复权商中耽误了许多时间，后来又因为一些变故，取消各省督抚联衔合奏，改为各省督抚按照上谕的要求，"各举所知，各抒己见"，分别表达。只是张之洞、刘坤一的特殊关系和特殊原因，他们两位大员继续联名连上三份奏折，合称为"江楚会奏变法三折"，计四万多字。

"江楚会奏变法三折"的第一折为《变通政治人才为先遵旨筹议折》，上于 1901 年 7 月 12 日，主要就人才培养提出了四点建议：一是设文武学堂，二是改酌文科，三是停罢武科，四是奖励游学。如果熟悉 1898 年政治改革史或中国近代教育制度史的话，就知道这四点建议一点都不新鲜，都是当年曾经提出且正式讨论，甚至形成过正式决定的事情，只是后来的政治发展突然变化，这些改革没有实行而已。所以，这些方案现在重新提出，当然不难获得清廷统治者的首肯，不难进入实践层面。

一周后（1901 年 7 月 19 日），张之洞、刘坤一上了"江楚会奏变法三折"中的第二折，题为《遵旨筹议变法谨拟整顿中法十二条》。这个十二条为：崇节俭、破常格、停捐纳、课官重禄、去书吏、去差役、恤刑狱、改选法、筹八旗生计、裁屯卫、裁绿营、简文法。其实就是整顿清代历史二百多年所形成的政治积弊，为重建良好政治秩序和政治制度做准备。

又过了一周（7 月 26 日），张之洞、刘坤一上了"江楚会奏变法三折"中的第三折，题为《遵旨筹议变法谨拟采用西法十一条》。很显然，第二折是就清除中国传统体制中的积弊而发议，提出十二条解决办法，这个第三折专就中国应该如何采纳西方制度中的优点提出十一条建议：广派游历、练外国操、广军实、修农政、劝工艺、定矿律路律商律交涉刑律、用银圆、行印花税、推行邮政、官收洋药、多译东西各国书等。如果我们不是太健忘，这十一条中，除极个别的如用银圆、官收洋药等不见于 1898 年政治变革外，其余数条其实都是当年提出并讨论过的事情，而且有一些如广派游历、练外国操、修农政、劝工艺、制定各种专门法律等，也是当年曾经进入实践领域的事情。只是这些方案、办法，在 1898 年及其之后的"改革反动期"被一一废除，现在只是重新提起而已。

从这个意义上说，"江楚会奏变法三折"其实就是一个比较中庸、比较实用，当然也是比较机会主义的东西，并没有多少政治锋芒和政治刺激，只是要求清廷重启久已中断的政治改革进程，小心推进，碎步前行，只要走着就好，并没有指望一步跨入一个新的时代，开辟一个新纪元。所以这种稳健的政治改革，就比较容易被清廷最高层所欣赏和接纳。

不过依然应该指出的是，"江楚会奏变法三折"虽然具有浓厚的中庸调和不偏不倚的色彩，但其将中国逐步推向世界一体化的轨道确实是张之洞、刘坤一的真实想法。张之洞在新政诏书发布后，获悉两宫主旨并不是向西方学习，这使他非常不满，他向许多同僚公开表示既然开始变法而不言西法，仍是昔日故套空文，他在1901年2月27日致中枢大臣鹿传霖的信中强调，此后中国"一线生机，或思自强，或图相安，非多改旧章、多仿西法不可。若不言西法，仍是旧日整顿故套空文，有何益处？不惟贫弱，各国看我中国乃别是一种顽固自大之人，将不以平等与国待我，日日受制受辱，不成为国矣"。[①] 至少在张之洞的思想深处，他清醒地知道中国的强大绝不仅仅是物质财富的增长，绝不是在世界上称王称霸，而是要有世界一体化的政治理念和世界观，这样才能赢得世界的尊重，才能成为世界大家庭中平等的一员。

三折全部上达天听后，引起慈禧太后、光绪帝的高度重视，特别是随着中国政治环境的不断改善，袁世凯的奏折和张之洞、刘坤一的"江楚会奏变法三折"逐步转变成清廷政治改革的行动纲领和施政方针，一个新的时代终于由此正式开启。

1901年9月7日，《辛丑条约》正式签署；17日，八国联军退出北京；10月2日，清廷特颁懿旨和上谕，责成中外臣工，"须知国势至此，断非苟且补苴所能挽回厄运。惟有变法自强为国家安危之

---

① 吴剑杰：《张之洞年谱长编》，上海：上海交通大学出版社2009年版，第673页。

命脉，也即中国民生之转机"。[①] 要求中外大小臣工同心合力，按照刘坤一、张之洞会奏整顿中法以行，西法各条择要举办，认真实行，期于必成。三天后（10月5日），两宫自西安启程回京，新政就在这种背景和政治氛围中拉开了大幕。

---

① 《光绪朝东华录》，第 4771 页。

新教育：一项被耽搁半个世纪的改革

我们知道，被中断的 1898 年政治改革是从教育领域开始的，那年 6 月 11 日颁发的新政诏书，其实只是宣布创立京师大学堂，以此作为新知识教育的基地，期望新教育体制逐步建立之后再废除或革新旧的教育体制、选拔体制，即以八股为主要考试内容的科举制度。

改革旧有的科举制度是那时基本的社会共识，因为法久必弊，经过几百年的发展，科举制度已经从一种比较有活力的公平公开公正的人才选拔制度走向堕落，科场舞弊层出不穷，而科举考试内容的规范化原本有利于人才选拔标准的客观化，减少主观性，然而这种规范化走到极端，就是学非所用，用非所学。随着近代社会的变迁，以儒家经典为主要内容的考试科目显然与社会需求严重脱节，所以几十年来对科举制度尤其是八股取士制度的不满不绝于耳。规范化的八股考试走向极端，也就是衰落的开始。

八股考试这种办法在最初阶段对考生理解题意有好处，到后来却有万变不离其宗的教条主义的嫌疑，使原本充满活力与个性的命题作文成为规范化的文字游戏。这就是八股考试之所以在近代中国遭到激烈批评的根本原因。

科举制度需要改革，八股制度可能真的需要废除，只是在没有其他更合理、更科学的考试制度出现之前，以公平公开公正为主要诉求的科举考试制度可能还有其合理性和存在的依据，贸然废除这个沿袭近千年的人才选拔制度，显然也是一种不智之举，更是堵塞了一代年轻读书人的出路。所以，清廷主政者尽管看到了科举制度的弊病，但也只能进行修补式的改革，先是以特科的办法招收选拔那些偏才、怪才和奇才，然后再考虑参照西方的现代教育制度重建中国的教育制度、考试制度，只是这个重建乃至最终取代中国旧有的制度可能会是一个漫长的时期，要有一代人至少是若干年的过渡。

清廷的政策设计应该说是可取的、可行的，只是已经获取功名的康有为觉得这是发起政治改革的突破口，于是他通过各种各样的关系、渠道向清廷最高层，向社会施加影响，期待清廷以一纸诏书一夜之间宣布废除这一历史悠久的教育制度，至于替代方式、废除后的后果，康有为都没有仔细考虑。

康有为激进的改革方案不仅理所当然地遭到激烈反对，重要的是由这个废八股改科举的政策讨论引发出戊戌年经久不衰的新旧党争，引发了官场大地震。后来虽有张之洞、陈宝箴中庸调和的科举新章被清廷接受，但是由于政治变动走向"后改革时代"，这一渐进改革方案其实并没有实行。

现在，新政终于开始了，陈宝箴虽然在 1898 年出局了，但那个由张之洞参与的渐进改革方案还是被重新提起。所以新政的第一步与 1898 年政治改革的第一步一样，还是从教育领域做起，还是从如何克服科举制度的弊病，如何引进西方新教育，重建中国教育制度入手。

在"江楚会奏变法三折"上报清廷之前，或者说当清廷宣布开始新政后，张之洞、刘坤一和两广总督陶模等力主改革的督抚大臣都本能地想起改革步骤，本能地想到改革入手处。

新任两广总督陶模出身于社会下层，自学成才，文宗桐城，素来不喜八股文章，具有强烈的维新变法思想，1896 年任新疆巡抚时就向朝廷建议停捐例，汰冗员，破除旗兵积习，禁止士大夫吸食鸦片，设立算学、艺学等教育课程，废武科考试，变练兵操法，选拔勋旧弟子游学各国，培植工艺等。1900 年调任两广总督后，主张维新和变革。当清廷新政诏书发布后，陶模率先响应，于 1901 年 2 月与广东巡抚德寿联衔复奏，请求清廷以变通科举为新政入手处，认为为政之要首在得人，取人之方不外学校科举，他们仔细辨析了古今中外人才选拔制度的利弊得失，建议恢复三代之制，以学校取代科举，责成各地广设学校，在学有成，予以承认，此后不论何项出身，不分旗汉，不得学校教育文凭者，不得授以实官。如此，"则所取皆实学，所学皆实用。学校既兴，人才自出。吏治民生，军政财政，渐可得人而理。其商学、农学、工学、化学、医学等，亦皆听任民间自立"[①]，给予适当的政策支持和鼓励，学成各就所学用之。建议朝廷采取稳妥方式，逐渐将科举取士制度废除。

兴学校废科举的建议在甲午战后不久就提出来过，只是因为其他原因未及实行，现在陶模和德寿将这一方案重新提出，无疑比较

---

① 《两广总督陶模、广东巡抚抚德寿：奏请变通科举折》（1901），璩鑫圭、唐良炎编：《中国近代教育史资料汇编：学制演变》，上海：上海教育出版2007 年版，第 26 页。

容易获得朝野各界的广泛认同，直隶布政使周馥、四川总督奎俊、湖广总督张之洞，在此前后都有类似的思考。

3月31日，张之洞在与刘坤一电商如何回应新政诏书时，也明确将"科举改章"作为新政九条最要大事中的一项，并明确设定从现在并不太困难的地方寻求突破。由此，张之洞很自然地想到几年前奉旨拟就的科举改革方案，认为那个方案当年因为政治变动未及实行，现在应该提上日程了。于是他在6月2日与刘坤一联衔致电西安行在转奏朝廷，请酌量变通科举。

在此后与刘坤一联衔会奏的变法三折中，张之洞力主将兴学堂废科举作为第一折，认为此乃中国摆脱贫弱走向富强走向世界的关键。他在《变通政治人才为先遵旨筹议折》中强调，"中国不贫于财而贫于人才，不弱于兵而弱于志气。人才之贫由于见闻不广，学业不实；志气之弱由于苟安者无履危救亡之远谋，自足者无发愤好学之果力"。保邦治国，没有人是不行的。中国由盛到衰其实就是人才枯竭的结果，而要想由衰转盛，重建辉煌，就只能从人才培养起步。根据这个设想，张之洞、刘坤一参考古今，会通文武，就教育体制改革提出四点建议：

一是设立文武学堂。奏折考察了科举制度的历史演变，承认科举制度在承平之时也确曾为国家选拔出有用之才，只是到了近代，国蹙患深，才乏文敝，如果不能适应历史条件的转移改弦易辙，就很难使国家摆脱困境，注入活力。奏折参照近代西方教育制度和教育精神，拟定一套比较可行的学堂办法，重建中国教育体制和学校序列。

根据张之洞、刘坤一的建议，全国的新式学校教育序列共分三个层次，最低一级或者是最基础的层次是全国州县普遍设立的小学校及高等小学校，招收八岁以上的适龄学生，学制七年。

第二个层次是在府这一行政级别上设立中学，招收高等小学校毕业的学生，学制三年。

第三个层次是在省城设立高等学校一所，招收各府中学毕业生。省城高等学校应该参酌东西学制，分为七项专门：一经学，二史学，三格致学，四政治学，五兵学，六农学，七工学。并另设农、工、商、矿四项专门学校各一所。这些学校的学生学制三年，三年后学成会试，取中者可入仕为官，其成绩格外优异者可保送至京城专设的文武大学堂继续深造。

张之洞、刘坤一的这个学制设计参考了西方近代教育制度，也有近代以来中国新教育的实践经验，许多主张在1898年之前就不断有人提出，只是那时条件不甚具备，无法进入实践阶段而已。

二是酌改文科。张之洞、刘坤一在奏折中认为，"科举一事，为自强求才之首务。时局艰危至此，断不能不酌量变通"。"改章大旨，总以讲求有用之学，永远不废经书为宗旨"。具体改革方案，大致回到张之洞1898年与陈宝箴奉旨拟就的方案，大略系三场各有去取，以期由粗入精。头场试中国政治、历史，二场试各国政治、地理、武备、农工、算法之类，三场试四书五经经义，经义也就是论说。改章之始，士林必须宽期肄习，至少要有一年的缓冲期，以便学子精心讲求，从容复习，从而考出好成绩，展示出真本事。他们建议在新式教育尚未普及的情况下，暂时应以科举考试与学校教育并行不悖，等待新教育逐渐发展，人数渐多，逐年递减科举取士的名额，逐年增加学校教育的录取名额，最终完成从科举向新教育的稳步过渡。

三是建议停罢武科。这个主张在戊戌年被多次提及并讨论，主旨就是废除冷兵器时代的武科考试。

四是奖励游学。建议朝廷逐步放开学生出洋留学的限制，鼓励学生赴东西洋学习近代科学和各种专门知识，尽快制定学成回国人员使用政策。这个建议也是戊戌年教育改革中已经提及并执行过的，只是由于后来的政治变动而中断。

张之洞、刘坤一这些废科举兴学校的建议代表朝野各界的共同心声，因而很容易获得清廷认同，也很容易进入实践阶段。8月29日，清廷接受了张之洞、刘坤一的建议，宣布自明年（1902）始，改革文科并废止武科。文科乡会试改革参照张之洞等人建议，分三场进行，第一场考中国政治历史论五篇，第二场考各国政治艺学策五道，第三场考四书义两篇及五经义一篇，并明确规定不准使用八股文，亦不再以书法定高下。1903年3月13日，袁世凯、张之洞奏请朝廷递减科举名额，以免影响新教育的发展。1904年1月13日，清廷颁布按十年三科内减尽科举，以回应张之洞及袁世凯的建议。至1905年9月2日，日俄战争的结果促使直隶总督袁世凯、盛京将军赵尔巽、湖广总督张之洞、两江总督周馥、两广总督岑春煊及湖南巡抚端方等奏请立停科举，"著即自丙午科为始，所有乡会试一律停止；各省岁科考试亦即停止"。[1]并令学务大臣迅速颁发各种教科书，以定指归而宏造就。责成各省督抚实力统筹，严饬府厅州县赶紧于乡城各处遍设蒙小学堂。盛行千年的科举制度一夜间寿终正寝，

---

[1] 《光绪朝东华录》，第5392页。

且波澜不惊，令人寻味。

与废科举相配套的是兴学校，或者反过来说，科举制度之所以波澜不惊，主要还是因为新教育的发展且在制度上为读书人提供了基本保障。根据张之洞等人的建议，清廷于 1901 年 9 月 14 日命各省所有书院于省城改设大学堂，各府及直隶州改设中学堂，并多设蒙养学堂。紧接着，清政府又命将八旗等官学改设小学堂、中学堂，恢复过去几年创办而后来中断的中西学堂等。清政府不断重申要加快新教育步伐，要求各地不得以任何理由敷衍观望。在制度层面，清政府颁布学堂章程，为新教育提供比较切实的法律保障。

新教育中的最高学府自 1898 年起就规定为京师大学堂，只是由于后来政治变动，京师大学堂的筹备并没有突破性的进展。至义和团战争，京师大学堂也受到严重破坏，各项筹备举步维艰，实际上陷入停滞状态。新政开始后，清廷于 1902 年 1 月 10 日选派张百熙为京师大学堂管学大臣，令其切实整顿，造就人才。在张百熙主持下，京师大学堂的整顿进展神速，相继聘请吴汝纶为总教习，张鹤龄为副总教习，于式枚为总办，李家驹、赵从蕃为副总办，大学堂的行政效率大为提高，接收了同文馆，创设了译书局，并且很快开设预备科及速成科。1902 年 12 月 17 日，速成科正式开学，这标志着京师大学堂经过几年折腾终于重新回到正轨。这个速成科分仕学馆和师范馆，顾名思义，师范馆当然是为了培养师资，而仕学馆其实就是后来的干部在职培训。为了配合新政的推行，清政府规定自明年（1903）会试始，凡授职修撰、编修及改庶吉士与部属中书用者，必须先入京师大学堂分门肄业，取得文凭。这不仅从制度上保证了京师大学堂的生源，而且肯定有助于管理队伍的优化。因义和团战争而遭到严重破坏的京师大学堂又一次获得了新的发展机会。

新政期间的新教育还有一个重要内容是各种各样技术学校、师范学校的创办，各地差不多都创办了农务工艺各类学堂，还有许多师范学校，如张之洞 1902 年动议创办的三江师范学堂，就是那个时代非常重要的事件。

出洋留学在近代中国已有很久远的历史，只是时断时续，且缺乏制度保障，比如留学归来的使用和待遇等。新政开始后，江南、四川和湖北等地督抚主动在自己职权范围内选派学生出洋留学，清政府也开始考虑如何鼓励和支持出洋留学，如何为留学生的权益提供制度保障。1903 年 10 月，清政府根据张之洞的建议，颁布《奖励游学毕业生章程》，详细规定留学生归来后的各种待遇和地位：大约获得外国学士文凭者，可以考虑给予进士出身；得博士学位者，可以给予翰林出身。清政府的这些鼓励政策很快取得了实际效果，留学东西洋，特别是到东邻日本的留学生在这个时期出现了高潮，根据不完全统计，至 1907 年，留日学生总数就有一万五千人之多。这些留日学生以法政专业为主，这就为后来中国的政治变动留下了许多机会和可能。

变革引领者

新政期间另一重要举措是军事改革，这也是举国共识没有异议的改革措施，当然也是取得成效的改革。

如果从历史渊源来说，大清王朝的军事改革始自 1894 年甲午战争期间，战场上的节节败退使大清国统治者意识到不是中国的武器不如人，而是中国军队的建制、指挥系统，乃至军事动员等方面存在着严重问题。于是此后开始的维新运动便从改变大清国的军事体制入手，裁汰绿营，添练新军，特别是经过得到特别准许的袁世凯开始在小站练兵，甚至聘请德国军事教练，参照德国军队建制、方法整军经武，应该说还是取得了一定的成效。然而由于 1898 年秋天的政治风波，使这些改革基本中断。至义和团战争爆发，如何进行军事领域中的改革又被再度提起。

军事领域中的改革，首先是从废除武科考试入手。废除武科考试的呼声由来已久，早在 1895 年，荣禄就首先建议废止武科考试，认为这种沿袭近千年的考试制度存在很多流弊，除了大刀长矛的冷兵器与船坚炮利的热兵器之间的时代差异外，武科举选拔出来的人才在思想观念、行为举止、知识构成等诸多方面都没有办法适应现代战争。要赢得现代战争，就必须参照西方国家的经验重构中国的军事体制，训练新式军人，未来新式军人的来源绝不能再是武科考试，而应是各省的武备学堂。

与荣禄具有同样看法的还有在天津最先聘请德国人来华练兵的胡燏棻，以及新疆巡抚陶模等人，他们都在那一年向清廷做了类似建议。只是朝廷中的守旧力量太过强大，武科考试依然继续进行。

到了 1901 年，张之洞、刘坤一等封疆大吏旧话重提，他们在联衔会奏中的一个重要选项，就是停罢武科。他们的理由，也还是荣禄、胡燏棻、陶模当年的那些理由，即冷兵器根本无法对抗热兵器，这还是其次，关键问题是武科考试选拔将官，默写武经，那真是典型的纸上谈兵。即便如此，那些考生又有几个是自己所知所写，大概率系为他人代笔。文字尚且如此，何论韬略？所以自有武科考试以来，真正在战场上建立功勋的将官，根本没有武科考试出身的人。武科考试出身的将官，不过是一群"恃符豪霸，健讼佐斗，抗官扰民的大小流氓而已，既于国家无益，实于治理有害"。[①]

封疆大吏、明智之士的执着建议终于说动了朝廷，清廷于 1901 年 8 月 29 日发布上谕，宣布废止包括武生童考试在内的全部武科考试。自唐中期创制的武举制度经过长达一千两百年的发展，终于寿终正寝，走进了历史。

1903 年清政府下令组建中央练兵处统筹全国军队的训练，禁止各省自行训练军队，并制定军官训练制度，厘定军官晋升资历、条件和办法，使中国军队的建制、军官训练等大致上与西方国家保持一致。

---

① 《张之洞年谱长编》，第 693 页。

中国的军事体制改革迈出了坚实的步伐，其中最明显的是新建陆军的编练。新建陆军起源于袁世凯的小站练兵，这是中国军队特别是陆军真正走向现代的开始。新建陆军在组织构架上完全参照西法，上设督练处即新军总部，下设参谋营务处、督操营务处，以及洋务局、粮饷局、军械局、转运局、军医局等机关，具体负责各项事务，专人专责，体现了现代军队的专业化、科学化特征。

袁世凯的新建陆军已经具有近代军队的基本特征，只是人数太少，仅具示范效应，而且其北洋六镇，说到底还具有很浓厚的私人武装的特征，还不是近代国家的武装力量。1905年，清政府下令将北洋六镇改组为新建陆军，在中央设置军咨处和陆军部，负责统领新建陆军，军队国家化至此终于迈出关键性的一步，新建陆军与旧式军阀私人武装有了很大区别。

按照清政府的规定，新建陆军的兵员要实行义务兵役制，年满二十至二十五岁的适龄青年都必须服正规役三年及预备役两年，这一方面扩大了兵源，改变了兵员构成，另一方面也有助于军队正规化、专业化，有利于军人地位的提升和待遇提高。清政府计划在十年内训练出三十六镇五十万正规军。后因种种原因，至1911年只编练成十四镇不到二十万人。

随着新建陆军的编练成军，在甲午海战中全军覆没的海军如何恢复，又一次提到清政府面前。中国拥有漫长的海岸线，有非常大的海洋权益需要保护，中国不可能永远不要海军，更不可能因为甲午战争中的全军覆没而与海军永远绝缘。其实自甲午战后，重建海军的计划被多次提起，都因各种原因没有被贯彻下去。1902年，北洋水师帮统领萨镇冰提出复兴海军的四点建议：一是派海军士官留学日本，二是在江阴设立水师学堂，三是以马尾船厂为基础设置战舰修理基地，四是于烟台及福州设立海军镇守府。中国海军的复建再次提上清政府的政治日程。

1908 年，陆军部提调姚锡光提出《筹海军刍议》，建议按照"急就"和"分年"两个步骤重建海军，所谓"急就"就是以现有的南洋、北洋、湖广等舰队共二十八艘战舰合编为巡洋及巡江舰队，以应付海防、江防的急切需要。所谓"分年"，就是建议在十年或更长时间内整体规划，购置或建造十八艘至三十艘不同级别、不同用途的战舰，建造相应的军港、船坞，设置学堂，训练海军人才。

同一年，直隶总督兼北洋大臣杨士骧责成海军前辈严复起草振兴海军计划，严复提出购置军舰、恢复并整顿水师学堂、重建军港、重建海军体制、加强海军训练等规划。第二年，清政府设立"筹办海军事务处"，正式启动重建海军计划。1910 年，这个筹办海军事务处正式更名为海军部，一个有别于新建陆军的专门军种终于筹组成功。

根据《辛丑条约》规定，列强对中国实行武器禁运，一切外国先进的武器弹药，除了走私外，根本无法通过正常途径进口，中国军队面临非常严重的问题，先前进口的一些武器设施逐步老化而无法更新，中国军队不仅无法应付对外战争，这样的军队即便是对付内部的骚乱，都是心有余而力不足。为了克服这方面的困难，清政府只好采取自力更生的办法，以先前数十年洋务新政为基础，在汉阳、上海及广州设立三大兵工厂，自己动手解决军事装备的更新换代问题。至1910 年，中国人自己管理经营和拥有自主知识产权的军事工业已经能够生产供应全国军队所需的山炮、弹药、连发来福枪及机关枪等。

自由经济法制环境

与先前数次改革一样，清政府推动的这次新政改革，其实也是以经济建设为中心，以恢复经济、振兴经济作为挽救大清王朝意识形态和政治统治的手段，希望通过各方面的改革重建大清王朝经济体制，巩固大清王朝的政治统治。这是新政的本质，不必怀疑。

实事求是地说，义和团战争结束后，《辛丑条约》规定中国必须向列强支付巨额赔款。这些赔款虽然不至于压垮中国经济，但其巨大压力还是非常明显的。财政上的严重亏空不仅使列强对于获取赔款信心不足，而且对清朝的政治统治也构成了严重威胁。这在新政酝酿之初各地督抚的奏折及朝廷的上谕中，都有流露。

新政开始后，清政府推动的一个重要改革就是振兴商务，奖励实业。而这一点其实如同其他改革一样，都是重回1898年政治改革的老路，当然是回到一条正确的老路上。

为了振兴商务，奖励实业，清政府于1903年9月7日设立商部，以载振为尚书，伍廷芳、陈璧为左右侍郎。

商部成立后恪守本职，倡导商业振兴，鼓励官民商绅创办工商企业，制定出一系列工商业规章和奖励实业的办法，诸如钦定大清商法、商会章程、铁路简明章程、奖励华商公司章程、矿务章程、公司注册章程、试办银行章程等。这些章程允许、鼓励、刺激自由经济充分发展，奖励一切兴办工商企业的行为，鼓励组织商会团体，鼓励商人在条件成熟时走上自治。这些改革不仅使全民经商成为可能，而且有利于经济恢复、振兴，有利于国家财政从根本上好转。在某种程度上可以说，新政时期是清政府自由经济发展的黄金时代，自由经济已经在经济构成中占有越来越大的比例，以致能够在某种程度上左右和影响中国的政治走向，从而激起政治上的守旧势力设法出台许多政策进行打压，并最终引起自由经济与国有经济的大冲撞和大决战。不过，这都是后话。

新政时期对自由经济的鼓励支持，不仅挽救了因义和团战争和辛丑赔款而接近崩溃的国民经济，而且更重要的是将中国经济拖到了世界一体化的轨道上来。中国经济已在很大程度上与世界经济接轨、同步，这在清政府颁布的《奏定商会简明章程》《商人通例》《公司律》等都有相应的法律规定，这就为自由经济的正常发展提供了制度保证。国民创办或退出企业已经到了非常自由的状态，与西方成熟的自由经济社会已经差别不大，原先的经营批准制在新的法律制度保护下开始向登记制、备案制过渡，国家、官办等垄断方式和垄断领域越来越少，政府越来越倾向于一个政策的制定者、政策的保护者，充当裁判员的角色，不再下球场与球员一起踢球，既当裁判员，又是运动员，不再与民争利，所有领域，包括新创办的工商、交通和金融，一律向所有资本开放，所有资本均享有同股同权的国民待遇。

随着自由经济的发展，中国人的财产观念也在变化，现代财产所有权的理念逐渐在当时中国人的思维中占有上风。合法的私有财产神圣不可侵犯，而且财产的所有权逐步由传统时代的以家族、家庭为本位的财产所有权向个人拥有绝对不可侵犯的财产权利过渡。

个人财产神圣不可侵犯观念的确立为自由经济的发展奠定了一个良好的观念基础和制度基础。经济发展的决定性因素无疑是制度，制度可以束缚社会经济的发展，制度也能促进社会经济突飞猛进，制度就是政治，只要政治上、制度上有办法，经济上就会有办法。这是所有国家的发展经验。良好的制度就是良好的投资环境，就是投资的保障，就是信心。

根据一个未经证实的统计，清政府新政期间中国民族资本工业发展速度年均15%，比第一次世界大战期间列强无暇东顾的所谓民族资本黄金岁月时的速度还要高些，这表明当时的国内外资本尤其是中国国内的民间资本对政治的信心指数还是比较高的。他们相信在中国的投资一定能够获得比较理想的回报，自由的市场经济制度、法律制度，都为资本的进入、转出及再投资提供了便利，而中国广阔的未经充分开发的国内市场，更是中国商人信心空前的文化背景。

新政的另外一个重大贡献，在于通过相关改革确立了现代法律体系，彻底改变两千年中国传统社会得以存在的法律依据，为现代民族国家的重建和新生提供了法律上的支援和制度上的保障。

清王朝和历代王朝一样，其政治基础和制度就是凭借三权合一的君主专制。也就是说，中国自古以来的法律制度、政治架构并不缺少三权分立的意识和制度设计，行政权、司法权和立法权在中国传统政治体制中自有其地位和意义，三权之间的相互制衡、相互牵制几乎从一开始就存在。只是中国传统社会政治架构中的三权分立不是一种西方意义上的绝对化，不是一种至上的和不可动摇的，而是在皇权主导下的三权分立，行政、立法和司法三权的权力来源和法律凭借，最终都落实到皇帝一人。

三权合一的君主专制当然不利于私人资本的发展，不利于自由经济体制的建立。这一点在先前数十年就有许多很清醒、很明智的认识，至少在 19 世纪 80 年代中国经济发展比较好的时候，许多冷静的思想家如马建忠等人就意识到中国传统法律体制和政治架构虽然有利于行政效率的提升和保障，但是在某种程度上可能是中国进一步发展的障碍。在 19 世纪 90 年代中期开始的维新运动中，康有为曾明确指出旧有的法律已经不能治理变化中的中国社会。过去是强调天不变道亦不变，然而现在的问题是天变了，在强大的西方社会文化影响下，中国之天已经不再是过去的天，所以中国的治道也就是法律体制必须随之变化。这种变化不是先前数十年小修小改的枝节改良，而是从根本上、从整体上加入西方，学习西方。

即便是文化保守主义者如张之洞，虽然他反对全盘接受西方的制度和文化，但他也认为中国的法律制度有进一步改善的必要和空间，强调中国应该吸收和引进西方各国行之有效的法律制度，改善和进一步完善中国的法律和制度。只是由于大的格局没有发生变化，新的政治架构没有形成，所以新的法律制度建设也就无从着手。

《辛丑条约》签订后，中国面临巨额战争赔款的压力，西方国家其实也对中国是否有能力偿还这笔巨额款项持有某种程度的怀疑，在《辛丑条约》谈判过程中和随后的商约修订谈判中，西方各国刻意诱导清政府改善、改变自己的法律制度和政治架构，与世界接轨，与国际同步，督促清政府尽早采纳在东西各国行之有效的自由经济制度。这样，就能够吸引外国资本在中国投资，就能够改善中国的经济构成和税收状况。

市场经济、自由经济，本来就不是一个国家的内部事务，资本的本质从来就是趋利性的，是没有国界，不分民族的。自由竞争要求司法独立，要求跨越国界，要求与国际保持一致，否则，资本的趋利性不会接受政治、法律的强制束缚，不会像国有资本、官办企业那样进行不计成本、不期待赢利的政治性投资和政治性贷款。所以东西各国在与清政府进行的一系列谈判中，认为中国旧有的法律制度已经严重阻碍了国际资本在中国的投资，中国如果不能尽快改善投资环境，修订相应的法律条款，重建与东西各国大体一致的法律制度，中国在经济上可能会受到很大损失。反之，列强不止一次地向清政府暗示，如果清政府的法律制度能够作出重大调整，能够尽快与国际社会、各国法律形成一致，那么各国可以考虑放弃在华享有的领事裁判权。

当时中国人奉行的所谓"中华法系"或许在过去两千年中发挥过重要作用，但是与已经传入中国的西方法律相比较，与传教士、外国商人和西方外交官熟知的西方法律体制相比较，确实存在许多弊端。在中华法系中，法就是刑，民刑不分，诸法合体，实体法和程序法不是一般的分不开，而是紧密地纠葛在一起，凌迟、斩首、刺字、戮尸、缘坐等非人道的酷刑依然想当然地被大清国执行着、实践着，被西方人视为野蛮，却被中国人视为严惩。这大概就是当时中西法律之间最大的区别。

列强对清政府的暗示和表态，自然吸引了清政府的改革兴趣，而中华法系也确实到了不能不改的地步，旧有的法律体制不仅严重影响了中外交涉、中外贸易和中外之间的政治往来，而且严重束缚了中国的社会发展和经济进步。张之洞、刘坤一在"江楚会奏变法三折"第三折中就提醒清政府应该高度注意现行法律与东西方各国法律不太兼容的问题，这些法律大致包括矿律、路律、商律、交涉及刑律等。不久之后，袁世凯也在1902年初建议清政府注意这方面的改革，注意向日本学习，借鉴日本1899年成功修订条约并全面恢复法权的经验，甚至可以考虑借助于日本法律专家的帮助，修订或改造与现实不太符合的中国法律。

封疆大吏的建议、列强的暗示，吸引了清廷的注意。清政府遂于1902年5月13日责成刑部右侍郎沈家本及四品京堂候补伍廷芳"将一切现行律例，按照交涉情形，参酌各国法律，悉心考订，妥为拟议，务期中外通行，有裨治理"。[①] 朝廷的这个判断本身就已承认中国传统法律中有与国际规则脱轨的内容，已不能适用于国际规则。所谓参酌各国法律，其实就是要将中国现行法律进行根本改造，使之与国际接轨，与世界同步，通行中外。

对清廷而言，修订法律或许只是一个权宜之计，只是应付列强的要求，只是使中国法律如何更好地与西方接轨，不至于与列强产生直接冲突，屡屡吃亏。然而当沈家本、伍廷芳等人对大清王朝现行法律条文进行全面清理之后，发现问题相当复杂，深切认识到所谓独树一帜的中华法系确实到了非改不可的程度了。而这种改革，不可能是一种在原有基础上的小修小补，而必须通过对原有法律的清理，参照东西各国现行法律条文，另起炉灶，重建中国现代法律

---

① 《光绪朝东华录》，第4864页。

体制。

经过几年精心准备，沈家本等人主持的新政重要机构"修订法律馆"于 1904 年 5 月 15 日正式开启，这个普普通通的机构在袁世凯等督抚的大力支持下，高薪聘请日本法律专家参与中国新法律条文的制定。在日本专家的帮助下，修订法律馆在短短几年时间里，对大清帝国现行法律进行了全面清理，对未来可能需要的法律法案进行了系统规划，尽最大可能翻译和研究东西方各国法律，酌定名词，考辨文义，以东西各国法律为参照，大规模、大幅度地对中国法律中与东西各国法律相抵触的内容、不适应的内容进行删减、修改，主要参照日本的法律建构重新规范了中国的法律制度。

清政府当时之所以愿意参照日本的法律体系重构自己的法律架构，一方面是因为中国和日本同文同种，语言文字上比较容易沟通，另一方面毫无疑问是清政府此时很佩服日本这个民族先走了一步，日本通过脱亚入欧已经在远东建立了一个名副其实的"西方国家"。在法律制度这个层面上，日本人已经将许多西方各国行之有效的法律条款译成日文，通过"日化"重建了日本的法律制度。清政府此时通过日本这个媒介，自然可以收到事半功倍的效果。

在日本法律专家的帮助下，沈家本等参照东西各国法律体系，大刀阔斧地删减、重建中国的法律体制，经过几年时间的努力奋斗，大致建立了现代法律体系和司法制度，一些重要的必备的法律法规也都在那几年匆匆完成。这些新制定的法律法规为新政时期和此后的市场经济、自由经济和现代社会的运转提供了法律依据和制度支援，比如《奖励公司章程》《商标注册试办章程》《商人通例》《公司律》《破产律》《各级审判厅试办章程》《法官考试细则》和《集会结社律》等，都是当时迫切需要的法律法规，也在后来的政治实践和现代社会运作中发挥了非常好的作用。

不过，对晚清十年乃至后来数十年中国政治法律制度产生重大影响和启示的，可能还是沈家本等人参照东西各国现行法律制定的几部根本大法，比如《大清刑事民事诉讼法》《大清新刑律》《民律草案》等，这几部根本大法分别在程序法和实体法领域为后来的法律现代化奠定了良好基础，开了一个很好的先例。《大清新刑律》抛弃传统诸法合体的旧制，规范为一部单纯的刑法典，废除中国传统法律中的旧名词和旧概念，诸如笞、杖、徒、流、死等，相应地，参照西方法律，重新制定了死刑、无期徒刑、有期徒刑、拘留和罚金等，附加刑有剥夺公权和没收财产；确定了死刑的唯一原则，彻底废除了旧律中繁杂的死罪名目。此外，还有在西方各国习以为常的禁止刑讯、陪审和律师制度及改良监狱等，也都在这个时候逐步进入中国的法律体系。凡此，均使大清国的法律制度大踏步前进，基本能够满足中国与世界各国的交往需求，像清廷最初所要求的那样，与东西各国正常交流而无滞碍。

清末新政法律体制改革，虽然还有很多不尽如人意的地方，虽然许多新法典并没有得到完善，且大部分没有得到执行，但这场改革本身确实是中国法制史上前所未有的革命，是趾高气扬的中华法系第一次低下头来吸收东西各国法律优长，重造中华法系，为此后中国法律的走向规定了大致不变的路线图。

即便大清国后来成了历史陈迹，大清王朝新政时期制定的法律制度依然被标榜为"民主共和"的中华民国所继承。这出乎所有人的预料，同时也表明新政时期制定的法律法规已不再反映传统中国的社会状态，实际上埋葬了自秦汉以来传承了两千年之久的中国固有法律体系，参照近代中国社会的实际变动和发展，全面引进了西方法律的大框架和大格局，因而这样的法律体系不再反映中国的过去，而是对新社会、新制度有很高和很殷切的期待，为新社会制度的形成准备了种子。

新困扰

清政府 1901 年启动的新政，应该是真诚的，因为当时所面临的困难局面是真实存在的，不改革就是等死，与其等死，不如寻求突破。所以新政改革就是要在政治上为大清王朝寻找出一条出路，因此这次改革并不存在着虚伪和欺骗。不过也必须看到的是，近代以来几乎每一次改革，其直接动因都是外部危机，一旦这个外部危机得以化解或消解，改革的动力就必然丧失，至少是减弱，因此近代中国每一次改革都无法按照既定目标持续下去，总是给人一种浅尝辄止的印象。

在新政起步初期，清廷规划的改革应该说是全方位的，既有经济体制、军事体制、法律体制、教育体制方面的改革，也有行政体制乃至政治体制方面的改革。改革的底线当然是改进、改善、加强和巩固大清王朝的政治统治，更准确地说是满洲贵族统治集团的统治地位不动摇，满洲贵族的利益获得保障。在清廷最初的规划中，改革只要能够做到这一点，就不存在禁区，不存在不能触及的领域。所以，当新政诏书发布不久，不待各省督抚大员表态，清廷就于 4 月 21 日下发了令各省督抚甚至那些比较开明的东南各省督抚感到震惊的一个决定，就是下令成立以庆亲王奕劻为首的"督办政务处"，作为筹办、规划和推行新政的专门机构，任命李鸿章、荣禄、昆冈、王文韶、鹿传霖等为督办政务大臣，命刘坤一、张之洞遥为参与，稍后又增补了袁世凯为参与政务大臣。

如果我们熟悉 1898 年的中国故事，我们一定不难发现这个"督办政务处"与康有为当年建议在内廷设立专门的议政机构有同工异曲之妙，只是那一次没有结果，而这一次真的设立起来了。按照上谕的规范，督办政务处的功能为议政机构，负责处理各地官员关于"变通政治，力图自强"的各种建议，"务在体察时势，抉择精当，分别可行不可行，并考察其行之力不力"。从这个意义上说，督办政务处就是新政的总参谋部、智囊团，是各种新政信息的"统汇之区"[①]、分析机构。各位督办政务大臣就是要对一切"因革事宜，务当和衷商榷，悉心详议"，并负责起草新政各项改革措施和改革方案，"次第奏闻"，然后由朝廷决定是否采纳，如何进行。从这些规范看，新政从一开始就没有设置什么禁区。

朝廷没有对政治改革设置禁区，当然也并不意味着可以随意变更政治制度，政治改革的底线是不能动摇满洲贵族的政治统治，这在当时是不需提醒的政治纪律，在规范的官场中不会有谁不懂规矩随意违反。所以我们不能说清廷没有进行政治改革，只是清廷的政治改革在它自己看来可能已经走得很远，但在反对者看来，在后人看来，其实可能还不叫政治改革，充其量只是"行政体制改革"而已。

———————

① 《光绪朝东华录》卷四，第 4655 页。

行政体制改革在清朝中晚期一直在进行，19世纪60年代设置总理各国事务衙门就是这种改革最典型的反映。只是那时新设置的总理各国事务衙门仅仅经过短暂的四十年，到了义和团战争爆发，原本新奇的行政机构却被列强视为没有效率的官僚衙门，各国公使对总理各国事务衙门在1900年的表现非常不满，在随后的政治谈判中多次建议清廷遵循国际惯例，废除这个颇具中国特色的不伦不类的机构，改设外务部，置六部之首，主管外交事务。1901年7月24日，清政府终于接受这个建议，下令撤销存在40年的总理各国事务衙门，于传统的六部之外，设置外务部，大清王朝的行政改革至此拉开了序幕，像多米诺骨牌一样，在中国已有千年历史的六部行政架构很快就变得不成样子，在某种程度上实现了康有为在1898年所提出的行政改革要求。裁冗署，裁冗员，创设新机构，成为1901年之后的大趋势。

1902年2月24日，清政府下令裁撤河东河道总督，其事务改归河南巡抚兼办。3月6日，下令将詹事府归并翰林院，并裁撤通政使司。1904年12月12日，清政府下令裁撤湖北、云南巡抚两缺，由湖广总督、云贵总督兼管。1905年9月4日，下令裁撤奉天府尹，改由巡抚兼管。10月8日，清廷下令设巡警部，以署兵部左侍郎徐世昌为尚书。12月6日，下令设立学部，以荣庆为尚书，熙瑛、严修为侍郎，并以国子监归并学部。凡此旧机构的裁撤，大都是在1898年提起而没有办到的，而新机构的设置则将原先的六部行政架构基本废除，使清政府的行政体制与东西各国大体一致。

除了对中央行政进行大刀阔斧的改革外，清政府还对地方行政进行了大幅度的改革和试验，其政治目标是促成地方逐步走向自治。

　　新政在行政体制方面的改革是有意义的，只是行政体制改革无论如何不能代替政治体制改革，其本身毕竟不是政治体制改革，特别是随着国内外形势的不断好转，清政府的改革动力逐步消解。至1904年，中国究竟应该如何继续进行改革，中国的改革目标究竟是什么，实际上又引起清廷的困惑，向前走无疑要进行政治体制方面的根本变动，清廷和整个满洲贵族阶层有没有准备好，这都是疑问。改革原本应该进入深水区，不料却在制度层面遇到了困难。

第四章

众声喧哗：同一个时代里的不同梦想

按照我们几十年形成的"历史发生论"，社会经济基础决定上层建筑，阶级地位大致规定或约束了其政治立场。然而历史却往往是，同一个时代的人们依然具有不同的梦想，同一阶级也会具有很不一样的政治诉求。历史是由无数具体的事件和人物构成的，任何整体性的概括都难免以偏概全。面对甲午及庚子后中国的内外环境，那时的知识精英如孙中山、康有为、章太炎等人，却选择了不同的应对方式。

一个人的觉醒

孙中山是近代中华民族民主革命的先行者，是先知先觉者，这是毫无疑问的，因为是他最先发现指望清廷去推动中国现代化是根本不可能的。更重要的是，孙中山不仅这样认为，而且十几年坚持不懈，硬是将"一个人的革命"发展成了全民族的觉醒，促使了辛亥革命发生，导致两百多年的大清王朝垮台。更具有历史意义的是，辛亥革命将两千多年帝制送进了历史，使民权建立，开启了中国历史新时代。

孙中山不是天生的革命者，其革命思想的发生具有传奇色彩和戏剧性。之前的研究不太注意其中的变化，主要是因为不太愿意承认孙中山最初的改良主义立场和对清廷的政治认同。

大清王朝虽然是由中国周边族群满洲人建立的，但到了孙中山的时代，种族主义思想已非常淡薄。满洲贵族虽然仍保留着许多固有习俗和狭隘心态，虽然刻意避免与汉人通婚，避免其血统混杂，但毕竟过了两百多年，满汉之间的差异已不那么明显。

到了近代之后，西方"新异族"东来，文化冲突、经济冲突，使汉人士大夫在很大程度上认同了满洲人这个"老异族"，满汉之间，至少从汉人士大夫层面说，久已没有传统儒家"非我族类，其心必异"的心理紧张。汉人士大夫在"我大清王朝"既成政治架构下也活得比较滋润，特别是在慈禧太后当政近半个世纪，满洲贵族统治集团其实只是一种名义上的政治领导，他们享有大清国的所有权、领导权，但其经营权、管理权，其实差不多都交给了汉人高官。清廷虽然在中央部院等一些重要岗位设置"满汉双首长制"，但满大臣基本上是尸位素餐，饱食终日无所用心，只要不涉及、侵害满洲贵族集团的利益，满大臣一般都能放手让汉大臣尽心出力满负荷工作。满汉政治高层在那几十年相处大致比较融洽。

汉人特别是汉人士大夫阶层已经被清廷的"联合执政"征服，即便是后来觉醒要推翻大清王朝的孙中山，其最初阶段也不是要反清，而是想方设法地挤进大清王朝既成体制，参与联合政权，成为朝廷内的一员，哪怕只是一个小小的幕僚角色。

　　爬梳新旧史料，可以感觉到孙中山对李鸿章怀有期待大约发生在 1891 年前后。那时，孙中山正在香港西医书院读书。这是英国人创办的一所学校，但由于主持者与中英政界有着比较密切的关系，因而其政治地位显得比较高。李鸿章是这所学校的名誉赞助人，而当孙中山毕业时，出席典礼并向孙中山颁发毕业证书的竟然是香港总督。

　　或许是因为这所学校的政治背景的缘故，孙中山在经过五年学习后，对医学专业并不感兴趣，他在三十年后回忆说，毕业后即决计抛弃其医人生涯，而从事于医国事业。这个说法当然有后来思想演进的添加成分，但他在毕业后确实想在政治上有所发展。香港总督受托给英国驻华公使写了一封信，请其便中转商北洋大臣李鸿章，斟酌能否在北洋给孙中山安排一个位置。

　　李鸿章很快给香港总督回信，表示可以让孙中山来京候缺，暂给月俸五十元。然而，当孙中山前往广州转商两广总督换介绍信时，却受到总督衙门诸多刁难，孙中山毕业即踏上政界的想法落空。

　　及时踏入政界的希望落空了，孙中山只好与各方面合作从事老本行，开药房挂牌行医。奈何孙中山志不在此，到了 1894 年春，他在广州的药房由于经营不善面临倒闭，而他自己却躲在乡下给李鸿章写信，依然希望通过这条捷径进入朝廷。

　　孙中山这封写给李鸿章的信，当然不能说是闭门造车，但一百多年后客观分析，孙中山独创性见解真的不多。正如许多研究者所指出的那样，在这份上书中，孙中山提出了富强、治国四大纲领，即人尽其才、地尽其利、物尽其用、货畅其流。孙中山认为，这四个方面是现代西方各国富强之大经，治国之根本，是中国继续发展应该遵行的道理，而不是只知道船坚炮利。

这些意见，在孙中山自己看来或许是有意义有价值，但是不要忘了，他的预设读者是李鸿章，那么从李鸿章的立场看，这四点建议就显得微不足道了，李鸿章对这四点意见不是一般的知道，而是知道得很清楚。马建忠十几年前就在《上李傅相书》中讲述过西方强盛的原因不仅在于船坚炮利，还有制度层面、文化层面的因素。大清的高官群体早已知道人尽其才、地尽其利、物尽其用、货畅其流的道理，甚至知道民主，知道议院，知道立宪。即便将孙中山这四条建议与康有为1888年左右提出的"变成法""通下情""慎左右"的建议相比较①，不但是理论上不及后者，就其思想主旨还没有康有为式的政治意识，而更多地则与早期改良主义者如冯桂芬、王韬及郑观应等人的主张相仿或相同，并没有多少独到见解。②

李鸿章当然还知道，孙中山这样的上书在中国历史上并不是唯一的或特例，一些没有功名的读书人，除了花钱捐官，一个最重要的途径就是不厌其烦、坚持不懈地上书，万一哪天哪份上书打动了某一位高官，那就"山重水复疑无路，柳暗花明又一村"了。这样的终南捷径，在那个年代太正常了，孙中山这样做，康有为也这样做。

在李鸿章看来非常正常的一件事情，但在上书者孙中山看来却是一件非常不一样的大事。孙中山此时不论多么有名，他的名也只

---

① 《上清帝第一书》（1888 年 12 月），汤志钧编：《康有为政论集》上，北京：中华书局 1981 年版，第 61 页。

② ［美］史扶邻著，丘权政、符致兴译：《孙中山与中国革命的起源》，北京：中国社会科学出版社 1981 年版，第 32 页。

限于他的那些年轻朋友中，还是典型的"名不见经传"，而李鸿章是什么人，那可是直隶总督兼北洋大臣，是皇太后和皇上当时最为信赖的心腹大臣，是大清国的栋梁。

孙中山对这次上书看得非常重，在陈少白帮他修改之后，他决定前往上海找找关系，看看谁能够与李鸿章幕府有比较直接的关系。东西药局他已无心经营了，陈少白帮他盘点，交给那些出过股本的人了。孙中山几乎彻底斩断了一切后路，他破釜沉舟，将所有希望都押在了李鸿章身上。

1894 年春夏间，孙中山在陆皓东的陪同下，乘船北上，前往上海。既抵沪，经香港朋友介绍，拜访王韬、郑观应等名流，请求指教，当然也是请求指点门路。

王韬是近代中国真正意义上的报人，蛰居香港二十年，全身心经营《循环日报》，向国人提供信息资讯，现在隐居上海，与社会各界依然有着相当广泛的联系。他看了孙中山的上李鸿章书，颇为赞许，并为之修订数语，又应孙中山的要求，作函介绍给李鸿章的幕僚罗丰禄、徐秋畦等。罗、徐都是王韬的好朋友，说得上话。

至于郑观应，那可是孙中山的小老乡，是近代中国重要的思想家，也是洋务事业的践行者。孙中山究竟何时与郑观应有联系不可考，但郑观应的《盛世危言》中选录了孙中山 1891 年前后写的《农功篇》等文章[1]，可见他们之间应该有着比较密切的关系。郑观应此时正在盛宣怀主持的招商局任职，所以他也为孙中山写了一封给盛宣怀的推荐信。

---

[1] 《农功》（1891 年前后），《孙中山全集》卷一，第 3 页。

盛宣怀是李鸿章的门生，与李鸿章有着非常密切的关系，他当然也是孙中山此行主攻的一个目标，所以离开广州时，就托澳门海防同知魏恒给盛宣怀的堂弟盛宙怀写了一封信，希望盛宙怀转托正在天津的盛宣怀，能够在力所能及或方便的时候帮助一下这个年轻人。

带着这些名人所写的推荐信，孙中山信心满满地和陆皓东一起离开上海，于 1894 年 6 月下旬抵达天津。到了天津，他们二人手持港沪友人所写的那些推荐信拜访罗丰禄、徐秋畦等人，述说自己的想法和要求。

罗丰禄、徐秋畦都是李鸿章幕僚班底中的重要角色，他们看到王韬、郑观应、盛宙怀等人的推荐信，对孙中山的想法也能够认同和理解，他们答应一定会相机协助，争取把这件事情办成。

孙中山的上书很快交给了李鸿章，李鸿章就孙中山上书中提出的要求作了指示。孙中山在这份上书中强调农政之兴尤为今日中国之要务，表示愿意出国考察农业，以便拯救农业、农村和农民。

对于孙中山的这个要求，李鸿章欣然答应，责成罗丰禄代领农桑会出国筹款护照一本交给孙中山，然而两人并没有见面晤谈。

李鸿章不愿意见孙中山，或者说是罗丰禄、徐秋畦等人根本就没有安排见，这在后来看当然是一件不得了的大事情，但在当年，真的不算一回事。尽管孙中山有这么多贤达名人写推荐信，可他毕竟是一个名不见经传的年轻人，不说李鸿章是大清国屈指可数的当朝大臣，仅其七十一岁的年龄，不见这二十来岁的年轻人，不和他闲聊一通，也没有什么不可以。

当然，李鸿章不见孙中山最直接的原因是军务繁忙。这一点是孙中山最大的不满和不理解。但实事求是地说，李鸿章此时真忙得不可开交。是年 4 月，朝鲜东学党起义爆发，紧接着中日之间为是否派兵前往朝鲜镇压发生持续不断的争执。到了 6 月初，李鸿章听信袁世凯所谓日本"志在商民，似无他意"的错误判断，决意"遣兵代剿"，令丁汝昌、叶志超等率领军队跨过鸭绿江，出兵朝鲜。

李鸿章的决策正中日本人的圈套，日本遂借机出兵朝鲜，并迫使清政府同意由中日两国共同监督朝鲜改革内政的方案。到了 6 月下旬，也就是孙中山、陆皓东抵达天津的时候，正是中日交涉最为紧要的关头，中日双方虽然尚未以兵刃相见，但由于利益攸关，战争大有一触即发之势。此后不到一个月，战争就真的爆发了。正是在这种情势下，即便李鸿章借口军务繁忙，拒绝延见孙中山这一平民百姓 ①，也在情理之中。

今天心平气和地看来是情理之中的事，但在当年孙中山却不这样看。因为他把这次投见看得太重了，他不仅关闭了药房，斩断了退路，而且又通过那么多朋友郑重介绍，结果只拿来一纸护照。这些事实不能不对孙中山造成强大的精神压力，使他觉得李鸿章看不起自己，同时也觉得李鸿章这个人让他失望。

中国圣贤一直告诫当权者要礼贤下士，对那些地位比较低的读书人要格外尊重，绝不能居高临下，盛气凌人。中国圣贤为什么这样反复告诫呢？道理很简单，尽管这些读书人还处在比较低的层面，没有功名，没有地位，但是他们的内心却异常丰富、异常脆弱，经

---

① 冯自由：《中国革命运动二十六年组织史》，上海：商务印书馆 1948 年版，第 14 页。

不起任何蔑视、轻视、忽视或白眼，否则会导致不测后果。近代中国几个来自下层的革命者，差不多都有相似的经历，如果不是李鸿章阴差阳错地错过了与孙中山见上一面，如果能够把他安置在自己的幕府中，那么中国近代关于孙中山的一幕历史内容将会改写。

然而，历史无法假设。机缘没有使李鸿章接见和提携孙中山，李鸿章这一历史性失误不仅导致了孙中山由李的崇拜者转变为反对者，更为重要的是，孙中山由此被冷落转而变得对整个清政府体制彻底失望，他由先前真诚地想进入清政府体系内谋取发展，转而决绝地要推翻清政府。他不仅不再相信李鸿章，不再相信清政府，而且不再相信清廷统治者有能力、有诚心带领中国继续前进。

对于康有为、梁启超等同时代人提出的改良维新方案，孙中山不屑一顾；对于严复所宣扬的达尔文进化论和"物竞天择，适者生存"的丛林法则，孙中山也不再感兴趣。他此后的所有思想、所有行为，都集中到一点，那就是要唤醒民众，推翻清王朝，重建汉人国家。孙中山以先知先觉者的姿态，开始了他的"知其不可为而为之"的革命历程。

皇天不负有心人。经过短短十几年的奋斗，尤其是不得已的耐心等待，革命竟然真的成功，推翻了清王朝，结束了中国两千年的帝制。

孙中山的反叛行为当然不是因为李鸿章拒见而马上实施的，而是随着甲午战争的进程而发生而演变的。换句话说，如果不是后来发生了甲午战争，或者甲午战争不是出现中国惨败、日本大胜这样的结果，孙中山依然不会起而革命，依然不会对清政府、对李鸿章绝望。历史演变改变了中国，也改变了孙中山。

上书后，李鸿章尽管没有接见这个年轻人，但对于孙中山所要的帮助，李鸿章还是安排手下给予解决了。之后，孙中山、陆皓东又在天津、北京游玩了一段时间，然后南下武汉，再顺流而下，回到上海。

孙中山回到上海的准确时间，现在不太清楚。只是从那之后，中日战争的消息不断传来，好的消息几乎没有，而坏的消息却是一个接着一个。这才是孙中山对清政府开始逐渐失望的理由。在失望之余，孙中山想到在京津的所见所闻，于是认为中国在战场上的失败不是偶然而是必然，因为清廷内部上上下下充满着腐败与暮气，即便连李鸿章这样在第一线负责任的大臣，其实也是一个经不起审查的腐败者。孙中山说，他在天津，看到李鸿章发财致富的方法之一，就是各级文武官员成群而来请求任命，但是就在他们的呈文到达李鸿章文案以前，他们必须支付大量的金钱贿赂李的随员。[1]

至于北京，根据孙中山的观察，清王朝政治下的龌龊，更百倍于广东的两广总督衙门。[2]这一系列的腐败现象引起孙中山的思考和警觉，他终于认识到，清廷已经没有办法通过渐进的改良进行调整，因为上等社会多不满意于海陆军人腐败贪黩，骄奢淫逸；而下等社会，更广大的劳苦大众，并不分享经济发展所带来的好处，怨望之心愈推愈远，愈积愈深。[3]统治者已经没有办法照旧统治下去，被统治者也不再甘心这样继续受欺凌、受威逼，传统中国的改朝换代已

① 《中国的现在与未来》，《孙中山全集》卷一，第 100 页。
② 《在香港大学的演说》（1923 年 2 月 19 日），《孙中山全集》卷七，第 116 页。
③ 《伦敦被难记》，《孙中山全集》卷一，第 52 页。

经露出明显的迹象，王朝末期的特征已经非常明显。

带着这样一种想法，孙中山于 1894 年秋重回檀香山。而檀香山恰恰在这一年初推翻了君主专制制度，废除了王位，建立了夏威夷共和国。檀香山的政治变动对孙中山的思想演变产生剧烈冲击，也改变了他哥哥孙眉的一些观念。

孙中山此行原本是为了考察农村和农业，并准备向亲友集资，准备拿着这些资金回国举行反清复汉的武装起义。孙中山的这些想法在早几年很难得到孙眉的认同，现在孙眉却对这些异端行为不仅不再反对，反而热情支持，甘愿划拨一部分财产帮助弟弟从事革命。① 这对孙中山也是一个不小的鼓舞。

在孙眉和其他华侨鼓励支持下，孙中山于 1894 年 11 月 24 日在檀香山组建中国近代第一个革命团体兴中会。参加成立大会的有二十多名华侨，他们分别代表着第一批会员约一百三十人。会议在孙中山提议下确定会名为"兴中会"，其意就是要"振兴中华，挽救危局"。会议通过兴中会章程共九条，还规定以"驱逐鞑虏，恢复中华，创立合众政府"为秘密誓词。

在孙中山起草的兴中会章程中，概略分析了中国处境，认为中国积贫积弱绝非一日，而是由来已久。中国在战场上不敌日本并非偶然，究其原因，是在上者因循苟且，粉饰虚张，在下者蒙昧无知，看不明白世界潮流国际大势。孙中山列举最近一段时间中国的艰难处境时说：近之辱国丧师，日本大兵压境，堂堂华夏，竟然受到这样的奇耻大辱，不被列邦看重，反被邻邦羞辱。五千年文明典章制

---

① 冯自由：《革命逸史》第四集，北京：中华书局 1981 年版，第 3 页。

度不再被异族看上，中国有识之士面对如此窘境，能不感叹万分，引发思索？孙中山在这里提出的问题是：为什么拥有四万万苍生之众，拥有数万里土地之饶的中国，不能发奋为雄，反而受制于日本这样一个小小的岛国呢？问题的关键究竟在哪儿呢？

孙中山的困惑是一个时代的困惑，是那一代中国人普遍性的困惑，中国经过三十年的洋务积累，国家实力也增长了，可为什么就是在战场上不如日本人呢？

孙中山从甲午战败中看到的是什么呢？是自上而下全面腐败，庸奴误国，荼毒苍生，一蹶不振，如斯之亟。而如今的国际环境强邻环列，虎视鹰瞵，这些强国个个久已垂涎我中华五金之富物产之饶，它们既需要庞大的国际市场倾销过剩的工业品，更需要资源，需要廉价和源源不断的劳动力，所以列强对中国蚕食鲸吞的图谋与野心早已存在，只是最近若干年越来越厉害罢了。[①]中国之所以陷入如此困境，原因何在？孙中山认为，问题的症结只有一个，那就是清政府不能代表全中国的利益，必须推翻它，必须打倒它。

孙中山因甲午中日战争中国在战场上的连连失败而对清政府失望，并由此决心引领中国走上另外一条发展道路。

平心而论，孙中山对中国现状的分析确实抓住了问题的关键，中国如果不进行改革，其前途确实不容乐观。孙中山在后来反复强调，有人以为只要能说服李鸿章等清政府的高层人物，使他们相信铁路、电话、欧洲陆军和海军等现代化组织的效用，启发中国人民，并设法把整套文明机器输入中国，那么中国的新生就会开始。

---

① 《檀香山兴中会章程》（1894 年 11 月 24 日），《孙中山全集》卷一，第 19 页。

这种看法真是和吃人的野兽改用餐具，想借此把它们改变成素食者同样的荒唐。[①]孙中山坚信，中国问题的真解决，不在其表，而在其里。这个里，就是推翻清朝，重建汉人的天下，就像明太祖朱元璋那样，驱逐鞑虏，恢复中华。[②]于是孙中山在此后对一切准备扶助清政府进行改革的设想与方案都坚决反对，置于不容讨论之地位，强调目前中国的制度，以及现今的政府绝不可能有任何改善，也绝不会进行任何改革，只能加以推翻，无法进行改良。期望清政府能在时代要求的影响下自我革新，并接触欧洲文化，这等于希望农场的一头猪会对农业全神贯注并善于耕作，哪怕这头猪在农场里喂养得很好又能接近它的文明的主人。[③]为了拯救中国，他和他的同志正准备发动革命，推翻清朝。

　　孙中山的言行之所以能够在那么短的时间里获得那么多人的共鸣和拥护，是因为孙中山说出了此时此刻他们心里想说的话。两百多年的清朝政治发展，三十年的经济高速发展，在清政府内部形成了一个又一个特殊的利益阶层，一个又一个的特殊利益集团，对于这样一种特殊的权力架构，指望它们从体制内部进行从容的主动变革，那真的比登天还难。甲午一战，证明了清政府已经成为阻碍中国进步的绊脚石，中国要想前进，只有搬开这块石头。这就是孙中山的思考和结论，也是他的拥护者和追随者所思考的。

　　我们不难看到，孙中山的反清革命在本质上存在着传统观念中

---

① 《中国的现在与未来》，《孙中山全集》卷一，第 104 页。
② 陈锡祺主编：《孙中山年谱长编》，第 100 页。
③ 《与〈伦敦被难记〉俄译者等的谈话》，《孙中山全集》卷一，第 86 页。

的夷夏意识，有将某一民族的利益作为多民族国家至上利益的思想倾向。孙中山指出，大家经常忘记了中国人和清政府并不是同义语词。帝位和清朝的一切高级文武职位，都是那些满洲人占据着。"不完全打倒目前极其腐败的统治而建立一个贤良政府，由地道的中国人来建立起纯洁的政治，那么，实现任何改进就完全不可能的"。[①]

当然这不是意味着孙中山的反清革命是与满洲人全体为敌。事实上，正如有的研究者所指出的那样，孙中山的反清革命并不是一个独立的运动，它只是从属于近代中国民主革命的，当时一些反清宣传的提倡者，其实也是从阶级矛盾的意义上来理解反清斗争的。[②]也就是说，孙中山反清革命的真正目标，只是对准满洲贵族统治集团，并没有与满洲全体民众为敌，并没有彻底排斥满族民众。

孙中山看到了满洲贵族集团与全体中国人之间的利益冲突，所以他不愿同情清政府在甲午战争中的被动和失败，不愿像更多的中国人如康有为、梁启超、严复那样充满失落和悲情，他已经超越了失落、失望和悲情，不再将满洲人利益看作是中国人的利益。

至于《马关条约》规定外国人可以在通商口岸自由开办企业、开发资源、开发市场，这当然是对清政府权益的损害，但对中国资本主义发展，对中国工业化起步，也并不完全是坏事，至少对中国人起到某些示范作用。

一场甲午战争改变了孙中山，使孙中山看清了清政府的本来面

---

① 《中国的现在与未来——革新党呼吁英国保持善意的中立》，《孙中山全集》卷一，第 88 页。

② 《评辛亥革命与反满问题》，《刘大年史学论文选集》，北京：人民出版社 1987 年版，第 317 页。

目，看清了这个政府是怎样贪婪，怎样无耻，怎样无能。甲午战争使汉人觉醒，已经沉睡两百多年的种族意识像火山一样喷发。

清朝统治者大概确实没有把整个中国人的利益与满洲人的利益画等号，清政府多年来实行的种族分立、种族区隔政策确实伤害了中国人，原本已经消沉的种族意识经过孙中山的鼓吹开始复苏，开始觉醒，所以追随孙中山的人也就越来越多。

甲午战争改变了孙中山对清朝统治者的看法，他的革命思想由此而萌发，这是历史事实。问题在于，看到甲午战争中国惨败的中国人并不只有孙中山一个人，为什么其他中国人没有萌发孙中山这种革命思想呢？

其实，这就是孙中山革命思想发生最独特的因素。历史的特殊机遇造就了历史的偶然性，历史的偶然性又去改变历史的走向。

孙中山能够萌发推翻清朝的革命思想，是因为他走出国门，得到了很不一样的信息。这是依然留在国内的热血青年都不具备的。根据蒋梦麟的回忆录，他的家乡宁波距离上海很近，也算是中国对外交往比较多、比较早的地区，但宁波人直至六年之后"庚子国变"时还不知道中国在甲午战争中被打败了，甚至以为中国在与日本的冲突中打了大胜仗。[①] 由于中国在信息上的不畅通，或刻意遮蔽，留在中国的中国人究竟有多少人知道真相，实在值得怀疑。既然连真相都不知道，当然也就无从萌发革命思想。

而孙中山恰恰在这个历史关头有了不一样的经历。战争进行之初他在国内，通过罗丰禄等人，孙中山应该知道李鸿章即便不是信

---

① 蒋梦麟：《西潮·新潮》，长沙：岳麓书社2000年版，第41页。

心满满，但也绝对不会想到输得这样惨。有了比较，让孙中山有了不一样的看法。这不仅是继续留在国内的热血青年不具备的心路历程，也是一直在国外居留的那些人无法想象的。在这么一个特殊的历史阶段，游走国内外，而且与战争的指挥者有过接触，到了国外，又有机会看到国内人士无法接触、无法想象的战地信息，这是孙中山革命思想发生的特殊背景。在那个时间段，没有一个中国人具有孙中山这样的机遇，更不要说具有孙中山这样的心理状态了。

孙中山的革命思想是大历史背景下的必然产物，这种革命思想由孙中山提出，又是孙中山独一无二的特殊生命历程的产物。说清这一点，才知道孙中山并不是天生的革命家。革命，并不在他最初的人生规划中。

维新思想发生与坚持

梁启超在《戊戌政变记》开篇即说："孟子曰：'入则无法家拂士，出则无敌国外患者，国恒亡。'信哉言乎？吾国四千年大梦之唤醒，实自甲午战败割台湾，偿二百兆以后始也。我皇上赫然发愤，排众议，冒疑难，以实行变法自强之策，实自失胶州、旅顺、大连湾、威海卫以后始也。自光绪十四年（1888），康有为以布衣伏阙上书，极陈外国相逼，中国危险之状，并发俄人餐食东方之阴谋，称道日本变法致强之故事，请釐革积弊，修明内政，取法泰西，实行改革。当时举京师之人，咸以康为病狂。大臣阻格，不为代达，康乃归广东开塾讲学，以实学教授弟子。及乙未（1895）之役，复至京师，将有所陈，适和议甫就，乃上万言书，力陈变法之不可缓，谓宜乘和议既定，国耻方新之时，下哀痛之诏，作士民之气，则转败为功，重建国基，亦自易易。书中言改革之条理甚详。既上，皇上嘉许，命阁臣抄录副本三份，以一份呈西后；以一份留乾清宫南窗，以备己览；以一份发各省督抚会议。康有为之初乘宸眷，实自此始，时光绪二十一年（1895）四月也。"①梁启超这段述说，有正有误，为后来一百多年的戊戌叙事奠定了基础。不管康有为在戊戌事变中是否具有决定性的意义，康有为是否担负着很重要的历史角色，戊戌事变之所以发生，确实与康有为，尤其是他那些上书有着重要的因果关联。

据康有为自编年谱，光绪十四年（1888），张鼎华"频招游京师，是年乡试，五月遂决行。是时学有所得，超然物表，而游于人中，偶傥自喜"。康有为在京师，除了与各方面旧朋新知往来外，"八月谒明陵，单骑出居庸关，登万里长城，出八达岭，一日而还，游汤山乃归，得诗数十章。九月游西山"。②由此可见康有为的心情不错，借着如此情绪，康有为在北京做了一件惊天动地的大事情，并从此开始了他的政治生涯。

当康有为正在北京的时候，光绪十四年六月十九日（1888年7月27日），慈禧太后发布懿旨，宣布："两年以来，皇帝几于典学，益臻精进，于军国大小事务，均能随时剖决措置合宜。深宫甚以为欣慰。明年正月大婚礼成，应即亲裁大政，以慰天下臣民之望。著钦天监于明年二月内敬谨选择归政吉期具奏。"③按照这个指示进行，清帝国一个全新时代即将开始。

慈禧太后的宣布引起各方面的高度关注，正在北京的康有为也就乘着这个机会给即将亲裁大政的光绪帝写了一份上书，提出一些

---

① 梁启超：《戊戌政变记》，《饮冰室合集》专集之一，北京：中华书局1989年版，第1页。
② 《康南海自编年谱》，北京：中华书局2012年版，第18页。
③ 《清实录·清德宗实录》卷二五六，北京：中华书局1987年版，第446页。

建议。康有为后来追述自己写这份上书的想法时说："九月游西山。时讲求中外事已久，登高极望，辄有山河人民之感。计自马江败后，国势日蹙，中国发愤，只有此数年闲暇，及时变法，犹可支持，过此不治，后欲为之，外患日逼，势无及矣。时公卿中潘文勤公（祖荫）、常熟翁师傅（同龢）、徐桐有时名，以书陈大计而责之，京师哗然。值祖陵山崩千余丈，乃发愤上书万言，极言时危，请及时变法，黄仲弢编修（绍箕）、沈子培刑部（曾植）、屠梅君侍御（仁守）实左右其事。自黎纯斋后，无以诸生上书者，当时大恶洋务，更未有请变法之人。吾以至微贱，首昌此论，朝士大攻之。"①

康有为《上清帝第一书》撰于光绪十四年十一月初八日（1888年12月10日），确实是自同治元年（1862）黎纯斋上书言事后，数十年无布衣诸生上书言事之后的壮举，咸骇为非常之举，京师哗然，可想而知。康有为此书主旨是鉴于中法战争之后，南部边陲尽失，洋务新政已经有破产的迹象，康有为以平民身份上书言政，呼吁改革，请求变法。就时序而言，康有为这份上书，确实是戊戌时代渐进改良主义者第一次上书言事，提出变法建议。"戊子十月，祖陵奇变。十一月，南海先生上书，极言外夷之交迫，变法之宜亟。初呈国子监，管监事者常熟翁尚书暨盛伯熙祭酒欲以上闻。因书中有'谗言中于左右'数语，时张幼樵副宪得罪罢官，朝廷不喜新进之士，虑以斯言，上触盛怒，若问谗言为谁，何由得知，恐获重罪，故不为代递，意在保全也。移至都察院，亦不纳，遂罢其事"。②以

---

① 《康南海自编年谱》，第18页。
② 徐勤：《南海先生四上书杂记》，夏晓虹编：《追忆康有为》，北京：生活·读书·新知三联书店2009年版，第292页。

为各衙门之所以不敢接纳代转康有为这份上书，主要是因为这份文件中的言辞太过于激烈。这个说法当然有道理，但又不尽然。

在这份上书中，康有为借鉴传统中国最老套的手法，以"祖陵奇变"为由，请求朝廷下诏罪己，及时图治。康有为看到了中国面临的属国危机："窃见方今外夷交迫，自琉球灭，安南失，缅甸亡，羽翼尽蕳，将及腹心。比者日谋高丽，而伺吉林于东；英启藏卫，而窥川滇于西；俄筑铁路于北，而迫盛京；法煽乱民于南，以取滇粤；教民会党遍江楚河陇间，将乱于内。"在康有为眼里，内外形势显然都不容乐观。至于经济社会，康有为所见也是一塌糊涂："臣到京师来，见兵弱财穷，节颓俗败，纲纪散乱，人情偷惰，上兴土木之功，下习宴游之乐，晏安欢愉，若贺太平。顷河决久不塞，兖豫之民，荡析愁苦，沿江淮间，地多苦旱，广东大水，京师大风，拔木百余，甚至地震山倾，皆未有之灾也。"[①]这是康有为的看法，我们当然承认这些描述都是事实，或为康有为亲见，或为康有为耳闻。但是，如果放到大历史背景之中看，康有为的这些描述，只是大时代的一个方面，并不足以给那个时代如此定论。这大概是康有为这份上书不受待见的根本原因。

清帝国在那之前若干年，确实面临一系列困难，南部边陲各个属国相继离去。这肯定不是清帝国愿意看到的结果，但是如果从大历史看，属国解体，主要原因是中国式的朝贡体制遇到了真正的近代殖民主义的挑战，中国无法回应近代殖民主义的挑战，唯一可以做的就是由属国转身离开。

---

① 《上清帝第一书》(1888年12月)，汤志钧编：《康有为政论集》(上)，第52页。

一来各属国独自回应西方是它们本来就具有的权利，明清两代建构的属国体制均大致遵循了属国自主的原则；二来对清帝国来说，属国相继离开也未尝只是坏事。翰林院学士周德润在光绪七年（1881）就明确意识到："臣闻天子守在四夷，此诚虑远忧深之计。古来敌国外患，伏之甚微，而蓄之甚早。不守四夷而守边境，则已无及矣；不守边境而守腹地，则更无及矣。我朝幅员广辟，龙沙雁海尽列藩封。以琉球守东南，以高丽守东北，以蒙古守西北，以越南守西南：非所谓山河带砺，与国同休戚者哉？"针对周德润的这段话，蒋廷黻指出："换句话说，在历史上属国是我们的国防外线，是代我们守门户的。在古代，这种言论有相当的道理；到了近代，局势就大不同了。英国在道光年间直攻了广东、福建、浙江、江苏，英法联军直打进了北京，所谓国防外线简直没有用处。倘使在这种时代我们还要保存外线，我们也应该变更方案。我们应该协助这些弱小国家独立，因为独立的高丽、琉球、缅甸绝不能侵略我们。所怕的不是他们独立，是怕他们做帝国主义者的傀儡。"[1]清帝国当然也没有像蒋廷黻所设想的那样去帮助这些属国建立独立的近代国家，但是由此反过来看，清帝国对于属国转身而去，可能并没有康有为那样的悲伤、不舍。

至于康有为描述的贫困、饥馑，这是古代中国的普遍现象，并不是此时突然发生的惨剧。我们知道，康有为写这份《上清帝第一书》时（光绪十四年，1888），正是同光中兴的关键年份。这一年，慈禧太后之所以愿意退位，是因为经过二十多年的发展，清帝国已

---

① 蒋廷黻：《中国近代史》（外三种），长沙：岳麓书社1987年版，第64页。

经摆脱了两次鸦片战争、中法战争、太平天国运动带来的困扰，洋务新政已经取得了突破性的成绩，最具标志性的就是这一年北洋海军成军。

这是中国历史上的一件大事，北洋海军是中国历史上第一支现代化的海军，其规模一度被誉为亚洲第一、世界第八。后来人可以说这些不过是形象工程，不堪一击，但在当时确实让清帝国主政者信心满满，并没有康有为式的忧患意识，更不存在康有为式的改革可能。由此也就不难理解康有为《上清帝第一书》为什么如泥牛入海杳无消息。

康有为和他的追随者在后来讨论《上清帝第一书》时，都格外强调这是自同治元年（1862）黎纯斋以平民身份上书之后第一次突破，也是康有为在北京参加科举考试时顺便为之。黎纯斋，即黎庶昌，他以平民身份上书言事并获得重用，应该是康有为此次上书言事的直接动因，甚至是亦步亦趋地模仿。

黎庶昌后来是著名的文学家、外交家，但说起来他在科举路上并不顺利。在他六岁时，乃父卒于开州训导任上。黎庶昌尽管天资聪明，也很勤奋，他的伯父、兄长也很负责，严厉敦促，博览群书，学乃大成，但在考场每每掉链子，辛酉、壬戌两试下第，困寓京师，回乡无望，报国无门。这点也与康有为在光绪十四年（1888）的处境极为相似。

机遇总是留给那些有准备的人。同治元年（1862）七月，星变。从今天的眼光看，这只是一个自然异象，但在那时的统治者却像董仲舒当年所设计的那样，借助这些异常的天象调整政策，以星变下诏求直言。这对其他官运亨通的人或许不算什么，但对困居京师的黎庶昌来说无疑是一个机会。黎庶昌"昧死"拟就时务一书，并派家人送至都察院，求恳代奏。黎庶昌的文字太感人了，他的运气也太好了，不久，"奉内阁上谕：著都察院将黎庶昌传至该衙门，令其将应陈事件，条分缕析，详细具呈，仍由该院代奏"①。接着，黎庶昌又上清帝第二书。

在这两篇上书中，黎庶昌主要针对时弊，提出"重守令之权，讲取士之法，宽用贤之格，宏听言之路，除冗官之害，罢开捐之途，去满汉之闲，破律例之习，复钞币之法，修兵政之坏"等建议，这些建议引起朝野震惊，全国习诵。当朝大臣李棠阶等名儒竭力推崇，建议朝廷破格擢用，风示天下。朝廷接受了这些建议，加恩以廪贡生授知县，交曾国藩差序。黎庶昌因这两篇上书正式踏入仕途，相继在曾国藩、郭嵩焘手下做了许多有益的事情。

黎庶昌的经历、奇迹是康有为的模板，康有为不仅在形式上模仿了黎庶昌，而且在思路上、文字上也以黎庶昌的两份奏折为原本，正如研究者所指出的那样："其中关于科考罢去八比、小楷、试帖，会试后附试绝学，殿试改试策问并许悉意敷陈时政，饬外大臣举贤良，允许其人经商等建议中的基本思想，三十余年后，在康有为的部分维新建议，乃至光绪皇帝戊戌新政的一些内容中，均可找到其影响。"②

康有为对属国体制危机形势的分析自有其逻辑，但由此而提出

---

① 田玉隆：《评黎庶昌"论世务"疏——上穆宗毅皇帝第二书》，《贵州大学学报》1994 年第 1 期。

② 刘毅翔：《贵州开眼看世界的第一人——黎庶昌》，《贵州社会科学》1992 年第 9 期。

的几点所谓改革建议则犹如龚自珍、黎庶昌当年那样，"药方只贩古时丹"，康有为开列的所谓变革措施，诸如变成法、通下情、慎左右三点建议①，其实就是贾谊以来中国读书人最常说的"政治正确"，并不是涉及时代主题。

时代主题还不是变法、维新，所以康有为耸人听闻的危机言辞尽管激起各方面的强烈反应，但事实上很难获得清廷的认同。"十月，递与祭酒盛伯义先生（昱），祭酒素亢直，许上之。时翁常熟管监，以文中有言及马江败后，不复登用人才，以为人才各有所宜，能言治者，未必知兵。若归咎于朝廷之用人失宜者，时张佩纶获罪，无人敢言，常熟恐以此获罪，保护之不敢上。时适冬至，翁与许应骙、李文田，同侍祠天坛，许李交攻，故翁不敢上。时乡人许、李，皆位侍郎，怪吾不谒彼。吾谓彼若以吾为贤也，则彼可来先我。我布衣也，到京师不拜客者多矣，何独怪我，卒不谒，故见恨甚至也。国子监既不得达，盛祭酒持吾文见都御史祁文恪公（世长），文恪公极称其忠义，许代上，约以十一月初八日到都察院递之，御史屠梅君派人候焉。吾居米市胡同南海馆，出口即菜也，既衣冠将出，仆人谭柏来告，菜市口方杀人，车不能行，心为之动。私念吾上书而遇杀人，兆大不吉，家有老母，岂可遂死。继而思吾既为救天下矣，生死有命，岂可中道畏缩，慷慨登车，从南绕道行，出及门，屠御史遣人来告，云祁公车患鼻血，眩晕而归，须改期，遂还车。祁公以病请假，候之，而津海已冰不能归，遂留京师。祁公继续请假，至正月，屠梅君以言事革职，永不叙用。归政大婚，典礼重叠，吉

---

① 《上清帝第一书》，汤志钧编：《康有为政论集》（上） 第61页。

祥止止，非痛苦流涕之时，朝士久未闻此事，皆大哗，乡人至有创论欲相逐者。沈子培劝勿言国事，宜以金石陶遣，时徙居馆之汗漫房，老树蔽天，日以读碑为事，尽观京师藏家之金石凡数千种，自光绪十三年以前者，略尽睹矣，拟著一金石书，以人多为之者，乃续包慎伯为《广艺舟双辑》焉"。[①]

康有为《上清帝第一书》无疾而终，过去很多年都据康有为自述，将这一结果看作是康有为的失败，也看作是清廷不通下情的弊政。其实，按照清廷体制，康有为原本就没有资格上皇帝书，他的这份上书递不上去，除了内容平淡无奇，也有制度方面因素，但无论如何不能说失败，因为这份上书并不具有必然成功的逻辑。康有为只是传统社会心怀侥幸的士子寄希望于万一，属于有枣没枣打三杆子。

当然，实事求是地说，康有为从这次上书未果事件中也获得了巨大利益。主要是极大扩展了他的活动空间，朝野内外知道他的人越来越多，即便是帝师翁同龢不便不愿代转他的奏折，但依然在自己的日记中留下了这件事情的记录，说明自己主要是因为康有为的这份上书"语太讦直，无益只生衅耳，有害无益，因而无法代递"。[②]就此而言，至少，翁同龢牢牢记住了这个广东考生康有为。这就是康有为的"存在感"。

上书事件后，康有为并没有急于离开北京，他又在京师待了一段时间，至光绪十五年（1889）九月出京。

离开京师时，康有为有一首诗记录了自己的心情：

①《康南海自编年谱》，第20页。
②《翁同龢日记》第四册，北京：中华书局1992年版，第2235页。

眼中战果成争鹿，海内人才孰卧龙？

抚剑长号归去也，千山万水啸青锋。①

康有为很自负地将自己比喻为卧龙先生诸葛亮。他虽然不得已抚剑长号归去，但显然也有再回京师一展宏图的信心。

一路无话，康有为冒雨游西湖，自杭州至苏州，再游虎丘、狮子林诸名胜，破长江，登石钟山，抚曾彭之余风，左江右湖，其乐无有。入九江，游庐山，谒朱子白鹿洞，望鄱阳湖。四月溯江上游武昌，登黄鹤楼、晴晖阁，游汉阳城，迄十二月返粤。此后数年，康有为大致上是在老家读书讲学，与弟子共学，安心备考，争取下一次鲤鱼跳龙门，金榜题名。所以，一定要说康有为在那几年去建构什么变法维新理论体系，其实都是康有为后来"倒放电影"讲的故事，并不是他的预设，更不是他的规划。

实事求是考察康有为那几年的活动，很难说他已有了一种政治变革的自觉，不是他没有这个能力，而是那时的中国正处在蒸蒸日上的同光新政鼎盛期。即使是真具有危机、忧患意识的郑观应也不能不承认这是一个"盛世"，只是居安思危，盛世中要想到问题，想到不足，要有一种危机意识，敢于发声，敢于讲出那些不祥的未来（危言），而郑观应的这些思考，其基本路数还是中国传统知识人的忧患意识，并不是现实真的到了无法继续的时候。兵部尚书彭玉麟称《盛世危言》为"时务切要之言"，头品顶戴江苏布政使邓华熙于

---

① 《出都留别诸公》，汤志钧编：《康有为政论集》（上），第73页；《清议报》第16册发表时"千山万水啸青峰"一句作"千山云雨护青锋"。

光绪二十一年（1895）三月二十六日郑重其事地向皇帝推荐，以为《盛世危言》"于中西利弊透辟无遗，皆可施诸实事"。①

很显然，光绪十五年（1889）的康有为还不可能具有这样的认识。康有为回到广州，继续自己原来的生活。不过没多久，康有为的生活因为其他原因而改变。据其回忆，光绪十六年（1890），三十三岁，"春，居徽州会馆，有池石之胜，继而移家羊城之云衢书屋，先曾祖之老屋也。三月，陈千秋来见，六月来及吾门。八月梁启超来学。陈通甫又字礼吉，时读书甚多，能考据，以客礼来见，凡三与论诗礼，泛及诸经，吾乃告之以孔子改制之意，仁道合群之原，破弃考据旧学之无用，礼吉恍然悟，首来受学。语及身世家难，哀感涕下，因以生死之理告知。礼吉超然，蹈道自在矣。凡论今古天下奇伟之说，诸经真伪之故，闻则信而证之。继而告以尧舜三代之文明，皆孔子所托，闻则信而证之。继而告以人生马，马生人，人自猿猴变出，则信而证之。乃告以诸天之界，诸星之界，大地之界，人身之界，血轮之界，各有国土、人民、物类、政教、礼乐、文章，则信而证之。又告以大地界中三世，后此大同之世，复有三统，则信而证之。天才亮特，闻一知二，志宏而思深，气刚而力毅，学者之所未见也。是岁既与世绝，专意著述，著《婆罗门教考》《王制义证》《毛诗伪证》、《周礼伪证》《说文伪证》《尔雅伪证》"。② 此时的康有为虽有救世情怀，但大体而言，依然是一个读书穷理的知识人，

---

① 《头品顶戴江苏布政司布政使臣邓华熙跪奏》，《郑观应集》（上），上海：上海人民出版社 1982 年版，第 226 页。
② 《康南海自编年谱》，第 22 页。

只是他对儒家经典的解读别有一番心意而已。

光绪二十一年（1895）二月十二日，康有为因参加乙未科会试，在梁启超、梁小山二人陪同下，离开广州前往北京，途经上海，大约二十三日抵达天津，稍后进京，入住东华门外烧酒胡同金顶庙。[①]

康有为此行主要任务是考试，但是此时的中国正处在生死攸关的战争状态。中日之间甲午年发生的一场局部冲突让大清帝国狼狈不堪，威信扫地。在朝鲜战场一溃千里，士兵望风披靡；黄海大东沟北洋海军与日本海军不期而遇，五个小时，互有胜负，但在后续安排中，北洋海军不再出海约战，甚至不再迎战，但是日本不仅派遣大军在山东、辽东登陆作战，直逼北京。而且派遣海军登陆山东半岛，团团包围北洋海军大本营，北洋海军在增援无望、困守不能继续的情况下，主要将领无畏自杀，壮烈殉国，剩余部分缴械投降。中方在战前的乐观、不可一世，荡然无存，政治精英、知识精英，突然陷入不可名状的困惑中。接着打持久战，中国确实未必败给日本，就像半个世纪之后的第二次中日冲突。

而 1894 年的这一次中日冲突，慈禧太后、光绪帝、恭亲王，以及李鸿章等高层决策者就没有这样想，他们思考的重点是，既然打不过日本人，那么就应该及早止损，最大程度维持清帝国的体面。基于这种考量，清帝国最高决策层一而再再而三地派遣使节向日本求和，希望用谈判手段解决中日分歧。当然，清廷并没有使用"求和"这样的字眼，而是使用了"讲和"。这样，就显得并非清帝国不

---

① 茅海建：《从甲午到戊戌：康有为〈我史〉鉴注》，北京：生活·读书·新知三联书店 2009 年版，第 62 页。

敢战，并非要投降，而是为了止损，为了最大限度地维护帝国利益。

于是，清帝国一品大员李鸿章在德璀琳，以及张荫桓、邵友濂两拨东渡无果后第三次东渡。历经艰辛，甚至生死考验，终于在被日本浪人打了一枪之后，于光绪二十一年三月初五日（1895 年 3 月30 日），李鸿章在病榻上与日本首相伊藤博文商议《停战协定》六款，为清帝国赢得缓一口气的时间。第二天，日方如约提交中日讲和条约的底稿，要求中方在三四天内作出是否全部同意或就部分条款提出修改意见的答复。其条款主要内容有：朝鲜完全自主；中国将辽东、台湾、澎湖割让于日本；中国赔款三万万两（库平银）；中国增开顺天府、沙市、湘潭、重庆、梧州、苏州、杭州为通商口岸并减免子口税等。①

对于这些条款，李鸿章读后极为震惊，迅即与美籍顾问科士达商量对策。科士达也认为日本提出的条件太过分了，中国不能答应。"科士达拟请总署密告英俄法三公使，现日本已将和局条款出示，其最要者：一是朝鲜自主；二是奉天南面各地、台湾澎湖各岛尽让于日本；三是赔兵费库平银三百兆两。查日本所索兵费过奢，无论中国万不能从。纵使一时勉行应允，必至公私交困，所有拟办善后事宜，势必无力筹办。且奉天为满洲腹地，中国亦不能让。日本如不将拟索兵费大加删减，并将拟索奉天南边各地一律删去，和局必不能成，两国惟有苦战到底"。李鸿章显然高度认同科士达的分析，他不仅将科士达的这些意见电报总署，而且叮嘱总署将"以上情节，

---

① 《寄译署》（光绪二十一年三月初七日酉刻自马关），顾廷龙、戴逸主编：《李鸿章全集》第二十六册，合肥：安徽教育出版社 2008 年版，第 90 页。

并祈详密告知三国公使。至日本所拟通商新约详细节目，一时务乞勿庸告知各国，恐见其有利可沾，彼将协而谋我"。[1]

这些信息、分析传至北京，引起各方面的高度关注。初十日，光绪帝召见恭亲王等，讨论该如何应对日本人的条款。据翁同龢记录，光绪帝"意总在速成"，希望中日谈判尽早结束，恭亲王、庆亲王的意思与光绪帝相似，唯翁同龢"力陈台不可弃，与二邸语不洽。退而拟电，又删去秉笔之稿十余行，已正退。小憩一刻遂行，偕庆礼二王及诸公同诣恭邸处，以今日电旨与商。邸欲廷议，而持之不坚。孙公力争，并言战字不能再提。邸疾甚，唯唯，执其手曰是，遂出"。[2]孙公，即孙毓汶，时任军机大臣、兵部尚书，被梁济誉为真正懂得世界大势，真正懂得战争，知兵，是真爱国之士，是真知灼见之士。梁济指出："余乙酉中举后莱丈（孙毓汶）方柄政，声势烜赫，余不敢谒之。甲午、乙未攻击者极多，竟有欲杀之心。其实皆由争权者嫉忌，嗾使无耻文人交章弹劾，以逞其门户之私耳。丈当国十年岂可无议之处？然其见事明快，听信合肥，能知敌情，不轻主战，比较同朝诸老，如徐荫轩之愚蒙，李高阳之沽誉，翁常熟之轻信人言，号称忠义，而实懵于国情，治误大局者，相去天渊。"[3]

或许因为孙毓汶这样的人坚持，或许因为孙毓汶、李鸿章内外配合，从而使清廷最高层没有听信翁同龢等人的意见，而大致认同

---

[1] 《寄译署》（光绪二十一年三月初七日酉刻自马关），顾廷龙、戴逸主编：《李鸿章全集》第二十六册，第 90 页。

[2] 《翁同龢日记》第五册，第 2772 页。

[3] 《桂林梁先生遗书》，《梁漱溟全集》卷一，济南：山东人民出版社 1989 年版，第 571 页。

李鸿章在谈判一线的感觉、决定，而翁同龢反而成了无足轻重的少数。三月十二日（4月6日），在一大早的御前会议上，翁同龢痛心疾首，"力言台不可弃，气已激昂，适封事中也有以此为言者，余以为是，同官不谓然也，因而大龃龉。既而力争于上前，余言恐从此失天下人心。彼则谓陪都重地，密迩京师，孰重孰轻，何待再计，盖老谋深算，蟠伏于合肥衔命之时久矣。见起三刻，书房一刻，不觉流涕。再到直房，将稿删改数十百字，然已落骰中矣。余之不敏不明，真可愧死。同诸公散直径访恭王府，以稿呈阅，王亦无所可否，似已入两邸之言，嫌余讦直也"。[1] 尴尬的少数让翁同龢心里极不舒服，一心为了朝廷，为了大清，好像弄得他最不通时务，最不了解世界，最不了解国情。

朝廷内部的不同意见，不可能不向外界透露，特别是朝廷内部各派政治势力具有不同的倾向，就像翁同龢所意识到的那样，甚至李鸿章与孙毓汶在李鸿章受命出使的时候就已达成合作的意向。因此之故，中日谈判的细节即便没有及时公开，但谈判的大致思路，日本的大致条件，清政府的应对策略，并不难被正在北京的各省举人获知。尽管他们此时的使命、职责，甚至唯一任务是考试，是鲤鱼跳龙门，但是这些年轻的读书人，不可能对这样的大事充耳不闻，视而不见。

据康有为回忆："命大学士李鸿章求和，议定割辽、台，并偿款二万万两。三月二十一日，电到京。吾先知消息，即令卓如鼓动各省，并先鼓动粤中公车，上折拒和议，湖南人和之，于二十八日粤

---

① 《翁同龢日记》第五册，第2792页。

楚同递。粤士八十余人，楚则全省矣。与卓如分托朝士鼓动，各直省莫不发愤，连日并递章都察院，衣冠塞途，围其长官之车。台湾举人垂涕而请命，莫不哀之。"①这就是近代史上著名的"公车上书"。

其实，面对日本的强势、跋扈，此时上书言事，建议拒和的"公车上书"并不只有康有为主导的这一次，只是因为康有为后来太有名气了，且不断言说，好像此时只有他在上书言事，建议拒和。这显然不准确。据记载："中日和约十一款，全权大臣既画押，电至京师，举国哗然，内之郎曹，外之疆吏，咸有争论，而声势最盛言论最激者，莫如公车上书一事。初则广东举人梁启超联名百余，湖南举人任锡纯、文俊铎、谭绍裳各联名数十，首诣都察院，呈请代奏。既而福建、四川、江西、贵州诸省继之。又既而直隶、山东、山西、河南、云南诸省继之。盖自三月二十八日、三十日、四月初二、初四、初六等日（都察院双日堂期）察院门外车马阗盈，冠裳杂遝，言论滂积者，殆无虚晷焉。"②

此时，参与公车上书的人确实不少。据茅海建先生考订："查军机处相关档册，此时入京会试的公车有着大规模的上书活动：四月初六日，都察院代奏7件；四月初七日，都察院代奏5件；四月初八日，都察院代奏9件；四月初九日，督办军务处代奏1件，都察院代奏8件；四月十一日，都察院代奏5件；四月十五日，都察院代奏2件。以上所各省公车单独或联名上书为31次，加入人数为

---

① 《康南海自编年谱》，第30页。
② 沪上哀时老人未还氏：《公车上书记序》，中国史学会主编：《中国近代史资料丛刊·戊戌变法》，第154页。

1555 人次；公车参加官员领衔的上书为 7 次，加入人数为 135 人次。除此之外，从二月二十七日至四月二十一日，在两个多月的日子里，官员们的电奏、上奏及代奏的上书达 123 次，加入的人数为 829 人次。官员是拒和上奏的主体。"[①]

人心趋同，反对清廷在没有殊死抵抗就接受日本苛刻的讲和条件，就割让台湾、澎湖与辽东，这些反对的声音应该远超康有为、梁启超等人粤省公车的范围，只是基于见闻、信息，康有为并不太知道别人的情形，更不知道整体情形，而又看到清廷面对他们的上书之后引起的变化，因而难免自觉不自觉夸大粤省公车上书的影响力。这是人之常情，不必从道德层面过多分析，毕竟康有为不是在写戊戌政治史，他只是在描写自己经历或知道的事情，抬举了自己，并无恶意对别人。

从后来所知道的历史事实看，初十日，也就是光绪帝召集御前会议讨论日本提交的议和条件那一天，直隶总督兼北洋大臣王文韶就通过袁世凯获知大概情况，他虽然对日本政府向清政府提出的苛刻条件感到愤怒，但也深知如果拒绝日本的条件可能会出现新的问题。清政府实际上陷入两难境地："蔚庭电来述议款大致，不允则目前无以自强，允之则日后何以自立，忧愤交萦，殆难言状。"[②]清政府既不能接受日本的要挟，也不能拒绝日本的要挟。

声势浩大的请愿活动极大激励了康有为："时以士气可用，乃合十八省举人于松筠庵会议，与名者千二百余人，以一昼二夜草万言

---

① 茅海建：《从甲午到戊戌：康有为〈我史〉鉴注》，第 68 页。
② 袁英光、胡逢祥整理：《王文韶日记》，北京：中华书局 1989 年版，第 880 页。

书，请拒和、迁都、变法三者。卓如、孺博书之，并日缮写（京师无点石者，无自传观，否则尚不止一千二百人也），遍传都下，士气愤涌，联轨察院前里许，至四月八日投递，则察院以既已用宝，无法挽回，却不收。"①康有为起草的这份文件，就是著名的《上清帝第二书》。②

《上清帝第二书》并没有送到政治高层的手里，但并不是康有为这里说的"察院以既已用宝，无法挽救，却不收"，而是康有为他们根本就没有将这份文件送出。"康有为在各省公车上书的热潮中，组织了联省公车上书，并在四月初七日、初八日、初九日假松筠庵进行会议，各省公车陆续到来传观。由于四月初八日光绪帝已批准条约，初九日已来人甚少，联省公车上书的行动自然中止。都察院没有拒收上书，而是康有为根本没有去投。"③

公车上书没有影响实际政治的运转，仅具有思想史的意义，但这份上书确实又是康有为政治思想最集中的展示，对于之后几年中国政治发展，还是或多或少起到了某种作用。而且由于这份上书并没有送出，更没有被政治高层看到，因而其主要内容，或者说基本思路，又被康有为写进后来的《上清帝第三书》，题为《为安危大计乞及时变法呈》。

---

① 《康南海自编年谱》，第30页。
② 至此可知，近代史上的所谓"公车上书"包含两层意思：第一，从广义上说，大致指二月二十七至四月二十一日差不多两个月里，官员们的电奏、上奏及代奏一百多次，参与者数百人。第二，是比较狭义的理解，则专指康有为的《上清帝第二书》。
③ 茅海建：《从甲午到戊戌：康有为〈我史〉鉴注》，第75页。

在《上清帝第二书》中，康有为力言当时战守之方，他日自强之道，竭力反对割让台湾，忧心台湾一割，天下离心，士民涣散，西方列强必将效法日本之所为，接踵而来，瓜分中国。中国必将在列强的瓜分下土崩瓦解。所以，康有为在这份请愿书中警告清廷：割地之事小，亡国之事大。一旦开了割地的先例，清帝国就更没有能力阻止西方列强的瓜分，清廷若是一一答应了他们，那就等于"自啖其肉，手足腹心，应时殆尽，仅存元首，岂能生存？且行省已尽，何以为都畿也？"。[①]

有什么办法可以使清帝国摆脱困境、重塑辉煌呢？为此，康有为在这份请愿书中提出四点方案：

1. 下诏鼓天下之气。

康有为在方案中建议光绪帝速下三诏，一是仿历代先例，下诏罪己，激励天下，共雪国耻；二是下明罚之诏，严厉惩办那些主和辱国、割地赔款的大臣，严厉追究那些战阵不力、丧师失地的将帅，以及那些调度非人、守御无备疆吏，以期刷新朝政，一新士气；三是下求才之诏，破格提拔那些有作为、有能力、有胆有识、有谋有略的将帅和封疆大吏，甚至还可以采用一些非常手段，延聘山林隐逸、举贡生监、佐贰杂职，以便使天下之士既怀国耻，又感知遇之恩，为国出力，报效国家。

2. 迁都定天下之本。

迁都的想法是当时朝野均为关注的问题，尤其是《马关条约》

[①] 《上清帝第二书》（1895 年 5 月 2 日），姜义华、张荣华编：《康有为全集》卷二，北京：中国人民大学出版社 2007 年版，第 32 页。

同意日本占领辽东半岛之后，京师的屏障已不复存在，实际上处在危险的境地。迁都之事，非同寻常，不到万不得已，实在是很难痛下决心。在清廷内部，当战局紧张的时刻，也曾提到过"西狩"的方案，就是将首都暂时转移到西安，待时局稳定之后再迁回北京。这个方案在朝野都有人支持，翁同龢、李鸿藻等"皆主西行"[1]；不过，也有人认为"西狩不如南巡"[2]。但是，不管怎么说，迁都是再战的前提条件："今日之事，惟迁都则可毁约，苟恋京师，智者不能谋也。""窃念和议之发，特以京师受逼而已。不知欲全京师而弃辽东，则奉省先被其害，国家根本似以奉天为尤重，陵寝所在岂不更重于都邑乎？今即与决战，亦未必遽失京师，而容忍求和，使彼立足既牢，京师及东三省必相继受逼而不能守。佗日之弃乃真弃也。"[3]

京师危机是近代中国对外战争中不时出现的难题，两次鸦片战争，后来的庚子之役，乃至 20 世纪中期的中日战争，不论北京还是南京，首都总是每每成为束缚当时政府的因素。这里的原因究竟何在？很值得讨论。20 世纪 40 年代中晚期知识界的讨论对此有详尽的分析。

京师危机是清帝国马关议和被动的根源之一，所以康有为在其上书中，列举最近五十年来列强动辄出兵进攻京师，索巨款、开商埠、割领土，佯攻首都以索边省的事实，说明中国之所以在历次外交冲突与交涉中屡屡被动，最根本的原因之一就是京师距海太近。

---

① 劳祖德整理：《郑孝胥日记》第一册，北京：中华书局 1993 年版，第487 页。
② 劳祖德整理：《郑孝胥日记》第一册，第 485 页。
③ 劳祖德整理：《郑孝胥日记》第一册，第 486 页。

他批评过去五十年割天下万里之地，弃千万之民，以保区区一都城的政策是至愚至狂，以后事料之，列强知中国不肯迁都为政策底线，必借此对中国进行要挟。所以，中国如欲改变被动的局面，必须痛下决心将京师迁往内地。否则，智者无所骋其谋，勇者无所竭其力，必将坐困区区京城，受列强的胁迫，将边省割尽而后已。反之，如果将京师迅速迁往西安，深藏首都于中华腹地，即便列强攻占天津、塘沽，即便沿海地区糜烂，即便攻占北京，但朝廷深固，不为震慑，犹可聚兵与来犯者决一死战。因此，康有为相信迁都是目前中国缓解危机的唯一办法。

3. 练兵强天下之势。

中国在甲午战争中失败的原因比较复杂，但将衰、兵弱、器窳则是不争的事实。鉴于这种事实，康有为建议选将之道贵新不贵旧，用贱不用贵。中国军队的那些老将基于自己过去的经验，不思进取，不思改革。中国如欲在未来的战争中战而胜之，就必须不拘资格选拔将才，用这些新的将领替换那些已经明显落伍的旧将领，然后再由这些新将领各自训练新兵若干，以应付未来可能遇到的外患。与此同时，鉴于列强讲究枪炮，制作日新的现实，康有为建议，为了建设强大的军队，必须注意向西方先进国家购买新式武器，这样就可以做到器械精锐，有恃无恐，稳操胜券。

4. 变法成天下之治。

下诏鼓天下之气、迁都定天下之本、练兵强天下之势三策，在康有为看来都是权宜应敌之谋，而非立国自强之策。真正的立国自强之策，康有为认为，就是变天下之成法。

变天下之成法，是那几年康有为思考的重心。他以为，清朝的法度主要是沿袭明朝而有所变更，至今已有数百年之久。物久则废，器久则坏，法久则弊。而中国的外部环境也发生了与明朝时期根本不同的变化，方今当数十国之觊觎，值四千年之变局。如果当今统治者仍沿用过去的旧方法去治理天下，那就像盛夏已至而不释重裘，病症已变而犹用旧方，结果则是可想而知。

康有为认为，当今中国变法的根本要义，就是要求当今的统治者以开创之势治天下，不当以守成之势治天下；当以列国并立之势治天下，不当以一统垂裳之势治天下。道理很简单，盖开创则更新百度，守成则率由旧章；列国并立则争雄角智，一统垂裳则拱手无为。言率由而外变相迫，必至不守不成；言无为而诸夷角争，必至四分五裂。这是就大的原则而立论，在具体的变革方案中，康有为提出当时应该做而且能够做到的富国六法、养民四法、教民四法。

所谓富国六法，即钞法、铁路、机器轮舟、开矿、铸银、邮政；而所谓养民四法，即务农、劝工、惠商、恤穷；所谓教民四法，即普及教育、改革科举、开设报馆、设立道学。除了设立道学具有康有为的独特创造性外，其他各法都是先前十几年间洋务派的思想家曾经提出而清政府不及实行的方案。设立道学的基本意思，用康有为的话来说，就是"其有讲学大儒，发明孔子之道者，不论资格，并加徵礼，量授国子之官，或备学政之选"，即提倡以儒家伦理为武器挽救近日风俗人心之坏，抵制西方基督教对中国民间的影响。这实际上也是康有为后来意欲开创孔子圣教新宗教的思想萌芽形态。

此外，康有为在这份一万八千字上书中还提出一些积极建议，诸如建议裁撤冗员、紧缩机构、澄清吏治、改革官制等，都具有相当重要的意义。尤其是他提出的所谓"议郎"制，不仅继承了中国传统社会举荐体制的官吏选拔优点，而且赋予议郎们"上驳诏书，下达民词"的权力，实际上是要求建立西方近代国家比较普遍实行的代议制，最终达到"天下奔走鼓舞，能者竭力，富者纾财，共赞富强，君民同体，情谊交孚，中国一家，休戚一共"的政治局面①，具有浓厚的政治体制改革意味。

康有为起草的这份《上清帝第二书》，既是他个人的思想主张，也是经过各省公车松筠庵会议的讨论，至少是传观，尽管后来这份文件没有递给清政府高层，但在京师知识界、官场，看过这份文件的人应该不少。据记载："文既脱稿，乃在宣武城松筠庵草堂传观会议。庵者，前明杨椒山先生故宅也。和款本定于四月十四日在烟台换约，故公呈亦拟定于初十日在察院投递。而七、八、九三日为会议之期，乃一时订和之使，主和之臣，恐人心汹涌，局将有变，遽于初八日请将和款盖用御宝，发使赍行。是日，天本晴丽，风日晴爽；忽以晌午后大雨震电，风雹交作，逾刻而止，即其时也。是时松筠庵坐中议者尚数十百人，咸未稔用宝之举，但觉气象愁惨，相对唏嘘，愤悒不得语，盖气机之感召然也？是夕议者既散归，则闻局已大定，不复可救，于是群议涣散，有谓仍当力争以图万一者，亦有谓成事不说无为蛇足者。盖各省坐是取回知单者又数百人，而初九日松筠之足音跫然矣。议遂中寝，惜哉，惜哉！此事若先数日为之，则必能上达圣听，虽未必见用，亦庶几以见我中国人心之固，士气之昌。其主持和局者不过数人，而攘臂扼腕，望阙感愤，怀郁

---

① 《上清帝第二书》，姜义华、张荣华编校：《康有为全集》卷二，第44页。

国耻如报私仇者，尚千数百辈，未始非国家数百年养士之报也。"①

康有为起草的这封《上清帝第二书》没有递上去，但据康有为自编年谱，在松筠庵传观的几天时间里，"与名者千二百余人"，他甚至表示，由于当时没有更好的印刷工具，只是他一昼两夜一挥而就，立等可取，然后由梁启超、麦孟华两人"书之，并日缮写"，"否则尚不止一千二百人也"。②诚哉斯言。但是，据《公车上书题名》，"仅得十六省凡六百零三人"。③

《上清帝第二书》没有在实际政治中发挥作用，但在上书第二天，却被美国公使田贝"索稿，为人传抄，刻遍天下，题曰《公车上书》"。康有为的说法虽然有点耸人听闻，夸大其词，但田贝"索稿"如此具体的事情，相信康有为不会无中生有："海东龙泣舰沉波，上相辀轩出议和。辽台臁臁割山河，亢章伏阙公车多。联名三千觳相摩，联轸五里塞巷过。台人号泣秦桧歌，九城谣谍遍网罗。杠棺摩拳，击鼓三挝。桧避不朝，辞位畏讨。美使田贝惊士气则那，索稿传抄天下墨争磨。呜呼，椎秦不成奈若何？"④

公车上书不了了之，朝廷接受李鸿章的警示，仍然按照原议在和约上用宝，并按时与日本换约，中日甲午战争至此全部结束。旧

---

① 《公车上书记序》，中国史学会主编：《中国近代史资料丛刊·戊戌变法》卷二，第 154 页。

② 《康南海自编年谱》，第 30 页。

③ 《公车上书题名》，姜义华、张荣华编校：《康有为全集》卷二，第 47 页；又见汤志钧主编《康有为政论集》（上），第 138 页注释。

④ "东事战败，联十八省举人三千人上书，次日美使田贝索稿，为人传抄，刻遍天下，题曰《公车上书记》。是时主和者为军机大臣孙毓汶，众怒甚，孙畏不朝，遂辞位"。汤志钧主编：《康有为政论集》（上），第 138 页。

的一页翻过，新的一页重新开始。在这个过程中，康有为和其他公车一样，重回书斋，不忘此行使命。越日发榜中进士第八名。"十一日引见，授工部主事。自知非吏才，不能供奔走。又平生讲学著书，自分以布衣终，以迫于母命，屈折就试，原无意于科第，况仕宦乎？未能为五斗折腰，故不到署。徐公树铭至累揖相劝，吾卒不行。前书不能上，二十八日朝考后无事，乃上拒和之论而增末节，于闰四月（按：是年为闰五月，此作四月，实误）六日递之察院，以十一日上于朝，上览而喜之，甫发下枢垣一时许，枢臣读未毕，恭邸阅至论矿务一条，以手作圈状。上既追入，旋发下军机，命即日抄四份，军机处本无抄手，乃调自内阁，即日抄呈，以一呈太后，以一存军机处，发各省督抚将军议，以一存乾清宫南窗小箧，以一存勤政殿备览观"。[1] 如果从康有为第一次上清帝书算起，前后经历了七年时间，康有为终于实现了理想。不过，仍需注意的是，康有为仍然不是以平民身份上书，他此时毕竟已获得功名，成为清政府的工部主事，级别不算太高，但毕竟有了名分。

受到光绪帝、清廷政治高层重视的康有为《上清帝第三书》，诚如康有为自己所说，一是因为前次起草的那封《公车上书》没有递交上去，二是因为"朝考后无事"，于是利用这个机会作了修订，主要是"增末节"，所以《上清帝第三书》的主旨、结构、行文，大致与第二书相同，甚至就是第二书。

据徐勤《南海先生四上书杂记》，《上清帝第三书》上书日期应为五月初六日（5月29日），都察院代奏日期为五月十一日（6月

---

[1] 《康南海自编年谱》，第32页。

3 日），缘起、结果，徐勤都有清晰的记录："和议既定，肉食衮衮，举若无事；其一二稍有心之人者，亦以为积弱至此，天运使然，无可如何，太息而已。先生以为，先事不图，临事无益；亡羊补牢，犹未为迟。中国及此速图自强，尚可拯救。于是取公车联衔之书，乙其下篇言变法者，加以引申，并详及月人行政之本，复为一书，于五月初六日在都察院递之。十一日，都察院据以上闻。是日发下，半时许，再传旨取回。留至十五日发下，有旨命抄三份，限一日抄讫。一呈懿览，二存御匣，三贮乾清宫北窗。十六日抄就，呈懿览，留览十日，二十六日乃发下。闰五月发各省督抚会议复奏。"[①]

都察院五月十一日代奏原折称："据广东进士康有为条陈善后事宜一件，赴臣衙门呈请代奏。臣等公同阅看，该条陈尚无违碍之处，既据该进士取据同乡官印结呈递前来，臣等未敢雍于上闻。再，原呈字数较多，若照例抄录进呈，恐致耽延时日，是以未便拘泥成例，谨将原呈一件，恭呈御览，伏乞圣鉴。"[②]

《上清帝第三书》长达一万三千字，补充和发挥了公车上书未及提出的问题，详细讨论了变法着手之方及先后缓急的顺序，充分说明中国必须利用甲午战败后的形势，赶紧变法的理由。康有为指出，甲午战败的后果是有清二百余年从未有过的奇耻大辱，也是中国五千年文明史上所罕见，中国经此剧痛，应该像越王勾践那样卧薪尝胆、深刻反省，急筹自强大计，而不应该上下熙熙攘攘、浑浑噩噩、复庆太平。

---

① 徐勤：《南海先生四上书杂记》，夏晓虹编：《追忆康有为》，第 293 页。
② 茅海建：《从甲午到戊戌：康有为〈我史〉鉴注》，第 96 页。

在具体的变法主张上，康有为重申了公车上书中的富国、养民、教士三个问题，另外增加了练兵一条。他强调，练兵之策，一定要改变过去大一统的陈旧办法，建议采用如下六法：

1. 汰冗兵而合营勇。

2. 起民兵而立团练。

3. 练旗兵而振满蒙。

4. 募新制而精器械。

5. 广学堂而练将才。

6. 厚海军以威海外。

康有为相信，如果按照这个办法进行，水陆并练，那么以中国之地大物博，则将来饮马南洋、秣兵欧土也并不是一件什么难事，何况区区一个岛国日本呢？

中国重塑辉煌并不是一件难事，但要实现这个目标，就必须不拘一格地选用合适人才。康有为真诚希望统治者能够求人才而擢不次，慎左右而广其选，通下情而合其力。因为处非常之世，应非常之变，必须启用非常之才，而过去那些寻常守旧、苟且偷安、奉行文书、按循资格的庸谨之才，虽然可以守常，但绝不足以应变，绝不可能将中国引向一个自强、繁荣的坦途。他建议光绪帝务必要将选拔人才作为头等大事抓起来，垂意旁求，日夜钩访，尽知天下之名士，尽知其数，尽知其所在，悉令引见，询以时事，破除常规，越次擢用，这样天下之士必踊跃发奋，冀酬知遇之恩，必出而为国家效力，辅佐皇上，共谋中兴大业。

从康有为列举的条件看，最关键的条件是要皇帝保持清醒的头脑，明白今日中国所处的环境及存在的问题，"仍在皇上自强之一心，畏敬之一念而已"。理由很简单，因为自古非常之事，必待大有为之君，自强为天下之健。康有为恳切希望光绪帝能够接受他的建议，远鉴中国早期圣哲的谆谆告诫，近鉴俄罗斯与土耳其变革昌盛、不变革则亡的正反两个方面的经验教训，独揽乾纲，破除旧习，勿摇于左右之言，勿惑于流俗之说，权其轻重，断自圣衷，更新大政，厉行改革，将中国引向光明灿烂之途。①

光绪帝的关注，高层普遍认同，让康有为受到极大鼓舞。"五月，迁出南海馆，再草一书，言变法次第曲折之故，凡万余言，尤详尽矣。至察院递之，都御史徐郙使人告以吾已有衙门，例不得收，令还本衙门代递。时孙家鼐长工部，颇相慕，友人多劝到工部递，乃于五月十一日到工部递之，孙家鼐面为称道之词。许为代递，五堂皆画押矣。李文田适署工部，独挟前嫌，不肯画押。孙家鼐碍于情面，累书并面责之，卒不递。再与卓如、孺博联名都察院。不肯收，又交袁世凯递督办处，荣禄亦不收，遂决意归"。②

按照康有为的说法，他和李文田结怨是因为时为侍郎的"乡人"李文田谓康有为在北京上蹿下跳，到处活动，却不向其拜谒。而康有为的辩解是："吾谓彼若以为吾为贤也，则彼可来先我，我布衣也，到京师不拜客者多矣，何独怪我？卒不谒，故见恨甚至也。"③

① 《上清帝第三书》，姜义华、张荣华编校：《康有为全集》卷二，第69页。此折原名《为安危大计乞及时变法富国养民教士治兵求人才而慎左右通下情而图自强以雪国耻而保疆圉呈》，进呈本载《历史档案》1986年第1期，与坊间刻本文字稍异。《康有为全集》有校注。
② 《康南海自编年谱》，第32页。
③ 《康南海自编年谱》，第16页。

但按徐勤的说法，则另有原因在："（康有为）先生以为，前书所陈，条理节目详细繁重，末由一旦具举，故复草一书，力言缓急先后之序，深察中国之势，期于可行，扫拨陈言，曲折层累，冀以上启圣聪，立救危败。时已授官，分隶工部，于闰五月八日在本部递之，部之五堂悉画稿允奏。顺德李文田方摄部事，误中构扇之言，谓（康有为）先生所著《广艺舟双楫》于其书法颇有微词，因抱嫌排挤，独梗僚议，甘为炀灶。实则先生于李某，向薄其人，而爱其书，《广艺舟双楫》中未尝攻之也。本部既阻，乃移而之都察院、督办处，皆以李既阻阏，不便因此失欢，遂壅上闻。"①

茅海建先生指出："徐勤的说法，与康说大同小异。然工部为何不为康有为代奏？康称孙家鼐对其上书有'称道之词'，并称'累书并面责之'，很可能是夸张之词。孙为人沉静，似不可能去奉迎刚刚分发到部的新进士。至于李文田为何拒绝代奏，康称李与康国器有'宿嫌'、徐勤称康在《广艺舟双楫》中对李有微词，皆难让人信服。孔祥吉对此另有看法，认为'康有为以公羊三世说为救世的良药，而李文田则反对公羊学，二者学术宗旨不同，已成冰炭，这似乎是李氏不递康氏《上清帝第四书》的主要原因。'从更宽泛的视角来看，康与京中同乡高官的关系，除张荫桓外，都不太好，很可能这些同乡高官对康的学术与为人有着大体一致的负面看法。"②这当然也可以自成一说。

对于康有为来说，《上清帝第四书》是一部很重要的文献，因

---

① 徐勤：《南海先生四上书杂记》，夏晓虹编：《追忆康有为》，第 294 页。
② 茅海建：《从甲午到戊戌：康有为〈我史〉鉴注》，第 107 页。

为第三次上书只谈"通变之方"，未发"体要及先后缓急之宜"的缺憾，在第四次上书中"专谈变法体要、先后缓急及下手之法"。

在《上清帝第四书》中，康有为指出，治国之道，在于审势度理。势就是大势所趋，本无强弱大小之分，一切都是相比较而存在；理就是道理，难定美恶，其是非而言是随着时代的变化而变化。古来的治国之道的不断变化、不断创新的事实已经充分说明了这一点，这个道理甚为明白。时代发展到今天，国际、国内的环境都与往昔有了很大的不同，中外通商的开始与实行，不论中国是主动还是被迫，实际上都使中国加入一个与自己往昔社会完全不同的国际经济体系之中。同时，由于中国加入国际经济体系的过程在很大程度上是被迫的，而西方列强对中国市场的觊觎是主动的，因此，中国目前所面临的环境就是"外国环逼，既与彼我对立，则如两军相当"。这种往昔中国从未遇到的新情况就迫使当时中国的执政者无法继续沿用过去的经验与政策，而必须以变化了的形势为基点，研究西方之所以富强，中国之所以积弱积贫的原因。

关于西方诸国之所以富强的原因，康有为在《上清帝第四书》中充分吸收前期改良主义思想家的观点，认为西方诸国之所以富强并不单单是依靠军事上的强大、向外不断扩展、不断寻求殖民地的结果，而是在强兵之外，尚有治法与文学。具体而言，至少有三点可以给中国的改革以有益的启示。

一是千百年来西方诸国并立，竞争激烈，若其内政稍有不振、稍有疏漏，就有可能被其他的国家所灭亡，所以西方国家为了自己的生存，故上下励精图治，日夜戒惧，尊贤而尚功，保民而亲下，其国君、大臣对于其一士一民，皆思用之，故其国内政治设施与措施，对于民众多护养之意而少防制之心；相对地，西方国家臣民对于其国家、其政府，皆能亲之。所以西方国家从总体上而言，"有情而必通，有才而必用"，其国人之精神议论，大都注意于邻国、他国，一发现邻国、他国有什么良法新制，必思追随学习，进而超越。盖西方国家事事有相忌相畏之心，故时时有相牵相胜之意，讲法立政，精益求精，不断学习，不断创新。康有为显然在说，作为一个地域辽阔的大帝国，中国几乎一直没有遇到过在文明上真正高于自己的强邻，没有遇到毁灭性强敌入侵和挑衅，中国君臣乃至一般民众的危机意识较之西方诸国实在差得太远，结果使中国人养成不思进取、不思变革、因循守旧的劣习。

二是改革体制，鼓励发明与创新。康有为指出，大约是中国宋元时代，处在中世纪的西方诸国因为宗教的愚昧，相当的贫弱。到了明永乐的时候，英国哲人培根"主启新不主仍旧，主宜今不主泥古"，建议政府改革旧制，鼓励发明创新。此后，西方知识分子著有新书发前人未创之说的，赏赐以较高地位及待遇；其技术人才每有新器之制作，发从来没有之巧者，政府就给予优厚奖励，并允许其拥有此项专利。西方国家鼓励科学发明创新的这些措施，在不太长的时间里就收到了良好效果，"于是国人踊跃，各竭心思，争求新法，以取富贵"。从此之后，西方科学技术获得了日新月异的大发展，将具有几千年文明历史的中国远远地抛在了后面，中西之间的差距越拉越大。所以，康有为建议清政府应该从体制上考虑科学技术创新的问题，以便为中国的恢复与发展提供强有力的智力支援。

三是设议院以通下情。这是康有为在《上清帝第四书》中最重要的建议，也是引起争论最多的建议。他认为，设议院具有很多出人意料之外的好处，也是西方走向富强的制度化保证，人皆来自四方，故民间疾苦通过议员无不上闻；政皆出于一堂，故皇帝、君主之德意无不下达；"事皆本诸众议，故权奸无所容其私；动皆溢于众听，故中饱无所容其弊"。康有为强调，西方国家正是因为这三点制度化的保证，从而使西方百度并举，以致富强。

从康有为的观点看，西方国家三大特点或说优点，正是中国所不具备和所需要学习的地方。但是，由于中国积习太深，若不能尽弃旧习，无以涤除旧弊，维新气象。康有为建议如欲变法图强，就必须痛下决心，革除弊政，从根本上进行改革，建立发展、富强的制度化保障。为了实现这一目标，康有为提出五点具体办法：

1. 下诏求言，准许天下言事之人到午门递折。

2. 开门集议，令天下郡邑每十万户挫举一人集中议事，以通下情。

3. 设立顾问馆，提供咨询，以广所闻。

4. 开放言论，开设报馆。

5. 广开幕府，延揽天下英才。

至于这五项措施实行的先后顺序及轻重缓急，康有为建议，先由光绪帝下诏罪己，以收天下之心；次赏功罚罪，以申天下之气；然后举逸起废，求言广听，广顾问以尽人才，置议郎以通下情，数诏一发，天下雷动，变法维新运动自然就能推动起来。

康有为《上清帝第四书》的核心问题是要解决洋务思想家早就意识到的"君民之隔"，康有为的方案是建立议院体制，并在各省府州县都设立相应的议院，这是在体系内解决问题。另一方面，康有为在第四书中还第一次提出设立报馆与学会，这是在体系外保证中国能够像西方近代国家一样彻底解决君民之隔的问题。如果清政府真的能从这两个方面解决问题，那么清政府的政治体制不仅能从制度上保证决策的合理化、理性化，而且势必能引导当时的中国向近代国家发展，这应该说是康有为为近代中国贡献的一个重要的政治思想。在后来的维新运动中，维新派与守旧派之间的反复争议，实际上也是围绕着这一问题展开的。守旧派没有弄懂康有为的真实意图，总以为如果实行了这些政治体制的改革，势必影响皇权的至上性，实际上康有为并没有否认皇权的至上性，他只是觉得中国问题的真解决，是政治上必须有办法，只有政治上有办法，其他的一切都可迎刃而解。①

康有为《上清帝第四书》因为工部、都察院的原因，没有递到清廷高层。但康有为并没有就此灰心丧气，而是接受朋友的建议，留在北京讲学、著书、办报刊、设组织、启官智、开民智，与官场结交，并与当朝帝师翁同龢建立了比较密切的关系，随着朝廷主导的维新运动渐次开启，康有为的变法维新思想也日趋成熟。后因公私诸事，离开北京，返回广州，继续在万木草堂开办讲课，传播思想。

光绪二十三年（1897）八月底，康有为携长女同薇至上海，九月游西湖，十月还上海。"中国人满久矣，美及澳洲皆禁吾民往，又乱离迫至，遍考大地，可以殖吾民者，惟巴西经纬度与吾近，地域数千里，亚马逊河贯之，肥饶衍沃，人民仅八百万，吾若迁民往，可以为新中国，当乙未，吾欲办此未成。与次亮别，曰君维持旧国，

---

① 《上清帝第四书》全称《为变通善后讲求体要乞速行乾断以图自强呈》，姜义华、张荣华编校：《康有为全集》卷二，第 81 页。

吾开辟新国。时经割台后，一切不变，压制更甚，心虑必亡，故欲开巴西以存吾种。乙未之归，遇葡人及曾游巴西者，知巴西曾来约通商招工。其使来至香港而东事起，巴使在香港候吾事定。至数月，东事益剧，知不谐，乃归。吾港澳商咸乐任此，何君穗田擘画甚详，任雇船招工之事。于是，拟入京举此"。康有为此次入京的目的，纯粹为了移民巴西的商业事务，不料此行引起政治上的巨变，"适胶州案起，德人踞之，乃上书言事，工部长官淞溎读至'恐偏安不可得'语，大怒，不肯代递"。[①]这就是康有为的《上清帝第五书》的由来。[②]

"胶州案"，就是德国强占，进而租借胶州一百年的大事变。这是近代史上的一件大事，更是甲午战后《马关条约》签署后改变中国历史进程的一件大事。特别是对清政府后来不仅同意将胶州湾租借给德国，还将广州湾租借给法国，将旅顺、大连湾租借给俄国，并与英国也谈判了扩大租借的协议。短短几个月，中国南部、东部沿岸，从南往北，除了与台湾隔海相望的福建沿海没有租借，几乎全部租给了德法俄英诸大国，租借期限也差不多都是一百年。

这件事情究竟如何看待，从开始直至一百多年后的今天，都是一个极为敏感且不易正解的话题。其实，如果从全球资本发展轨迹看，19世纪晚期确实有一个国际资本东来的浪潮，特别是甲午战争结束后，中国跨出了维新的步伐，资本管制基本上放开，国际资本看好中国，中国成为国际资本赚钱的最好云处，这是一个很好的趋

---

① 《康南海自编年谱》，第39页。
② 《上清帝第五书》（1898年初），姜义华、张荣华编校：《康有为全集》卷四，第2页。

势。所以国际资本在《马关条约》之后用了不长时间，将中国人之前几十年想做而没有做到的修铁路、开矿山等大型基础性建设都做起来了，中国经济进入一个大发展的新阶段，而且是国际资本主导。

在这些国际资本中，毫无疑问，德国资本势头最猛。这是因为正像传统话语中所说的那样，德国统一太晚了，属于资本主义盛宴上的迟到者，因而德国资本进入中国之后，较之于英美法各国，都显得极为紧迫，后来中国近代史上发生那么多事情，其实都应从这个背景去考虑。①

清政府在处理这些事件时，意识到了资本进入中国的意义，因而这些谈判除了中德谈判用了很长时间，寻找方案，其他的几个谈判基本上照葫芦画瓢，一个模式用到底。这也说明清政府并不将这些协议看作是对中国的致命伤害。但是，清政府太傲慢了，不仅不将这些情况、设想、未来向民众说清楚，而且相当一部分知识精英、政治精英也不清楚，更想不到。严复对西方有极深的理解，也是一直倡导中国向西方学习的先行者，但当胶州湾事件发生时他也极为愤怒，以为德国的帝国主义行径是对中国的伤害，建议清政府为了胶州湾不妨对德一战。②

谭嗣同等湖南志士，以及梁启超，也都认为胶州湾事件比甲午战争、《马关条约》还要严重，开始考虑作"亡后之图"，计划以湖

---

① 更详尽的讨论参见拙文《胶州湾事件：缘起、交涉及症结》，《华东师大学报》2013 年第 4 期。

② 《驳英〈太晤士报〉论德据胶澳事》，王栻主编：《严复集》（第 1 册），北京：中华书局 1986 年版，第 57 页。

南独立获取未来发展空间，"而独立之举，非可空言，必其人民习于政术，能有自治之实际然后可"。基于这种考虑，谭嗣同向湖南巡抚陈宝箴建议设立南学会，"以为他日之基，且将因此而推诸于南部各省，则他日虽遇分割，而南支那犹可以不亡，此会之所以名为南学也"。[①] 期望在大局不保的情况下，以地方独立、自治换取南方各省继续发展。这个想法与几年后的东南互保有点相似。康有为的《上清帝第五书》就是在这样的背景，这样的朋友圈气氛中完成的，并在戊戌年初逐步传出来。[②]

在《上清帝第五书》中，康有为详尽分析了当时中国所处的国际环境，认为中国如欲摆脱被动的国际环境，只有在内功上下功夫，使中国尽快以近代国家形态出现在世界舞台。为达此目的，康有为向清政府提出了三点建议，一是取法俄国、日本等与中国国情比较类似的国家已经走过的成功道路，尽快开始变法，从根本上铲除旧制度的根基，建立一套全新的政治制度，即建立俄国、日本式的资本主义国家。为此，康有为建议光绪帝趁胶州湾危机这一背景，下诏罪己，激励人心，明定国是，与海内更始，建立国会以通上下之情，尽革旧俗，一意维新。采择万国律例，定宪法公私之分。康有为相信，这一新的政治体制的建立必将为中国的未来发展提供必要

---

① 梁启超：《戊戌政变记》附录二《湖南广东情形》，《饮冰室合集》专集之一，第 138 页。

② 关于康有为《上清帝第五书》上书时间，学界向来争议甚多，或丁酉年（1897）底，或戊戌年（1898）初，其实都是根据《康南海自编年谱》中的提示。参见刘振岚《戊戌维新运动专题研究》，北京：首都师范大学出版社1999 年版，第 101 页。

的保障，也有助于克服因胶州湾危机而导致的困局。二是大集群才，集思广益而谋变法。三是听任疆臣各自变法，以局部的试验为全国性的变法提供经验。

康有为三点建议的后两点应该说并没有多少新意，只是当时的一般激进知识分子和清政府内部中层开明官僚如袁世凯之辈的思考，袁世凯在戊戌年（1898）初向翁同龢提出的第二份建议书中也曾建议清政府要允许那些"忠诚明练"的督抚在自己的辖区进行改革试验，待这些局部性的试验取得一定的成效之后再向全国大范围推广。[1]至于大聚人才，集思广益，更是当时所有有识之士的共同看法。康有为三点建议最有价值也是后来引起震动最大的是第一条，即取法俄国、日本进行政治制度变革的主张，根据这个主张，清廷势必要对已有的政治体制进行根本改造，开国会、定宪法也就是这一建议中的应有之义了。[2]

制度性变革或许是当时中国的唯一出路，但康有为工部主事的小臣身份使他的建议无法直达清政府高层。当他将这份建议书循例呈递给工部主管时，内中那些直率的言辞、超越清廷已有政策底线的制度性变革建议实在是吓坏了工部的主管们。从保全自己和保护康有为，以及忠诚清廷等任何一个角度考虑，他们都不敢、也不愿

---

[1] 参见孔祥吉：《晚清佚闻丛考——以戊戌维新为中心》，成都：巴蜀书社1998年版，第169页。

[2] 康有为是否在《上清帝第五书》中提出过开国会、定宪法的建议，自从黄彰健发现康有为在后来曾对戊戌时期奏稿进行不少改窜后，确实引起许多学者怀疑，发表过不少探讨性文章，或肯定或否定。如果从思想演变角度观察，应该相信康有为在《上清帝第五书》中肯定会有开国会、定宪法的意识。

将这份建议书直接呈送清政府高层，而是压了下来。

不甘寂寞的康有为当然不能容忍工部的做法，他在向工部呈递这份建议时，也向其他相关方面提供了副本，以唤起各方面同情或支持，"京师一时传抄，海上刊刻，诸大臣、士人皆见之，莫不嗟悚"。所以当工部主管扣压了他的《上清帝第五书》不久，给事中高燮曾"见其书叹其忠，乃抗疏荐之，请皇上召见。皇上将如所请，恭亲王进谏，曰本朝成例，非四品以上官不能召见。今康有为乃小臣，皇上如欲有所询问，命大臣传语可也。皇上不得已，正月初三日遂命王大臣延康有为于总署，询问天下大计变法之宜，并令如有所见，及有著述论政治者，可由总署进呈。于是其书卒得达，皇上览之，肃然动容，指篇中求为长安布衣而不可得，及不忍见煤山前事等语，而语军机大臣，曰非忠肝义胆，不顾死生之人，安敢以此直言陈于朕前乎？叹息者久之。康之此书，以去年十一月上于工部，至今年五月始得达御览。皇上乃命总署诸臣，自后康有为如有条陈，即日呈递，无许阻格。并宣取康有为所著《日本政变考》《俄皇大彼得传》等书。而翁同龢复面荐于上，谓康有为之才，过臣百倍，请皇上举国一听，自此倾心向用矣。上命康有为具折上言。正月初八日，康有为上书统筹全局"。①

梁启超的这些说法，大致来自康有为。据康有为追记，光绪二十四年（1898）正月初三下午，他奉命与王大臣西花厅会晤后，"阅日召见枢臣，翁以吾言入奏，上命召见，恭邸谓请令其条陈所见，若可采取，乃令召见。上乃令条陈所见，并进呈《日本变法考》及

① 梁启超：《戊戌政变记》，《饮冰室合集》专集之一，第10页。

《俄彼得变政记》。七日，乃奏陈请誓群臣以定国是，开制度局以定新制，别开法律、度支、学校、农、商、工、矿务、铁路、邮信、会社、海军、陆军等十二局，以实行新法"。[①] 这就是《上清帝第六书》的由来。

《上清帝第六书》，是康有为上清帝七书中争议最大、问题最多的一篇。我的老师朱维铮先生说："清宫原存题作'请大誓臣工开制度新局折'的第六书，在《戊戌奏稿》中，不但题目改了，改作'应诏统筹全局折'，内容更新增了原折所没有的'定宪法'、'三权立'等论述。似乎他康有为在戊戌年没有'幡然变计'，如政变后梁启超亡命日本初期与日本人的笔谈所说，'专务扶翼主权，以行新政'。主权即君权。"[②]

最先意识到《上清帝第六书》可能存在问题的是黄彰健。他指出："康有为上光绪第六书，在康《戊戌奏稿》中名为《应诏统筹全局折》。这个折子最早见于梁启超《戊戌政变记》卷一《光绪向用康始末》章。我因该折所载康建议，与戊戌五月十四日庆亲王奕劻《遵旨妥议折》所载康建议不合，遂断定《戊戌奏稿》及《戊戌政变记》所载该折系政变后为了攻击旧党及需叙述《光绪向用康》始末而伪作。"[③] 黄彰健当时并没有看到清宫旧藏，但他的敏锐、天才猜测无疑是对的。

---

① 《康南海自编年谱》，第 43 页。
② 朱维铮、龙应台编著：《维新旧梦录：戊戌前百年中国的"自改革"运动》，北京：生活·读书·新知三联书店 2000 年版，第 254 页。
③ 黄彰健：《论〈杰士上书汇录〉所载康有为上光绪第六书第七书曾经光绪改易，并论康上光绪第五书确由总署递上》，《清史研究》1996 年第 4 期。

　　1981 年，陈凤鸣在故宫博物院图书馆发现了《杰士上书汇录》清内府抄本。[①]这本书总计录存康有为戊戌年间真奏稿凡十八件。第一件即为康有为《上清帝第六书》，总署于戊戌二月十九日代递，《翁同龢日记》戊戌二月十八日日记"明日代递康有为折"，即记此事。《杰士上书汇录》本中的康有为《上清帝第六书》内容与庆亲王《遵旨妥议折》所引相合。

　　现在的问题是，康有为当年提交的《上清帝第七书》与后来整理出版的《戊戌奏稿》存在很大差别。这些差别究竟是什么原因，究竟是什么用意，在过去几十年中引起研究者激烈争辩，比较主流的看法差不多都认为康有为人品有问题，喜欢造假，喜欢修改自己的历史文字，从而给研究造成许多迷障，造成许多问题。

　　仔细阅读康有为的这两份文件，即由总理衙门代奏的《外衅危迫分割洊至急宜及时发愤大誓臣公开制度新政局折》[②]、《上清帝第六书》（《应诏统筹全局折》）[③]，可以很容易发现这两份文件实际上是一个文件，只是文字表达等方面存在极大差异。这种差异并不是颠覆性的，并不影响对其思想的理解和把握。至于这些差异究竟是如何形成的，我个人的看法，还是不能以恶意去揣测古人，用阴谋论去讨论历史问题，还是应该回到历史本身，设身处地去分析究竟如何发生这些差异的。

　　继续沿着前贤时贤的研究思路，我的猜想是这样的：康有为在

---

① 陈凤鸣：《康有为戊戌条陈汇录——故宫藏清光绪二十四年内府抄本〈杰士上书汇录〉简介》，《故宫博物院院刊》1981 年第 1 期。
② 姜义华、张荣华编校：《康有为全集》卷四，第 11 页。
③ 姜义华、张荣华编校：《康有为全集》卷四，第 17 页。

戊戌年间最得势最得意的时候确实给皇帝、给清廷上了一些折子。这些折子在戊戌当年就被清廷，甚至可以说是光绪帝整理编排成了《杰士上书汇录》。黄彰健说："由于该书称康为杰士，故知该书系光绪亲自命的名；该书原藏昭仁殿，为光绪书房，故知该书所录康折极为光绪所重视。该书计录存戊戌正月至七月康上的真奏折凡十八件。"因而可以断定，《杰士上书汇录》中的《上清帝第七书》是无须怀疑的，是曾经上达天听的"真奏折"。这个真奏折还见于台北故宫博物院旧藏《光绪朝筹办夷务始末记》稿本中，但经黄彰健核对，却发现《杰士上书汇录》所收康有为《上清帝第六书》有删节改易。①

作为一份历史文件，清宫旧藏无疑最可信，至于《光绪朝筹办夷务始末记》的改动，由于不涉及原则问题，也只可视为技术性编辑、技术性删减，也大致可信。问题最大，也是引起争议最大的是后出的《戊戌奏稿》，以及在《知新报》发表的《康工部请及时变法折》，还有梁启超在《清议报》刊出的《戊戌政变记》征引的这个文件。这些后出的资料与清宫旧藏不仅文字存在巨大差异，甚至引申讨论，就像很多研究者所感觉的那样，意思、主旨，都有很大调整。如何理解这些差异？

过去很多研究者认为是因为康有为人格低劣，所以伪作。其实，平心静气思索，我比较赞成这样的分析："戊戌政变后，康有为流亡日本，由于当时未能携带其文稿，便重新炮制其改革纲领'上清帝第六书'。光绪二十四年十二月初一出版的《知新报》第 77 册，以

---

① 黄彰健：《论〈杰士上书汇录〉所载康有为上光绪第六书第七书曾经光绪改易，并论康上光绪第五书确由总署递上》，《清史研究》1996 年第 4 期。

'康工部请及时变法折'为题，发表其在东京重写的'上清帝第六书'，内容大变。与此同时，梁启超在《清议报》上发表其《戊戌政变记》，也刊出这一新写版。从时间上看，'上清帝第六书'的重新炮制与《我史》的写作，几乎是同时。"[1]

说"重新炮制"稍嫌刻薄，如果转换成这样的表达，可能更显得接近历史真实："戊戌八月初五，康仓旦逃离北京，未将奏折底稿带出。政变后，康逃到日本，为了攻击旧党及需叙述《光绪向用康始末》而凭记忆补作。凭记忆补作，因此所记康建议就不可能与康原来的建议相合了。"[2]这个分析显得更合乎历史尤其是历史的逻辑。

基于这样的分析，康有为后来"凭记忆重写"的所谓《应诏统筹全局折》只具有思想史的意义，并不是我们在这里分析的"康有为七上皇帝书"中的第六篇。回到本文，我们还是应该看看康有为《上清帝第六书》究竟说了些什么。

这篇上书的正式题目还是应该使用《杰士上书汇录》中规范的《请大誓臣工开制度新政局革旧图新以存国祚折》[3]。这是康有为在戊戌年间留下的最重要的政治文件，是康有为关于中国政治体制改革的总体设计。在这份文件中，康有为从国际政治格局的变化，引证当时波兰、埃及、土耳其、缅甸等国墨守成规，不思变革，最终导致亡国或被瓜分的惨痛教训，认为国际社会正处在一个新的组合分化过程中，中国应该把握这一机遇，尽快将中国改造成一个近代国

---

① 茅海建：《从甲午到戊戌：康有为〈我史〉鉴注》，第 300 页。
② 黄彰健：《康有为与戊戌变法：答汪荣祖先生》，《清史研究》1993 年第 4 期。
③ 黄明同、吴熙钊主编：《康有为早期遗稿述评》，广州：中山大学出版社 1988 年版，第 262 页。

家，成为国际主流社会中的一员。他说："故当今日而思图存，舍变法外更无他巧，此固万国谋自强者，所殊途而一辙，亦中外谈经济者，所异口而同词。臣民想望，有不可不变之心；外国逼迫，有不能不变之势。然则今日之国是，莫有出于尽革旧习变法维新者矣。"[1]中国只有彻底地弃旧图新，才能摆脱被动的外交局面；中国只有从内部发生真正的变化，才能赢得国际社会的尊重与平等。总之，只要国内政治有办法，外交上就有办法。而国内政治的唯一办法，就是进行政治体制改革，就是仿行东西各国政治体制改造中国数千年来不变的政治体制。

在这份奏折中，康有为没有过多地论述中国应该进行变法改革的理由，因为中国不变则亡的道理在当时已经是朝野各界的共识。所以康有为在这份奏折中的思考重点是中国应该如何去变，即中国的政治体制改革究竟应该如何开始和进行。

康有为认为，中国的国情与日本、俄国进行改革前的国情比较相似，日俄两国通过政治改革极大地动员了国内各方面的力量，从而促使两国的经济、社会乃至军事力量等都获得了很大的发展，它们的成功为中国树立了很好的典范，中国应该仿照日俄两国的政治改革，尤其是日本的明治维新所走过的道路、所采取的措施。而日本明治维新中最重要的举措实际上只有三点，一是大誓群臣以定国是，在政府高层内部形成必须进行政治改革的基本共识；二是广开言路和征求人才的通道，愿天下所有英才为我所用；三是开制度局而定宪法，以宪法去约束人的活动，从而使日本一跃成为近代民族、

---

[1]　黄明同、吴熙钊主编：《康有为早期遗稿述评》，第 266 页。

民主国家。

基于日本的经验，康有为向清政府的最高决策层郑重建议做好三件事，便可保证变法维新的政治改革获得成功。

第一，由光绪皇帝在天坛或太庙或乾清门大誓群臣，诏定国是，宣布变法维新正式开始，坚定群臣革旧维新的信心与信念，宣布广采天下舆论，广取万国良法，重建中国全新的政治体制。

第二，由政府最高层在午门设立待诏所，委派两名御史专司此事，允许上下臣工、草民百姓尽自己所知上书言事，对国家的政治发展、经济建设及所有方面提出建议。所有上书不得如旧体制由堂官代递，以免阻挠。凡上书中有可取之处者，可由皇帝或其他相关部门的主管予以召见，量才录用，人尽其能。

第三，开制度局于宫中，征天下通才二十人参与其事，统筹全局，下设法律、税计、学校、农商、工务、矿政、铁路、邮政、造币、游历、社会以及武备等十二个分支机构，将一切政事制度重新商定，改革乃至重建中央行政体制，重建新的政治体制及相适应的各项制度章程。至于中央以下各级行政机构的改革及经济、文化等方面的变动，康有为也在这份奏折中提出一些设想，大要不外乎是本着政情上通下达、弃旧图新的原则。[①]

统观康有为《上清帝第六书》，其核心是设立专责制度建设的制度局。他或许是因为当时反对政治变革的势力太大，或许是接受了某些人善意的忠告，康有为在这份《上清帝第六书》中暂时放弃了先前《上清帝第五书》中提出的开国会、定宪法等更为激进的政治

---

① 黄明同、吴熙钊主编：《康有为早期遗稿述评》第 268 页。

主张，而改为设立制度局这一具有明显渐进色彩的主张，这样或许可以避免许多不必要的争执，便于新政的推行。

设立统筹全局的制度局是康有为维新变法思想体系中的重要一环，他认为这是变法维新能否成功的关键之所在。所以在提出这一建议之后的一个月左右，康有为又在代宋伯鲁御史拟定《请设议政处折》再次强调设立专门议政机构的重要性，为制度局的创立提供舆论支持。此后，康有为还多次上书催促清廷尽快开设制度局，向光绪皇帝特别强调制度变革的重要性。在他看来，制度局犹如航行在沧海中巨轮的导航仪，有了它可以克服惊涛骇浪、千难万险，顺利地抵达目的地；反之，则结果可知。

康有为的《上清帝第六书》深获光绪皇帝的赞赏。光绪皇帝在收到这些文件后，日加批览，"于万国之故更明，变法之志更决"，① 对于后来的政治发展与演变，《上清帝第六书》起到过重要作用。

正如许多研究者所指出的那样，康有为的《上清帝第六书》确乎为戊戌年间变法维新的纲领性文件，中国未来发展的政治诉求在这份文件中都有很深入的表达。不过正因为如此，这份文件也受到极为强烈的批评和质疑，反对者对这份文件欲摆脱现存的行政运行体制而另起炉灶的真实动机表示怀疑。按照康有为等人的设计，他们计划开办制度局专责改革要务；设立民政局，有仿行西方近代国家的下议院的意思；准备设立的议政局，类似于西方近代国家的上议院。这样一来，原有的行政体制势必全部瘫痪或废除，原有的官吏队伍也势必面临着生存危机。

———————————

① 梁启超：《戊戌政变记》，《饮冰室合集》专集之一，第 15 页。

于是，原本有意推动政治体制改革的设立制度局的构想反而成为改革进程的阻碍。反对者批评康有为等人动机不纯，他们只不过是一些权力的边缘人，他们基于自己边缘人的立场试图通过新设机构夺取权力，所谓制度局，不过是想夺取枢府之权的托词；所谓十二分局的构造，不过是将原有的中央六部分解功能而已；至于康有为在《上清帝第六书》中提出的各道设立民政局的建议，更是居心叵测，是试图以民政局夺取各省督抚将军之权。清政府如果听任康有为这些人胡作非为，其最后的结果便不是中国走上强盛的发展道路，反而是"天子孤立于上，内外盘踞皆康党私人，祸将不忍言矣"。①

康有为等政治新人的心态绝不会像反对者所猜测的那样狭隘，但毫无疑问的是，作为"边缘化"的政治新人，康有为等人是无法与那些政治老人和睦相处的，他们即便出于对中国未来前途的极端负责任的政治焦虑，也确实会希望能够利用光绪皇帝的政治权威扫除旧人，重用新人。而政治运转的规律从来都不可能按照任何一方的主观意图去行事，作为清廷政治权力的中心，光绪皇帝实际上受到各方面的制约，他不可能甚至也不愿意完全听从康有为等政治新人的摆布，所以康有为创设制度局的建议尽管获得光绪皇帝的激赏，但操作的步骤却是一拖再拖，从而使康有为也觉得完全依靠清廷内部的力量去推动中国的改革与发展可能具有相当大的困难，于是他又将精力转向民间，期待民间的进步力量能够形成相当的气候，然后再与这些政治边缘人一道去推动清政府走上政治体制改革的道路。

光绪二十四年（1898）正月初三，康有为奉命与总理衙门王大

---

① 胡思敬：《应诏陈言记》，《戊戌履霜录》卷三。

臣李鸿章、翁同龢等人谈了一次话。这也应该是康有为戊戌年间与
政治高层真正意义上的为数不多的正面接触。总体而言，这次谈话
还是比较成功和有意义的。康有为在谈话中还顺便提及："日本维
新，仿效西法，法制甚备，与我相近，最易仿摹，近来编辑有《日
本变政考》及《俄彼得变政记》，可以采鉴焉。"康有为的谈话，给
翁同龢留下深刻印象，"阅日，召见枢臣，翁以吾言入奏，上命召见，
恭邸谓请令其条陈所见，若可采取，乃令召见。上乃令条陈所见，
并进呈《日本变法考》及《俄彼得变政记》"。于是，康有为昼夜缮
写《日本变政考》《俄彼得变政记》二书。①

三月初三日，总理衙门代奏康有为条陈称："总理各国事务王、
大臣等跪奏：为据情代奏，仰乞圣鉴事。窃工部主事康有为前至总
理衙门呈递条陈，经臣等于本年二月十九日代奏，本日准军机处片
交军机大臣面奉谕旨：'著总理衙门事务王、大臣妥议具奏。钦此。'
除该主事前递条陈由臣等另行妥议外，兹于本年二月二十日复据该
主事至臣衙门续递条陈一件，并译纂《俄彼得变政记》一册。正拟
代奏间，复于本月二十七日又据该主事递到条陈一件，均恳请代为
具奏。臣等未敢壅于上闻，谨照录该主事续递条陈，及所递《俄彼
得变政记》，恭折进呈御览，伏乞皇上圣鉴。谨奏。"②"据此可知，总
理衙门首次代奏康有为条陈的次日，二月二十日，康即将'译纂
《俄彼得变政记》成书呈'与《俄彼得变政记》一书递到总理衙门。

---

① 《康南海自编年谱》，第 43 页。
② 黄明同、吴熙钊主编：《康有为早期遗稿述评》，第 272 页。

该呈被康党称作'上清帝第七书'。"①

在康有为的改革构想中，日本、俄匡一直占有相当重要的地位。《上清帝第七书》就是专门为了递呈他的《俄彼得变政记》而作。康有为指出："臣窃考之地球，福乐莫如美，而民主之制与中国不同；强盛莫如英德，而君民共主之制仍与中国稍异。惟俄国其君权最尊，体制崇严，与中国同；其始为瑞典削弱，为泰西摈鄙，亦与中国同。然其以君权变法，转弱为强、化衰为盛之速者，莫如俄前主大彼得。故中国变法，莫如法俄；以君权变法，莫如采法彼得。"②这是康有为编撰这本《俄彼得变政记》并愿将其贡献给光绪帝的唯一理由。

俄国的经验，彼得的做法，在康有为看来，就是要学习西方，而且要由光绪帝带头学习西方，"考彼得之能辟地万里，创霸大地者，岂有他哉！不过纡尊降贵，游历师学而已。以欲变法自强之故，而师学他国；非徒纡尊降贵，且不惜易服为仆隶，辱身为工匠焉。凡强敌之长技，必通晓而模仿之；凡万国之美法，必采择而变行之"。③

回看中国之所以败弱如此，"百弊丛积，皆由于体制尊隔之故。自知县号称亲民，而吏役千数人盘隔于内，山野数百里辽隔于外，小民有冤，呼号而不能达"。小小知县已与底层如此隔膜，更不要说上面的知府督抚了。"枢臣位尊体重，礼绝百僚，卿贰大臣，不易得见。至与群僚益复迥隔，东阁不开，谘谋无人，自塞耳目，自障聪明。故有利病而不知，有贤才而不识，惟有引体尊高，望若霄汉"。

---

① 茅海建：《从甲午到戊戌：康有为〈我史〉鉴注》，第307页。

② 《为译纂〈俄彼得变政记〉成书可考由弱致强之故呈请代奏折》（1898年3月12日），姜义华、张荣华编校：《康有为全集》卷四，第26页。

③ 姜义华、张荣华编校：《康有为全集》卷四，第27页。

康有为认为，这是中国面临的一个巨大问题，是体制性危机。

康有为接着指出："尊严既甚，忌讳遂多。上虽有好言之诚，臣善为行意之媚，乐作太平颂圣之词，畏言危败乱贼之事。故人才隔绝而不举，积弊日深而不发，至中国败坏之由，外夷强盛之故，非不深知，实不敢言。"如此内外困境、体制弊端，在康有为看来，唯一解决之道，就是要像彼得大帝那样大胆改革，举动奇绝，推动国家进步。他希望编辑的这部《俄彼得变政记》能够有所帮助，"以中国二万万方里之地，四万万之民，皇上举而陶冶之，岂可量哉？"。[①]在康有为看来，走俄国人的路，是当时中国政治格局、政治环境下最好的选择。

可惜的是，康有为《上清帝第七书》并没有在政治高层获得积极回响，更没有付诸实践。三月二十三日，光绪帝命将该呈与该书，以及康有为其他奏议等件，一并送呈慈禧太后"慈览"。[②]

---

① 姜义华、张荣华编校：《康有为全集》卷四，第 28 页。
② 茅海建：《从甲午到戊戌：康有为〈我史〉鉴注》，第 334 页。

"割辫与绝"

　　1900年"东南互保"协约的达成，是庚子年间的重大事件，它不仅让南部中国避免了类似于半个世纪前最富庶的东南地区的战火摧残，而且打开了政界、知识界想象的空间。在北部中国政治情势不太明朗，清帝国前途未卜之际，各种各样的救济方案应运而生。

　　敏感的章太炎此时依然热衷于"与尊清者游"①，时局突变使他意识到是清帝国改革的良机，先前很难推行的"分镇"主张有了一丝可能②，于是他致信两江总督刘坤一、两广总督李鸿章，建议利用目前特殊环境，"明绝伪诏，更建政府，养贤致民，以全半壁"。③

　　与章太炎建议"分镇"，扩大地方权重的同时，孙中山也在利用这场政治危机进行活动，他希望两广总督李鸿章登高一呼，在华南独立，"与华南人民商议，分割中华帝国的一部分，新建一个共和国"④，成立一个纯粹汉人的政府。

---

① 《"客帝"匡谬》，《章太炎全集》卷三，第119页。
② 《分镇第三十一》，《章太炎全集》卷三，第72页。
③ 《与李鸿章书》，《章太炎书信集》，石家庄：河北人民出版社2003年，第22页。
④ 《离横滨前的谈话》（1900年6月上旬），《孙中山全集》卷一，第189页。

李鸿章或许也有这样的选项，因为在当时那种紧急情形下，什么事情都可能发生。然而，当北方局势趋于稳定后，李鸿章依然奉清廷正朔，接受朝廷委派前往北方主持与列强的议和。孙中山的设想因此落空，而章太炎利用地方督抚实行"分镇"的方案也只能停留在纸面上，只具有思想史的意义。

当孙中山策动李鸿章两广独立，章太炎游说刘坤一、李鸿章实行分镇的时候，湖广总督张之洞也有自己的考虑，他一方面与东南督抚一起签署东南互保的协议，一方面密切观察北方的战局，寻找机会，制定一个两全其美的应对方略。

按理说，张之洞是慈禧太后一手提拔起来的亲信大臣，他对慈禧太后也确实长时期忠贞不贰，在甲午战争、戊戌政变一系列重大事件中，都坚定地站在慈禧太后一边。

然而，现在情况却不一样了。满洲贵族在庚子初不顾中外反对执意立大阿哥之后，引发了空前的政治危机，特别是端郡王载漪出任总理衙门首席大臣后，更是连连失误，出台一系列愚蠢政策，弄得天怨人怒，危机四伏，只要端郡王载漪还在台上，谁也不知道这样的错误政策会将大清王朝引向何方。于是，张之洞对清廷不能不感到失望，他的责任心、道德感迫使他在忠君和忠于国家之间做出抉择。他最终选择与两江总督刘坤一相同的政治立场，竭尽全力维护长江流域稳定，并时刻准备着北上"勤王"，担负更重要的角色。

张之洞选择与刘坤一同样的政治立场维护长江流域的稳定，与列强订立东南互保章程。同时，他较刘坤一等人还多了一个选择，那就是"勤王"。

勤王这个概念当然是由清廷"己亥建储"所引发的，真正付诸实践并作为一个政治口号号召天下的，还是流亡在海外的康有为、梁启超等所谓保皇党。

此时积极追随康有为昌言并推动保皇的弟子有唐才常。唐才常为湖南浏阳人，早年就读于长沙校经书院、岳麓书院，肄业于张之洞创办的武昌两湖书院，所以又算是张之洞的门生弟子。张之洞素有爱护门生弟子的美誉，所以唐才常又与张之洞有着不同寻常的师生之谊。

维新运动开始后，唐才常与谭嗣同在浏阳创办算学馆，提倡新学，在长沙参与创办时务学堂，负责编辑《湘学报》，创办《湘报》、南学会、群萌学会等，是湖南维新运动中一位非常重要人物。

康有为、梁启超，特别是谭嗣同因出任军机章京北上后，湖南维新运动因新旧派别无端冲突日趋萎缩，心灰意冷之余，唐才常也于戊戌夏准备前往北京参与新政。而康、梁、谭嗣同在策划以武力解决新旧冲突时，也曾经毕永年提醒准备召唤唐才常前来北京予以协助，因为唐才常不仅敢于任事，而且也与绿林人物有很多关系。

唐才常收到谭嗣同电招后立即动身，不料行至武汉，戊戌维新变为戊戌政变，政治逆转，"六君子"血染街头，唐才常被迫流亡海外，周游香港地区、新加坡、日本等地。

在东京，唐才常与正在那里流亡的康有为、梁启超等共谋救国之策，大致接受康、梁所宣扬的保皇主张。光绪二十五年（1899），唐才常返回上海，主编《亚东时报》，抨击政治守旧分子，继续宣传变法维新，决心"树大节，倡大难，行大改革"。[①] 大约也就在这个

---

① 《前四品京堂湖南学政江君传》，《唐才常集》，北京：中华书局 1980 年版，第 197 页。

时候，章太炎从日本返回上海，也很快参与了《亚东时报》的编辑事务，与唐才常成为朋友。

光绪二十五年（1899）秋，唐才常专程赴日本拜会孙中山，共商在湘鄂及长江流域起义计划，以及孙中山与康、梁系合作问题。

唐才常在会党中拥有重要地位，这是他敢于在湘鄂及长江流域发动起义的资本和底气。通过与孙中山、康有为两派主要的人物梁启超、林圭、秦力山、吴禄贞等人沟通，唐才常决定以会党为起义的基本力量，夺取武汉为基地；委派林圭回国负责联络会党，组织起义军，康、梁在海外筹款接济，唐才常负总责。

是年（1899）冬，唐才常潜回上海，广泛联络各方人士，设立东文译社作为秘密机关。不久又发起成立"正气会"，以忠君爱国、反清灭洋为宗旨，并筹划武装勤王。庚子（1900）初，正气会更名为"自立会"，其武装定名为"自立军"，仿照会党建立富有山堂。数月间，仅长江流域及南方各省会党、农民，乃至清军官兵加入自立会的，就有十余万人。

在这十余万人的基础上，林圭选择大约两万人组建自立军七军，奉唐才常为总统兼总粮台，在汉口英租界设立指挥机关，"惨淡经营，成效渐著。复仿照会党颁票布办法，散发富有票，分地段以设旅馆，为会友往来寄宿之所。其在汉口者曰宾贤公，襄阳曰庆贤公，沙市曰制贤公，岳州曰益贤公，长沙曰招贤公，刊布会章，号称新造自立之国，其条规有不认满洲为国家等语"。①

唐才常是江湖领袖，也是文人雅士。当北方义和拳风起云涌越

---

① 冯自由：《中华民国开国前革命史》，转引自《梁启超年谱长编》，第 244 页。

闹越大的时候，唐才常和一切关怀中国现实和前途的人一样，敏锐地意识到这是千载难逢的历史机遇，于是在上海邀集各方名流和志士，于光绪二十六年七月一日（1900 年 7 月 26 日）在英租界张园召开"中国国会"成立大会。寓居上海的各界名流容闳、严复、章太炎、文廷士、叶瀚、狄楚青、张通典、沈荩、龙泽厚、马相伯、毕永年、林圭、唐才质等八十多人出席了大会，可谓名流荟萃，群贤毕至。

叶瀚主持了此次会议，大家依次排列，北向而坐。叶瀚以主席身份宣读今日联会之意："一、不认通匪矫诏之伪政府；二、联络外交；三、平内乱；四、保全中国自立；五、推广支那未来之文明进化。"[①]叶瀚动议将这个组织定名为"中国国会"，令大众议为然者举手。举手者过半，议遂定。

接着，投票选举正副会长，令人各以小纸条写上自己心中所欲选举的正副会长姓名，交给书记。书记收齐点数，凡举正会长以容闳最多，得四十二票；举副会长以严复最多，得十五票。于是，容闳、严复二位入座。容闳旋即向大会发表即席演讲，声如洪钟，意气风发，台下掌声雷动，兴奋不已。

会后，容闳与严复联名致信英国驻沪署理总领事霍必澜，要求霍必澜向英国政府报告："1.英王陛下之政府领衔坚决支持中国政府之维新运动，使维新党可以公开其主张而不必害怕遭到迫害；2.英王陛下之政府邀请维新党简述其主张，而其主张应与现政权高官之

---

① 孙宝瑄：《日益斋日记（节录）》，中国史学会主编：《中国近代史资料丛刊·戊戌变法》卷一，第 540 页。

主张一并纳入同等考虑之地位。"

容闳还通过朋友面告霍必澜，"中国国会堪称维新党之上海部，自1898年政变以来一直暗中活动①，终日担心遭到迫害。而该部领袖为容闳和严复"；"容闳声称国家一天由慈禧太后当政，便无地方官敢公然投身维新运动。但容闳断言，只要中央政府之态度有任何重大转变，则会有许多要员站出来，公开支持维新运动"。随函附有容闳起草并经会议通过的《中国国会宣言》。

通过这份宣言，已经清晰看出中国国会就是以新政府自居，宣言称："鉴于大清朝势必覆亡，亦鉴于大清癫狂始终愚不可及，致令中华民族陷于深重苦难，我等亦即以下签署人，今聚议考虑后，谨代表中国人民及维新党员向全世界布告：中华民族依托政治权力源于人民、民声乃天声之通则，谨此不再承认满洲政府为合宜主宰中国之政权。他们不特辜负人民之拥护，无一法可保护人民及其财产之安全，更机关算尽，掠夺人民财产，致令举国贫困，怨声载道，愁眉不展。他们亦无一法可保全中国之疆土，致令其累遭外洋进犯、欺侮、入侵。而其政策，不论华洋，一概禁锢自由，逆潮流而动。纵与外国列强累累冲突，却依旧夜郎自大，愚昧无知，不思教训。与外界往还交际，则心机用尽，只图真理及启蒙之光与黑暗之中国隔绝。故而，其勉力奉行之自由放任政策，始终落后于时代，无缘捕捉生气勃勃势不可挡之当代思潮及进步精神。观其治理本质，则

---

① 这个说法显然夸大了，据井上雅二7月26日日记："汪康年、唐才常等一个月以前提出的所谓国会，今天终于在愚园召开了。"见汤志钧编著《乘桴新获——从戊戌到辛亥》，第353页。

章法全无，摇摆不定，腐败至极。政府之一府一衙，无论京畿内外，尽皆千疮百孔，腐败不堪。一言以蔽之，其政治根基，现于世者，乃硕大无比却空无一物之皮囊，不当任何开明强国拥护以谋商业或政治便利。无一法可成就其建政目标之政府，其存活不外容忍屈从，其治理不外给民族带来百般屈辱，环宇当诛，瞬间当亡。"

容闳、严复，都是对西方有真切理解、认识的饱学之士，他们拟定的《中国国会宣言》并不是简单地推翻以慈禧太后或以端王为首的清政府，而是要按照英国《大宪章》的原则，重建现代国家。他们列出十二条紧要声明，从这里可以看出，假如当时就从此开始进行宪政改革、新教育落实、律法改良，全面放开对外贸易，信仰自由、言论自由等改革事项，不必等到几年后，甚至更长时间。这是中国近代史上一个非常重要的政治文件，其意义远高于前后诸多政治宣言。这十二条如下：

1. 鉴于"全能之神、耶和华、创造地极之主"将此崇伟国度献给中国人民，以为其特殊之传承，我等自当永世不辜负神之奉献，自当责无旁贷，变旧中国为新中国，变苦境为乐境，谋中华民族之福祉，更谋世界人民之福祉。

2. 我等坚信，解决目下复杂问题之最简易之道，乃八国列强废黜篡贼及其一干老朽顽固之逆贼，重立赞成维新之代表光绪为帝。光绪一旦重新掌位，必能立即收复民心，消除怨气，化解头绪万端之万国疑难。

3. 光绪一旦驾崩，当筹办临时政府，推举临时主席，当物色妥当人选后，公推其为恒常之中国君主。

4. 无论何事，中国之新政府当为立宪帝制，以英国政府不成文之宪法及《大宪章》为纲。而立宪帝制之筹办及其行政，将延聘西方智者，征得各别政府之特许，为我等献计献策。

5. 拟立之立宪帝制，不论形式或本质，不论立法或行政，不论理论或实践，当为公民政府之典范，集智慧之大成及二十世纪之开明建造。它将代表中国人民乃至世界人民之公民自由及宪政自由，以谋世代升平，永世和谐。

6. 仰赖过去十九世之实验、智慧及真理之光，我等首责当为教育人民接受新秩序，擢升其智慧，分析其需要；保护其人身及财产安全；蠲除一切社会及政治罪恶；改良律法；缔造稳固之财政政策，规范金融，厘定国家银行系统；建造划一之小学系统；改良并促进农业生产，鼓励及便利贸易；在列国平等之基础上，举国敞开对洋通商大门。

7. 为维系公众和平，充分保护国内外商务及在华洋人之安全，以最现代化手段重建陆海军，乃刻不容缓之要务。故当成立军事及海军学校，以训练军事及海军军官，此乃头等大事。

8. 帝国子民均享有人身保护令之权利，享有所有法庭及讼堂之陪审团审判权利，且法律面前人人平等。

9. 新政府当宽容宗教信仰。政府子民均享有良心自由、信仰自由、个人判断自由及言论自由。外界之训令或教会之威权，均不得干预或介入公民政府与人民行使权利之间之事务。

10. 当竭尽全力使新政府之府衙及行政清正廉明，以成就民有民治民享之伟大宗旨。

11. 新政府确立及其独立主权获承认后，当履行与条约国立约之一切义务及责任，且当承担及偿清旧政权之所有国债。

12. 我等决不同情义和拳运动，并请立此存照，我等十分憎恶其残暴行径。一干篡贼对待外交使团及禁闭于京城内传教士之野蛮行径，我等视之为悍然违反国际法，人皆恶之，理应受罚。至于日趋严重之态势，教无数无辜性命丧于北京，我等谨此悃诚向八国列强致以深切同情。①

从这项声明看，中国国会其实就是现代国家的再造，是向世界看齐，纠正本国本族狭隘的民族主义，建构现代政治。

但是如果一定要说中国国会的问题，可能就是章太炎的不满。章太炎是中国国会的积极参加者，但对第一次会议的三项决议持坚决反对立场，对于宣言中选择光绪帝作为收拾人心、重振中国的皇帝极为不满。"贤者则以保皇为念，不肖者则以保爵位为念，莫不尊奉满洲，如戴师保，九世之仇，相忘江湖"。②章太炎坚决反对中国国会以扶持光绪帝重新执政为政治目标，更反对以勤王作为中国国会的宗旨。按照章太炎的说法，中国国会"为拯救支那，不为拯救建房；为振兴汉族，不为振兴东胡；为保全兆民，不为保全孤偾"③，更不应该以保全一个皇帝为目的。

按计划，当年七月四日（7 月 29 日），中国国会在张园召开第二次会议，到者六十余人，在签到簿上签名的有五十多人。会长容闳命孙宝瑄及张元济当会计。不知什么原因，他们两人均不愿意担

---

① 《英国外交文献之外交部密件》，转引自唐越《容闳中国国会〈宣言〉足本全译并注》，《徐州师范大学学报》（哲学社会科学版）2012 年第 4 期。
② 《来书》，汤志钧编著：《乘桴新获——从戊戌到辛亥》，第 116 页。
③ 《请严拒满蒙人入国会状》，汤志钧编著：《乘桴新获——从戊戌到辛亥》，第 116 页。

任，遂改命孙多森、唐才常权理其事。又选定叶瀚、邱震、汪有龄担任书记。郑观应、唐才常、沈小沂、汪康年、汪剑斋、丁叔雅、吴彦复、赵仲宣、胡仲巽、孙仲玙等十人为干事。

中国国会第二次会议的重点仍然是讨论国会的宗旨，会议主导意见是：一是保全中国疆土与一切自主之权；二是力图更新日进文明；三是保全中外交涉和平之局；四是入会者专以联邦交、靖匪乱为责任，此不认现在通匪矫传之伪命。①

与会者多数抱持这样三点看法：1. 尊光绪帝；2. 不承认端王、刚毅等；3. 力讲明新政法而谋实施。虽主张排斥端王、刚毅等满洲贵族中的顽固派、守旧派和坚定的排外主义者，但并不主张排满，更不会主张孙中山式的革命。所以他们主张在八国联军还没有打到北京的时候，设法将光绪帝救出来，以保障中国法统的完整性。至于怎样才能将光绪帝救出来，大家的意见就不一致了。有的主张借重张之洞的力量，如汪康年；有的主张联络英日两国，通过外交渠道解决，如文廷士；有的主张倚重翁同龢或陈宝箴，如唐才常；有的主张密召康有为，利用康党进行，如狄葆贤。

对于这些主张，"会中极少数人如章太炎主张，不允许满人入会，救出光绪帝为平民。从而与其他人意见不一致，却与孙文的意见接近"。②

很显然，章太炎、孙中山的主张已不是一般的改革，而是革命，是利用义和拳运动，利用列强出兵中国的政治危机，将对外战争转

---

① 《井上雅二日记》，汤志钧编著：《乘桴新获——从戊戌到辛亥》，第 355 页。
② 《井上雅二日记》，汤志钧编著：《乘桴新获——从戊戌到辛亥》，第 355 页。

化为对内战争，一举解决孙中山很早就认识到的满洲人无法带领中国走上现代化道路的根本问题。与会者谁也不敢追随附和，皆不以为然，救光绪反端王属于认识问题，依然可以解释为保大清；将对外战争转为对内战争，实现民族革命，排除满洲人，这从当时的正统立场看，就是造反，因而大家不便随声附和。

与会者的沉默激怒了章太炎，道不同不相为谋，章太炎愤而退会，不再与各位一起玩了，大家各走各的路。

为了表达自己的决心，七月九日（8月3日），章太炎"割辫与绝"，愤然剪掉了两百多年来标志着清朝顺民的大辫子，脱去了清帝国标志的长布衫，改穿西装。为了表达自己反清革命的坚定意志，章太炎还专门写了一篇《解辫发说》，公开宣布与清帝国挥别，坚定不移地走上了反清革命的道路。

章太炎在庚子年政治动荡时期走上反清革命的道路具有相当的偶然性。第一，这是因为以端王为首的新政府刻意与世界为敌，激怒了章太炎。我们知道，所谓中国国会就是因为北方的政局，就是清廷这个时候用端王替换了原来比较有柔性的政府，这个新政府盲目排外，煽动民族主义、民粹主义情绪，不顾民众利益和死活，悍然与世界为敌，以一国敌十一国。这实际上是国家的不负责任，是将一己之私利凌驾于国家、百姓利益之上。这是章太炎愤怒的第一个理由。第二，中国国会诸公大约是受到康有为、梁启超的深刻影响，或者是中国国会诸公各自直接的感性认识，不认为端王的新政府代表了光绪帝的意思，光绪帝现在即便没有被完全废黜，可能实际上已经不再拥有权力，所以他们坚定地要求保皇，要求勤王，要求清君侧。而这一点，在章太炎看来，好像有点不着调。所有这些因素，促使章太炎在思想上发生了一次剧烈变动，终于从一个政治上的改良主义者转变为反清的革命者。

根据章太炎的看法，中国国会诸公的政治诉求是矛盾的，光绪帝、端王还有那个大阿哥溥儁，与朝廷是一体两面，并不存在着利益上的冲突与矛盾，中国国会诸公受到唐才常的蛊惑太重了，而唐才常又受到康有为的蛊惑太久了，总认为光绪帝代表着朝廷中的进步力量，代表着中国的希望和未来。章太炎认为，这个判断可能是很有问题的，满洲人之对于中国，其实就是一个阶级压迫着另一个阶级，满洲人从来没有把汉人当作自己人，戕虐贤俊，使汉人成为这个国家的二等公民。现在满洲政府更过分，为了一己私利，横挑强邻，戮使掠贾，四维交攻，不把国家当国家，为了皇族阶层特殊利益，竟然拿国家作赌注，以一国挑战世界，违背《春秋》两国交战不斩来使的原则，违背现代国际交往准则，公然杀害外国公使，终于引来八国联军进攻中国进攻北京。章太炎强调，这是中国的危机，但也是中国的一个机会。中国国会应该利用这个难得的机会，推翻清王朝，重建汉人国家。

事后想想，章太炎的判断是对的。端王也好，光绪帝也罢，他们之间的关系真的不是唐才常们所想象的那样，有什么不共戴天视若水火的仇恨，端王也并不是一个天生的、彻底的排外主义者，光绪帝也并不是一个什么英明领袖，更不是什么中国的未来和希望。在对待义和拳、对待外国、对待汉人等一系列问题上，他们立场一致，步调一致，只是节奏不同，表现有异而已。不久之后，唐才常策动的勤王运动竟然受到朝廷的迫害，年轻的唐才常因此而丧命。这也从一个侧面证明了章太炎预言的天才性。

章太炎转向革命是有足够思想准备的，这或许与他不久前与孙中山有过直接接触相关联。所以他在剪掉辫子发誓反清之后第五天，就给孙中山写了一封热情洋溢的信，详细介绍了自去年在横滨见面之后的国内政治变化，认为现在国内的政治形势因满洲贵族统治集团倒行逆施而岌岌可危，满洲贵族统治集团狂妄自大，肆意妄为，与世界为敌，违背了基本的国家关系准则；八国联军发动进攻，将及国门；覆亡之兆，已清晰呈现，不待问卜，就知道中国形势到了怎样的危机状态。南方各省督抚为了自保，与列强签订了互保协议，"鄙人曾上书刘、李二帅，劝其明绝诏书，自建帅府，皆不见听。东南大局，亦复岌岌"。[①]

至于上海各界名流组织的中国国会，章太炎也向孙中山作了介绍：容闳当然是一个天资聪明的第一流人物，但与会诸公由于各怀鬼胎，贤者以保皇为目的，不肖者以保禄位升官发财为依归，他们继续尊奉满洲贵族统治集团为正统，不再计较九世之仇，不再顾及满洲还是汉人。在整个中国国会中，只有我章太炎坚决反对满洲人，昌言严拒满蒙人加入中国国会，诸公不以为然，我章太炎也就只好移书退会，割辫与绝，以明我章太炎不臣满洲之志。现在我和孙先生终于成为一条战壕中的战友了，我们虽然在整个中国是少数，但是我章太炎坚定相信，爱国家并不必然爱朝廷，推翻清王朝，重建汉民族的国家，是这一代人的正义事业，一定能够成功。

章太炎的主动投效当然出乎孙中山的意外，因为孙中山在过去

---

① 《来书》，汤志钧编著：《乘桴新获——从戊戌到辛亥》，第116页。这封寄给《中国旬报》的来书，其实就是写给孙中山的。

几年间，虽然做了许多工作，但真正的文化人即便在思想上认同孙中山的追求和主张，却出于各种各样的原因，很少能够投身于这项看不见尽头、看不到希望的事业。现在章太炎来了，而且是主动来的，这当然使孙中山喜出望外。章太炎的文名，章太炎在中国知识界的影响力，那可不是一般的了得。孙中山指示《中国旬报》将章太炎的这份来信全文发表，并在编者按语中称颂章太炎这篇文字是有清两百年来第一雄文：士气之壮，文字之痛，无以伦比。

七月二十日（8月14日），八国联军开始向北京进攻；二十一日（8月15日），两宫离开北京；二十八日（8月22日），清廷下诏求直言。张之洞眼见大局已定，"于二十八日清晨派兵围搜英租界李顺德堂及宝顺里自立军机关部与轮船码头等处，先后逮捕唐、林及李炳寰"等二十余人。唐才常等人被捕后，司道府县在营务处会讯。唐才常"供词谓因中国时事日坏，故效日本覆幕举动，以保皇上复权。今既败漏，有死而已。余人群呼速杀。二十八夜二更乃押至大朝街溜阳湖畔加害。一时延颈就戮者共十一人"。[1]

---

[1] 冯自由：《中华民国开国前革命史》，转引自《梁启超年谱长编》，第244页。结案后，据官方说法，总共拿获唐才常等"三十余名"。见《张之洞于荫霖奏擒诛自立会匪头目分别查拿解散折》（光绪二十六年八月二十日），杜迈之、刘泱泱、李龙如辑：《自立会史料集》，长沙：岳麓书社1983年版，第138页。

贵族之蜕变

在晚清十年政治舞台上，皇族及贵族出身的一批人始终比较活跃，他们对国际大势有相当深入的观察，对中国处境有比较真切的体认，在新政至预备立宪这一系列政治改革运动中始终走在前列，是晚清政治改革的主力。如果没有他们的呼吁、推动，没有他们那样近距离影响最高统治层，晚清的政治变革当然也会发生，但肯定不是已经发生的这个样子。只是这批皇族随着改革发展也在分化，而且由于改革触及深层，可能会影响整个贵族阶层利益时，他们毫不犹豫站在了改革对立面。所谓"皇族内阁"，就政治上而言，是君主立宪政治改革运动的巨大进步，但就权力分享、人人平等的原则而言，表明以皇族、贵族为推动力的政治改革还是有着很大的局限。他们看到了清政府体制之弊，他们想改革，也真诚改革，但他们的底线是不能触动自己的特殊利益，而不是改革掉自己舍身饲虎，因而当改革陷入困境，革命不得不发生时，他们就很自然地从政治改革的倡导者、推动者变为反革命者，后来的所谓宗社党其实就是沿着这样一条思想轨迹继续发展，他们那时无论如何都不能理解先前倡导改革的激情。

在两千多年的帝制时代，所谓国家其实就是皇帝和他家族的私产。皇帝、皇族的先人打天下坐天下，他们这些皇子皇孙自然就是守天下保天下，所以皇族一直是政治的中心，是政治统治的中坚力量，他们对体制的忠诚，在关键时刻冲锋在前保家卫国，都是不必怀疑的。但是，出于权力均衡和稳定，历朝历代对皇族的权力都有所约束，都不会容忍这些皇亲国戚对国政进行肆无忌惮地干预或介入。朝廷一般用厚养的办法交换这些皇族手中的筹码，以保持政治上的稳定。

满洲人定鼎中原之后其实也是这样做的。清初的议政王大臣会议虽然让来自各旗的满洲贵族参与政治，但实际上也是对皇族特权的一种遏制，是以一种集体的力量约束皇族中的强势者。直至议政王大臣会议解体，清廷的政治权力始终集中在皇帝手里，辅佐皇帝的是一个具有比较广泛来源的军功贵族阶层，而不是皇帝近亲。

皇族介入实际政治、干预政治，实际上是从同治年间开始的。更准确地说，就是1860年恭亲王奕䜣和慈禧太后等联手发动宫廷政变后，两宫垂帘听政，恭亲王以议政王名义兼领军机大臣及总理各国事务衙门首席大臣。这个做法虽然符合论功行赏的原则，也合乎当时的政治实际，但这个做法和持续性坚持，其实在很大程度上违反了祖制，属于皇族干政。①

---

① 所谓皇族内阁的名单在1911年5月9日发布后，引起各方面强烈反对，清廷曾下旨解释说："懿亲执政，与立宪各国通例不符。我朝定制，不令亲贵干预朝政，祖训著有明文，实深合立宪国家精义。同治以来，国难未纾，始设议政王以资夹辅，相沿至今。"这实际上将皇族干政参政的源头指向恭亲王担任议政王的时候。参见《宣统政纪》卷六十二。

恭亲王的例子并没有很快结束，相反由于慈禧太后变成了慈禧皇太后继续操弄权力，政治中心在很长一段时间应该说有所偏移，这就为皇族持续干政提供了借口。不仅恭亲王继续担负着实际的政治责任，其他王爷也在这个过程中纷纷走上政治舞台，或多或少地介入了实际政治。

皇族从事实际政治当然不能说是绝对坏事。有时候，特别是当政治危机发生时，皇族这些人毕竟是政治上最忠诚的铁杆。我们看到甲午战败，大清国面临一次深刻的政治危机，当政治改革不得不发生时，恰恰是皇族这些铁杆维护着大清江山的满洲性质。不论是首席军机恭亲王，还是总理衙门大臣刚毅、直隶总督荣禄，他们在推动维新运动的同时，都坚守着一个非常重要的政治底线，就是严防康有为等年轻一代汉人政治家以政治变革为名暗度陈仓，保中国不保大清。[1]也正是在这一点上，必须承认皇族对体制的政治忠诚度远高于康有为那些力主维新的人。[2]

根据康有为、梁启超师徒给我们描绘的故事框架，1898 年秋天

---

[1] 1898 年秋，清廷在宣布对康有为等人处置决定时，指责康有为和他的同党在筹组保国会时力言"保中国不保大清"，详见《光绪朝东华录》卷四，第4206 页。清廷的这个说法，可能来自文悌的举报（见文悌《严参康有为折稿》，中国史学会主编：《中国近代史资料丛刊·戊戌变法》卷二，第 489页）。礼部尚书怀塔布被光绪帝撤职后，其太太在慈禧太后面前不断哭诉，也是从满汉冲突入手，担心皇上听信康有为这些汉臣蛊惑而进行政治改革，其后果必然是"尽除满人"。参见《怀塔布传》，汤志钧编著：《戊戌变法人物传稿》（增订本）下，北京：中华书局 1982 年版，第 538 页。

[2] 在康有为的政治理念中，确实存在保中国不保大清的想法，这个想法其实就是王夫之"亡天下"与"亡国家"思考的延续。戊戌变法的失败，康有为将之归结为满洲人的阻挠，这是对的。满洲人确实看到了康有为思想中"不轨"的一面。见拙文《民族主义与戊戌维新》，《江汉论坛》1993 年第 6 期。

的政治逆转是因为皇权中心发生了分裂，是皇太后从皇上手中夺取了权力，是政治复辟。这个故事说了一百多年了，我们不能说这是康、梁师徒刻意造假迷惑当世和后世，但康、梁的这个说法确实经不起历史检验。这个故事只是他们两人的一个主观臆想。历史真实无须远求，清代官方文书所记载的故事脉络并不错，即便一些细节可能隐晦不彰。故事的大概脉络是光绪帝知道康有为等人盗用自己的名义准备动用军队包围颐和园劫持皇太后的消息后分外愤怒，这也是光绪帝后来一再指责康有为等人"陷害朕躬"的背景。[①]

光绪帝的身体状况本来就不太好，一百多天的操劳早已心力交瘁，现在又听到康有为等人这些令人发指的阴谋，不论是生理还是心理都受到了巨大打击。在1898年剩下的日子里，光绪帝生病告假是历史真实。而且到了第二年即1899年，光绪帝的病情时好时坏[②]，到了年底，有一病不起的不祥兆头。满洲贵族统治集团在慈禧皇太后的主持下对可能的接班人进行了考察，最终决定立端王载漪的儿子溥儁为大阿哥进行培养，希望在光绪帝生病期间能够替代他进行一些礼仪性的活动。[③]

己亥立储和随后而来的义和拳事件、八国联军事件等，如果从宫廷政治层面说，这实际上为皇族更大规模介入现实政治提供了一个非常重要的契机。虽然有一批皇族成员因为煽动利用义和拳排外

① 《光绪朝东华录》卷四，第4206页。
② 《窦纳乐致英国外交大臣信》（1898年10月26日），中国史学会主编：《中国近代史资料丛刊·戊戌变法》卷三，第538页。
③ 《致上海日本总领事小田切》（光绪二十五年二月初八日），《张之洞全集》卷九，石家庄：河北人民出版社1998年，第7741页。

被判定为"肇祸大臣"而受到严厉处分或处罚[1]，然而毫无疑问的是，另外一批有皇族背景的人却因为这一系列事件逐渐走到现实政治的舞台，成为此后政治变革的急先锋。

1901 年重新开始的新政虽然有复杂的国际背景，是列强政治压力下的产物，但从中国政治发展的内在理路看，这是接续几年前的维新运动往前走。只是从政治主导力量说，先前的维新运动有一个庞大而无法驾驭的汉人知识群体。这一次，其主导力量好像比较牢牢地控制在了朝廷手中，汉大臣和各地督抚都起到相当大的作用，但朝廷并没有像几年前那样因形势发展而失控。

朝廷的控制力无疑来自满洲贵族，特别是皇族力量的增强，满洲贵族这个特殊的群体在政治上的影响力随着这场政治变革而上升。一个最具代表性的事件是，年仅十八岁的醇亲王载沣，在 1901 年被委派充任头等专使赴德国道歉谢罪——虽然这是清廷出于德国为君主制国家，不得不遵从礼仪派遣皇室代表前往的考虑。其实从清廷政治发展视角看，载沣出使德国也有提升皇族成员世俗政治地位以推动政治发展的意思。一趟德国之行为载沣赢得不少政治资本，为他后来的政治作为提供了一个非常重要的机会。[2]

载沣等皇族成员被清廷刻意提拔起来之后，在政治上确实逐渐发挥了重要功能，1901 年开始的新政和 1905 年开始的预备立宪，几乎全程可见皇族青年才俊的身影，他们可能没有汉大臣在科举道

---

[1] 《上谕》（光绪二十六年十二月二十五日），《义和团档案史料》（下），第 940 页。

[2] 随载沣此次出使德国并拜谒德皇的还有荫昌，他们此次出使都赢得了"通知外国事务"的美名。见《清史稿》卷一五七《邦交志·德意志》。

路上一步一步爬行的艰辛，没有汉大臣的文史功底和才华，但是他们从小长在深宫大院，从小就在政治高层长者身边玩耍，经多见广，举止谈吐也颇有令人自叹弗如之处。所以他们在政治改革中大胆昌言，痛陈旧体制弊端，呼唤新体制，他们都是发自内心，也确实都对政治发展作出了相当重要的贡献。

考察宪政大臣端方、戴鸿慈上《请定国是以安大计折》，明确指出中国政治未来出路只在君主立宪一途，君主立宪的意义并不是立意限制君主权力，而是通过议会和一个负责任的政府分担责任，使君主"常安而不危"。[1] 至于载泽，他奏请立宪密折，以及稍后的面奏中，更是对君主立宪的好处作了非常详尽的理性分析，尤其是其概括"三个有利于"，从现实主义政治原则上说服了光绪帝和慈禧太后。[2]

如果不是这些皇亲国戚开始觉悟，如果不是他们出面游说，预备立宪或许也会开始，但不可能如此顺利，这样迅速。

在端方、载泽等考察宪政大臣通过秘密或公开渠道向朝廷建议实行君主立宪的同时，一大批封疆大吏、中枢大员也通过各种方式建议朝廷勇于改革，宣布立宪。1906 年 8 月 12 日，直隶总督兼北洋大臣袁世凯奏请立宪预备：宜使中央五品以上官吏参与政务，为

---

[1] 《端忠敏公奏稿》卷六。或曰这份奏稿为梁启超在日本起草，即便如此，这个奏稿也反映了端方等人对中国政治改革前景的认识。

[2] 镇国公载泽在《请宣布立宪密折》中强调君主立宪"三个有利于"：有利于皇位永固，有利于外患减轻和有利于消弭内乱；又以为君主立宪并不影响君主权力的执行，但凡涉及国家根本的重大问题，比如公布法律、任免百官、宣战媾和等，都继续权归皇上，君主立宪"利于国，利于民，而最不利于官"。中国史学会主编：《中国近代史资料丛刊·辛亥革命》卷四，第27 页。

上议院基础，使各州县名望绅商参与地方政务，为地方自治基础。

各方面不断强化的政治压力，载泽等王公大臣做了力挽狂澜式的透辟分析，终于使朝廷痛下决心，于载泽呈递密折的第三天，即8月25日毅然决然宣布按照预先计划继续进行，加派醇亲王载沣、北洋大臣袁世凯等参与其事。

朝廷之所以在这份御旨中命令袁世凯参与此事，大概是因为当时袁世凯也有重要建言，已俨然成为立宪政治的重要推动者之一。考察政治大臣戴鸿慈、端方等此时上的《奏请改定官制以为立宪预备折》，就是他们与袁世凯密商后由张一麐起草的，而张一麐就是袁世凯当时的重要幕僚。

这份奏折规范了预备立宪的政治路线图，建议朝廷以日本为榜样，宣布以十五或二十年为期，达成完全立宪。至于这十五或二十年中间的重要准备，奏折建议先从组织内阁作为突破点，也就是将皇室与政府进行必要的区隔，以维护皇室至上尊严。而组织内阁的入手处，奏折建议从改革官制开始。这大致描绘了一幅不伤筋动骨而又能实现君主立宪的和平改革路线图，因而获得两宫嘉许，遂急召袁世凯进京与王公大臣会商。

8月26日，袁世凯抵京。27日，与醇亲王载沣、庆亲王奕劻及世续、那桐、铁良、荣庆，还有汉大臣瞿鸿禨、孙家鼐、张百熙、徐世昌等军机大臣、政务大臣、大学士等就考察政治大臣所提出的十份文件进行两天密集讨论。在大的原则上，各位与会者一致赞成朝廷宣布预备立宪，只是在实施步骤轻重缓急等技术性层面，各位大臣的看法稍有差别。激进如袁世凯、徐世昌、张百熙及庆亲王奕劻等主张从速实施宪政，略微保守的孙家鼐、铁良、荣庆等强调不要操之过急，力主稳步推进。

这里的所谓激进，所谓保守，只是改革的策略不同而已，在改革大势已经确定的前提下，没有人至少是这些参与者中没有人执意反对立宪，他们的争论只是一些具体细节，是策略而不是战略。在这一点上，应该说皇族和庶族并没有什么分歧和冲突，过去刻意渲染袁世凯等人与皇族载泽、铁良之间的争论，可能有夸大的地方，并非历史真相。

高层会商的结果及时向朝廷作了详细汇报。1906 年 9 月 1 日，光绪帝钦奉皇太后懿旨，宣布预备立宪正式开始，宣布委派载泽、世续、那桐、荣庆、载振、奎俊、铁良、张百熙、戴鸿慈、葛宝华、徐世昌、寿耆、袁世凯编纂新官制；命端方、张之洞、升允、锡良、周馥、岑春煊选派司道大员来京随同参议；派庆亲王奕劻、孙家鼐、瞿鸿禨总司核定。宣布镇国公载泽在御前大臣上学习行走。由此可见，预备立宪不仅在推动力上，而且在后来实际运作中，皇族和那些满洲贵族子弟都起到了别人无法替代的重要作用。

预备立宪是政治史上的重大事件，过去出于革命史观对这场大变动多有保留看法，从比较恶意的视角怀疑清廷立宪诚意，认为清廷特别是慈禧皇太后对权力的酷爱，使她不可能真的同意让权，清廷也不会真的使用君主立宪分享权力。再加上后来突发事件影响，几乎从事实上正面证实了这种推测相当准确，清廷特别是皇族确实到关键时刻不知权力分享的真谛，不知君主立宪究竟为何物，清廷最后之所以被送进历史，其实就是满洲贵族对权力的垄断，是一种自私本能。

从后来的事实看，这个判断当然是对的。只是在 1906 这个时候，皇族和满洲贵族确实是支持清廷走上政治变革之路的，确实是力主君主立宪权力分享的。反对君主立宪，反对政治变革，确实有一股力量，但这股力量并非来自皇族，也不是来自满洲贵族。

1906 年 9 月 30 日，御史刘汝骥上了一个奏折，以为载泽改革密折强调君主在立宪体制下没有政治风险，没有政治责任是不对的，没有风险没有责任就意味着没有权力，意味着大权旁落，因此他建议朝廷"大权不可旁落，总理大臣不可轻设"，若果设之，必将把持朝局，紊乱朝纲，必将招致内乱。①

10 月 8 日，御史赵炳麟也上了一个折子，以为端方、载泽、袁世凯等人提出的政治改革思路是不对的，下议院没有开设就去创设责任内阁，将使"一切大权归之于二三大臣之手，内而各部，外而诸省，皆二三大臣之党羽布置要区，行之日久，内外皆知有二三大臣，不知有天子"。②

同一天，御史张瑞荫也有一个奏折，以为军机处关系至大，尽善尽美，废之恐君权下移。御史石长信也在 10 月 11 日上书说总理大臣不宜设，理由是总理大臣迹近专擅，不利于皇权。吏部主事胡思敬指责君主立宪是窃取外国皮毛，纷更我国制度，惑乱天下人心。③这些说法虽说并不理解君主立宪真谛，但这些反对声音恰恰不是来自皇族，而是来自汉人和庶族。

这些反对声音当然没有阻止清廷立宪的步伐，预备立宪大致上

---

① 故宫博物院明清档案部编：《清末筹备立宪档案史料》，第 423 页。
② 故宫博物院明清档案部编：《清末筹备立宪档案史料》，第 124 页。
③ 故宫博物院明清档案部编：《清末筹备立宪档案史料》，第 432 页。

获得了整个官僚阶层比较一致的拥护。根据清廷规划，预备立宪入手处是官制改革，所以不论是皇族，还是庶族，在最初阶段都将注意力集中在如何使中央官制更加合理化。9 月 2 日，清廷宣布成立编纂官制馆，特派镇国公载泽，以及世续、那桐、荣庆、载振、奎俊、铁良、张百熙、戴鸿慈、葛宝华、徐世昌、陆润庠、寿耆、袁世凯等酌古准今，旁采列邦，折中至当，制定新官制。

两天后（9 月 4 日），官制编纂大臣举行第一次会议，讨论相关事宜。紧接着，清廷于 9 月 6 日下令成立官制编制馆，吸收一些宪政专家参与起草。9 月 18 日，他们就拿出了一个初步方案，由载泽领衔报朝廷。这个方案只是规划官制改革的大原则，比如在议会还不能很快建立时如何落实君主主导下行政与司法分立，以及中央部院应该如何合理设置等。

对于这个方案中的大原则，在此后讨论中也有相当争论，而且一个最重要的争论就发生在铁良和袁世凯之间。大致上说，袁世凯主张，既然官制改革已经构建了共识，那么就应该乘着这个难得机会一步到位。而在当时中央官制体系中最不合理的就是权力至大而又无法负责任的军机处，按照君主立宪原则，肯定要设立责任内阁。既然设立责任内阁，就必然要裁撤、合并一些部门，军机处就在当裁当并名单中。

军机处对于满洲贵族和皇族来说，或许是落实权力的重要体现，他们无法想象没有了军机处，只有一个责任内阁，而这个责任内阁将来还要向议会负责，他们担心这样一来必然使君主权力旁落，因而铁良等人坚决反对废除军机处，反对设立责任内阁，力主乘此改革机会削减督抚权力，增加中央权力，设立陆军部统辖全国军队，限制官吏兼差兼职。这是一个收权思路，与袁世凯等人行政体制改革思路不太一致。

与军机处、责任内阁相似的改革意向还有内务府的设置，既然君主立宪了，也就不存在一个庞大的特权阶层了，内务府在君宪体制下也就没有存在的必要。

以此类推，还有八旗体制。君主立宪了，八旗也就从原来被养起来的状态解放出来了，他们应该恢复平民的身份，可以经商，可以从政，不再受制于原来的体制。

类似的事情还有翰林院，以及太监的存与废。这些问题，放在一个常态的君主立宪体制下，当然都没有存在的空间和必要了。君主立宪体制下，国家能够负担的只是君主和皇室，还有君主的当然继承人。皇室之外的远亲，还有那些依附在这个旧体制下的太监、内务府等，当然不会存在。所以力主彻底改革的人以为，既然改革，何不一步到位，彻底改革呢？

对于袁世凯与铁良，以及其他一些人之间的争论，朝廷很清楚，但根据先易后难、稳步推进的原则，清廷很快对此给予明确的政策界定，划出中央官制改革"五不议"的范围，即军机处不议，内务府不议，八旗事不议，翰林院事不议，太监事不议，以此减弱改革压力和阻力，不在这些细节上争执，以此推动预备立宪。这是一种大智慧，也就几年时间，被恭亲王以来视为大清命根子的军机处[①]，

---

① 恭亲王对康有为政治改革的最大忧虑，就是担心这些改革是另起炉灶，其最终效果可能就是"废我军机"，夺我大清，所以自那以后几次政治改革都没有敢在军机处的存废上动脑筋。见胡思敬《戊戌履霜录》，中国史学会主编：《中国近代史资料丛刊·戊戌变法》卷一，第358页。

到了 1911 年第一届责任内阁名单发布时，自然而然地被裁撤、被合并，波澜不惊，再也没有一个人反对。这是铁良等人在 1906 年时无论如何也想不到的。

清廷的改革，不论是行政改革，还是政治改革，无疑都会有不能逾越的政治底线，他们的这些改革都是为了修正旧体制，改变旧体制中不合乎社会需要的东西。但改革从来不意味着统治者从权力体系中自动退出，更不意味着满洲贵族、皇族放弃对大清国的所有权，保中国不保大清始终是满洲贵族和皇族的心头之患，任何有可能伤害他们权力的改革，自然不会被接受。

我们后来者在总结清廷最终失败教训时，一般喜欢指责清廷在最后时刻不知让权，不知权力共享，特别是满洲贵族、皇族到了最后时刻依然斤斤计较反复折腾。假设这些皇族、贵族在改革中不是加强对权力的控制而是逐渐减弱对权力的控制，那么君主立宪或许应该像九年规划或后来调整的五年规划那样顺利实现。

历史当然不能假设，而且这个善良假设也有不合情理的地方。大清国就是这些皇族和贵族一起打下来的，现在改革了，要实行君主立宪，原本就是要让大清国变得更好，凭什么要让他们这些达官显贵、皇亲国戚退出政治舞台。而且，既然在预备立宪时就要实现满汉平权，既然立宪了，除了皇室，再也不存在皇亲国戚、皇族贵族，那么他们这些政治舞台上已经站了位子的人为什么不能一如既往地继续站下去呢？至少这是一个既成事实，何况在过去几年时间里，他们这些皇族贵族在预备立宪运动中也是中流砥柱改革先锋呢？

还有一个重要事实是，在预备立宪的几年准备过程中，以袁世凯为代表的庶族出身的大臣尤其是汉大臣，也确实毫不掩饰对权力分享的高度觊觎。1906 年，关于军机处存废等问题的一系列争论，在某种程度上就意味着满汉之间或许存在着不可调和的利益冲突。庶族出身的汉大臣愈是表现出对权力的急切与渴望，愈使这些皇族贵族心里不踏实，愈觉得这些汉臣居心叵测，好像政治改革本身就是一个阴谋。这种情形在慈禧皇太后和光绪帝在世时当然问题不大，皇太后与汉大臣打交道的几十年经验，以及光绪帝亲政以来的经历，使他们有办法让这些庶族出身的汉大臣忠心耿耿、兢兢业业、任劳任怨，所以能够在 1908 年达成君主权力至上的改革共识，能够宣布那个后来引起争议而当时却获得大家一致认同的《钦定宪法大纲》。

然而，到了 1908 年之后，光绪帝不在了，强势的皇太后也不在了，强势的权力中心被弱势的摄政王监国载沣和隆裕皇太后组合所取代。不论是汉大臣，还是满洲贵族、皇族，都对这个变化缺乏心理准备和调适。特别是此后的外部危机，尤其是日俄不断在东三省挑起的外交危机，使满洲贵族和皇族在对权力的看法上产生了严重错觉。

换言之，如果慈禧皇太后和光绪帝继续执掌政权，满洲贵族和皇族心里可能比较踏实。对于摄政王，他们心里并不是太踏实，总觉得自己有责任出来协助渡过危机。所以在摄政王接收权力之后，这些满洲贵族为了防止汉大臣利用机会攫取更大权力，首先找到一个机会和借口，将袁世凯开缺。在随后的改革中，有意无意地让满洲人加强了对军权和中央权力的垄断，皇族中的载涛、载洵在政治上逐渐进步，获得重用。

这一方面说明摄政王在政治上的信心越来越弱，不似前朝那样重视汉臣、重用汉臣了，另一方面必然使汉臣尤其是那些逐渐失去权力的汉臣在内心深处生出一种反叛的心，至少不像先前那样忠心耿耿了。君为臣纲，原本就是一个相对的关系，君爱臣，才能让臣爱君。既然皇权中心不再像前朝那样信任这些庶族汉臣了，那又怎能指望这些汉臣继续效忠呢？早已消失的满汉官僚阶层的心结在1908 年之后突然明显了，皇族、满洲贵族逐渐上位，占领一个又一个权力要冲，而汉大臣则随着袁世凯出局逐渐受到冷落。①

如果从政治忠诚度来说，满洲贵族和皇族无疑对清政府的体制更加忠诚，他们所鼓吹的变革，所期待的君主立宪，一定是改善满洲贵族对中国的统治，而不是反对、取消或者削弱满洲人对中国的统治。这是一个根本原则问题。庶族汉臣对于中国的未来肯定没有满洲贵族和皇族的这些忧虑，无论这些汉臣比如袁世凯对大清国的政治体制多么忠诚，多么坚持君主立宪既定立场，但在他们思想深处，一定是想着国家好，只要中国好，就是大清国好；只要大清国好，就是皇帝好。至于满洲贵族，大约真的不在汉臣或那些立宪党人思考范围中。

从真正意义的君主立宪来说，这些想法是对的。君主立宪的实现，就是皇室之外的皇族、贵族退出政治舞台。于是，这就发生了一个不可避免的冲突，任何朝着君主立宪原则走去的变革，在满洲贵族和皇族看来，都是对他们既得利益的剥夺。所以到了关键时候，

---

① 袁世凯罢官肯定有不同寻常的国际因素，这一点我们过去的研究是不够的。过去的研究太过看重摄政王的复仇，现在看来这大概是一个假问题。参见拙文《袁世凯罢官归隐说》，《史学集刊》2011 年第 4 期。

到了将要进入君主立宪新时代的时候，清廷宣布成立第一届责任内阁，十三名内阁成员中竟然有九名不是来自皇族，就是来自满洲贵族，这就在预料之中了。这就是满洲贵族、皇族对自家之外的人不信任。在他们的概念中，对大清体制最忠诚的人，一定还是自己的子孙。

按照君主立宪的一般原则，或者说根据1908年《钦定宪法大纲》的规定，为了保证君主享有至上权威和永远不出错，皇族亲贵不得出任政府要职，不得担任任何享有政治权力的行政职务。然而，此时的满洲贵族和皇族错误理解《钦定宪法大纲》中关于皇权至上的另一个规定，即大权统于朝廷，皇帝享有颁布法律、召集解散议会、设官制禄、黜陟百司等权力，认为君主立宪体制中的黜陟百司就是皇帝有权任用一切官员。这显然是对《钦定宪法大纲》的误解。

君主立宪政体下的黜陟百司，只是君主根据议会的选举结果，或根据政府的提名享有任命官员的权力，而这个权力显然只是礼仪性质的，并不具有实质性意义。也就是说，皇帝的任命并不是皇帝的决定，而是皇帝根据议会和政府的决定加以宣布，从而使这些政治任命具有神圣性、至上性。所以，君主立宪政体下黜陟百司和君主专制政体下黜陟百司具有完全不同的性质。

至于皇族亲贵不得担任政府要职，则是君主立宪政体下的硬性规定，主要是为了避免皇族被这些亲贵拖入某些政治的或经济的丑闻。要保持皇室的神秘、至上、榜样的功能，就必须在制度上保证皇室亲贵只做好事不做坏事，比如皇室亲贵可以从事慈善事业、亲善事业，但绝不能担任任何实质性官职。政府或者国民可以全资将皇室宗亲养起来，就是要使这个特殊的第一家庭不发生任何影响国民信仰的丑闻。通观世界各君主立宪国家，其实都是这样做的，这是君主立宪的起码要求。

君主立宪体制的这些要求，清朝皇族和贵族并不是不知道。当第一届责任内阁演变成皇族内阁、亲贵内阁后，皇室出身的内阁总理大臣庆亲王奕劻和协理大臣那桐、徐世昌在第二天就向摄政王提出辞职，这一举动虽然带有传统政治虚应故事的性质，但是他们多少或许意识到了问题的严重性。

摄政王当然不会对朝廷的决策朝三暮四，当然不会同意庆亲王等人辞职。但是庆亲王到了第三天，也就是 5 月 10 日再次请辞，而且这次请辞的理由很直白，明确表示由于责任内阁的人员构成太偏皇族成员，这与立宪体制明显不合。现在的清政府正处在改革关键时期，绝不应该以"皇族内阁"为发端，以辜负皇上期待和臣民厚望。皇族内阁既不利于天下，也有害于皇室。奕劻已经说得很明白。

庆亲王第二次请辞依然被摄政王拒绝。摄政王当然明白这些理由，但权衡利害，还是坚持原议，让庆亲王走马上任，出任责任内阁第一任总理大臣。

摄政王之所以坚持既定方案，显然有着自己的考虑。这个考虑就是，第一，现在公布的内阁名单，只是一种过渡时代的过渡形态，还不是完全意义上的责任内阁。

第二，立宪国家的政治改革，是泯灭一切种族身份，所有种族一律平等，所有出身都不再区分贵贱。汉人可以出任内阁总理大臣，满洲人乃至满洲贵族也同样可以出任内阁总理大臣。立宪政治人无分贵贱，是对所有人而言，那么为什么要限制皇族成员出任政府要职呢？更何况，从当时实际情况看，这几个出身皇族的内阁成员，也并不是五谷不分的草包饭桶吧？他们毕竟在过去几年预备立宪运动中冲锋陷阵，做了不少事情。

第三，当时中国的政治精英也就那么些人，可供摄政王选择的实在太少了。汉族出身的高官自老一代李鸿章、张之洞相继去世，袁世凯被开缺回籍后，真正有力量、有影响的人物实在还没有出来，北洋系自袁世凯以下的政客如段祺瑞、冯国璋等都还不算成熟，汉族士大夫中的杨度、张謇等人，给人的感觉是还差那么一个层次。满洲贵族统治集团的人才其实也是如此，自恭亲王奕訢去世后，中间虽然也出现过端王之类的人物，但真正为大清王朝撑起门面的，也就只有庆亲王奕劻。至于新内阁中另外几个满洲贵族政治新秀，那都是最近若干年刻意培养出来的，现在除了他们，也真的没有多少可用之材。

在立宪政体下，人人当然都有从政的自由和权力，只是在君主立宪政体下，皇族出身的人依然享有皇权带来的许多好处和优待，这些人介入实际政治或许会给现实政治带来许多意想不到的好处，但更多时候则会给皇室带来无穷无尽的负面影响。所以东西各立宪国家从来都对皇室成员采取厚养办法，由国家拿出相当钱财让他们过着体面尊严的生活，成为国家名片，从事一些善事，而不让他们介入实际的政治活动，更不会让他们出任政府要职。

只是中国的情形太特殊了，处于过渡期的立宪政体，如果不让满洲贵族承担主要角色，那么满洲贵族怎么能够愿意逐步放弃权力呢？说到底，立宪政治就是要逐步削弱乃至剥夺皇帝的绝对威权，如果上来就这样做，又有多少可能呢？所以说，皇族内阁的出现，在当年中国是个不得已的"赎买政策"，既然先前都容忍了那么多年皇族成员对现实政治的干预、介入，现在又有什么不可以呢？

而且，还有一点值得注意的是，清廷确定的立宪目标已经是不可更易的，1913 年就要实行完全意义上的立宪政体，也是确定无疑的。届时，新的政府必须重新组织，而新的政府就是立宪政体下与议会真正对立制衡的两极，如果此时筹建的政府是一个比较弱、比较没有效率的机构，那么怎么能够保证两年筹备期诸多事务能够按时按质完成呢？一个强有力的中央政府不仅是社会所需要的，也是任何政治改革过程中所必需的，自上而下的政治改革必将遇到无数压力和困难，必将遇到来自皇族的反对和抵制，因为他们毕竟是改革的利益受损者。当皇族成员出面反对时，谁最有力量出面反击或劝阻呢？当然是皇族自身。

实事求是地说，新宣布的责任内阁较之先前旧体制还是有很大进步的。过去的军机处虽为全国行政中心，但在事实上对全国行政并不负有责任，而只是皇帝的办事机构、秘书处而已，只是负责上传下达。现在新成立的责任内阁，依然是辅弼皇帝，但明确规定了内阁要担负起自己的责任，国务大臣不能再像过去的军机大臣那样遇事敷衍推卸，不愿、不敢实际上也无法承担实际责任，因为所有的决策都来自皇帝，即便原本是军机大臣的主意，也因为变为皇帝的意志，因而军机大臣无法继续承担责任了。

现在的内阁制，内阁处于行政第一线，总揽全局，独立决策，许多政策的制定颁布，都是内阁应有的权力和责任，所以内阁总理大臣、国务大臣，就无法像过去那样推卸敷衍。于是倒阁的情形是立宪政体下最常见的事情，内阁再也不可能像军机处那样从来只是局部改组，遇到重大政治失误，内阁必须承担责任，这是立宪政体下内阁的基本功能。所以，内阁成员是不是皇族出身，其实已经没有那么重要了。只是有更高要求，从皇族自身安全说，皇族成员确实应该重回清朝早期祖制所规定的那样，不得介入现实政治，不得出任政府要员。

新内阁名单的发布引起了国内外一些人的反感，以为这个名单确实不是一个理想名单，尤其不合宪政原则，不过是过去军机处班底换个新名字而已。更重要的是，这个以皇族为主的新内阁，恰恰证明了孙中山等人多年来的指责，证明满洲贵族统治集团绝不会轻易放弃自己的权力，绝不会还政于民，绝不会让汉人掌握政府主导权。凡此，对清廷尤其是摄政王政治威信的伤害都是巨大的，也是此后政治演变越来越不利于清廷的一个关键点。

满洲贵族或许真的认为自家孩子最值得信任，或许真的具有比较狭隘的心胸和种族主义立场，但是现在确实是弄巧成拙，得不偿失，坐实了革命党人的指责。皇族内阁不是一般的有碍观瞻，而且深刻影响了大清王朝的政治前程。

皇族内阁立即招致各方面的反对。6月10日，都察院代递谘议局联合会呈请亲贵不宜充任内阁总理折，以为皇族内阁与君宪体制不合，请求清廷务必尽快在皇族之外另行选派大臣重新组阁。① 不久之后，山东巡抚孙宝琦也向朝廷表达了类似的意思。

这些反对意见并没有引起清廷的重视，摄政王始终不愿接受这些意见裁撤这届内阁。摄政王或许担心政治的恶性互动，因而不愿让步。7月5日，都察院代奏直省谘议局议长议员袁金铠等请另组

---

① 《东方杂志》宣统三年第五号《中国大事记》。

内阁的奏折。在这个奏折具名的有四十多人，分别来自奉天、吉林、黑龙江、直隶、江苏、安徽等十几个省份，其言辞也较谘议局联合会先前更激烈，指责朝廷将责任内阁演变成皇族内阁，适与立宪国原则相违背，这不能不令人怀疑朝廷是否还具有立宪诚意。

袁金铠等人的这次奏折引起了摄政王的注意，但是摄政王不仅没有接受这个批评，予以改正或改组内阁，哪怕只调整几个人，相反，摄政王借题发挥重申任命百官是君主的权力，这在1908年的《宪法大纲》中写得明明白白，并注明议员不得干预。至此"预备立宪之时，凡我君民上下"，都不应该超出大纲所表达的共识和范围。至于各省议员一再呈请，几近干政，超出了职权范围，"议论渐于嚣张。若不亟为申明，日久恐滋流弊"。摄政王重申："朝廷用人，审时度势，一秉大公。"各位臣民均当遵守《钦定宪法大纲》，不得率行干请，以符合君主立宪的本来意思。[1]

如果从国会请愿运动的教训说，摄政王的坚持或许有道理。毕竟他期待"有计划政治"能够落实，一切都照计划走，不能朝三暮四，第一届责任内阁并不是随意出台的，而是朝廷慎重考虑、全盘考虑的结果，怎能说变就变？然而，由于各方面的压力太大了，庆亲王有点顶不住了。再加上各地抗议铁路干线国有政策风潮日趋严重，庆亲王于9月24日奏请开缺。假如摄政王当此时借坡下驴，不管庆亲王出于什么原因请辞，都利用这个机会改组内阁，重建政府，或许结局不一样。然而不知摄政王出于什么考虑，他竟然一口拒绝了庆亲王的辞呈。

---

[1] 故宫博物院明清档案部编：《清末筹备立宪档案史料》，第579页。

　　清廷错过了一次改组内阁的机会，紧接着就是武昌起义的爆发，在这种政治危机状况下，改组内阁更不可能，因为哪一个大臣也不愿在这个时候显得自己不出力，显得自己想疏远朝廷。然而，武昌起义原本就是对皇族内阁、铁路国有的抗议，清廷不愿正面回应这两大问题，只能激起更大范围的反抗。紧接着，湖南、陕西等省相继独立，清廷除了按照常规派兵镇压，根本无法拿出能够平息事态的有用办法。

　　各省危机像传染病一样持续传播，但只要有中央军在，各省新军在摄政王看来或许并不是心头之患。然而让摄政王想不到的是，10 月 29 日，驻扎在滦州的第二十镇统制张绍曾联合第二混成协统领蓝天蔚等起兵发难，通电奏请立即实行立宪，又奏政纲十二条。张绍曾等中央军将领的通电直指问题本质，要求清廷明白宣布组织责任内阁，内阁总理大臣由国会公举，国务大臣由总理大臣推任，皇族永远不得充任内阁总理大臣及国务大臣。[①]

　　中央军发难终于使清廷感到了恐惧。当天，资政院经议决，"奏请罢亲贵内阁，特简贤能为内阁总理大臣，并使其组织各部国务大臣，负完全连带之责任，以维持现今之危局，团结将散之人心"。[②]随后，朝廷以小皇帝名义下诏罪己，承认皇族内阁多用亲贵是不对的，是违反立宪宗旨的，宣布解散皇族内阁，以袁世凯为内阁总理大臣，宣布军谘大臣载涛开缺。这多少有点认错的意思。

　　在随后宣布的《宪法十九信条》中，清廷也对未来的政府组成

---

① 《宣统政纪》卷六十二，第 96 页。
② 故宫博物院明清档案部编：《清末筹备立宪档案史料》，第 597 页。

提出新规定，强调总理大臣由国会公举，皇帝任命。其他国务大臣由总理大臣推举，皇帝任命。宣布皇族不得为总理大臣及其他国务大臣并各省行政长官。应该说，这些规定都是对的，基本上满足了先前各方要求，由皇族内阁引发的政治危机大致可以平息。

11月3日，清廷匆忙中颁布了《宪法十九信条》，这是一个重大的政治进步。16日，袁世凯的责任内阁正式组成。应该说，这两件大事做得相当漂亮，立宪党人的怨言大致平息，中国距转向真正意义上的君主立宪只有一步之遥。这一步就是根据《宪法十九信条》召集正式国会。国会召集，就意味着君主立宪全部完成。

然而，正式国会究竟是个什么样子，应该如何召集，在《宪法十九信条》中并没有明确规定。第七条说，上院议员由国民于有法定特别资格者公选之。① 至于如何公选，这个信条没有进一步的解释。

再看1908年《钦定宪法大纲》，虽然其中多处提及国会功能，但关于国会如何组织、召集，也没有具体规定。其"君上大权"部分的第四条，称君主享有召集、开闭、停展及解散议院的权力。"解散之时，即令国民重行选举新议员，其被解散之旧员，即与齐民无异。倘有抗违，量其情节以相当之法律处治"。很显然，这两个重要文件都没有国会选举的具体办法。

鉴于这种实际情形，资政院于11月5日议决几件大事，一是奏请清廷准许革命党人按照法律改组为政党。这当然是为议会选举做准备。二是奏请速开国会以符合立宪政体。清廷对这两个奏请都有积极正面回应。指令资政院从速拟订议决《议院法》《选举法》，办

---

① 故宫博物院明清档案部编：《清末筹备立宪档案史料》，第103页。

理选举。表示一俟议院选定，即行召集国会。①君主立宪的可能性依然存在。

　　然而不论是清廷，还是资政院，觉悟都显得太迟了，动作都显得太缓慢了，南方独立各省等不及了，没有独立的省份也有点等不及了，大清国大厦将倾的势头越来越明显。不得已，清廷于 11 月 14 日下诏命各省督抚从速"公举素有名望，通晓政治，富于经验，足为全省代表者三五人，来京公同会议，以定国是而奠民生"。又派张謇、汤寿潜等人为宣慰使，前往各省宣布朝廷政治改革的决心和宗旨。只是这些宣布已经意义不大，即便有几人愿意从命，但他们又能说什么做什么？南方独立各省按照自己的轨道前行，23 日，伍廷芳、张謇、唐文治、温宗尧等联名通过美国公使致电清廷，要求清帝退位，宣布共和。

　　南方的要求并不意味着清廷就没有机会。事实上，如果清廷内部给予密切配合，已经就任内阁总理的袁世凯应该还有办法让南方放弃成见，重回君主立宪轨道。所以袁世凯 12 月 8 日在与北方和谈代表谈话时依然强调君主体制是万万不可更易的，这个制度是他们那一代中国人十几年来的政治选择，是君三专制和民主立宪两个极端体制的中和。袁世凯还极端沉痛地表示：我袁家世受国恩，不幸局势如此，更当捐躯图报，只有为此君宪到底，不知其他。袁世凯就这个意思反复推论数十分钟，语极沉痛。听众也深受感动，如代表刘若曾、许鼎霖等出来之后无不喜形于色，认为君主制度的保存

---

① 故宫博物院明清档案部编：《清末筹备立宪档案史料》，第 664 页。

应该没有什么大问题了，至少袁世凯在内阁已没有什么疑问了。[1]

按照袁世凯的这个调子，唐绍仪与伍廷芳在上海开始了谈判，君主立宪依然是供讨论的方案。根据随团代表严复的观察，南方革命党人虽然不愿明白表示君主立宪是当时中国一项重要选择，但言谈举止间，并没有表示对君主立宪绝对拒绝。南方所竭力反对的，是用君主立宪而辅以袁世凯内阁，显然对袁世凯极其不信任。南方党人宁愿以共和而立袁世凯为总统，以民主宪纲钳制之，也不愿以君主而用袁世凯为内阁。大约他们担心袁后将坐大，而至于必不可制。

根据严复的观察，此次南北冲突无论如何结束，南方革命党人大约有两点所必争的：一是事平日久，复成专制，此时朝廷虽有信条誓庙，但朝廷皆不可信，须有实际的钳制措施方能使他们放心；二是党人有的确可以保全性命之方法，以谓朝廷累次失大信于民，此次非有实权自保，不能轻易息事。党人的目标不是对着袁世凯，而是对着朝廷。根据严复分析，如果继续沿用君主制，则小皇帝的教育必从新法，海陆兵权必在汉人之手，满人须规定一改籍之制。[2]

严复的观察是对的，关键是清廷必须拿出诚意重建信任，而这个诚意最具体的表现，就是尽快进行议会选举，构建一个正式的民选国会。然而在这一点上，清廷内部强硬派也就是那些顽固皇族有自己的看法，不愿让步。这就彻底惹恼了南方革命党，还有那些立宪党人，甚至还有北洋系新军将领，他们以为清廷是故意拖延时间，

---

① 张国淦：《辛亥革命史料》，上海：龙门联合书局1958年版，289页。

② 《与陈宝琛书第四》，王栻主编：《严复集》（第3册），第503页。

继续耗下去意义不大。12 月 20 日，唐绍仪在第二次谈判中发表了一通他个人赞同共和的看法，这在很大程度上意味着君主立宪越来越不太可能。

唐绍仪的这通言论是否有其他背景，我们不太清楚，但我们知道就在这一天，南北军事强人、湖广总督兼北洋第一军总统官（也称军统，即军长）段祺瑞指使高级幕僚廖宇春和靳云鹏等与黄兴的特别顾问顾忠琛谈判，达成确定共和、优待皇室、先推覆清廷者为大总统、组织临时议会及南北满汉军出力将士各享其应得之优待，并不负战时害敌责任等五项共识[1]，这基本上确定了清廷的结局。

段祺瑞之所以走到这一步，根据他 1912 年 2 月 5 日发布的通电，其主要原因还是皇族的败坏与阻挠，为清廷计，为皇室计，只有走上这一步。[2]至此，皇族中的强硬派尽管筹组宗社党，但其已经很难翻盘，毕竟军队主力不在其手中，皇族从改革先锋彻底转向了反革命，但他们确实已经失去人心，没有多少活动空间，更不要说胜利的机会。

---

[1]　钱基博：《辛亥南北议和别记》，中国史学会主编：《中国近代史资料丛刊·辛亥革命》卷八，第 103 页。

[2]　段祺瑞等将领通电："是陷九庙两宫于危险之地，系皆二三王公之咎也。三年以来，皇族之败坏大局，罪实难数。事至今日，乃并皇太后、皇上欲求一安富尊荣之典，四万万人欲求一生活之路而不见许。祖宗有知，能不恫乎？盖国体一日不决，则百姓之因兵燹冻馁死于非命者日何啻数万。瑞等不忍宇内有此败类也。岂敢坐视乘舆之危而不救？谨率全军将士入京，与王公剖陈利害。"见《宣统三年十二月十八日第一军总统段祺瑞致内阁请代奏电》，中国史学会主编：《中国近代史资料丛刊·辛亥革命》卷八，第 179 页。

一个人不同阶段的不同选择

　　自从孙中山倡导排满革命，特别是到了1900年义和团战争之后，清廷在内外压力下，开始新政，继而开始预备立宪。革命与改良由此开始处于竞争态势：革命进入了顺境，可能在一定程度上表明清廷主导的政治改良陷入了泥潭；而当改良进入了坦途，革命可能就陷入了低谷。这种跷跷板的政治现象对于绝大多数略怀政治情怀的青年读书人来说，或许昨天还是一个革命党人，今天却因认同了清廷的政治改良而转变；明天又因为发现清廷的政治改良不彻底不真诚，又放弃了改良而投身革命。

　　对于这些现象，那一代亲历其事的人多能理解，并不会从政治操守上评价这种摇摆或跟风，一是大家不过是五十步和百步之别，大家的认识都差不多，革命既不绝对，也非唯一。当改良可以成为一种选择，具有成功的希望时，人们没有必要一定与清廷撕破脸皮，一定要推翻清廷。大家都希望国家进步，也都希望国家既能取得进步，又尽量不要发生流血牺牲，特别是大规模流血冲突。所以只要清廷表现出一点改革诚意，先前那些激进的革命者，甚至非常激进的革命者也会放弃革命回归社会主流，参与朝廷主导的政治变革。

这种从革命向改良大规模回流的现象主要发生在 1906 年之后，像先前极端激进的刘师培夫妇和章太炎[①]、宋教仁等都曾有过或多或少的表现。刘师培夫妇公开投向清廷，充当了"朝廷的鹰犬"。这样表述当然是一种"革命话语"，主要是革命党方面一部分人的反应，并不足以代表当时的社会共识。

因为在革命党中，除了极端或者无法回归主流社会的几个领袖外，大家都曾做过类似尝试，大家都不知道未来究竟是一种什么样的情形，人生苦短，所以并没有什么人一定与人过不去。只是到革命成功之后，到了革命成为一种绝对价值观之后，在革命与改良之间摇摆，特别是从革命摇摆回改良，再摇摆到反革命的人，才开始成为嘲讽的对象，人们对于这些人为什么从革命转向改良，为什么最后转为反革命也就不太理解，而且越来越不理解，觉得这些转向就是后退，就是不可思议。

由于特殊的区位优势，江苏进入明代之后一直处在上升通道，吸引了不少人才，造就了一些文化世家。江苏仪征的刘氏大家族就是其中一个比较典型的代表，从刘文淇开始，至刘师培结束，一个家族四代人共守一部儒家经典，用了一百多年的时间一遍又一遍地去注释、去解读。

刘氏家族的曾祖刘文淇主要活跃在嘉庆、道光年间，学通群经，尤精《左传》，与刘宝楠齐名，有"扬州二刘"之誉，在有清一代《左传》学上享有奠基者的地位。

---

① 关于章太炎的转变，参见拙著《章太炎邹容》，北京：团结出版社 2011 年版，第 108 页。

　　刘文淇《左传》学传其子刘毓崧，刘毓崧在刘文淇学术成就基础上又有很大推进，学术规模也稍有扩大，不独传《左传》，且扩展至《周易》《尚书》《毛诗》《礼记》旧疏等方面。

　　刘毓崧是刘师培的祖父，刘毓崧之学传其子刘寿曾、刘贵曾。刘寿曾为刘师培伯父，刘贵曾是刘师培的父亲。刘寿曾、刘贵曾坚守家学传统，对祖辈、父辈未完之稿格外用功，他们兄弟二人接着刘文淇《左氏春秋长编》继续工作，参照他的思路，加以推展，有所发明有所推动。至刘师培，仪征刘氏家族至少有四代人恪守乾嘉汉学传统，向着一部《春秋左氏传》用功，这不仅是中国学术史上的佳话，也是许多文化世家都很难做到的事情，几代人倾情于一部书，一代又一代地在这部经典的注释、理解、阐释上下功夫。实事求是地说，如果没有仪征刘氏几代人的努力，我们今天很难弄明白《左传》中的人和事。[①]

　　比较充裕的经济状况，诗书传家的家族遗传，使刘师培获得了其他人很难得到的教育环境。刘师培自幼饱读诗书，打下了良好的学术基础，再加上他自幼聪颖，善读书会读书，有着非常人所具有的理解力和记忆力，因而自然被他这样的文化家族视为学术上的传人，自然希望他能像祖辈一样，在传统道路上步步登高，捷报连传，中秀才，得举人，成进士，点状元，或成为王者师、人上人，光宗耀祖；或继续传承家学，将几代人坚守的《左传》学发扬光大，在学术史上增添浓厚的一笔。

──────────

①　陈锺凡：《刘先生行述》，《刘申叔遗书》上，南京：江苏古籍出版社1997年版，第14页。

　　然而，少年天才并不一定将来必然有成就，科场上最初几步的顺利并不意味着步步顺利，这样的故事在明清时期科举考试越来越规范的时候经常发生。不幸的是，这样的故事也在少年刘师培身上重演。1901 年，刘师培顺利考中秀才，那一年他刚刚十八岁。第二年，刘师培又一鼓作气考中了举人。这是一个好兆头，所以刘师培在第三年信心满满准备梅开三度，成进士，然后点状元，还能赶上科举制度的末班车。然而让人大跌眼镜的是，刘师培在这关键时刻掉链子了，名落孙山。①

　　科举考试自清中叶以来一直受到各方面的批评，到了 1898 年政治变革时，已有一种替换性的改革思路。清廷原本就准备以新教育的充分发展取代以科举考试为主的旧教育模式，所以到了 1901 年《辛丑条约》达成，科举制度其实已成强弩之末，科举取士在有办法、有真才实学的青年眼里已经不再那么崇高，不再那么神圣。许多有志青年早都看到未来出路不在科举正途，新时代需要新知识，需要海外经历和留学背景，所以在 1898 年之后，特别是到了 1901 年打开了自费留学之门后，许多家境较好的知识青年已不再将科举考试作为唯一选择，考上了固然好，考不上也没有什么大不了，让家里拿笔钱，去国外特别是去东洋留学就是了。②因此当刘师培

----

① 在开封参加考试的时候，刘师培就有点心不在焉，他那时写有一首《卖花声·登开封城》，中云："宫阙汴京留，王气全收。浮云飘渺使人愁。又是夕阳西下去，望断神州。"其心情好像不在考试，而在时政，在日俄有关东三省的争执及清政府的应对。参见万仕国编著《刘师培年谱》，扬州：广陵书社 2003 年版，第 21 页。

② 这样的故事并不仅发生在刘师培身上，蒋梦麟等一批在那时考场失利的青年，都是转身向西或向东，自费出国留学。参见蒋梦麟回忆录《西潮·新潮》相关章节。

1903 年考场失手后，他并没有像旧时代举子那样心灰意冷，他学会了选择，学会了放弃——放弃家族长者对他的期待，放弃继续沿着中进士点翰林这条老路亦步亦趋，而是要像时代青年一样，走出一条不同于往昔的新路。

形势比人强。学会放弃的刘师培并没有像其他失意学子闷闷不乐整天焦虑，而是在归途中一路游山玩水，拜师访友，经徐州，至扬州，又到镇江、南京，先后拜访缪荃孙、杨文会，在上海意外结识章太炎、章士钊等学问好思想新且具有反清思想的革命志士，刘师培的人生道路由此发生根本改变。

那一年，章太炎三十四岁，刘师培不到二十岁。章太炎出自杭州诂经精舍，是东南大儒俞樾的门人，因老师的关系，章太炎与东南知识界大佬有着不同寻常的密切关系，再加上其性格直率，脾气怪异，所以在知识界和政界也招惹了不少是非。章太炎先是看上张之洞、李鸿章等政治强人，以为依附于他们一定能够获得重用，有机会施展政治抱负，不料接触之后发现并不是那么一回事，从勾肩搭背开始，到不欢而散结束。在学界，章太炎与具有维新思想倾向的康有为、梁启超等人原本都是同志，志同道合，互通声息，不料一句不合，大打出手，不惜冲突、不惜决裂。只是到了 1898 年政治巨变后，康、梁流亡，章太炎又与他们惺惺相惜，稍有往来。然而到了这个时候，当国内民族主义情绪因清廷在一系列问题上连连失误再度高涨后，章太炎的反清主义情绪再度激昂，与一批激进的职业革命家躲在租界里闹革命，反体制、反政府。原本就对现实稍有不满的年轻学子刘师培在科举考试失利的背景下遇到这些职业革命家，受其感染，刘师培没有不加入的道理，他毅然成为最极端、最激进的革命党人之一。[①]

　　也是在 1903 年，章太炎、邹容等一批激进的反清主义者因在章士钊主编的《苏报》上发表反清文章而被巡捕房抓捕。在清廷的施压下，标榜言论自由的租界当局不得不屈从于压力，将章太炎、邹容判处时间不等的处刑。面对如此政治高压，年轻的刘师培没有退缩，反而因此走上更加激烈的反抗征途。这一年，刘师培与爱国学社蔡元培、叶瀚等人一起发起成立对俄同志会，创刊并主编《俄事警闻》，竭尽全力反对沙皇俄国对东三省的占领，反对俄国政府拒不从东三省撤走自己的军队。

　　东三省因俄国人的占领成为那时国际危机的触发点，成为东北亚变局中的导火索。日本的介入加剧了这种可能性，所以刘师培等人很快就意识到，日俄两国必将为东三省的未来归属而不惜开战。他们建议，中国应该乘着日俄开战的机会帮助日本对抗俄国，他们不仅就此进行舆论宣传，而且号召青年组织义勇军，准备开赴前线，帮助日本军队去打败俄国。不久，《俄事警闻》更名《警钟日报》，刘师培等人在章太炎、邹容坐牢之后隐然将《警钟日报》作为《苏报》的精神继承人，反清革命的思想更加激烈，并终于踏上激进主义的不归路，更名"光汉"以显示与满洲人不两立的政治立场。

　　刘师培这拨人的政治见解与孙中山早期的民族主义觉醒有关联、有相似之处，但也有不同。孙中山自从 1894 年起就不再相信清廷有自我更新的能力和诚意。孙中山强调，中国未来的唯一希望在于驱逐鞑虏，将这些满洲人赶回老家，光复中华，重建汉民族的国家。

---

① 冯自由：《刘光汉事略补述》，《革命逸史》第三集，第 186 页。

光复汉族，是刘师培的思想基础，但是刘师培毕竟来自仪征一个具有悠久文化传统的大家族，几代人在清朝为官、从政、从学，他反清的同时也革命，但他的反清革命与孙中山还是有点不同。刘师培这些人主要基于对清廷为什么不改革的愤恨，是期望以自己的革命去唤醒清廷，是基于清廷在 1901 年新政诏书后光说不练，因而起来闹革命，明明白白地期望用外部力量倒逼清廷尽快改革。特别是在东三省危机发生后，刘师培对清廷对沙俄的让步存在一种莫名的愤恨。当然，这种愤恨还是一种忠诚，还是期待清廷去改革，而不是孙中山等绝对的反清主义者，利用一切政治危机推动革命，推动推翻清廷的政治进程。这就是刘师培等人与孙中山革命党的最大区别。

到了 1904 年，随着民族危机的加深，刘师培的反清革命思想更加激进，他先是参加蔡元培等人发起的军国民教育会、暗杀团，拥戴正在西牢服刑的章太炎为精神领袖，加入光复会；随后参与陈独秀发起的岳王会，且身体力行，和他的新婚妻子何震等一起参与暗杀广西巡抚王之春的行动，不仅在思想上，而且在行动上成为"激烈派第一人"。[①]

孙中山领导的中国同盟会 1905 年在东京成立后，革命形势一度高涨，国内外革命志士以东京为圣地，络绎不绝来到东京，参与革命。在这个大背景下，刘师培夫妇也来到这里，参与同盟会的工作，并很快成为《民报》比较重要的撰稿人。

在《民报》的日子里，刘师培发表了一组有思想深度、有学术力度的革命文章，既有时代感，体现了革命党人浓厚的时代气息，

① 柏文蔚：《五十年经历》，《近代史资料》1979 第 3 期。

又有书卷气，与章太炎等人一起为革命党人的文化素养加分，充分展示了革命党在传统文化素养、现代文化诉求方面丝毫不弱于改良主义者康有为、梁启超，证明革命党并非一批草莽英雄，而是有理想、有追求的一群人。刘师培为《民报》和革命党加分，这个时期也是刘师培一生中最光彩的华章，他的学识见识获得了充分展示。

刚到东京的时候，或许因为年轻，刘师培和何震的思想并不太成熟，他们在宣传革命的同时，也很快被眼花缭乱的各种新思想所迷惑、所吸引。特别是充满魔力的无政府主义理想，最合乎偏激状态的刘师培与何震，他们在那里很快就从激进的反清主义者转变为虚无党人，转变为无政府主义者。随后，何震发起成立"女子复权会"，夫妇俩又与人合作创办了一家"社会主义讲习所"，昌言社会主义和无政府主义，提倡妇女解放、男女平权，由此极大扩展了他们在留日学生和革命党人中的影响力，甚至连章太炎、张继这些比较成熟的革命党也不知不觉地认为刘师培等人鼓吹的无政府主义有道理和有用场。

实事求是地说，刘师培夫妇此时所信奉、所宣扬的无政府主义其实只是一个理论上的大杂烩，他们在那个时代并没有对马克思主义、社会主义、共产主义和无政府主义有理论上的区分和辨析，他们只是认为这些理论都是反传统，都比较激进，因而也就一锅煮地将之引进中国，期待这些理论能够帮助中国人改变现实，推动中国政治进步。

刘师培夫妇极端激进的政治思想如果从大背景来说，当然还是与他们先前认同的清廷政治上不改革、不进步密切相关，因而他们激进思想的基础并不牢靠。换言之，他们是因为清廷不改革、不进步而闹革命，那么，一旦清廷改革了、进步了，还能指望他们像孙中山、黄兴那样继续坚定不移地反清、反体制，继续坚持驱逐鞑虏，恢复中华吗？这就是刘师培夫妇思想之所以在后来发生转变的关键点。

当革命高潮到来的时候，清廷也不是没有觉察，所谓1905年亚洲觉醒并不单指革命党人的大集合，其实也有统治者的觉醒和行动。日俄战争结束后，清廷陷入一个非常尴尬的局面，由此也就开始了政治变革，先是派遣五大臣出洋考察东西洋各国宪政，紧接着郑重宣布预备立宪，发誓用九年时间将中国带入一个完整意义的宪政轨道。

清廷的政治改革宣布当然是因为内外交困，不过如果从晚清数十年政治发展脉络说，清廷走上这条宪政的路也是顺理成章，水到渠成。这是先前政治变动的必然结果，所以清廷的宣示不仅赢得了国内外立宪党人和改良主义者的欢迎，而且也使各立宪国家、民主国家对清廷改变了看法，由先前的不太协调变为相对比较协调的情形，因而也就对清廷给予更多的理解和支持，对于反体制、反政府的革命党则给予更多的限制或遏制。

我们过去说以同盟会为主导的中国革命在1906年之后逐步进入高潮，其表征就是武装暴动不断发生。这个说法放在今天的语境下重新思索，好像武装暴动不断发生，不是革命高潮，而是恰恰映射出革命遇到了极大困难，不得不奋起反抗。

从这个大背景去观察，由于清廷的政治改革重新起步，先前那些反对清廷的各种政治力量逐步瓦解，许多人在经历了革命与改良的辩论后，还是大致认同了一种最经济的进步手段，还是认同以政府为主导的渐进的改良进程，他们开始向主流社会回归。另一方面，由于日本政府在日俄战争后依然在东三省开发等问题上有求于中国，而清廷重启政治变革程序也为日本与清廷重建友好关系提供了某种可能，所以清廷也趁着这个机会向日本政府施加压力，要求日本政府对流亡在那里的中国革命党人严加管束，对于那些以反清政府为基本诉求的革命刊物予以查禁。

对于清政府的要求，日本政府当然并没有完全接受，但革命党人确实从那个时候开始就觉得日子不再像过去那样自由，内部矛盾日趋尖锐，错综复杂。比如之前比较坚定的反清主义者章太炎在苏曼殊等人的鼓动下心灰意冷，准备出家为僧，西天取经，到印度当和尚，学梵文，译佛经，并通过各种关系将这一梦想付诸实现。由此不难感觉革命将成为一个过去式。

章太炎等人这些比较消极的想法无疑是因清廷启动预备立宪而引起的，只是当事人当时不太明白而已。这个时间就在 1907 年秋天前后，即预备立宪已被国内外广泛接受的时候。此时受到这个压力的当然不止章、苏等少数人，何震、刘师培等流亡在海外的革命党人其实都或多或少受到这个事件的影响，他们也都或多或少对未来出路略有考虑。

根据苏曼殊的说法，刘师培准备于 1908 年春天从日本返回上海，希望在那里能够找到合适的事情做，因为革命遇到了困难，他们全家在日本的生活都遇到了问题，况且刘师培的老母亲刘老太太实在不能习惯异国他乡的流亡生活。

基于这些原因，刘师培夫妇在 1907 年秋天决定由精明灵活的何震先回国看看，利用各方面的关系与当局接上关系，探讨回国工作的可能性。很显然，刘师培夫妇敢于回国，敢于找清廷有关方面进行探讨，主要是因为清廷的政策也在调整，预备立宪即便没有全民和解的前提，清廷绝不会在这个时候加重对这些前革命党人的处罚。当然，还有一个原因，就是刘氏夫妇相信自己在日本没有作恶，他们是参加了革命，但那也是出于爱国热忱，况且他们只是一般性的参加，还算不上革命党的首领。从这个意义上说，刘师培夫妇在1907年之后想着回国，想着回归主流社会，参加朝廷主导的政治变革，不仅没有错，而且合乎大势和潮流。

从后世眼光看前代，人们总容易认为革命与改良誓不两立，有革命而无改良，有改良而无革命。这个看法只是今人的一个观察，并不代表历史事实。事实上，那时的人们对革命与改良并没有明显的分际，并不是在任何条件下都非此即彼，革命与改良在许多人的心目中就是一盆糨糊，他们的目的只有一个，就是希望国家好，希望社会进步，期待朝廷能够领导大家往前走。所以从这个视角观察回归主流社会的革命党人，他们放弃革命，或者不放弃革命而转向改良，都是清廷重启政治改革后没有办法的事情。毕竟清廷准备进行的预备立宪给出了一个非常诱人的民主政治路线图，在那时的中国就是一个最好选择，所以回归主流社会参与预备立宪的人并不是革命党中的少数。

或许正是这个原因，使清廷飘飘然觉得此次预备立宪赢得了国人与世界的信任，因而自负的清廷在那时根本就没有想到大赦天下，赦免孙中山、黄兴，以及一切从事过反朝廷暴力革命和具有思想罪的人。相反，清廷眼见回归的革命者越来越多，反而加大孤立孙中山等革命领袖的力度，迫使这些人不得不继续坚守革命立场。

正像有的研究者所说的那样，清廷最后十几年就是革命的制造厂。孙中山从最初的革命，一直到后来的十七年坚持，虽然有其自身原因，但总体上说是被逼无奈。在那十七年中，孙中山任何时候都可能回归主流社会，但清廷太小家子气了，太不能容忍政治上的反对派了。孙中山的坚持在很大程度上是清廷成全的。假如历史不这样走，假如清廷在1906年预备立宪时大赦天下，在随后成立的资政院中，在"钦定议员"指标中拿出十个专门安排这些革命党，那么事情的结局可能就很不一样了。

清廷并没有像我们想象的那样，不仅不愿宣布大赦天下，反而利用自己宣布进行预备立宪在国际上获取的支持，刻意打压革命势力，大有赶尽杀绝的意思。1908年秋，唐绍仪因中美德三国秘密结盟的事情密访美国，在途经日本的时候，清廷利用日本政府有求于中国的机会，利用日本政府因中国预备立宪对中国产生好感的机会，强烈要求日本政府驱逐革命党人，特别是孙中山等人，根本不顾及这些革命党人原本就是背井离乡流亡的事实，要将他们从日本这样比较熟悉的流亡地赶走。[①]这其实是很不人道的。从后世眼光看，清廷假如派唐绍仪在日本有意识地与革命党领袖进行秘密接触，听取他们究竟对中国未来抱有什么样的想法，尽量多地寻求双方的共同点，相信他们中的许多人或许就转身向西，参与变革了。

清廷没有这样做，反而利用这个机会指使日本政府驱逐孙中山，指使日本政府查封《民报》等一大批革命报刊，有意无意挑拨革命党人的内部矛盾。孙中山与章太炎、陶成章等光复会一系的矛

---

① 章太炎注意到了唐绍仪访美途经日本的活动，也注意到了日本政府对他们革命党人和革命刊物的查禁是日本政府循清政府所请，但章太炎没有将唐绍仪与这项政策变化联系起来进行考察。汤志钧编：《章太炎年谱长编》，北京：中华书局1979年版，第284页。

盾冲突，章太炎等人之所以大骂孙中山，其背后多少都有这样的政治背景。

清廷的威逼固然使革命党人内部发生急剧分化，他们中的一部分人别无选择只能在反清革命的道路上继续走下去，尽管这条路因清廷的政治改革不断深入而前途渺茫，但他们这些职业革命家只能如此。当然另外一些人，或者另外一些非职业的革命家，或者有一技之长的专业人士，他们面对清廷日趋加深的政治改革，或暗送秋波，或眉来眼去，或向清廷提交专业人士才能提供的投名状。

孙中山、黄兴等人继续革命是一种选择，章太炎、苏曼殊等人准备凭借清廷或高官提供的财政支持向"西天取经"也是一种选择，宋教仁投入精力去研究所谓"间岛问题"与刘师培夫妇后来向两江总督端方"献策"也是一种选择，都有某些特殊目的，都是一种性质很明显的投名状。①

在国内经与各方面的接触，特别是何震在南京各地的活动，两

---

① 宋教仁研究"间岛问题"的真相我们已经不太清楚了，排比各种资料大致上说宋教仁可能真的是因为要去东三省发动"马贼"起义。因为按照刘师培后来的叙述，宋教仁的背后力量其实就是东北地区的"马贼"。宋教仁前往东北的时间大致为 1907 年初秋，在经过一段时间实地调查后返回日本，查阅相关资料，完成了一本关于"间岛问题"的小册子，交给立宪公会会长。郑孝胥是书法家，也是重要的立宪党人。宋教仁大约有通过这本小册子向清廷"献礼""投名"的意思。所以宋教仁也没有急于出版，而是抄送一部托人转给吉林边务督办陈昭常，一部转给外务部。外务部利用这项研究加大加快了与日本政府的谈判，后来由此引发国会请愿运动。外务部尚书此时为袁世凯。袁世凯对宋教仁的研究非常欣赏，明白表示请宋教仁到外务部工作，并考虑给予四品衔。宋教仁有意接受这个安排，但因为革命党内部有反对声音，甚至有人准备为此加害宋教仁。这可能也是宋教仁不敢接受的原因。

江总督兼南洋大臣端方对刘师培的情形已经比较同情，愿意接受刘师培回归主流参与变革。

其实，每一个造反者都有被动的原因和不得已的苦衷，而每一个造反者可能也都随时等待着回归主流。所以端方的大度和安抚很容易感动刘师培这样原本就很柔弱、很感性的读书人，刘师培遂不管不顾于1908年初上书端方[①]，表示愿意放弃革命，回归主流，加入政治变革的队伍。

在这封长信中，刘师培先介绍了自己的家族和家学渊源，介绍自己的教育背景和学术旨趣，承认自己年轻幼稚，在革命思想的影响下，揭民族主义为标，托言光复旧物，以为这些思想合乎中国思想传统，合乎中外华夷之辨，所以在过去很长一段时间，嗜读明季佚史，以清军入关之初，行军或流于惨酷，辄废书兴叹，反清革命思想慢慢积累。

对于自己的反清革命思想的来源，刘师培还强调有《苏报》的影响，有蔡元培等革命党人的影响，有孙中山、黄兴等人的影响。然而紧接着，刘师培说他到了东京，及至与革命党人朝夕相处之后，始发觉革命党人远不是他们口头所说的那回事。

刘师培在这封写给端方的信中并不是刻意检举揭发革命党人，而是根据他对中国问题的认识，就朝廷政治改革所应该走的路提供自己的看法。他认为，中国国情国体与欧洲及日本都有很大不同。欧洲、日本均由封建制度变为宪政制度。封建之世，地仅弹丸，户

---

① 刘师培此次上端方书版本很多，此据洪业所得抄本。见万仕国编著《刘师培年谱》，第 145 页。

籍、税额，都比较容易弄清楚。理财量入为出，用人则以世举贤。故干涉之政易施，而下无隐情。这就是近代东西洋各国之所以能够走上宪政道路的关键。而中国自战国之后，封建之制早就发生根本变化，甚至可以说早就结束了，政治悉偏于放任，以农业为国本，以聚敛为民贼，故以薄赋轻徭为善政。一二牧令之贤者，率以锄抑豪强，子惠黎元，为部民所讴歌。至于历代王朝的末期，则率以横征暴敛等原因，致使民穷财尽，豪杰蜂起，最后天下大乱，宗社为墟。

据此，刘师培强调，根据他对中国历史的观察，自古至今，凡国家之治乱，其关键就看老百姓的苦与乐。而老百姓的苦与乐，又要看老百姓的经济状态。所以现在中国大患，并不在于政治民主之类的空洞口号，关键就看老百姓手里是否有钱，民贫则身苦，身苦则思乱。因此之故，反清革命之说就这样乘机而起。这就是清朝当前的关键与困境。

根据刘师培的分析，他对如何解决这些问题，走出困境，提出了五点建议，以作为回归主流的思想奉献。

1. 刘师培建议朝廷应该恢复传统，始终将老百姓的事情放在第一位。他指出，大清国原本具有爱民的传统，雍正、乾隆年间重视吏治，提拔、罢免官吏时最看重的一条就是是否将老百姓的事情看得最重。那时，偶有盗案、命案，必详加谳审，以察其情。其时对老百姓的重视为中国历史上最好的时期。然而到了道光末年，魏源看到外国入侵带给中国的问题，遂从王夫之的思想中抽绎出一个很重要的思想，以为国家要政只在兵、食二端。其后又经太平军洪杨之乱，湘军诸将平定东南，更加推崇王夫之、魏源两人的说法，以为国家大事除了练兵、筹饷两件大事外别无他事，老百姓的事情逐渐走出统治者的视野。饷源既增，生民重困。地方官也按照这个思路理政，也不再认为老百姓的事情为事情。现在东南各省，机构林立，非为兵备所资，即为理财而设，很少专门处理老百姓事情的机构。地方长官，吏治混乱不堪，莅民自治，只知道粉饰新政之外表，只知道讨好上峰之耳目，只知道自己怎样才能获得提升，至于民间疾苦、百姓所思所想，根本不被这些官僚所重视。所以，现在老百姓之苦远过于往昔，而有苦无所哭诉、无所求告的老百姓，更是日有增益。刘师培认为，这是朝廷首先应该关注，应该补救的。

2. 刘师培建议要抑制豪强，强调豪民不可纵。刘师培指出，现在的革命党、改良派都有一个重要理论，就是强调地方自治，以为只有土著之民才有资格管理当地事，可以兴利除弊。其实，这个说法也很有问题。在中国历史上，有鱼肉良民、助官为奸者，差不多都是那些劣绅、书吏、胥隶之俦。这些人差不多也都是土著之民，而其为害于民，更甚于那些贪官酷吏。"今若假以自治之权，势必舞弊犯科，武断乡曲，假公益之名，敛贫民之膏血。试观今日之商董、学董，半属昔日之劣绅。"①论其兴学，则教育内容并不明了，只知道向政府争学款；论其保商，则实业不兴，只知道向商贾征收各种苛捐杂税。现在各地发生的民变，多因此辈为非作歹所激起。这些人利用商会、学校之名作护符，若老百姓稍逆其言，官吏稍违其请，则以团体之空名，向商部、学部致电请愿，控告那些稍措其锋

① 刘师培：《上端方书》；李妙根编：《刘师培辛亥前文选》，北京：生活·读书·新知三联书店 1998 年版，第 99 页。

者阻挠新政之罪，而官民交受其病。刘师培强调，如果清政府现在还不注意铲除豪强以伸民愤，或者再继续放权，给地方更大自治权，那么很可能使这些豪强如虎添翼，国家长治久安或许更难实现。刘师培的这个建议应该说是看对病，但下错药。地方自治确实使地方豪强有做大的趋势，只是地方自治应该是一条相对比较正确的选择，地方自治怎样做可以讨论，而地方自治的合理性正当性则不应该怀疑。

3. 刘师培强调，新政不必在外观上下功夫，要在实质效果上做文章。他指出，今之新党，几乎从来不去考虑老百姓的实际力量，总是碍于西方文明的影响，以为事事处处均应该无条件效法。不知治有本末，功有缓急。一国之强弱，视其能得人心与否，不在于徒视外观。现在中国欲兴一事，必须巨款。以府库空虚之国，势必征税于民。不知东南各省，以赔款之故，已经竭泽而渔。如果继续增税加赋，势必民怨沸腾，铤而走险。这就是中国不能继续加税加赋的根本原因。如果向外国人借款，则必以利权相抵。试观中国各省，奉天之地，外观之政最为完备，而赋税最重，所借外国人的款项也最多，所失去的权利也是各省之最。其次为湖北，然亦屡借外款。所以今日举行新政，其有益于民者，故宜次第推行。如果只是为了外观好看而进行那些什么改革，除了增加百姓的负担外，毫无意义。所谓新政，决不能办成不是加税加赋以害百姓，就是向外国人借钱而丧失权利。

4. 刘师培建议朝廷要继续重视农业。这个理由过去中国人说得很多了，刘师培只是在这里强调一下重申一下而已。

5. 刘师培强调要建构向上的社会风气。他指出，现在经济状况比较好些的东南地区，民风日趋于轻浮，一些读书人热衷于捡拾欧洲近代思想之唾余，醉心于功利之说，不以自利为讳言，过分强调生存竞争为天理，以致放肆恣睢，纵欲败俗。举世相习，不以为非。

这五点意见，在过去的研究中，被视为刘师培"献策"，认为刘师培以此向清廷讨好，出谋划策，谋取利益。这是从革命者的视角进行观察而得出的结论。其实，如果从另一个层面进行分析，我们得承认刘师培的这些看法也有相当的道理，清廷如果真的采纳了他的这五点建议，是否能够使政治得到改善呢？是否能够在革命、保守之外找到第三条道路呢？从更为广阔的历史视角进行观察，其实可以说刘师培的这次思想转变，主要还是因为朝廷主动变革了，像刘师培这一类的人开始向主流社会回归，这既是清廷改革事业的正当性所获得的必然回报，也是革命逐步走向消沉走向危机的必然结果。这是一个事实判断，并没有什么价值理念在其中。

刘师培在写给端方的信末，还有十条具体建议。概括起来，就是怎样消弭革命，怎样将革命党人的影响降到最低，怎样为中国赢得一个和平安宁的环境。刘师培认为，中国革命党人所持理论，不外乎民族主义。而革命党人的民族主义，其实就是反清，除了反清，别无其他主义。所以要化解革命带给中国的压力，就要在这一点上做文章，要让人人知道民族主义不合于学理，则反清革命的事实，也就在无形中消弭。这就是古人所说的正本清源。

对于革命党人的实际运动，刘师培也有一个分析。他认为，中国革命党人的势力，以两广为最盛。其次则湖南、浙江、山西。至于革命党人所利用的力量，刘师培也有一个比较有意思的分析。他指出，中国革命党人在东京者，只有张继、陶成章、谷斯盛、刘揆

一、宋教仁几个人稍有势力。至于他们几个人的具体情形，张继于内地党羽较少，唯其居住日本的时间比较长，工于演说，以盛气凌人。陶成章为浙江人，运动会党，百折不挠。全浙会党，均为彼用。谷斯盛为晋人，所行略与陶成章相近，势力遍布晋省，惟谷斯盛做事颇为持重。至于刘揆一，其势力在两湖会匪。宋教仁，其势力在东三省马贼。

谈到革命党人的武器装备，刘师培说，革命党的炸弹，其始均从日本炮兵厂匠人手中私自购买，后来又向长崎的俄国人学习制造技术，但真正掌握了这些技术的人并不多。

在谈到对付革命党人的基本策略时，刘师培建议，只宜使用解散的办法，既往不咎，胁从不咎。对于那些只是因为革命激情而参加革命的，如果严加打击，其效果则是进一步坚定其革命信念，这样于国家前途至为不利。①

刘师培向端方向清廷献策怎样对付革命党，从革命党尤其是辛亥革命后胜利者的立场上说当然是一件很难容忍的事情，不过如果从 1908 年这个特殊的年份进行观察，从清政府的立场进行观察，从政治变革的主流社会情形进行观察，是否真的就毫无意义呢？流血的革命毕竟是一种不得已而为之的事情，和平的变革毕竟对人民更有利，刘师培为什么就没有放弃革命，回归主流社会的权利呢？为什么一定要求他革命到底呢？

后来辛亥革命的胜利带有很大的偶然因素，在某种程度上说并不是革命者流血牺牲的结果，如果没有清政府主导的政治变革，如

---

① 万仕国：《刘师培年谱》，扬州：广陵书社 2003 年版，第 144 页。

果没有立宪党人的坚持和反叛，凭借孙中山、黄兴等人在边境一带继续发动暴力攻击，说句实在话，真的不知道革命的希望在哪里。

　　而且，立宪党人的主要来源，其实除了国内民族资本的发展所产生的实业家、中产阶级外，一个重要的渠道，就是先前对清政府拖延改革、拒绝改革而不满的一批具有革命情绪的人。这一点正如辛亥革命参加者梁漱溟所说的那样，当革命与改良论战后，当清廷主导的政治变革开始后，大多数中国人还是选择了朝廷，选择了改良，选择最便捷的道路，于是许多并不那么坚定的革命者自动地毫无痕迹地转为改良主义者，这一点转变在这些人思想上没有任何纠结，更没有刘师培式的痛苦、不安与自责。①

---

① 梁漱溟：《我的努力与反省》，桂林：漓江出版社 1987 年版，第 31 页。

第五章

"灰犀牛"：好方案与坏手段

铁路如同一切新鲜玩意一样，不是中国人的创造，而是西方工业革命的产物。中国在被拖入世界经济一体化之后，很早就知道了蒸汽机，知道了铁路，但由于中国的经济发展还没有到那一步，所以在很早一段时间，铁路在中国一直没有转为实践的机会。等到中国有机会大规模从事铁路建设时，谁也想不到的是，铁路竟然将一个王朝彻底摧毁。

资本属性

近代中国的铁路建设起步较迟，大规模有计划、有规划的铁路建设在《马关条约》之后，因为这个条约规定日本臣民可以自由地到中国开办企业，列强根据利益均沾原则相继将大量资金投入中国这个尚未开发的广袤市场。随着这场经济腾飞，物流增加，大规模的铁路建设也就自然而然提上了日程。[①]

---

① 丁名楠等编：《帝国主义侵华史》卷二，北京：人民出版社1986年版，第73页。

中国在 1895 年之后大规模兴建铁路，遇到的最大困难不是传统，不是中西文明冲突，而是实实在在的经济压力，中国缺少资金和技术，所以第一批铁路建设，主要还是依靠外国资本和外国技术。

1895 年 7 月 19 日，署两江总督张之洞建议朝廷加紧铁路建设，改变既定政策，允许西方小国的商业资本投资到中国的铁路工程上。其理由是，中国长时间利不能兴，弊不能去，一个重要原因在于地势之阻隔，中国只有架构起基本的铁路路网，才有可能改变经济构成和经济环境，进而改变整个国家的气象。不过，他也强调，西方小国的钱可以用，大国的钱最好别用在铁路上，他担心铁路获利后，收回或费口舌，只有那些小国、远国，商业资本或许不至于给未来中国留下困扰。①

张之洞等人的建议获得朝廷批准。1897 年，利用外国资本修建的津卢铁路建成通车，这对外国资本是极大的鼓励，资本的趋利性使外国资本涌进中国，那时的中国想不用外国人的钱都不行，于是卢汉铁路、粤汉铁路、津镇铁路等相继建成，东北路网也开始勘察和构筑，直至今天依然有效的南北两条大动脉，其实就是那时打下的基础。②

---

① 宓汝成：《中国近代铁路史资料》卷一，北京：中华书局 1963 年版，第 201 页。

② 甲午战后至 1911 年，各国在获得筑路权的范围内修筑的铁路为 3718 公里，这是由外国完全投资和经营管理的铁路。修筑铁路是巨大的基础工程投资项目，各国为争取投资份额进行了激烈的竞争。据统计，在中国修筑的 4326 公里铁路中，除京张铁路约 300 公里外，都是国际资本负责投资兴建的。许涤新、吴承明主编：《中国资本主义发展史》卷二，北京：人民出版社 2003 年版，第 614 页。

外国资本对中国铁路的高度热情，当然不是为了帮助中国发展，而是实在有利可图。不过，清政府在甲午战后借款筑路是一个正确的选择，否则，中国铁路路网不可能在短期内获得超常规的发展。至于让列强从中国铁路建设上获取大量利益和超额利润，那是落后国家在寻求超常发展模式时必须付出的代价，也是资本的本性。

从积极意义上说，那几年铁路建设的超常发展，使中国基本完成铁路网的总体布局，对于中国经济的发展、综合国力的提升都起到了极其重要的作用。铁路的延伸，传播着近代文明的种子；铁路的兴建，改变了中国传统社会结构，改变了人们的物质和精神生活方式。它不仅带动了铁路沿线矿产资源的开发、新型工业的崛起，而且重绘了中国经济布局的蓝图，一批铁路沿线的新兴城市如哈尔滨、沈阳、郑州、石家庄等，渐渐成为中国新的中心城市，而老的中心城市如天津、上海、武汉等，也因铁路的修建变得更加壮大，成为全国性的中心枢纽，西方的先进技术和观念也由此源源不断地输入。

进入 20 世纪，中国资本在外国资本引导示范下也有了长足发展，聪明的中国人突然醒悟，虽然铁路建设投资巨大，但利润可观，空间巨大，具有高额利润空间的铁路建设当然不应该让外国资本独享。从 1903 年始，一种民族主义情绪在酝酿着，人们开始以国家安全、民族利益为理由，要求驱逐外国资本，商办铁路的呼声越来越高，许多地方开始筹集资金、设立公司，向政府施加压力。民族主义考量开始变味，一场突如其来的权利收回运动悄然兴起，而触发点则是粤汉铁路的修筑权。

粤汉铁路的历史贯穿了近代中国铁路发展的全部过程。当清政府于 1895 年 12 月 6 日决定大举兴建铁路时，粤汉铁路的规划就已经提出。国际资本热情高涨，想方设法抢滩中国。1896 年初，美国铁路、轮船和银行方面的几家大公司整合成一个大辛迪加，出资成立一个专门针对中国铁路市场的"华美合兴公司"，争取承建中国当时准备兴建的一切铁路。

1897 年 1 月 6 日，中国铁路总公司成立，清政府决定将卢汉、粤汉南北干线合为一体，以便成为中国南北交通大动脉。粤汉铁路最初拟议从武昌经江西至广州，后欲与法国所筑九龙至湖南铁路竞争，遂拉直铁路，缩短距离，在湖南绅民的要求下，将粤汉铁路改为经湖南下广州。粤汉铁路全长约一千零四十八公里，工程预算约为白银三千万两，铁路所经的湖南、广东、湖北的绅民倡议集股修筑，不用外国资本。湖南绅民迅速创办了湘粤铁路公司，准备集股自行修建。1898 年 1 月 26 日，清廷谕令直隶、湖广、两广总督及湖南巡抚等随时会商铁路总公司督办盛宣怀，参照卢汉铁路办法，妥议招股借款各节，并选举各省绅商，设立分局，迅速开办，并婉拒外国资本的介入。

清政府此举只是一种外交手段，实际上盛宣怀、张之洞等人并不相信三省绅商有能力自筹足够资金，他们的真正意图是将粤汉铁路的承建权交给美国，以三省绅商自筹资金为辞拒绝英、法、德、俄等国。按照盛宣怀的分析，德国已强占胶州湾，俄国也强租了旅顺，法国对海南岛虎视眈眈，英国或有图扼长江吴淞之谋，中国各海口几尽为外国人所控制。仅有内地尚可南北往来。而汉口为各行省南北东西水陆交通之枢纽，若粤汉铁路再被英国人控制，将来北方俄国人控制的铁路南引，南方英国人控制的铁路北上，那么中国的国家安全则不堪设想。美国此时不断宣称保全中国，因此盛宣怀建议，为了以粤汉路保卢汉路，压制比利时在卢汉路上让步，并抵制英、法、德、俄等国的觊觎，能够利用的外国资本就只剩下美国。[①]

盛宣怀的建议获得了清政府的批准，1898 年 4 月 14 日，盛宣怀委托驻美大臣伍廷芳为代表与美国合兴公司在华盛顿签订《粤汉铁路借款合同》，约定粤汉铁路分别以汉口、广州为起讫点，借款额为四百万英镑，若不够，可以添借，年息百分之五，以铁路为抵押，借款期限为五十年；借款期内铁路由合兴公司负责修建与经理。

粤汉铁路承建权最终落入美国人手中，在中国华南地区具有重要经济利益的英国自然感到不安，然而为了讨好美国，赢得美国对其在华利益的支持，英国政府也没有在粤汉铁路承建权上与美国人竞争。后经两国公使斡旋，英国的中英公司与合兴公司谈判，并于 1898 年 12 月达成协议，今后任何一方在中国经办的企业，均邀请对方参加一半的投资，只是对方不必承担必须参加的义务。根据这项约定，合兴公司承建的粤汉铁路，允许中英公司参加投资，中英公司承建的广九铁路，允许合兴公司参加投资。英美两国公司的约定，或许有助于粤汉铁路的建设，但另一结果却是，中国防止英国控制南北交通大动脉的设想化为泡影。

《粤汉铁路借款合同》签字后，合兴公司即派员勘察线路。1899 年 3 月，合兴公司向中国方面提交铁路附近开矿章程，提出在韶州

① 盛宣怀：《愚斋存稿初刊》卷三十一，北京：中国书店 1985 年版，第 19 页。

（今属韶关）、衡州（今属衡阳）、郴州等地开矿的要求。中方根据清政府路矿不能兼办的新章程，予以婉拒。然而美国方面坚称，中美《粤汉铁路借款合同》在前，新规定在后，美方有权在铁路所经过的附近地区开矿。

美方此举引起湖北、湖南、广东三省绅商的强烈不满，而已签署的借款合同确实给予合兴公司在铁路所经地区开矿的权利。这种不可和解的冲突几乎使粤汉铁路的合作谈判陷入僵局，后在美国驻华公使及张之洞等人调解下，谈判得以继续。1900 年 7 月 13 日，中国驻美公使伍廷芳代表盛宣怀在华盛顿与合兴公司签订《粤汉铁路借款续约》，对先前的合作略有调整。[1] 续约签订后，美方拖延执行合同，甚至私自将三分之二的股权卖给比利时万国东方公司，擅自决定将粤汉铁路南段改由美国修筑，北段由比利时修筑。

湖南、湖北、广东三省绅商对合兴公司的违约举动义愤填膺，1903 年春夏之交，他们强烈要求清政府废除合同，收回路权，向民间资本开放路权，由三省筹措资金自办。这一行动引起全国性的反响，张之洞只好顺从民意，以六百五十万美元的高价赎回粤汉铁路的修筑权。1903 年 12 月 2 日，清廷发布由商部奏定的《铁路简明章程》，对于民族资本给予重大让步，允许各省官商自行筹集股本兴办铁路干线或支线，但依然允许外国资本继续在铁路上投资。

《铁路简明章程》解除了对民族资本的约束，相应下放了铁路修筑权，为民族资本和民间资本进入铁路打开了通路。同年，由侨

---

[1] 王铁崖：《中外旧约章汇编》卷一，北京：生活·读书·新知三联书店1957 年版，第 965 页。

资为主体的广东潮汕铁路公司成立，承建潮州府至汕头全长 90 华里（四十五公里）的铁路。这是近代中国第一条商办铁路。至 1907 年，湖南、江西、云南、安徽、山西、浙江、福建、陕西、湖北、四川、广西、黑龙江、河南等十三个省份相继创设铁路公司，筹措资金兴修本省铁路。

一个不算坏的政策选择

铁路建设资金源的扩大是好事，让民间资本享有外国资本的同等待遇，应是利国利民的好事。然而中国各省情形差别太大，有穷有富，民间资本并不成熟，广东华侨比较多，江浙比较富裕，资金问题不大。这些地方的人文化程度也稍高，有管理能力，有技术人员，施工质量有保障。其他地方则很难说，许多内陆省份只是看到了铁路建设的巨大利润，只是企图借助铁路建设的名头融资，向民间搜刮财富。有的地方采用米捐、盐捐、谷捐、茶捐等办法筹资，四川的办法最恶劣，在反对外国资本的幌子下，劝说百姓节衣缩食，以租股、加抽灯捐等方式筹集资金，这实际上是搜刮百姓的活命钱来修路。

还有一个值得注意的问题是，由于将铁路修筑权下放到地方，使得地方自办的铁路技术标准不统一不一致，且无铁路联网的意愿，由此导致规划中的全国路网迟迟无法实现，[①]南北和沿海各大干线的

① 盛宣怀后来在《厘定全国铁路轨制折》中说："所有轨式轨量，靡不互相参差，即验收钢轨章程，亦复清杂分歧，莫衷一是。若长此不予厘正，将来各省铁路接通，必有此路车辆不能驶于彼路轨辙者。"参见盛宣怀著《愚斋存稿》卷二十，台北：文海出版社1975年版，第9页。

贯通也受到巨大挫折。中国的民间资本在自营铁路上获得了一些利润，但对整个国家的发展来说得不偿失。

面对这种困境，邮传部于 1906 年奏呈《统筹全局铁路折》，制定了全国铁路总图，确定全国铁路干线和主要支线的大致走向，并对未来中国铁路建设管理模式提出了积极的建议：区别全国各地情况，因时制宜，因地制宜，因人制宜，将主要干线收归国有，不太影响全局的支线交给地方，利用民间资本举办。

该规划当年并未施行，拖至 1908 年，清政府实在没有办法了，才下令参照该规划对全国铁路在建情况逐一调查，妥拟办法，严定期限，若绅商集资不足，无法开工，或虽已开工而无法按期完成，即按新规定分别撤销。明白地说，就是将先前商办而进展不力的收归官办。

随后邮传部出面处理河南、陕西以及江苏铁路公司集股不多且未开工的工程，注入一部分官股，将陇海铁路各线段由商办改为官商合办，这一度化解了资金的困难，因此该政策推行之初并未遭到反对，相当一部分人相信，该政策或许是化解铁路建设难题的出路。

清廷政策的出发点或许是好的，但从经济视角看，显然侵犯了民间资本的利益，尤其是官办铁路可以抵押路权，获取外国资金，这对民办铁路是非常大的歧视，而商办铁路之所以举办困难，主要就是缺少融资渠道。

1911 年 5 月 5 日，给事中石长信就铁路建设资金筹措等问题建议清政府痛下决心，将涉及全国经济布局的重要干线一律收归国有，粤汉铁路、川汉铁路连接西南边陲，具有非常重要的战略意义，实为国家应有的两大干路，断非民间资本零星凑集所能完成。根据调查，石长信也认为广东、两湖、四川省内的几条干线非收归国有不可。因为广东绅商虽然争夺铁路修筑很下力气，但修筑的路却甚少。两湖经济发展低，集资始终没有着落。至于四川绅商，各树朋党，各怀意见，以致粤汉、川汉铁路溃败延误。

石长信的铁路干线国有方案明白晓畅，简单易行，清政府最高统治层以为"所筹办法，尚属妥协"。朝廷过去没有完整的规划和办法，以致全国路政错乱纷歧，不分枝干，不量民力，一纸呈请，辄行批准商办，以至于广东省征集了那么多的股份，却并没有修建多少铁路；四川省路政情形更可怕，征集的铁路股份竟然挪作他用，倒账甚巨；至于两湖，铁路局开办多年，所筹巨额资金，或以虚糜，或以侵蚀，上下交受其害，贻误不堪设想。石长信的方案对这些问题都有通盘考虑，所以朝廷将方案批转邮传部研究奏复。①

5月8日，清廷宣布新内阁成立。第二天，邮传部大臣盛宣怀就对朝廷先前的批复给予积极回应，竭力赞成石长信的主张，要求朝廷明降谕旨，晓示天下。于是清廷在这一天下诏宣布全国铁路干线收归国有，定为政策。宣布宣统三年以前各省分设铁路公司集资资金开办的铁路干线，由于延误已久，应即由国家收回，赶紧兴筑。除支线仍准商民量力酌行外，其余从前中央政府及各省政府批准兴办的铁路干线各案一律撤销。②这就彻底废弃了1903年向民间资本开放铁路修筑权的政策。

---

① 《覆陈铁路明定干路枝路办法折》，盛宣怀：《愚斋存稿》卷十七，第13页。
② 盛宣怀：《愚斋存稿》卷十七，第4页。

出乎预料的反弹

铁路干线国有政策的本意或许是为了加快建设，并没有与民争利的意思，但从绅商立场解读，这一国进民退的政策就是一个近乎无耻的选择，清政府自食其言剥夺民间资本的权利。

5月18日，清廷任命端方为督办粤汉、川汉铁路大臣。20日，邮传部大臣盛宣怀在北京与英、德、法、美四国银行团（汇丰、东方汇理、德华）签订《湖广铁路借款合同》。约定所需六百万英镑由四国银行团分担，期限四十年，以两湖厘金及盐厘税捐作抵押。[①]

各省自主筹资修建铁路的资金都来自民间，实行铁路干线国有政策后，如何处置这些民间资本，保证这些资本不受到过大伤害，成为各省绅民接受铁路干线国有政策的关键。然而盛宣怀的方案是，由政府向外国借钱，但这些钱不准备用来偿还各省已经支付的款项。[②]6月1日，盛宣怀和铁路督办大臣端方联名致电四川护理总督王人文，表示川汉铁路公司已用之款和公司现存之款，均由政府一

① 夏东元：《盛宣怀年谱长编》，上海：上海交通大学出版社2004年版，第925页。
② 《遵筹川粤干路收回办法折》，盛宣怀：《愚斋存稿》卷十七，第36页。

律换发国家铁路股票，概不退还现款。假如川人一定要求政府发还现款，那么必须由政府另行借洋债，而这笔洋债将以四川省的财政收入作抵押。①也就是说，川汉铁路收归国有了，但国家并不给先前川汉铁路股东退款保本，而只允许换发铁路股票。政府不但收回了路权，而且强行夺去了川汉铁路股东的款项。

王人文看到盛宣怀、端方的电报非常吃惊，这个政策一旦公布，天下必将哗然，举国骚乱，于是他扣压了电报，希望清政府收回成命，调整政策，妥善处理。然而，盛宣怀、端方和清廷错误估计了政府的威望和人民的忍耐力，一味坚持既定政策不变，并一再催促各铁路公司尽快清理账目，准备交接。各省绅商忍无可忍，终于拍案而起，与政府决裂。清政府自以为聪明绝伦的国进民退方案终于将自己逼上了绝境。

当铁路干线国有政策酝酿时，各地绅商通过各种方式表达不满情绪，尤其是湖南人，最先站出来反对。湖南各界人士奔走呼号，上下串联，舆论汹涌，当民权意识、私有财产意识刚刚被人们接受的时候，将先前介入基础建设的私人资本收归国有，显然是与民争利，这当然引起有产阶层的反对。

其实，传言只是传言，并不是政策的全部真相，但人们也不需要真相，只需要自己所需要的那一部分。大家需要的只是一种精神，一种情绪，一种发泄的渠道。有的传单散布，清廷受到外国政府的蛊惑，出卖铁路权益，以期获得更大的利益；还有一种传言，盛宣怀拿了外国人的好处，才将朝廷利益转让给外国人，铁路收归国有

---

① 盛宣怀:《愚斋存稿》卷七十七，第22页。

只是其阴谋的第一步，下一步是将烟酒新税，以及钱粮厘金等一概典押，权授外人。这些传言让人感到亡国在即，列强瓜分中国步伐加剧，十年前被义和拳兄弟抵挡住的危险又一次降临在中国。中国人除了反抗，还有其他的选择吗？

1911 年 5 月 14 日，湖南各团体组织召开上万人大会，一致要求清廷收回成命，维持原议，不得侵害商民的权益。要求湖南巡抚杨文鼎将集会议定的保路办法十五条上报朝廷，维护商民基本权益。他们甚至扬言，假如朝廷不答应，就罢市罢课，抗税抗捐。血性的湖南人绝不会束手就擒，听凭宰割，无论酿成怎样的血案，无论死掉多少人，他们都在所不惜。

支持各界抗议浪潮的策动者就是绅商。自近代以来，湖南绅商一直具有很大的政治能量，影响着湖南政治的走向，借助于民意，深刻影响着官府的决策。这次湖南绅商故伎重演，以铁路公司、谘议局的名义领导民众抗争，以人民的名义向政府施压。

民情激愤引起杨文鼎的同情，恻隐之心迫使他硬着头皮请求朝廷考虑调整政策，缓和对立情绪，从长计议路权归属。杨文鼎等一线官僚的判断是对的，如果此时朝廷暂停收回路权，或者立即罢黜政策制订者盛宣怀的官职，那么朝廷的威望还在，什么事情都不会发生。朝廷或许是因为即将实施君主立宪，所以不愿让步，对杨文鼎的建议根本不予考虑，反过来要求杨文鼎严行禁止，剀切晓谕，不准刊发传单串联，不准聚众演说煽动，倘若有人从中煽惑，扰乱治安，意在作乱，就按照惩治乱党办法，榨杀勿论。

朝廷的强硬姿态当然吓不倒拥有群众基础的湖南绅商，对于老老实实筹资建设本地铁路的绅商来说，铁路收归国有政策不公正，确实侵害了他们的利益。5 月 24 日，正在北京的谭延闿等湖南官绅向都察院递交了一份抗议书，揭露铁路国有政策只是邮传部那几个人假借外国人的力量以营私，请求朝廷阻止这一政策。

朝廷一意孤行，继续执行铁路国有化政策，将湖南那些有头有脸的人逼到了绝境，没有缓和的余地，没有退路，他们只能一鼓作气往前冲。6 月初，省谘议局全体议员愤而辞职，全省学堂相继罢课，商人一律罢市。湖南新政当局一方面勉力维持局面，调配大批军警四处昼夜巡逻，以避免出现更大的社会动荡；另一方面，也按照朝廷的指示强力镇压，禁止开会，取缔印刷传单的商店，禁止散发传单。

湖北绅商对清政府的铁路国有政策也同样不满。当湖北各界获悉清廷可能出台这项政策时，就推举谘议局议长汤化龙赴京请愿。4 月 26 日，湖北谘议局召集民众数千人举行欢送大会，詹大悲等人申斥铁路国有化为卖国政策，将大好河山奉送列强，与其丧权卖国，不如推翻腐败政府，寻找一条救国新路。说者伤心，闻者堕泪。群情激昂中，留日学生江元吉以血书"流血争路，路亡流血，路存国存，存路救国"激励人民。5 月 14 日，湖北省谘议局、铁路公司及宪政筹备会等团体联名致电朝廷表示抗议，要求朝廷收回成命，否则湖北人民只能按照自己的思路而行事，第一步就是抗捐抗税，朝廷再也不要想从湖北收取一点税金。5 月 24 日，湖北民众代表向都察院请愿，要求朝廷严厉惩处盛宣怀。

对于湖北的要求，朝廷不予理睬，于是湖北人年初刚创刊的《大江报》适时发表黄侃《大乱者救中国之药石也》的文章，称大乱者，实今日救中国之妙药。爱国志士、救国健儿，都不应该辜负这个伟大的时代，出而报国。黄侃由铁路国有政策引申到政治变革，甚至对清廷的君主立宪变革提出质疑。与黄侃思路相近，何海鸣也在《大江报》发表《亡中国者和平也》，认为要打破目前僵局，最重要的是打破稳定的幻想，中国只有经过一场脱胎换骨的大乱，才能重构理想的和平机制。湖北人对铁路国有化的反对，几乎从一开始就带有很强的政治信息，并不就事论事谈政策，而是期待从根本上解决。

广东的情况与两湖稍有不同，广东粤汉铁路的股款全属商股，效益也比较好，主要为华侨投资，是辛苦钱，也是希望所在，所以他们更是痛心疾首，愤怒万分，认为清政府简直就是在卖国。路亡国亡，粤人无论如何不能答应朝廷的混账要求，拼命也不能将路权交出去。

6月6日，粤汉铁路公司召开股东大会，到会的一千多名股东强烈抗议朝廷强占粤路的决定，措辞严厉地声明，如果清廷执意撕毁过去的协议，破坏商办之局，那么他们势必誓死抗争，在所不惜。粤汉铁路公司决定设立"争路机关部"，专门从事鼓吹宣传，号召民众起来一致抗议，拒用官发纸币，挤兑现银，想尽一切办法维护铁路商办的权利。股东大会的第二天（6月7日），粤汉铁路公司致电川汉铁路公司沟通情况，进行串联，请求川汉铁路公司和其他公司联合起来一致反对。

四川的反应较两湖、广东稍迟，但四川的反抗情绪更为激烈，特别是因为哥老会的深度介入，引发后来一系列问题。

川汉铁路公司最初是官办公司，成立于1904年年初。随后因为四川绅民一再呼吁争取商办，所以在公司成立的第二年就吸纳了一些民间资本，改为官绅合办。又过了两年（1907），完成公司化改造，成为纯粹的商办公司。之后公司内部为经营方针吵得一塌糊涂。直至1909年年底，川汉铁路宜昌至万县（今重庆万州）段方才勉强开工，但进展缓慢，至辛亥革命爆发，这条铁路修筑不过三十多里。

更严重的是，川汉铁路公司内部管理非常混乱，由于一直没有充分开工，所筹资金闲置，公司高层挪用路款达三百多万元，甚至拿到上海各钱庄存款生息，结果没有生到利息，反而损失本金达二百多万元。因此，对于川汉铁路公司高管来说，铁路国有措施或许正求之不得，条件当然是清政府必须像对待其他省份铁路公司一样，收回路权，支付已经花费的全部费用。换言之，川汉铁路公司并不真的反对清政府收回路权，只要能够将他们的亏空补回来就行。所以，宣布铁路国有化政策后的四川比较平静，并没有立即引发两湖、广东那样的混乱。

清政府宣布铁路国有之后第三天，即5月11日，护理四川总督王人文收到朝廷的正式文件，他立即找川汉铁路公司主席董事彭芬、总理曾培等商谈解决方案。久谈而无法达成共识，彭芬等公司管理层遂往省谘议局，找议长蒲殿俊、副议长罗纶商量。那时民主理念、公司理念已经成型，商量的结果是尽早召开公司临时董事会，以合法程序寻求解决办法。

公司临时股东大会筹备仓促，出席会议的股东并不多，但在成都的省谘议局议员却全部出席了这次会议，他们并非坚决反对铁路国有化政策，只是要求朝廷一定要考虑投资人的利益，一定要将公司历年花费，特别是在上海钱庄倒账等亏损部分还上，要求偿还六成现金，再搭上四成股票，并把宜昌所存现金七百多万元和公司陆续收到的股款，一律交给此次特别会议支配。显而易见，川汉铁路公司高层、股东及谘议局议员乐于铁路国有化政策的成功，甚至认为趁此机会将路权交出，未尝不是一个比较理想的选择，总比将烫手的山芋拿在手里要好。

四川官绅的乐观情绪只是单方面的，他们万万想不到的是，谈判对手盛宣怀是当时中国最聪明也是最精明的人，四川人想到的问题盛宣怀都想到了，四川人没有想到的盛宣怀也想到了。四川人想从盛宣怀那里获取额外好处，一点门也没有。盛宣怀毫不客气地拒绝了四川人的要求，而且光明正大，理由十足。

5月31日，盛宣怀给护理四川总督王人文等发了一份电报，称朝廷之所以毅然宣布铁路干线国有，固然有着统一路权的意思，其实还有以此舒缓各地人民痛苦的考虑。四川铁路创办之初，官绅定有按租抽股之议，名为商办，依然是对百姓巧取豪夺。至今数年之久，该路迄未告成，去年且有倒亏巨款的事情发生，其中弊窦不一而足，贻累闾阎者不少，为害百姓者至多，甚至可以说对四川铁路建设毫无裨益而为害至巨。基于这样的判断，川汉铁路公司高层还能从盛宣怀那里弥补自己的挪用、失误导致的亏欠吗？

既然川汉铁路公司高层和省谘议局无法从盛宣怀那里得到好处，那他们也不会配合盛宣怀。而且为了洗刷自己，他们为什么不能号召股东和民众与盛宣怀对抗一下呢？这是一个奇怪的现象，从事理、情理、法理来说，朝廷和盛宣怀铁路干线国有化的决策是对的，是及时的，但这个政策并没有取得预想效果，反而走向了预想效果的反面。

一批"愚蠢的"明白人

6月13日，盛宣怀与四国银行团借款合同内容传至成都。这项合同就是清政府与英、法、德、美四国银行团签订的粤汉及川汉铁路借款合同。借款总额为六百万英镑，以两湖厘金、盐税为抵押，规定铁路建造工程及管理权，全归大清政府，但聘请英、德、美三国各一名总工程师，工程造竣后，在借款未清还以前，大清政府仍派欧洲人或美洲人作为该铁路总工程师。合同还规定，这两条铁路除钢轨由汉阳厂供应外，由中英公司及德华银行担任购买外洋物料之经理；粤汉、川汉铁路延长时，如用外国资本，四国银行享有优先权。

从纯商业的眼光看，这项合同就是一份合同，但在当时背景下，合同内容传到成都，被任意解读，舆论哗然，以为所谓"国有"其实就是卖路，就是要将铁路的修筑权、管理权全部移交给外国人。对于外国人控制中国路权，中国人特别是四川人非常敏感，换言之，四川人并不反对铁路收归国有，但他们反对将铁路交给外国人。路权尽失，重于卖路。借款合同名为抵押，实则供奉。何况除了借款，还有外国顾问，路权政权，两受干涉。这不就是另外一种形式的亡国吗？

原本主张接受朝廷铁路国有化政策的著名报人邓孝可也在舆

论影响下发生急剧转变，转而讨伐盛宣怀，反对国有化。他在题为
《卖国邮传部！卖国奴盛宣怀！》的文章中，表示读了借款合同方知
盛宣怀的奸谋，因而号召川省人民丢掉幻想，准备斗争；内抗政府，
外联华侨。与广东、两湖人民团结一致，死中求生，与卖国奴盛宣
怀抗争到底。邓孝可的呼吁在一定程度上表明四川立宪党人的觉悟，
意识到先前的考虑无疑与虎谋皮。所以，四川人的情绪在四国银行
借款合同传来后急剧变化，那几天四川各团体、各学校都在开会，
寻找化解危机的突破口。

6月16日，失望至极的四川省立宪党人和绅商两千多人汇集至
铁路公司开会，说着说着，一时哭声震天，情绪激动的与会者已经清
楚地意识到，他们的建议、请求乃至哀求，都被朝廷、被盛宣怀置若
罔闻，不予理睬，文明的、文字的、和平的争辩已经不能奏效，川
省人民的未来出路，川汉铁路的未来前途，必须依靠激进的、规模
庞大的有力手段去争取。鉴于这种特殊环境和目的，开常态的股东
大会已经来不及了，他们动议立即举行特别股东大会，成立全省保
路同志会。

护理川省总督王人文提前获知了消息，遂派军警弹压，不料军
警到场后，发现与会者在后排的多伏案私泣，军警相顾挥泪，不忍
镇压。

第二天（6月17日）上午，保路同志会成立大会在成都岳府街
川汉铁路公司召开，大幅标语悬挂在公司门口，台上台下上万人。
川籍翰林院编修颜楷摇铃宣布开会，紧接着报人邓孝可向大会报告
铁路国有的相关问题，之后罗纶登台演讲。

罗纶一登台，向满场的人作了一个揖，以洪亮的嗓音发表演讲，

强调盛宣怀将四川给卖了，川汉铁路完了，四川省完了，中国也就由此完蛋了。就说了这么几句，罗纶号啕大哭，效果也就出来了，满场也都跟着号啕大哭，老年人、中年人、青年人、少年人，大家都在哭，高呼反对铁路国有和反对盛宣怀出卖路权的口号。

整个会场足足哭了三十分钟，罗纶才接着往下说，他建议川省人民组织一个临时机关，一方面联络本省的人，另一方面联络外省一致行动。这个临时组织就是"保路同志会"，于是川汉铁路公司第七次股东大会摇身一变成为川汉铁路的保路同志会，推举省谘议局议长蒲殿俊为会长，这是罗纶当场动议，大家当场山呼同意的。罗纶是谘议局的副议长，理所当然也就成了保路同志会的副会长。会议还发表宣言，认为新成立的责任内阁野蛮专横，政府的借款合同，其本质是将人民置之死地，是一个彻头彻尾的卖国合同。宣言强调，不反对借用外债，借债而不交资政院议决，则我们誓死必争；收路国有，我们不争，收路而将此送给外国人用来借款，不待谘议局、股东会议议决，则我们誓死必争。会议号召各州县成立保路同志分会，一起抗争，维护权利。

会后，与会者全体步行前往总督衙门请愿，要求护理总督王人文代表民意，请求朝廷收回成命，并处置盛宣怀欺君误国之罪。王人文在总督衙门接见了来访者，由于他本来就对盛宣怀铁路国有政策不满，于是痛快接受民众请求，并表示愿意代为电奏，丢官也在所不惜。

王人文的态度对川省人民有着积极影响，许多人觉得总督都这样说了，事情应该有希望。他们认为，送掉湘鄂川省铁路，罪在盛宣怀一人，与皇帝无干，与川省及他省官吏无干，甚至与洋人无干。

我们将要成为立宪国家的国民了，要学着立宪国家文明人的样子监督政府，誓死要求政府悔约保路，不要使用过去义和拳那种手段，不能有任何野蛮的心理。

保路同志会在王人文的影响下号召"文明抗争"，而文明抗争在朝廷那里引起的反响就是无所谓。朝廷无意接受王人文的建议，更不会惩处盛宣怀、停止铁路国有化的政策。6月17日，清廷宣布对粤川湘鄂四省铁路公司股本的处理办法，粤川湘鄂四省所抽所招股票，尽数验明收回，由度支部、邮传部特出国家铁路股票，常年六厘给息。嗣后如有余利，按股分给。倘愿抽本，五年后亦可分十五年抽本。未到期者，并准将此次股票向大清、交通银行照行规随时抵押。说到各省差异，规定指出，粤路全系商股，现从优每股先发还六成，其余亏耗之四成，并准格外体恤，发给国家无利股票，路成获利之日，准在本路余利项下，分十年摊给；湘路商股，照本发还，其余米捐、租股等款，准其发给国家保利股票；鄂路商股，并准照本发还，其因路动用赈粜捐款，准照湖南米捐办理，发给国家保利股票。四川的川汉铁路最为麻烦，川路宜昌实用工料款四百余万两，准给国家保利股票，现存七百余万两，留作川省兴办实业的资金，悉听其便。至于川路中的倒账和亏空，清政府的善后方案中只字不提。这不免使四川人很不高兴。

从策略上看，朝廷和盛宣怀明了各省铁路筹资和修建情形，清政府希望以分而治之的办法区别对待，化难为易，逐步解决问题，将路权收归中央，统一管理，统一建设。

清政府的想法是好的，公平地说，做得也不错，广东、两湖铁路公司的股东们没有太多意见，即便觉得吃了不少亏，那也没有办法，个人、公司永远不是朝廷的对手，只好默认了。

但解决方案对川汉铁路公司筹资款中倒账、亏空没有给予弥补，这让川汉铁路公司高官很恼火。如果不出现铁路国有化，这些倒账、亏空还能掩饰下去，现在事情注定要败露，于是他们分头动员各州县积极成立保路同志会分会，期待以数量胜质量，利用民情迫使朝廷让步。在不到十天时间里，四川省保路同志会会员激增至10万多人，重庆及各州县、乡镇、街道都成立了类似组织，还有按界别成立的保路同志会，诸如四川女子保路同志会、四川学界保路同志会等。四川的局势变得难以控制。

川省绅商的要求并不过分，不过盛宣怀的做法好像也有道理，地方铁路公司的亏损、挪用、倒账，为什么要由国库去弥补呢？川汉铁路公司纯粹的商业活动为什么要行政补贴才能解决呢？[①] 双方各执一词，冲突胶着，任何一方都看不出让步的迹象。

盛宣怀、端方不是站在绅商的立场去理解被破产、被剥夺的滋味，而是一味想方设法剥夺绅商的财产，一方面授意川籍京官甘大璋等联名呈请将川汉铁路股本一律换成国家股票，另一方面于8月19日任命李稷勋为国有川汉路宜昌分公司总理，代表朝廷强行接收

---

① 1911年8月23日，盛宣怀致信湖广总督说："川粤铁路干线收归国有，实有不得已之苦衷，国防实业胥赖乎此。""政府如不能先持终始不如勿为，为之则必坚持到底。民气嚣张，断难尝试。摄座及总协理均以为然，方始发表，而湖首当其冲，赖公德威，行所无事。蜀中初误于护督，尤不料帅亦时派，幸赖公以地方治安，持以公论得赴目的，且可为所用之款必由部还添一中证。"他依然不认为铁路国有化政策有什么错。参见《盛宣怀致湖广瑞激制台》（闰六月二十八日），盛档：《亲笔函稿》；夏东元：《盛宣怀年谱长编》，第930页。

川汉路宜万段，将绅商股款七百万两转作国有铁路股金，并且代表铁路公司同意邮传部派员清查账目，使川汉路权、资本尽失。这一损招终于彻底惹恼了川人，轰轰烈烈的保路运动由此展开。

面对川省局势，其实有各种各样的解决方法，清朝中央政府在坚持原则前提下适度考虑地方利益，为地方的失误适度买单，应该比较容易化解日趋对抗的情绪。然而，盛宣怀太有主见，他的所谓正义感太强烈，既然道理在中央，为什么要纵容地方势力，接受他们的要挟呢？于是朝廷在盛宣怀的蛊惑下，调派川滇边务大臣赵尔丰星夜兼程赶往成都，接任四川总督，强力镇压四川人民对铁路国有化的反抗。

赵尔丰是晚清官场比较强势的政治人物，长时期在西南边疆从事边务，曾任驻藏大臣兼川滇边务大臣，对川藏一带社会情形民风民俗有独到理解，有杀人魔王、屠夫、刽子手等恶名。8月2日抵达成都、弄清事情来龙去脉后，他却对川人的损失深表同情。赵尔丰联名地方官员上奏，希望朝廷从大局考虑，尽快改变铁路国有既定政策，并建议朝廷从速将李稷勋撤职查办，以平民愤，尽快平息骚乱，否则后果不堪设想。

朝廷和盛宣怀都不愿意接受赵尔丰的建议，川省局势日趋失控。8月24日，川汉铁路公司股东召开临时大会，方才得知朝廷已经任命李稷勋为川汉铁路公司宜昌分公司总理，并已代表朝廷接收了川路股权，成为国有公司代表。这牵涉川汉铁路公司股东的实际利益，他们的愤怒可想而知。于是他们立即向社会各界派发传单，号召全省人民同情和支持，从次日开始全省罢课、罢市、罢工，停止向朝廷缴纳一切厘税杂捐，并组织民众向总督府请愿游行，要求总督请求朝廷收回成命，恢复川汉铁路的商办性质。

此后，四川全省许多地方都出现了罢课罢市、抗税抗捐等活动，还有些地方的居民用纸书写光绪帝的神位，供以香火。有旁注"毅然立宪者"，有注"庶政公诸舆论，川路仍归商办者"。①也就是说，保路运动此时已经由简单的经济诉求向政治诉求转变，运动的组织者和参加者已经不再满足于就事论事，以及与朝廷在川路权利上争短长，而是策动政治上的大变动。参与这一系列活动的，除了具有合法身份的立宪党人、谘议局议员外，还有不少革命党人，特别是具有秘密会社性质的哥老会。四川省的政治局势一触即发，相当危险。

川督赵尔丰对局势的认识还算清醒。他在8月27日致电朝廷，建议执政当局不要再颟顸从事，一定要按照目前立宪预备阶段的体制，将铁路国有化的来龙去脉和政策要点向资政院报告，要征得议会的意见再继续进行。如果资政院议决停止，责任内阁不要觉得失去了面子，一定要遵照执行。如果责任内阁不知妥协、不知让步，则大祸可能很快降临，恐怕受害的也就不是四川这样一个省份。

然而遗憾的是，朝廷在盛宣怀、端方等人力挺下，不仅不愿接受赵尔丰的建议，反而抱怨赵尔丰镇压不力，动机不纯。端方向朝廷严厉弹劾赵尔丰，建议先派重臣赴川查办，再选派强势政治领袖接替赵尔丰。

与端方的建议相呼应，湖广总督瑞澂建议朝廷先从湖北选派一支有战斗力的新军入川镇压，在湖北新军尚未抵达前，依然责成赵

---

① 《四川血》，中国史学会主编：《中国近代史资料丛刊·辛亥革命》卷四，第413页。

尔丰严厉惩办四川省内居心叵测、用心险恶、动机不纯、带头闹事的人。由此，"愚蠢的明白人"盛宣怀、端方终于将四川人胸中的怒火引爆，星星之火开始向四周蔓延，朝廷以强力镇压稳定四川的举措能否成功，关键看湖北新军是否真有强大的战斗力量。

朝廷于1911年9月1日命端方率军队前往四川，彻查路事。端方是晚清满洲高官中具有革新思想的政治领袖，奋发有为，于内政外交尤有心得，是慈禧太后、光绪帝统治最后几年所信赖的重要亲贵，在1905年出使东西洋考察宪政，以及随后的预备立宪运动中作出过重要贡献，也是慈禧太后、光绪帝刻意培养的满洲贵族，在考察归国后，先后出任两江总督，后调任直隶总督，如果不出意外的话，端方应该有机会成为恭亲王奕䜣、庆亲王奕劻，或者荣禄那样的满洲政治领袖。但意外出在一个最不经意的地方。在慈禧太后出殡时，身为直隶总督的端方竟然拦路拍照，这在当时被视为大逆不道，遂被撤职查办，像袁世凯一样回家赋闲。

袁世凯、端方等满汉重臣为什么在朝廷最需要朝臣辅佐的关键时刻罢官被黜，恐怕其背后的因素既复杂又简单，尽管他们两人回家休息的理由并不一样。袁世凯当时的政治地位已是汉大臣中的第一人，曾国藩、李鸿章在世也不过如此。端方位居直隶总督兼北洋大臣，其影响力绝非一直在朝廷主持日常事务的庆亲王奕劻可比。现在是幼儿小皇帝上台，大权独揽的是年仅二十六岁的摄政王载沣，而载沣生于深宫，从未出任过实质性的行政职务，对于满汉两位首席大臣，不管是四十八岁的端方，还是五十岁的袁世凯，不要说权势，即便只说资历、资格，都不好管理，不便训斥。而从端方和袁世凯的立场看，也是不好伺候，所以摄政王让二位老臣暂时回家休息，可能是一件两全其美的事情，并没有传统所说的大阴谋。

1911年5月第一届责任内阁公布后，清廷中央政府层面的人事格局大致确定，当此用人之际，特别是新内阁出台的铁路国有化改革方案，更需要懂行的重臣去把握，于是朝廷于责任内阁公布后十天，即5月18日，任命端方以侍郎候补充督办粤汉、川汉铁路大臣，迅速前往湖北等地办理铁路收归国有事。这显然是一个非常设的重要职务，责权都非常明确。

就政治理念说，端方是坚定的改革者，他看到了过去铁路建设中的问题，认同盛宣怀的处理方案，同意铁路国有化改造，因而他不仅乐意重新出山，而且坚定支持盛宣怀的主张，对于那些借机闹事的人，端方力主严办。端方也毫不客气上折弹劾赵尔丰有失大臣风范，始则恫吓朝廷，意图挟制；继则养痈遗患，作茧自缚。[1] 或许正是基于这些因素，朝廷在四川局势日趋失控的关键时期派遣端方迅速率湖北新军入川镇压。9月6日，朝廷又命川省水陆新旧各军悉听端方调遣。很显然，朝廷已经放弃和平的安抚政策，准备以武力平息因保路而引发的骚乱，恢复秩序。

其实，赵尔丰在受到端方弹劾和朝廷训斥后，很快转变立场，不再坚持弹劾盛宣怀，不再坚持请求朝廷将铁路国有化方案提交资政院讨论，而是改为坚定支持朝廷的稳定措施，主张强势镇压平息骚乱，恢复秩序。9月5日，赵尔丰向朝廷发了一封电报，表示第一步还会好言相劝，希望闹事的人和平解散，如果这些人不听劝说，

---

① 黄季陆等：《辛亥年四川保路运动史料汇编》（上），台北：国史馆史料处1981年版，第442页。

那么必定严惩，因此而必至全体抗拒，哄闹烧杀，又势所必至。至于成都之外各州县，或许也会因此而骚乱，所以他建议朝廷能够给予必要的支援，以保护地方，避免在那里的外国人遭遇像庚子年间所遇到的危险。

赵尔丰毕竟同情过保路运动，他的转变不被保路同志会提前获知，所以也就没有人提前防范。9月7日清晨，赵尔丰调集军队防卫总督府，同时又调集一些军队去保护川汉铁路公司及铁路学堂等处，然后托词北京来了电报，邀请保路同志会、谘议局和铁路公司首领人物蒲殿臣、罗纶、邓孝可等前往议事。毫无防范的蒲殿臣等人一踏进总督府大门迅即被抓捕。赵尔丰原准备快刀斩乱麻，将这些人立即处决，因成都将军玉崑持异议，遂将这些人羁押于总督府。

按照赵尔丰的判断，所有参加运动的群众不过是乌合之众，只要将为首的几个给抓了，剩下的也就惊散了。哪知道过去的经验不管用了，蒲殿臣等人被抓捕的消息传出去之后，整个成都城轰动，各种传言满天飞。有的说，蒲殿臣等人受到了赵尔丰的亲自审讯；有的说，赵尔丰危词恫吓，罗纶盛气抵抗，终于惹恼了赵尔丰，立马被拉出去枪毙；还有的说，这些被捕的人已经被关到一个监狱中，每个人都上了手铐脚镣。

传言当然不都是真的，但却起到了动员人民围观的作用。成千上万的成都市民不约而同，扶老携幼，沿街比户，号泣呼怨，头顶光绪帝的牌位，挤进总督府大门，要求赵尔丰尽快释放被捕诸人。至午后，阴雨绵绵，天气异常晦暗。络绎不绝的人们继续涌向总督府，由午至暮而夜半，围观者只有一个声音，要求放人；而赵尔丰也只有一个回答，围观者必须退出总督府，否则格杀勿论。失控的民众当然不会听从总督府的指挥，直往大堂冲去，赵尔丰下令开枪，顷刻间一阵排枪下来，围观者迅速作鸟兽散。此次血案有三十二人死难。

成都血案第二天（9月8日），大雨竟日。由于赵尔丰下令三日内不许收尸，昨天被枪杀的尸体累累，横卧地上，犹紧抱先皇光绪帝牌位在手不放，许多尸体被大雨冲洗后腹胀如鼓，情形凄惨，新来的围观者或许想为死难者收尸，或许继续要求总督府放人，不料赵尔丰杀红了眼，继续下令开枪，于是又有数十人被枪杀。

赵尔丰的残暴行径激起民愤，深受同盟会影响的哥老会早在几天前就在资州组织了保路军，准备武装起义。至成都血案发生，同盟会员龙鸣剑缒城而出，直奔城南农事试验场，与同盟会员朱国琛、曹笃等人裁木片数百个，上书"赵尔丰先捕蒲、罗诸公后剿四川各地同志速起自救"，然后将这些木片涂上桐油，制成"水电报"投入锦江。[1]时值江水上涨，这些木片乘着秋潮漂流而下，不一日就传遍西南各地，各地保路同志军闻警大惊，为防范赵尔丰派兵围剿，遂主动出击，揭竿而起。

除革命党人外，保路同志军的主体是具有革命思想或革命倾向的哥老会成员。华阳（今四川双流区）秦载赓在1909年加入了同盟会，但他早就是哥老会首领。至于新津侯宝斋，早年参加新津哥老会，被推为"新西公"的龙头大爷。1904年新津九个哥老会联合组成总社，号称"九成团体"，侯宝斋又被推为总舵把子，是新津一带

---

① 熊克武：《蜀党史稿》，《辛亥革命史丛刊》（第二辑），北京：中华书局1980年版。

著名的"社区精英"。还有张达三，也是川西著名的哥老会首领。至于他们的革命思想和政治倾向，可能并不像想象的那样有深度，更不是那样明确和坚定，这是由哥老会的性质决定的。

哥老会是成立于明清之际的民间秘密结社，又称汉留，俗称袍哥，相传是郑成功反清复明洪门的一个分支，后因反清复明无望，逐步演变成民间礼俗相交、患难相恤的社会互助组织，至晚清社会动荡，哥老会重新浮出水面，其成员多为农民、手工业者、被遣散的兵勇以及游民等。他们是社会上的边缘阶级，无依无靠，他们能够走到一起，主要还是经济方面的原因，因为这些大大小小的首领，通过黑白两道，他们总能够为追随的弟兄们找到一碗饭吃。

所以，哥老会和一切民间秘密结社一样，并不是严格意义上的革命组织，革命对他们有利有好处，他们就会革命；革命对他们没有利没有好处，他们就会反革命。至于四川哥老会此时为什么深度介入保路运动，其内在的利益关联现在还不是很清楚，但肯定不是单纯的革命理想就能将他们调动起来。

但不管怎么说，只要哥老会这样的秘密结社一旦起来，对社会就具有很大的影响，他们站在哪一方面，哪一方面就有了成功的机会和可能。9月8日一大早，秦载赓率同志军千余人从成都东门强攻，连续数日，引来数万会众云集成都城下。各地同志军云集成都城外，重创清军，虽然无法有效攻进城内，但他们将城外的电线杆全部砍断，甚至将清政府与总督府往来传递文书的驿站全部占领，致使官府音讯不通。赵尔丰坐困愁城，心力交瘁，通宵不寐。清中央政府也弄不清成都城里的真相，只是潜意识感到大祸临头，高度恐慌。朝廷先是三令五申敦促端方率领湖北新军日夜兼程前往成都；

又急调湘、陕、黔、滇周边各省军队入川协助。9月15日，又急令开缺两广总督岑春煊前往四川，会同赵尔丰办理剿抚事宜，所有川省水陆各军及各省所派赴川援军，"俟岑春煊抵川后，一并归该督节制调遣"。①

岑春煊当年是慈禧太后跟前的红人，也是胆子最大的廉臣能臣，曾经担任过四川总督，对四川事务比较熟悉。然而，他不仅不认同清廷的镇压措施，反而建议清廷公开承诺铁路国有化之后，之前商办期间的一切亏损、挪用、倒账，均由政府买单；即刻释放所有被关押的绅商民众，承诺绝不会秋后算账。更重要的一点是，岑春煊郑重建议朝廷下诏罪己，一旦朝廷做到这些，四川的局势立马好转，不仅无须用兵，而且老百姓一定会感激涕零，三呼万岁。

从事后的观点看，岑春煊的建议当然有助于化解政府与民间社会的对立，有助于因铁路国有政策而引发的全国性骚乱尽快平息。然而岑春煊这个看法在当时并不被政府主流所认同，端方致电盛宣怀和度支部大臣载泽，斥岑春煊的建议只是沽名钓誉，其意在攘夺内阁总理，归罪他人。有了这样的心理障碍，摄政王载沣和朝廷只能在一条道上走到黑。

四川局势僵持不下，朝廷不愿意下诏罪己，终止或中止铁路国有化，或者宣布全额补偿绅商损失，或者如广西巡抚沈秉堃建议，请邮传部宣布将川汉铁路公司中所有零星民间股本一律偿还，至于川路中经营亏损、倒账亏损，也先由邮传部垫认。至于具体的责任，完全可以待事态平息后仔细调查。而邮传部和盛宣怀继续较真，与

---

① 《盛宣怀致岑春煊电》，盛宣怀：《愚斋存稿》卷八十二，第24页。

民争利，不愿让步，只表示川路原有股东中有愿意在铁路国有化之后继续投资者，可以参照湖南的方式，按照一比一的比例配给国家铁路股票，一律分红分利；不愿继续投资的，参照广东的方式，一律实发六成现金，其余四成另给国家印票，分两年给还。至于川汉铁路公司实收股本，国家既全数认还，那么虚糜及倒账之款，也就包括在内了。这种拖泥带水的表态，虽然较前有了很大改观，但毫无疑问，已经对四川愤怒的绅民没有多大吸引力了。四川的局势仍在持续恶化中。

朝廷确曾想过用柔性的办法化解危机，但为时已晚，只好本能地坚持既定的强硬立场，予以镇压。然而赵尔丰能够调动的清军太少，外地的清军也无法迅速赶到。9月15日，朝廷责成正在上海的岑春煊火速前往，然而他不仅发表一系列反对意见，而且拖延到10月2日才抵达武昌，并致电朝廷，要求朝廷开去其差使，准其回上海继续养病。

岑春煊的病当然不是致命的，是端方等人的无端攻击使他非常恼火。朝廷对岑春煊也无可奈何，只能听之任之。10月7日，朝廷谕令湖广总督瑞澂加派湖北新军，谕令湖南巡抚余诚格酌派湘军两三营迅速赶往四川，与先期前往的端方等部会合，以期迅速扑灭骚乱，恢复秩序。

也就在这个时候，早就对清廷始终不愿撤销皇族内阁的湖北新军人心思变，终于趁着四川引发的政治危机举兵发难，大清帝国顷刻瓦解，中国开始了一个新的时代。

第六章

共和初造

铁路干线国有化，就政策出发点而言，无疑是为了更好地发展中国的铁路事业，是清帝国那几年一个深思熟虑的政策调整。清廷将这个新政策作为中国走进宪政大门的第一个重大举措，仅此就可见这个政策并不是愚昧，更不是蛮干。

政策制定主持者盛宣怀面对半个中国因此而发生的骚乱、抗争，并不愿退缩，这在一定程度上也反映了他，以及第一届责任内阁的自信。然而，好的政策并不必然产生好的结果。铁路干线国有化政策犹如一头"灰犀牛"，一旦释出，犹如打开了"潘多拉魔盒"。十年宪政预备于此消解，二百六十多年的大清帝国就此退出中国的政治统治，甚至自秦始皇以来的两千多年帝制也因此而寿终正寝。帝制告终，共和初造。中国在不经意间完成了体制性的大转换，十年来中国精英最不愿看到的革命、共和替代了中国精英最期待的君主立宪。在这历史大转型时期，敢于坚持自己政治信念，并始终如一的人并不多，严复就是其中一个。

最后的理想主义者

　　严复是近代中国最著名的思想家之一，他转译的西方思想文化深刻影响了近代中国人的思想和行为，激发了此后一系列重大事变。有些事变合乎严复的期待，比如新政，比如预备立宪；有些事件，则与严复的期待相反，比如辛亥革命，比如民主共和。然而历史就这样一步一步地走过来了，不管严复是否愿意，他的思想都在影响着中国历史进程。即便严复最不愿看到的革命共和毕竟发生了，他也没有办法拒绝，只能被迫接受，顺势而为，总不能为理想和信念没有实现而殉死，总要有一个继续下去的理由和勇气。这就是历史的无奈。

　　甲午战前，严复的日子过得浑浑噩噩。他在官场上不顺心、不满意，但他还是在清政府体制内坚持着、忍耐着。他一遍又一遍地去参加科举考试，谋取功名；一天又一天地在北洋水师学堂重复着教学和管理，如果不发生意外，必将以此打发此后岁月。谁也想不到的是，一场局部战争不仅改变了中国历史走向，也改变了严复的人生道路。严复由此发生重大转变，一个军校教书匠几乎在一夜之间成为享誉南北的大思想家，开启了此后别样人生的恢宏画卷。

对于甲午战败，特别是北洋海军的覆灭，作为在北洋供职十几年的老人，作为北洋水师学堂教员，严复有着他人无法理解的悲伤，因为那些英勇捐躯的北洋海军官兵，或为他的留学同学，或为他在北洋水师学堂的学生，眼见着新朋旧友一瞬之间阴阳两隔，严复的愤怒、哀伤，确乎无以言表。

面对甲午失败，愤怒的严复首先想到的是怎样才能使中国强盛。过去我们之所以强调严复是近代中国启蒙思想大师，其实就是因为他给中国人介绍了西方是怎样"走向富强"的经验。按照严复的看法，近代世界就是一个弱肉强食的角斗场，物竞天择，适者生存，中国的唯一出路就是遵循这个"天演法则"，强大自己，然后再说其他。

严复的这些说法在甲午战后确实比较新颖，令人警醒，只是严复刻意强调强盛是唯一出路，实际上是在为之前三十年只重视物质增长的"中体西用"富国强兵背书，认为中国所面对的问题就在经济形态上落后于西方，中国最迫切的问题就是经济增长和社会体制变革。至于其他比如政治架构，严复在那个时代并不认为已成为中国发展的障碍，成为非常迫切的问题。

基于这样的认识，在 1895 年后维新运动中他虽然积极介入，传播了许多西方新思想，但好像并不认同康有为、梁启超、谭嗣同等人那些比较激进的观点，我们从他那篇著名的《拟上皇帝万言书》中，发现其主张就是一种君主主导下的政治渐变。在严复看来，中国不可能一步踏上西方人走了几百年的路，但只要中国的变化方向是正确的，就不要操之过急，就应该按部就班，耐着性子一步一步走下去，持之以恒，假以时日，中国终归能够走上东西洋各国共同走过的路。中国既不要标新立异超常发展，也不要总显得急不可耐，总显得步履匆匆。一个政治上成熟的大国就要表现得从容与优雅。

对于康有为、梁启超等人在 1898 年的急切，严复向来不以为然，认为正是这对师徒的乱来，最终葬送了大清两百多年的江山。按照严复当年的设想，假如康有为、梁启超不去鼓励光绪帝匆匆忙忙进行激进的政治变革，而是两宫和睦渐进改良，那么要不了多少时间，大清的政治必能有所改善，等待慈禧皇太后百年，等待小皇帝再成熟一点，许多问题应该不会继续成为问题，应该能够迎刃而解。[1]

严复的思考当然不是事实。慈禧皇太后对政治变革的态度，以及她与光绪帝的关系也不是严复所认识的那个样子。中国在经历了 1898 年之后几年彷徨徘徊，终于在 1901 年重回政治变革轨道，接续 1895 年的维新运动及 1898 年的政治变革。此时的严复，在经历思想上的急剧变化之后，在介入"中国国会"等一系列政治活动之后，也逐渐重回主流社会的改良主义运动，参与新教育，翻译西方重要典籍，为后来的政治变革提供了西学资源。

就其政治主张的基本趋向看，严复认同中国必须变，但绝对不认同、不支持迅速变，他始终如一地认为中国的进步只能循着人类社会发展的一般规律步步行走，无法超越，更不可能迎头赶上。所以不论中国遇到怎样的困难与危机，严复都在告诫国人既要有急起直追的勇气，也要有忍耐，慢慢追慢慢赶，只要方向正确，只要持之以恒，总有赶上西方与世界同步的那一天。这是严复的政治信念。

---

[1]《与熊纯如书》，王栻主编：《严复集》第三册，第 631 页。

新政的发展应该说是顺利的，在那短短两三年时间，中国的政治架构有很大改变，法律体制也在变，知识架构、教育体制，都在短短的新政时期发生先前无法想象的巨大变化，先前争论数十年而不得结果的科举制度——这也是严复一直讨厌的"旧制度"，也在不知不觉中被废除了。这种情形我们过去不太容易理解，甚至有人以为废科举是引发后来辛亥革命的重要原因，因为士大夫阶层没有传统的晋升之阶了，他们失望了，愤怒了，于是革命。

这个看法是不对的。科举制度之所以在新政时期被废除而波澜不惊，最重要的就是因为新教育自1897年设特科开始已有很大进展，朝廷中央层面的大学堂设立了，省级的高等学堂都有了，府州县的中小学堂也遍地开花了，新教育完全取代了旧教育，传统的科举体制已经不再是青年知识分子的首选了，生源都没有了，何来愤怒？

实事求是地说，新政几年的时间就将中国带上了一个正确的轨道，只是随着发展，新政的问题也暴露出来了，即中国的改革究竟目标何在，究竟改到什么地方才是头？这和困惑不是对先前改革的怀疑，而是期望朝廷对中国未来有一个总体性前景描述。

这种困惑大约发生在1903年前后。困惑本身其实已经在回答问题，因为在那几年间，中国人通过各种渠道对世界发展大势已有充分理解，已经知道世界上现存政治体制的基本情形。中国正在实行的是君主专制，君主权力至上，神圣不可侵犯。而日本实行的是君主立宪，这是日本人几十年前从明治初年开始建构的政治体制。中国在1894年的失败与这个体制有关，此后的维新、新政，其本质也有仿行日本从事政治改革的意思。君主专制和君主立宪之外，在当时的世界还有第三种选择即民主共和，美利坚就是这个模式。

通过对三种模式的比较，大约在新政开始不久，中国人的心目中就有了一个比较理想的蓝图，就是怎样促使中国走上日本、英国那样的君主立宪，而不是继续延续原来的君主专制。而且，此时由于孙中山革命党人的活动也由隐变显，革命、共和已经成为中国政治生活中的一个因素，中国能够尽早走上君主立宪道路，在某种程度上也是对革命、共和的遏制。

恰当此时，日俄为东三省权益发生争执，1904 年为此打了起来。日俄在中国的土地为了争夺在中国的权益开战，清政府竟然宣布局外中立，静观事态。中国的民情民意被充分激活，官绅阶层也对朝廷的做法极端不满，一种政治改革的情绪在酝酿中，大家都在内心深处期待立宪后的日本能够打败那个君主专制的大俄国，许多年轻知识分子甚至组织义勇军帮助日本。这在某种程度上代表了中国人的政治倾向，即比较向往日本的政治架构。

日俄战争结束了，朝廷的判断失算了，日本以一个东方小国在前后不到十年时间，先是打败东方大国中国，接着又打败横跨欧亚大陆的大俄国，日本人的能量通过君主立宪获得了充分展示，这留给中国人的印象太深刻了。朝野面对这种情形，无须讨论，无须啰唆，1905 年派遣五大臣出洋考察各国宪政，中国从君主专制向君主立宪转型的过程正式开启。这是中国政治的实质性进步，因而严复和那时主流社会的人一样，很快从 1898 年对政治的冷漠转为对政治的热情，转变为一个君宪主义者，真诚相信君主立宪是当时中国政治上的唯一出路。

对于清廷的君宪主义呼吁，严复给予积极的回应，并利用自己的专业知识为君宪主义运动提供理论支援和学理依据。他在 1905 年先后数次在上海青年会演讲西方政治学，对世界上已有和现存的国家类型给予细致点评，认为要救亡，就必须将中国从君主专制改为君主立宪，因为只有在立宪体制下，民众才能通过议院轻而易举地完成和平变革，实现政府更迭而不危害皇室利益，皇室也就可以在君主立宪体制下万世一系，永享国祚。

严复对君宪主义有很高期待，认为在当时中国的历史文化背景下，君宪主义是唯一出路，君宪主义可以将中国从孤立状态中拯救出来，君宪主义也是世界潮流，然而君宪主义的内涵究竟是什么，严复的理解与思想界主流，与清廷的举措有同有异，并不完全一致。严复指出，君宪主义并不只是政治架构的改革，对于当时的中国来说，君宪主义落到实处，就是要提升教育，普及教育，陶铸国民，改革司法，最大限度防止革命的发生，防止暴力冲突。

对于满汉冲突，严复始终认为是革命党人在理论上的一种虚构，并不是历史的或现实的真实。孙中山和革命党人所鼓吹的民族主义，其实只是一种狭隘的种族主义，这种主义不仅无法拯救中国，反而会将中国拖到一个无底的深渊。严复强调，中国国情确实具有不一样的地方，如果听任一些革命党人的种族主义敌对情绪走向极端的话，那么不仅当政的满洲人没有办法抵抗，甚至毫无防卫的力量，即便是蒙古、新疆、西藏等周边族群都很难找到自己的归宿，他们无法与纯粹的汉人一道组织一个广袤的无法驾驭的共和国家，因为这里有种族仇视仇杀以及感情、习俗、宗教乃至法律上的差异与障碍。当中国不得不进入共和国家时，周边族群的可能出路就是将广袤地域和众多人民转投某一大国而独立。这种事情一旦发生，"分裂中国"的老问题就来了。这就不是中国的出路，而是中国的灾难，是中国的毁灭。[1]所以严复始终如一地坚定地反对革命，反对种族主义、民族主义宣传，认为只有君主立宪可以维系中国这个多族群的国家。

不幸的是，中国政治就沿着严复的预言反向发展，革命甚至一度成为重要选项。对于这一点，严复并没有刻意攻击革命党和孙中山，他认为君宪主义危机的发生和反清主义强盛，其主要根源在于满洲贵族的无能和自私。

根据严复的分析，君宪主义之所以在光绪帝和慈禧太后相继去世不久陷入危机，之所以发生武昌起义和全国范围响应，主要有这样几个原因：一是因为摄政王及其大臣的自私和无能；二是因为心怀不满的新闻记者们给中国老百姓的头脑中带来了无数偏见和误解；三是因为秘密会党和在日本的反叛学生酝酿已久；四是因为在辛亥革命之前几年间长江流域饥荒频仍，以及商业危机引起的恐慌和各个口岸的信贷紧缩。

在严复所分析的因素中，在他看来最重要的就是第一条：摄政王及其大臣的自私和无能。严复指出，清廷在新政开始时接受德国和日本人的建议组建一支现代化的军队是对的，将权力尽可能地收归皇室，收归朝廷中央也不算大错，只是满洲王公在做这两件事情时没有从国家根本利益进行考量，而是带有非常自私的倾向。政府

---

[1] 《严复来函（414号函附件）》（1911 年 11 月 7 日于北京金鱼胡同），［澳］骆惠敏编，刘桂梁等译：《清末民初政情内幕——〈泰晤士报〉驻北京记者、袁世凯政治顾问乔·厄·莫理循书信集》（上），上海：知识出版社 1986 年版，第 786 页。

以三分之一的收入改编军队，不是将这支军队改造成国防军，而是弄成了皇室私家卫队，以为这样一来就可以将壮丽的城堡建筑在磐石之上。摄政王自封为大元帅，让他的一个兄弟统率陆军，让另一个弟弟统率海军，摄政王天真地以为这样至少不愁没有办法对付那些汉族的叛逆子民。摄政王做梦也没有想到恰是所倚仗的东西有朝一日会转而猛烈地反对他，因为他不知道所倚仗的东西的根基已被数百个新闻记者的革命宣传瓦解了。

根据严复的分析，君宪主义在中国成功的机会是巨大的，但是倒霉的盛宣怀和他的铁路干线国有化政策为各地不满的民众抗议政府提供了口实和机会。要是朝廷知道如何对付四川人民，事情或许会好办些。而清廷除了懦弱、自相矛盾外无所作为，结果导致四川暴乱。革命党人那时在为各省谘议局的联合而工作，并在新军中加强了活动，于是武昌失守，军人哗变。

军人的介入使问题的处理变得困难百倍。前往武昌镇压哗变的新军敢于第一次起而抗争，宣称中国人不打中国人，暗示自己与南方新军是同种同族，甚至北方的军队也发动兵谏，种族主义简直就像一个法力无边的魔王，霎时间将悉心经营两百多年的帝国推向绝境。

在军队压制下，清廷被迫退让，于10月30日下诏罪己，发誓要永远忠于服从即将召集的国会，发誓不让任何皇室成员进入内阁；宣布对所有政治犯甚至那些反对皇帝的革命者实行大赦；宪法由议会制订，并将被无条件接受。这三条宣布太重要了，但确实太晚了。严复非常遗憾也非常痛心地表示，如果一个月前做到这三条中任何一条的话，中国的历史都不会这样发展下去了，清帝国依然会是中国历史上最伟大的王朝。然而历史现象往往重演。这和 18 世纪末路易十六的所作所为如出一辙。所有这些都太迟了，没有明显效果。所谓宪法十九信条在严复看来根本不是宪法，只不过是将专制政权从皇帝手里转移到国会，根本无法给中国带来持久稳固，因而不是进步。

对于清廷空前的政治危机，作为资政院"钦选议员"，严复忧心忡忡，但对中国由此变为共和政体，则无论如何不愿认同。严复主要的担心是中国国民程度不具备，中国要想走上共和道路，至少需要三十年的积累和训练。严复指出："按目前情况，中国是不适宜于有一个像美利坚共和国那样完全不同的、新形式的政府的。中国人民的气质和环境将需要至少三十年的变异和同化，才能使他们适合于建立共和国。共和国曾被几个轻率的革命者如孙逸仙和其他人竭力倡导过，但为任何稍有常识的人所不取。因此，根据文明进化论的规律，最好的情况是建立一个比目前高一等的政府，即保留帝制，但受适当的宪法约束。"[1]当然，严复也强调，即便保留帝制形态，也应该使新的帝制较过去的帝制结构更灵活，更能适应环境的变化，有助于推动社会进步。

历史当然没有按照严复的期待方向走，在武昌起义爆发后，由于清廷迟迟拿不出实质性的让步方案，皇族和满洲贵族不愿按照君主立宪的原则分享权力，因此南方独立各省不断加码，不断施压，中国走上民主共和的可能性越来越大。在这种情形下，严复也有一

---

[1] ［澳］骆惠敏编，刘桂梁等译：《清末民初政情内幕——〈泰晤士报〉驻北京记者、袁世凯政治顾问乔·厄·莫理循书信集》（上），第 785 页。

个很重要的判断，他认为，中国如果就比强行进行共和体制，那么必然会引发一轮持久的边疆危机，边疆危机还可能引发大规模的种族复仇，冤冤相报，极有可能会对中国未来发生极为深远的负面影响。一百年过去了，我们不能不承认严复的这个判断太具先见之明了。

按照严复的期待，武昌起义发生后，南方各省独立，大家都应该创造条件让交战双方坐下来谈判，让各方力量都应该在人道和"世界公益"的立场上，提出友好建议，达成和解，适可而止，不是一方吃掉另一方，而是争取双赢、共赢，至少不能一家绝对输。否则中国就会因这场革命走向瓦解，走向崩溃。

严复之所以这样想，是因为他认为中国此时还不是一个真正意义上的近代民族国家，环绕在中国周边的那些部落族群在文化上还没有做好与汉民族融为一体的准备，中国此时如果一定要构建一个现代的民主共和国家，那么就要有这些周边族群脱离中原的心理准备，就要承担起这个巨大损失。为什么会这样呢？

严复强调，大清王朝的统治者是周边的一个少数族群，对于大汉族中部地区来说，确实有点别扭，但是大清王朝在过去两百多年开疆拓土，使所谓原来的中国疆域得到了极大的拓展，蒙古、准格尔等周边族群渐渐地开始或已经内附。但是我们不要忘记，这些周边族群内附是这些族群领导人对满洲贵族最高层的认同，并不是对所谓中国文明的认同和接受，因此如果听任革命党人的种族敌对情绪走向极端的话，那么满洲人确实毫无防卫的能力，但是只是认同满洲人的蒙古、准格尔等又将以何处为归宿呢？他们会同纯粹的汉人一道组成一个广袤的难于驾驭的共和国吗？还是他们会宣

布独立？ [①]

　　严复说这句话的时候为 1911 年 11 月 7 日，此时南北和谈还没有正式开始，然而此后局势的发展，还真的被严复不幸而言中。

　　滦州兵谏发生后，清廷终于下诏罪己，宣布改革，重回君宪主义，袁世凯受命筹组真正意义上的责任内阁，时局因此而发生转变，和平可期。11 月 16 日，面貌一新的专家型内阁名单发布，皇族、皇室成员均退出了内阁，国内外都对中国寄予新的期待，相信袁世凯一定能够扭转大势，劝说清廷在废除了皇族内阁的基础上继续前行，一个全新的君主立宪体制一定能够很快建立起来。

　　政治上的曙光也引起了严复的关注。武昌起义爆发后，"数日风信极恶，江浙皆告独立，资政院民选议员鸟兽散" [②]。严复也在这个时候离开了北京，逃往天津。现在形势好了，资政院又可恢复工作了，所以严复也在这个时候回到北京。

　　12 月 2 日，严复被袁世凯召见。根据对形势的观察，严复向袁世凯提出了一些重要建议：一是阻止皇室离开北京，前往热河，认为如此无助于形势好转，反而徒生困难；二是政府要加大信息透明度，尽快适应信息自由的社会环境，主动将政府的计划告诉报界告诉人民；三是要罗致人才，尤其是梁启超这样的人才应该尽快罗致

---

① 严复说："合众民主定局之后，不知何以处辽沈，何以处蒙古、准格尔、新疆、卫藏，不知我所斥以为异种犬羊而不屑为伍者，在他人方引而亲之，视为同种，故果遂前画，长城玉关以外断断非吾有，明矣。"见《与张元济书》，王栻主编：《严复集》第三册，第 557 页。

② 《严复辛亥日记九月十七日》（11 月 7 日），王栻主编：《严复集》第五册，第 1511 页。

到京；四是要收拾人心，重振人民的信心，这件事现在由皇室去做可能迟了，但在内阁在政府还为时不晚；五是建议政府尽快宣布一些改革措施，比如废除太监制度，废除跪拜制度，这些都是当务之急。①

严复的这些建议在多大程度上获得了袁世凯的认同，我们并不太清楚。但我们知道，严复很快被征召为南北议和政府代表团的"各省代表"，与唐绍仪、杨士琦、严修、傅增湘、章宗祥、张国淦等议和成员一起于 12 月 9 日南下参与谈判。

登车伊始，谈判代表唐绍仪就剪掉了标志着清朝顺民的大辫子②，而严复直至到了上海，都依然留着这个标志。唐绍仪的行为当然被解读为比较倾向于共和民主，而严复的坚持则被解读为"以示不主共和之意"③，依然坚守君主立宪的政治立场。

袁世凯邀请严复参与议和谈判，除了严复的政治态度和资历外，可能还有一层原因就是严复与黎元洪有着不一样的师徒情谊。所以当严复一行抵达汉口，遂于 12 日下午与唐绍仪等几位代表渡江前往武昌，与黎元洪等人会面，劝说黎元洪重回君宪主义道路，反复解释只有君宪主义才能从根本上为中国开辟一个新时代。

严复等人的劝说在一定时间段起到了相当大的作用，黎元洪和武昌革命党人确实在会晤时表示可以考虑重回君宪体制，只是要求清廷必须彻底改革，不能再耍什么新花样假招子。对于这一点，严

---

①　王栻主编：《严复集》第五册，第 1513 页。

②　［澳］骆惠敏编，刘桂梁等译：《清末民初政情内幕——〈泰晤士报〉驻北京记者、袁世凯政治顾问乔·厄·莫理循书信集》（上），第 814 页。

③　劳祖德整理：《郑孝胥日记》第三册，第 1373 页。

复也感同身受，认为重回君宪主义的前提当然是清廷彻底改革、悔过自新。他对清廷的建议是，根据文明进化论规律，最好的情况是建立一个比目前高一等的政府，即保留帝制，但受适当的宪法约束。应尽量使这种结构比过去更灵活，使之能适应环境，发展进步。可以废黜摄政王，如果有利的话，可以迫使幼帝逊位，而遴选一个成年的皇室成员接替他的位置。[①]

对于严复等人的劝说，黎元洪等南方党人表示相当程度的认同，清醒知道现在的中国已经严重分裂，如果不能及早了结，中华即便不会迅速亡国，也是一场大灾难，所以黎元洪等人在谈判的时候虽有辩争，却无骄嚣之气，而是忧深虑远。

根据严复观察，黎元洪等人虽没有明白确认重回君宪，然察其语气，固亦可商，有了回旋的可能，只是在具体条件上还有一些想法，认为如果继续保持君主立宪体制，那么在内阁构成上就要有更加周密的考虑。

至于共和民主问题，黎元洪等南方党人也向严复等作了解释，严复等人回应说共和民主这些制度或许是个好制度，但可能与中国目前的情形不合，与国民程度不合。对这些解释，革命党人当然不愿承认。假如一定要走向共和，一定要建立一个民主共和国，那么究竟应该由谁去承担共和国总统的大任呢？党人则坦然以袁世凯对。他们宁愿要袁世凯当总统成立新的国家，以民主宪纲约束袁世凯的行动，也不愿以君主而用袁世凯为内阁总理大臣，以为如此，袁世

---

① ［澳］骆惠敏编，刘桂梁等译：《清末民初政情内幕——〈泰晤士报〉驻北京记者、袁世凯政治顾问乔·厄·莫理循书信集》（上），第 785 页。

凯将来势必坐大，未来更不可收拾。

根据严复的记录，黎元洪等人在同意重回君宪的同时，也格外重视究竟怎样才能保证重回君宪，怎样才不会被朝廷继续糊弄，而且朝廷特别是袁世凯政府必须对未来政治架构有个承诺，无论如何不能事平日久，复成专制，必须要有制度上的保障。还有，鉴于朝廷累次失信于民，那么必须保障朝廷这一次不能再失信，不能秋后算账。[①]

重回君宪主义露出了曙光，和平解决的前景越来越明朗，但这个看法只是黎元洪和湖北方面的，至于南方其他派别，尤其是革命党人控制的上海，究竟会发生什么样的情形也很难说。鉴于武汉的谈判只能这样了，而更多的南方代表都已前往上海了，再加上南方谈判代表伍廷芳在上海，东南大佬张謇、赵凤昌等人也无法前往武汉，所以南北和谈迅即转往上海。12月18日在南北双方代表在那里举行了第一次会议。

严复随代表团到了上海，只是在第一次会议之后，严复就因事准备返回北京。在上海的这个短暂时间里，严复还是通过各种方式表达了他对中国未来政治架构的基本看法，认为中国只有坚守君主立宪这条路才有希望，共和政体不合乎中国，至少在目前看来如此。严复的理由是，清廷尽管很腐败、很无能，但是清廷未必如批判者所说的那样坏，"今日政府未必如桀"，而革命党人虽然有高远的政治理想，共和民主也是那么诱人，但是"革党未必如汤"[②]，因此中国

---

① 　王栻主编：《严复集》第三册，第503页。
② 　劳祖德整理：《郑孝胥日记》第三册，第1373页。

的出路不在遇到目前这样一点困难就绕道转向共和。

　　形势比人强。严复等人 1911 年 12 月 25 日离开上海返回北京，几天后，孙中山在南京成立了中华民国临时政府。紧接着，南北各方达成和解协议，清帝退位，优待皇室，五族共和，由袁世凯出任中华民国大总统。这一切虽然不是严复的理想，不是他的君宪原则，但事已至此，这些妥协也是一个可以接受的选项，因而没过多久，1912 年 2 月 26 日，严复欣然接受中华民国大总统袁世凯的任命①，接管京师大学堂，毫无眷恋地抛弃君宪主义，坦然进入一个全新时代。

---

① 王栻主编：《严复集》第三册，第 770 页。

"流质善变"

　　梁启超则属于另一类，最善于跟随或引领新潮，往往"不惜以今日之我非昨日之我"，在辛亥巨变历史时期，梁启超的表现更为突出。

　　梁启超（1873—1929），字卓如，号任公，又号饮冰室主人等，举人出身，康有为门下第一人，毕生事业、学问，都与康有为有着极为密切的关系。

　　其实，梁启超本来就是岭南神童，再加上康有为的关系，使他很小就暴得大名，执中国知识界牛耳数十年，成为近代中国影响最大的思想家之一。

　　胡适说："梁启超当他办《时务报》的时代已是一个很有力的政论家；后来他办《新民丛报》，影响更大，二十年来的读书人差不多没有不受他的文章的影响的。""梁启赶最能运用各种字句语调来做应用的文章。他不避排偶，不避长比，不避佛书的名词，不避诗词的典故，不避日本输入的新名词。因此，他的文章最不合'古文义法'，但他的应用的魔力也最大。"尤其是，梁启超那些"笔锋常带感情"的文字，不仅在一定程度上促进了近代中国的急剧变化，而且深深影响了整整一代中国人。[①]

毛泽东也自认深受梁启超的影响，直至延安时期依然记得住在学校时认真读过表兄送给他的两本书，"是讲康有为变法运动的。其中一本是《新民丛报》主编梁启超所著。这些书我读了又读，直至熟记背诵。我崇拜康有为和梁启超，也很感激我表兄，当时我认为他是非常进步的"[②]。

郭沫若曾深情地回忆，"那时候的梁任公已经成了保皇党了。我们心里很鄙视他，但却喜欢他的著书。他著的《意大利建国三杰传》，他译的《经国美谈》，以轻灵的笔调描写那亡命的志士，建国的英雄，这是令人心醉。我在崇拜拿破仑、俾斯麦之余，便是崇拜的加富尔、加里波蒂、马志尼了"；"平心而论，梁任公的地位在当时确实不失为一个革命家的代表。他是生在中国的封建制度被资本主义冲破的时候，他负戴着的时代的使命，标榜自由思想而与封建的残垒作战。在他那新兴锐气的言论之前差不多所有的旧思想旧风习都好像狂风中的败叶，完全失掉了它的精彩。二十多年前的青少年，——换句话说，就是当时的有产阶级的子弟——无论是赞成或反对，可以说没有一个没有受过他的思想或文字的洗礼的。他是资产阶级革命时代的有力的代言者，他的功绩实不在章太炎辈之下。他们所不同的，只是后者的主张要经过一次狭义的民族革命，前者以为这是不必要的破坏罢了。他们都是醉心资本主义的人，都是资

---

① 《五十年来中国之文学》，《胡适全集》卷二，合肥：安徽教育出版社 2003 年版，第 287 页。

② ［美］埃德加·斯诺：《西行漫记》，北京：生活·读书·新知三联书店 1979 年版，第 99 页。

本制度国家的敬仰者，都在主张立宪。同样的立宪，美法的民主和英日的君主是并没有两样的"[1]。

　　然而应该指出的是，梁启超的影响毕竟是多方面的，毛泽东和郭沫若的回忆无疑更多地强调了梁启超思想影响的积极方面，而且侧重于梁启超一生中最辉煌的那些年代。事实上，正如梁启超自己所评价的那样，他是一个"流质善变"的人，往往随着时代条件的变化，"不惜以今日之我难昔日之我"。

　　故而，如果仅仅看到梁氏思想影响的积极方面，恐怕并没有描绘出梁启超思想品格的真实面目。甚至如严复所说的那样："吾国自甲午、戊戌以来，变故为不少矣。而海内所奉为导师，以为趋向标准者，首屈康（有为）、梁（启超）师弟。顾众人视之，则以为福首，而自仆视之，则以为祸魁。"[2] 严复这种低调乃至反调评估或失偏颇，但他无疑向我们提出一个重要的学术问题，那就是梁启超毕生数变的真实心迹何在？这种变化究竟在中国近代历史上占有何种地位，具有何种意义？

　　梁启超的出现是近代中国特殊环境下的特有现象。换言之，如果不发生近代中国那一系列急剧性的政治变化，准确地说，如果不是出现 1894 年的中日甲午战争，当然如果不是中国惨败，那么不论梁启超天生具有怎样的反叛精神，他最终都不能逃脱中国传统知识人的一般成长道路——科举致仕。

———————

[1]　郭沫若：《少年时代（沫若自传第一卷）》，北京：新文艺出版社 1951 年版，第 126 页。

[2]　《与熊纯如书第三十》，王栻主编：《严复集》第三册，第 631 页。

然而，1894 年在近代中国，乃至数千年中国历史上委实重要，它不仅由此宣布清政府辛苦经营达三十年之久的洋务运动彻底破产，而且意味着中国数千年来相对独立的发展优势已一去而不复返，中国不但要被迫卷入世界一体化的发展潮流，而且极有可能在一个相当长时期里不得不处于屈辱的弱势地位。尤有甚者，伴随着 1894 年的灾难，三十年前开始追随慈禧太后的一批政治领袖、学界名人必将成为历史陈迹，不得不逐步让位于一代新人。我们看到，在 19 世纪末 20 世纪开始的二十年中最为活跃的那批政治领袖、学界领袖，几乎无一例外都与 1894 年的甲午巨变有或深或浅的关系。

1894 年甲午巨变，尤其是清政府当道者的昏庸无能，对年仅二十二岁的梁启超来说无疑形成了刻骨铭心的印象，他的爱国主义情绪和极其强烈的忧患意识也正是在这种背景下油然而生。他在此时所作的一首诗中写道：

> 奇士在世间，即造一世福。
>
> 履崇与处庳，所愿乃各足。
>
> 新义凿沌窍，大声振聋俗。
>
> 数贤一振臂，万夫论相属。
>
> 人才有风气，盛衰关全局。
>
> 去去复奚为，芳草江南缘。
>
> 采掇当及时，无为自穷蹙。[①]

[①] 《与穰公同年书》，丁文江、赵丰田编：《梁启超年谱长编》，上海：上海人民出版社 1983 年版，第 33 页。

于是，他彻底放弃他的祖父辈属望甚高的科举考试，转而追随他的老师康有为，为中国命运、前途奔走呼号，"已渐有慷慨激昂之态"。①

中国在甲午战争中的失败，其直接后果是巨额战争赔款和割让台湾。因而当《马关条约》的内容传来时，梁启超和他的老师康有为等人最直接的反应便是调动舆论，试图以中国传统社会知识人集体上书的形式，压迫或者说是支持清政府拒签对日和约，"力言台湾万不可割"。②然而清政府此时面对日本毕竟不同于往昔那些屈从于中华帝国的"蛮夷之邦"，因此，尽管有康梁这样一大批热血知识人无保留地支持，清政府也不得不在《马关和约》上签字画押。

清政府的昏聩无能、软弱乏力，既在梁启超意料之外，也在其预料之中。因为早在1892年他就相当清楚地意识到，中国之弱的根本原因不是来自其他方面，而是根源于中国人数百年的闭塞愚昧。他说："启超半年以来，读书山中，每与诸同志纵论世变，退息虑而熟思之。窃以为今日时事，非俟铁路大兴之后，则凡百无可言者。奚以明之？中国人士，寡闻浅见，专己守残数百年，若坐暗室之中，一无知觉。创一新学，则沮挠不遗余力，见一通人，则诋排有如仇雠，此其故皆坐不兴铁路。铁路既兴之后，耳目一新，故见廓清，人人有海若望洋之思，恍然知经国之道之所在，则不待大声疾呼，自能变易，则必无诋排，必无沮挠，然后余事可以保举，而大局可

---

① 梁启勋：《曼殊室戊辰笔记》，丁文江、赵丰田编：《梁启超年谱长编》，第36页。

② 《任公先生大事记》，丁文江、赵丰田编：《梁启超年谱长编》，第37页。

以有为。"①

　　基于此种认识，梁启超对"公车上书"的失败并不感到十分意外，此次失败不仅没有减弱他的爱国热情、忧患意识，恰恰相反，更增强了他的历史责任感、时代使命感。于是在 1895 年 7 月，梁启超便积极协助康有为在京师创办强学会，刊行《中外纪闻》，期望以此提倡新学，开通风气，"冀输入世界之智识于我国民，且于讲学之外，谋政治之改革"。② 故而我们看到，强学会的性质确如梁启超所说的那样，实兼有学校与政党而一之焉。

　　强学会的宗旨无疑是爱国、强国，因此在它成立之后便获得了迅速发展，不仅赢得了那些关心国事的一般士人的支持、参与，而且吸引了相当一批朝中开明官僚的理解、帮助。在这种情况下，如果强学会领导人好自为之、审时度势，团结一切可以团结之人，那么强学会便极有可能成为未来中国政治改革的"思想库"或策源地。

　　然而不幸的是，强学会主要领导人毕竟没有足够的政治经验，不仅强学会内部管理混乱，人员庞杂，而且由于强学会领导人具有先入为主的偏见，完全凭个人好恶品评朝中人物，并主观地将朝中人物区分为主张改革的所谓"帝党"，和主张保守的所谓"后党"，对前者竭力拉拢与亲近，对后者则竭力贬低乃至拒绝入会。正是这种幼稚的政治理念，不仅引起了那些被拒绝入会者的强烈反感，而

---

① 《与穰卿同年足下书》第二，上海图书馆编：《汪康年师友书札》第二册，上海：上海古籍出版社 1986 年版，第 1828 页。
② 《莅北京大学校欢迎会演说辞》，《饮冰室合集》文集之二十九，第 38 页。

且实际上由此注定了强学会的命运和康、梁终其一生政治生涯的悲剧性结局的思想根源。换句话说，如果康、梁等人当时不过分介入统治层的内部斗争，那么，不但强学会的结局要好些，而且康、梁本人也必将在近代中国的历史上发挥更大的作用。

然而，真实的历史毕竟不如后来者出自良好愿望的假设那样美好。曾经参与其事的汪大燮、吴樵等人在当时就已清楚地看到，"强学书局自十月开设之后，口舌甚多"[①]，内部争斗不休，"强学气被康长素糟坏，致有浮言"。[②]尤其是当朝大臣李鸿章因捐金入会被拒之后，强学会的负责人又向刘坤一函索五千金。这便不仅触怒了李鸿章，致使李鸿章出使俄国前发誓："若辈与我过不去，我归看他们尚做得成官否？"[③]于是，李鸿章儿女亲家、御史杨崇伊便"揣政府之意，迎合李、孙，欲借此以兴大狱，遽以聚党入奏。朝旨并不交查，遽封禁"。[④]轰动一时的强学会和《中外纪闻》便转眼间成为过眼烟云，梁启超的救国理想不能不由此而受到强烈刺激，其忧患意识也不能不由此而加强。

强学会与《中外纪闻》的失败对梁启超来说应是一次不小的打击，他虽然后来从不详谈这次失败的真实原因，但他在后来的行动中确实注意到这次失败的教训。他在此次事件不久致汪康年的一封信中谈到他的感想和未来打算，于此我们可以看出他的沉重心情与思想变化。

---

① 汪大燮：《致汪康年书》第六十二，《汪康年师友书札》第一册，第 720 页。
② 汪大燮：《致汪康年书》第六十三，《汪康年师友书札》第一册，第 723 页。
③ 汪大燮：《致汪康年书》，《汪康年师友书札》第一册，第 731 页。
④ 吴樵：《致汪康年书》，《汪康年师友书札》第一册，第 472 页。

他说："时局之变，千幻百诡，哀何可言！黄门以言事伏诛，学士以党人受锢，一切情节，想铁樵伯唐书中详之，无事琐缕。南北两局，一坏于小人，一坏于君子，举未数月，已成前尘。此自中国气运，复何言哉！此间虽已复开，然麕入无赖，贤者羞之，腥羶之地，不复可以居也。兄在沪，能创报馆甚善，此吾兄数年之志，而中国一线之路，特天之所废，恐未必能有成也。若能成之，弟当唯命所适。湘省居天下之中，士气最盛，陈右帅（宝箴）适在其地，或者天犹未绝中国乎。若报馆不成，弟拟就之。……事变太亟，而我辈所欲为之事，无一能就，动念灰心，如何如何！"[1]

由此我们不难看出，梁启超虽然对时局剧变业已灰心，但并未丧志，并未消沉，而是期望在已有经验教训基础上再行起步，开创一片新天地。在某种意义上说，梁启超这种判断与考虑，犹如一个多情的单恋者，尽管清王朝并未怎样偏爱他，但他依然恋恋不舍，寄予无限深情，他所要从事的活动，便依然是为了清王朝的复兴与繁荣。这是近代以来相当一部分中国知识人的共有现象。

鉴于此种考量，加上某些机缘巧合，梁启超于1896年3月离京赴沪，参与创办《时务报》，并担任总撰述，"自著《变法通议》，批评秕政，而救弊之法，归于废科举、兴学校，亦时时发'民权论'，但微引其绪，未敢昌言"。[2]尽管如此，梁启超依然从《时务报》获得空前名气，一时间成为举国注目的维新人物，成为中国近代舆论

---

① 梁启超：《与穰卿我兄同年书》，见《汪康年师友书札》第二册，第1832页。
② 《清代学术概论》二十五，朱维铮校注：《梁启超论清学史二种》，上海：复旦大学出版社1985年版，第69页。

界的精神领袖。胡思敬后来回忆说："当《时务报》盛行，启超名重一时，士大夫爱其语言笔札之妙，争礼下之。自通都大邑，下至僻壤穷陬，无不知有新会梁氏者。"①就连后来对梁启超的作用很不以为然的严复也不得不承认："任公文笔，原自畅遂，其自甲午以后，于报章文字，成绩为多，一纸风行海内，观听为之一耸。"②

　　不过，当我们仔细检查梁启超在《时务报》时期的文字，不难发现其思想深度在本质上并未超越乃师康有为所发明的《公羊》"三世说"，而是以三世说为指导，强调目前的中国只能通过变法改革而求生存，他写道："要而论之，法者天下之公器也，变者天下之公理也。大地既通，万国蒸蒸，日趋于上，天势所迫，非可阏制。变亦变，不变亦变，变而变者，变之权操诸己，可以保国，可以保种，可以保教。不变而变者，变之权让诸人，束缚之，驰骤之。呜呼！则非吾之所敢言矣。"③对于前此三十余年清政府洋务新政，梁启超以为只变其表，未变其里，非真能变也；而他所期望的变法维新，是知其本原之害的彻底措施。

　　在某种意义上说，梁启超此时的变法主张较洋务新政确实来得深刻，因为他毕竟意识到中国的落后并不仅仅在于器械等形而下的东西不如人，而是在制度层面存在某些更为深刻的原因。故而他较洋务新政倡言者更进一步，主张要变革必须从制度层面始，以制度改革培养造就一代新人，这样或许能使中国发生质的变化和巨跃。

---

① 胡思敬：《戊戌履霜录》卷四《党人列传》。
② 《致熊纯如书第三十九》，王栻主编《严复集》第三册，第648页。
③ 《变法通议》，《饮冰室合集》文集之一，第18页。

"吾今为一言以蔽之，曰变法之本在育人才，人才之兴在开学校，学校之立在变科举，而一切要其大成，在变官制。"[1]

或许正是基于这种分析，梁启超在 1897 年 10 月应湖南巡抚陈宝箴、学政江标之聘，离开《时务报》馆，就任湖南时务学堂讲席，以身体力行培养了一批新人才，为后来百日维新及梁启超毕生事业做了干部方面的准备。他在后来回忆这段经历时写道："启超至，以《公羊》《孟子》教，课以札记，学生仅四十人，而李炳寰、林圭、蔡锷称高才生焉。启超每日在讲堂四小时，夜则批答诸生札记，每条或至千言，往往彻夜不寐。所言皆当时一派之民权论，又多言清代故实，胪举失政，盛倡革命。其论学术，则自荀卿以下汉、唐、宋、明、清学者，掊击无完肤。时学生皆住舍，不与外通，堂内空气日日激变，外间莫或知之。及年假，诸生归省，出札记示亲友，全湘大哗。"[2] 显而易见，梁启超此时思想较《时务报》时期更进一步，已多少抛弃了对清王朝的单相思恋情，而对之进行较为直接的攻击，乃至倡言革命了。

梁启超的思想如果循此路线继续发展，那么不仅他个人后来的历史将要重写，而且有可能影响后来中国政局的变化。然而梁启超并没有沿着这条思路走下去，而是走到半路戛然而止，又回到怎样支持清政府实行自我改革的道路上来了。戊戌（1898）二月，梁启超再度入京，适值俄国人索要旅顺、大连湾事件起，于是梁启超又

---

① 《变法通议》，《饮冰室合集》文集之一，第 10 页。
② 《清代学术概论》二十五，朱维铮校注：《梁启超论清学史二种》，第 69 页。

联合各省公车"于三月初之日上书都察院，力陈旅、大之不可割"[①]，并建议清政府"与其割要地于强俄，以致瓜分之立见，孰若求公保于各国，然后变法以图存，天下存亡在此一举"。[②] 劝清政府以拒俄为契机，变法图存，或许有助于清廷摆脱困境。

这封言辞恳切的上书仍然未能送达清廷高层统治者，但其所揭示的那些事实和道理无疑也是清廷统治者此时最为关心的。戊戌正月初三，光绪帝"遂命王大臣延康有为于总署，询问天下大计变法之宜，并令如有所见，及有著述论政治者，可以总署进呈。于是其（康有为）书卒得达。皇上览之，肃然动容，指篇中'求为长安布衣而不可得'，及'不忍见煤山前事'等语，而语军机大臣，曰非忠肝义胆，不顾死生之人，安敢以此直言陈于朕前乎？叹息者久之"。[③] 康有为的变法主张终于赢得了清廷最高统治者的认同，梁启超数年来追随乃师所倡言的变法维新事业终于有了实践的机会。

康有为那些振奋人心的著作深深地打动了光绪皇帝的心，"上置御案，日加披览，于万国之故更明，变法之志更决"。[④] 后来被称为"百日维新"或"戊戌维新"的这场政治改革运动至此便轰轰烈烈正式开始。

作为康有为得意门生及第一大弟子，梁启超在百日维新过程中发挥了至为重要的助手作用，并曾获得光绪帝召见，当面讨论提倡西学及设立学校等问题。然而，或许由于康、梁锋芒太露，"规模太

---

① 《国闻报》光绪二十四年三月十三日。
② 《湘报》光绪二十四年闰三月第 49 号《上都察院呈稿》。
③ 《戊戌政变记》，《饮冰室合集》专集之一，第 10 页。
④ 《戊戌政变记》，《饮冰室合集》专集之一，第 15 页。

大，志气太锐，包揽太多，同志太孤，举行太大，当此排者、忌者、挤者、谤者，盈衢塞巷，而上又无权"①，或许看在梁启超毕竟过于年轻，总之，在百日维新全过程，梁启超不仅没有获得什么重要职务，而且其真正发挥的作用也甚为有限。尽管如此，当戊戌政变发生，梁启超仍被清廷列为国事要犯而通缉。不得已，他只好求助日本驻华使馆，在日人庇护下仓惶出逃，开始他为时十余年的流亡生涯。

百日维新失败，对梁启超来说当然是一次致命打击，经此痛苦历程，他的思想见解在此后也有些许显著变化。一方面，他深为痛恨清廷内部的所谓保守派，认为大清江山迟早必将断送在他们手里。另一方面，他对他心目中假想的清廷圣主光绪帝期待甚高，依然期望光绪帝有朝一日恢复实际权力后，重开中国改革与进步的新局面。

因此，在他流亡生涯早期，不论是他的政治活动，还是他的理论宣传，都十足地表明他是一个坚定的保皇党人。他认为，中国数十年来之所以积弱不振，推其故，"其总因之重大者，在国民全体；其分因之重大者，在那拉（氏）一人。其远因在数千年之上，其近因在二百年以来，而其最近因又在那拉柄政三十年之间"②，而光绪帝无权。

梁启超的分析或许不无道理，但其保皇理论的真实目的无疑如章太炎所准确揭示的那样在于阻碍革命之发生："呜呼！梁子所悲痛者革命耳，所悲痛于革命而思以建立宪法易之者，为其圣明之主耳！""呜呼！梁子迫于忠爱之念，不及择音，而忘理势之所趣，其

---

① 康广仁：《致易一书》，丁文江、赵丰田编：《梁启超年谱长编》，第 123 页。
② 《中国积弱溯源论》，《饮冰室合集》文集之五，第 41 页。

说之偏宕也亦甚矣。"①

　　章太炎的批评击中了梁启超的思想要害，在某种程度上也促进了梁启超思想的变化与发展。我们看到，梁启超在此之后确曾一度讨论并主张反清与革命，认为只有尽早进行一次较为彻底的破坏，才能真正为中国的未来发展廓清障碍，奠定基础。他在 1902 年写给乃师康有为的一封信中说："日本以讨幕为最适宜之主义，中国以讨满为最适宜之主义，弟子所见，谓无以易此矣。满廷之无可望久矣，今日日望归政，望复辟，夫何可得？即得矣，满朝皆仇敌，百事腐败已久，虽召吾党归用之，而亦决不能行其志也。"②梁启超在这里虽然对革命、反清的真实含义不甚了了，但他从此后确实很少再言保皇救国了。

　　这当然并不意味着梁启超已对革命党人的主张产生认同。事实上，即使在他的政治主张最为激进时，他革命、反清的内涵依然与革命党人的主张存在较大差异。也就是说，他一方面脱离康有为过分保守的保皇救国论，"深信中国之万不能不革命"③，因政治的发展已经成为中国进步的障碍时，便只有借助于革命的破坏手段推倒重来，才能从根本上解决中国问题。就此而言，梁启超的思想已明显脱离旧有轨辙，而比较靠拢革命党人。

　　但是另一方面，"启超亦不慊于当时革命家之所为，惩羹而吹齑，

① 章太炎：《亚仇满论》，张枬、王忍之编：《辛亥革命前十年间时论选集》卷一，北京：生活·读书·新知三联书店 1977 年版，第 94 页。
② 梁启超：《与夫子大人书》，丁文江、赵丰田编：《梁启超年谱长编》，第 286 页。
③ 梁启超：《与勉兄书》，丁文江、赵丰田编：《梁启超年谱长编》，第 320 页。

持论稍变矣"。[1]尤其是"其后见留学界及内地学校，因革命思想传播之故，频闹风潮。窃计学生求学，将以为国家建设之用，雅不欲破坏之学说，深入青年之脑中。又见乎无限制之自由平等说，流弊无穷，惴惴然惧。又默察人民程度，增进非易，恐秩序一破之后，青黄不接，暴民踵兴，虽提倡革命诸贤，亦苦于收拾。加以比年国家财政国民生计，艰窘皆达极点，恐事机一发，为人劫持，或至亡国。……自此种思想来往于胸中，于是极端之破坏不敢主张矣。故自癸卯甲辰（1903—1904）以后之《新民丛报》专言政治革命，不复言种族革命。质言之，则对于国体主维持现状，对于政体则悬一理想，以求必达也"。[2]显而易见，梁启超的这一主张虽然靠近革命党，但又和革命党人的政治主张有着本质区别、绝大差异。

正因为这样，我们看到在 20 世纪之初那几年里，梁启超事实上受到保皇党人和革命党人双重夹击，前者以为其过于激进，后者则斥其为清廷的走狗，过于反动和保守。然而，如果我们不以先入为主的偏见重新评估梁启超此时的政治主张，我们不难发现他之所以受到革命与保守的双重夹击，无疑是他看到了二者的弱点而竭力修补之，并期望从二者的夹缝中走出"第三条道路"来，而这一点可能正是梁氏思想价值之所在。

梁启超试图从保守与革命之间走出第三条道路，毫无疑问，他的人文关怀并不在于清廷的存废，而在于如何才能使中国步入现代化道路，构建现代国家。在他看来，保守的主张固不足取，但过于

---

[1] 《清代学术概论》二十六，朱维铮校注：《梁启超论清学史二种》，第 70 页。
[2] 《莅报界欢迎会演说词》，《饮冰室合集》文集之二十九，第 3 页。

激进的革命主张也可能适得其反。他说："中国今日，固号称专制君主国也，于此而欲易以共和立宪制，则必先以革命，然革命绝非能得共和而反以得专制。"①梁启超的这一判断粗看起来不仅武断，而且不甚合乎情理，但反观辛亥革命后若干年政治实践，我们又不能不承认确被梁启超不幸而言中。

共和革命既然不合乎当时的中国实际，旧的君主专制也存在许多流弊，那么中国的出路何在呢？梁启超认为，中国的唯一出路就在于从二者之间寻求第三条道路。简言之，中国今日当以"开明专制"为立宪制之预备，并以此走完"过渡时代"，然后方能使中国稳步踏上现代化的康庄大道。他强调："吾谓暴动后之开明专制，必须经一度极棼扰、极惨酷之结果，如法国之恐怖时代者，及人心极倦之后，有如拿破仑者出焉，然后开明专制乃可期耳。然此果为国家之福耶？抑国家之祸耶？愿爱国之士平心察之。"②

梁启超的担心并非全无道理的无的放矢，辛亥革命后直至20世纪30年代的事实在相当程度上印证了此种判断的正确性。然而，历史的发展从来不依人们的善良愿望为唯一凭借，尤其是当人们并没有看见历史发展的最终恶果时，他们的追求当然是"取法乎上"——尽管这个"上"仅仅是口号性的。因此我们看到，20世纪中国历史的发展，几乎无一例外地都迷惑于口号或提法的先进与落后方面。由于君主立宪不如民主共和先进，人们便选择了民主共和。于是乎

---

① 梁启超：《开明专制论》，张枬、王忍之编：《辛亥革命前十年间时论选集》卷二，第 165 页。

② 梁启超：《开明专制论》，张枬、王忍之编：《辛亥革命前十年时论选集》卷二，第 188 页。

我们看到，正当梁启超喋喋不休地倡言开明专制、过渡时代，并以新道德、新伦理启迪民众，以便为将来奠定良好的思想文化基础的时候，中国历史发展实际上已掀开新的一页，1911 年中国大革命实际上已宣布梁启超的理论与追求基本破产，中国的未来与发展便不能不转入另一条轨道。

对于辛亥革命的突然发生，梁启超并非全无心理上的准备。他之所以在清王朝最后几年不计前嫌，以流亡者的身份竭力襄助清廷的立宪改革，可能在很大程度上取决于他对革命将要到来的预感。据徐佛苏后来回忆：“虽然，梁（启超）先生仍不满意清廷缩短立宪期限之举，曾函勉余及孙洪伊诸君，谓吾辈同志为预防全国革命流血惨祸起见，劝告各省法团向政府和平请愿……不料吾辈要求声嘶气绝，而政府毫无容纳之诚意。……更不料清廷因此震怒，立下明谕，勒令代表等出京还里。”[1]

清廷已到了不可救药的程度，梁启超对此并非全无了解。事实上，如果仅从感情而言，梁启超对清廷及满洲贵族的痛恨并不在革命党人之下，也就是说，他本可以此为契机，襄助革命党人推翻清廷，建立共和。然而，梁启超并没有这样做，甚至在武昌起义爆发后，他依然没有完全抛弃清廷的想法。他认为：“革命军杀尽满人之时，即中国瓜分之时也。夫痛恨满人之心，吾辈又岂让革党？而无如此附骨之疽，骤去之而身且不保，故不能不暂借为过渡，但使立宪实行，政权全归国会，则皇帝不过坐支乾修之废物耳。国势既定，

---

[1] 徐佛苏：《梁任公先生逸事》，丁文江、赵丰田编：《梁启超年谱长编》，第514 页。

存之废之，无关大计，岂虑其长能为虐哉？吾党所坚持立宪主义者，凡以此也。"①这就是梁启超此时提出"虚君共和"主张的真实用意。

由于国内政治形势发展太快，梁启超"虚君共和"主张未及实行，清廷便无心恋战，宣布退位。面对此种情况，梁启超审时度势，及时调整了战略，决定全力支持袁世凯恢复秩序，使中国尽快步入正常发展的轨道。如果就其思想渊源来说，梁启超的这一调整实际上就是他在《开明专制论》中所谈到过的等而下之的方案。换言之，梁启超认为此时的中国必须尽快建立一个强有力的中央政府，尽快使中国纳入建设的轨道。然而从当时国内已有政治势力的基本情况来说，以孙中山为首的革命党人虽为一强有力的政党，但在梁启超看来则明显不具备领导中国从事建设的力量，而具备此种力量的当推旧官僚出身的袁世凯。

梁启超说："吾自信，项城若能与我推心握手，天下事大有可为。虽然，今当举国中风狂走之时，急激派之所最忌者，惟吾二人，骤然相合，则是并为一的，以待万矢之集，是所谓以名妨实也。吾自问，对于图治方针，可以献替于项城者不少；然为今日计，则拨乱实为第一义，而图治不过第二义。以拨乱论，项城坐镇于上，理财治兵，此其所长也。鄙人则以言论转移国民心理，使多数人由急激而趋于中立，由中立而趋于温和，此其所长也。分途赴功，交相为用。"②于是梁启超便不计戊戌时与袁世凯的嫌隙旧账，转而支持袁

---

① 梁启超：《致雪公书》，丁文江、赵丰田编：《梁启超年谱长编》，第553页。
② 梁启超：《复罗瘿公书》，丁文江、赵丰田编：《梁启超年谱长编》，第569页。

世凯，"当时很有点痴心妄想，想带着袁世凯上政治轨道，替国家做些建设事业"。

应该说，梁启超对袁世凯是一片赤诚，他之所以如此拥戴袁世凯，完全是出于对国家整体利益的考虑。但是在他们合作的那几年中，袁世凯对梁启超的态度则不然，他不仅对梁的建议极少采纳，而且往往采取虚与委蛇的策略，使梁深感"各种计划均成空想，没有一件能够实行出来"。[1]尤其是当袁世凯一意孤行，决定以复辟帝制来加强统治地位的时候，梁、袁之间的冲突便不可避免地要爆发。梁启超后来回忆道："我们在这几个月里头，天天和袁世凯钩心斗角，把我们一群心直口直的书生，也能成很深的城府。"[2]不仅他们二人的分裂势不可免，而且二者之间势必有一胜一败。

在帝制运动发生之初，袁世凯并无意对梁进行隐瞒。据梁启超说，1915 年正月，"袁克定忽招余宴，至则杨度先在焉，谈次历诋共和之缺点，隐露变更国体，求我赞同意。余为陈内部及外交上之危险，语既格格不入，余知祸将作，乃移家天津，旋即南下，来往于广东、上海间"。[3]他计划以武力阻止袁世凯的帝制复辟。

梁启超反对袁世凯的帝制复辟，就其本意而言，并不是站在共和的立场上反对帝制，而是如他自己所说主要担心"内部及外交上之危险"。他在劝袁世凯悬崖勒马、急流勇退的一封信中写道："启超诚愿我大总统以一身开中国将来新英雄之纪元，不愿我大总统以

---

[1] 丁文江、赵丰田编：《梁启超年谱长编》，第 695 页。
[2] 《护国之役回顾谈》，《饮冰室合集》文集之三十九，第 90 页。
[3] 《国体战争躬历谈》，《饮冰室合集》专集之三十三，第 143 页。

一身作中国过去旧奸雄之结局；愿我大总统之荣誉与中国以俱长，不愿中国之历数随我大总统而斩。"[1] 他在那篇反对帝制的著名文章《异哉所谓国体问题者》中更明确地说："鄙人原非如新进耳食家之心醉共和，故于共和国体，非有所偏爱，而于其他国体，非有所偏恶。鄙人十年来夙所持论可取之，以与今日所论相对勘也。"[2] 也就是说，梁启超之所以反对帝制，完全在于他担心可能由此而引发内争或外乱。显而易见，这种思想依然是他早先就提出的基本原则，对于国体主张维持现状，对于政体则悬一理想，以求必达。

如此来说，梁启超反对帝制复辟，在很大程度上依然含有爱护、支持袁世凯的意思，但是袁世凯主意已定，帝制复辟的闹剧已不可避免，那么梁启超便只有一条武力反袁的道路可供选择。

袁世凯的帝制自为激起了举国反对，众叛亲离，他很快便失败身亡。经此事变强烈刺激，梁启超虽然一时荣戴"再造共和"功臣的美名，但他实在高兴不起来。恰恰相反，使他时时感到不安的依然是如何提高国民的整体素质，以便为中国的未来发展奠定良好的思想文化基础。因此我们看到，梁启超在护国战争结束之后直到他生命结束的那些年里，虽然并没有完全忘却现实政治，不时就重大政治问题发表意见，但他的主要精力确已转移，确如他自己所说："着实将从前迷梦的政治活动忏悔一番，相约以后决然舍弃，要从思想界尽些微力。"[3]

---

① 《上袁大总统书》，《饮冰室合集》文集之三十四，第 4 页。
② 《异哉所谓国体问题者》，《饮冰室合集》专集之三十三，第 85 页。
③ 《欧游心影录节录·欧行途中》，《饮冰室合集》专集之二十三，第 39 页。

基于此种信念，梁启超在彻底摆脱政界的生活之后，便潜心于讲学、著述和游历，并在不太长的时间里取得了令人注目的成绩。

我们知道，在近代中国一个相当长的时间里，伴随着中国政治改革、社会进步的艰难步履，人们的怨气逐渐地聚集在中国文化方面。相当一部分先知先觉逐渐意识到，要推动中国大踏步地前进，要使中国尽早步入世界民族之林，看来一个极其重要的问题就是怎样积极引进外来文化，并以外来的先进文化改造中国旧文化，重建新的民族文化体系。

对于这一具有"西化"倾向的文化革新运动，梁启超实在是一位始终与闻并积极推动的重要人物，他虽然较早地意识到中西文化的互补性，强调二者的通融性及相互结合的可能性，但当政治发展阻碍社会的进步时，他也毫无例外地将之归因于中国的旧文化。比如他早在1896年就指出："要之舍西学而言中学者，其中学必为无用，舍中学而言西学者，其西学必为无本，皆不足以治天下，虽庠序如林，逢掖如鲫，适以蠹国，无救危亡。"[1]他以中西文化的结合作为解救中国的出路之一。但当中国政治改革的推行遇到困难，张之洞重提"中学为体，西学为用"，且"举国以为至言"的时候[2]，梁启超则极为愤慨，起而反对。他说："张公著《劝学篇》，以去岁（1898）公于世，挟朝廷之力以行之，不胫而遍于海内，其声价视孟德斯鸠之《万法精理》、卢梭之《民约论》、弥勒约翰之《自由公理》初出世时，殆将过之。噫嘻！是嗫嗫嚅嚅者何足道，不三十年将化

---

① 《西学书目表后序》，丁文江、赵丰田编：《梁启超年谱长编》，第54页。
② 《清代学术概论》二十九，朱维铮校注：《梁启超论清学史二种》，第79页。

为灰烬，为尘埃野马，其灰其尘，偶医风扬起，闻者犹将掩鼻而过之。"[1]

但是到了梁启超自己摆脱了政治，而潜心于中西文化问题的研究，尤其是经历了第一次世界大战强烈刺激后，他对中西文化的根本态度不仅和自己毕生主张大相径庭，而且实在说来比张之洞的"中体西用"说还要落后。他在实地考察欧洲的情况之后说："观察欧洲百年来所以进步之故，而中国又何以效法彼邦而不能相似之故，鄙人对于此且有所感想。考欧洲所以致此者，乃因其社会上、政治上固有基础，而自然发展以成者也。其固有基础与中国不同，故中国不能效法欧洲，在此百年中可谓在一种不自然之状态中，亦可谓在病的状态中，中国效法此种病态，故不能成功。"[2]这不仅否认了自己毕生的追求和信念，而且在相当程度上意味着近代中国大半个世纪以来的种种追求都值得怀疑，中国一味效法西方可能是一条不通的路。

在一定意义上说，梁启超的这种反省甚有理论价值，因为它实际上意味着中国人已意识到，现代化是一个不断的运动过程，并不存在着唯一的西方经典模式或经典道路。中国作为一个"后发展国家"，在其发展过程中即通往现代化的道路上，一方面不可避免地要受到西方"先发展国家"已有经验教训的积极影响，另一方面则要根据自己的国情制定出一套合乎实际的发展路线，既不能无视西方先发国家的经验教训和已有成就，更不能盲目模仿、照搬照套。就

---

[1] 《自由书·成败》，《饮冰室合集》专集之二，第7页。
[2] 《梁任公在中国公学演说》，《申报》1920年3月15日。

此而言，梁启超的这种反省毫无疑问具有积极的价值。

不过，我们对于梁启超的这一思想见解也不宜评价过高。事实上，我们承认梁氏这一思想见解的出发点无疑是正确的，但由此正确的出发点而导出的结论则不免落入窠臼，带有浓厚的守旧色彩。第一个问题是，西方先发国家的经典模式不足以效法，那么，这是指西方经典模式的整体还是局部？显然梁启超的意思在于后者，那么我们必然进一步追问，既然是局部，那么局部又是指的什么东西？

对此，梁启超曾明确地回答，那就是科学万能之迷梦的彻底破产。他说："当时讴歌科学万能的人，满望着科学成功，黄金世界便指日出现。如今功总算成了，一百年物质的进步，比从前三千年所得还加几倍，我们人类不惟没有得着幸福，倒反带来许多灾难！好像沙漠中失路的旅人，远远望见个人黑影，拼命往前赶，以为可以靠他向导，那知赶上几程，影子却不见了，因此无限凄惶失望。影子是谁？就是这位'科学先生'。欧洲人做了一场科学万能的大梦，到如今却叫起科学破产来，这便是最近思潮变迁一个大关键了。"

他虽然再三提醒读者不要误会并声明自己绝非"因此菲薄科学，我绝不承认科学破产，不过也不承认科学万能罢了"。[1] 不管怎么说，梁启超看到了唯科学主义的局限性，这一点并无大错。问题在于，是否能因为科学的局限性而从根本上否认科学的进步对人类历史发展的根本推动作用呢？是否意味着中国人要避免第一次世界大战的惨剧而放弃科学的进步与追求呢？换言之，尽管科学主义在西方近

---

[1] 《欧游心影录节录》，《饮冰室合集》专集之二十三，第12页。

代历史的发展过程中已充分证明不是万能的，那么中国在科学还未发达之前是否就要加以防范或预设屏障呢？梁启超虽然对此没有作出非此即彼的回答，但其内心深处无疑是倾向于肯定的。

当然，梁启超的这种肯定并非直截了当，事实上，他在此后的岁月中也多次强调过科学或科学精神对中国未来发展的意义。承认科学虽然在西方近代历史的发展中产生过负面效应，但科学本身只是有功而无罪，因此我们不应该撩拾欧美近代少数人的偏激之谈来掩饰自己的固陋，更不能拒绝吸收西方科学中一切有益于我的东西，否则，"倘若长此不变，中国人在世界上便永远没有学问独立，中国人不久必要成为现代被淘汰的国民"；"长此下去，何以图存？想救这病，除了提倡科学精神外，没有第二剂良药了"。[①] 承认科学或科学精神对于中国文化的重要补助作用。

然而问题的症结恰恰在于，梁启超张扬科学或科学精神对中国文化的补助作用，实际上便意味着他已回到他极其厌恶的"中体西用"的老路上。也就是说，他对科学作用的这种有限度承认，实际上意味着他在思想深处认为西方近代文化在整体上并不超过中国，中国可以大度地向西方学习科学，但在总体上则未必一定要重走西方的老路。于是由此便起问题的第二个方面：中国只需在局部上学习西方，那么中国从总体上说未来之路究在何方呢？

对于这第二个问题，梁启超倒是有直截了当的回答。他在比较了中西政治、经济、社会的传统、差异之后强调："鄙人自作此（欧）游，对于中国甚为乐观，兴会亦浓，且觉由消极变积极之动

---

① 《科学精神与东西文化》，《饮冰室合集》文集之三十九，第 8 页。

机，现已发端。诸君当知中国前途绝对无悲观，中国固有之基础，亦最合世界新潮。但求各人自高尚其人格，励进前往可也。"① 很显然，梁启超的这种说法实在开启了后来新儒家所竭力强调的"内圣外王"说之先河。

梁启超既然相信中国固有之基础最合乎世界之新潮，那么他余下的岁月当然便是要致力于中国文化的复兴。早在他本想去欧洲"求一点学问"的时候②，便"听到西洋人对于西洋文化反感的结果，对于中国文化有不知其所以然的一种羡慕"。③ 于是便飘飘然不知轻重，不仅真诚渴望"中国之文艺复兴"④，重现汉唐盛世的文明景观，而且觉得中国人对于世界的未来文明有一种莫大的历史责任。

他认真地说："我希望我们可爱的青年，第一步要人人存一个尊重、爱护本国文化的诚意；第二步要用那西洋人研究学问的方法去研究他，得他的真相；第三步，把自己的文化综合起来，还拿别人的补助他，叫他起一种化合作用，成了一个新文化系统；第四步，把这新系统往外扩充，叫人类全体都得着他的好处。我们人数居全世界人口四分之一，我们对于人类全体的幸福，该负四分之一的责任。不尽这责任，就是对不起祖宗，对不起同时的人类，其实是对不起自己。"⑤

---

① 《梁任公在中国公学演说》，《申报》1920 年 3 月 15 日。
② 《欧游心影录节录》，《饮冰室合集》专集之二十三，第 38 页。
③ 《东西文化及其哲学》，《梁漱溟全集》卷一，济南：山东人民出版社 1989 年版，第 331 页。
④ 梁启超：《与娴儿书》，丁文江、赵丰田编：《梁启超年谱长编》，第 885 页。
⑤ 《欧游心影录节录》，《饮冰室合集》专集之二十三，第 38 页。

　　这是何等的乐观与自信啊，过去的忧患意识已荡然无存，几乎完全换了一个人。于是我们看到梁启超晚年所作的几部重要著作：《清代学术概论》是为了与欧洲文艺复兴史中"类似之时代相印证焉，庶可以校彼我之短长而自淬厉也"[①]；《先秦政治思想史》则是为了论证中国文化"在全人类文化中，自有其不朽之地位"，"我先民所诒我之思想，虽或未成熟，或久中断，搜剔而磨洗之，又安见不龟手之药终无益于人国也"[②]。

　　凡此种种，都足以证明，梁启超在第一次世界大战之后，对世界对中国的看法，均发生了巨大改变。当然，发生这样改变的，也并非梁启超一个人，而是时代思潮。就其思想本质而言，梁启超是以万变应不变，或者说是以不变应万变。变的是世界大势；不变的是中庸、稳健，小步慢走，而不是急剧性的、颠覆性的变动。

---

① 《清代学术概论自序》，朱维铮校注：《梁启超论清学史二种》，第 1 页。
② 《先秦政治思想史序论》，《饮冰室合集》专集之五十，第 6 页。

"共和英雄"

　　1911年发生的中国大革命，是各派政治势力的一次正面角逐，这些势力在关涉民族大义、国家根本利益尤其是人民福祉问题上，各有坚持，也各有让步，高风亮节令人敬佩。然而由于多年来阶级斗争史观的深刻影响，特别是由于辛亥后政治发展中的利益纠葛，使我们很长时间对辛亥年中国政治发展的内幕不甚了了，对许多人物的政治选择不太清楚。比如在这长达一百多天的胶着中，起到关键作用的段祺瑞，由于其后来的政治立场不仅与孙中山革命主流为敌，而且更由于其在"三一八"事件中被鲁迅痛批，因而其在辛亥年的所思所想与作为，我们都不太清楚了。

　　我们不知道他在辛亥年的心迹，不知道他为什么最早安排南北秘密交涉，最早向清廷发出退位通牒，又最早警告南京临时政府要尊重历史，善待清廷。在辛亥政治大转折中，段祺瑞是亲临武昌前线的最高军事指挥官，也是时局转折的关键人物，被后世誉为"共和英雄"，这种评价虽然还可以商榷，但大致反映了历史事实。在某种意义上说，辛亥年的转折与发展，其实就掌握在北洋系强人手里。段祺瑞就是这个强人群体中的一员，而且是比较关键的一个人物。

段祺瑞生于 1865 年，辛亥革命发生时四十六岁，职业军人出身，先后就读于天津武备学堂和柏林军校，被誉为"北洋三杰"，又被称为"段虎"。他是北洋系中排名仅次于袁世凯的重要人物。

与湘军、淮军将领相比，到了袁世凯、段祺瑞这一代新军人，他们已与先前旧军人明显不同了。他们不再是单纯的鲁莽武夫，不再是嗜血如狂的杀人魔王，他们在东西洋近代思想影响下，具有相当的民主思想理念，知道中国应该走的政治方向，他们是近代中国军人的佼佼者。尽管他们并没有完成近代中国军队国家化职业化改造，为后世中国遗留了战乱的种子，但他们本身并不是战乱的根源。

如果从政治派系归属说，段祺瑞属于李鸿章的淮系，只是到了1896 年，因荫昌推荐前往天津小站追随袁世凯练兵，渐渐受到袁世凯重用，逐步成长为袁世凯不可须臾离开的左膀右臂，成为晚清政治场上袁世凯的重要政治盟友。此后追随袁世凯赴山东镇压义和拳，赴直隶及中央练兵处协助袁世凯创办主持各军事学堂、训练军官。北洋系许多重要军官，说起来都算是段祺瑞的门生故吏，他们与段祺瑞有着非同寻常的缘分和师生情谊。

1907 年，袁世凯调任军机大臣兼外务部尚书。翌年又因各种原因被开缺回籍养疴。清廷乘机对军队系统进行了一次大清理与大调整，但段祺瑞并没有因此受到多大影响。1909 年段祺瑞出任新建陆军第六镇统制，翌年因督办北洋陆军学务有功，赏头品顶戴，加侍郎衔，外放任江北提督，驻防江苏。

在江北提督任上，段祺瑞好像也没有做什么事情，他或许也认为那是个虚职，不军不民，根本无法有所作为，只能耐心等待机会。

机会总是有的。1911 年 10 月 10 彐，湖北新军举事，成立湖北军政府，推新军协统黎元洪为都督，向朝廷叫板，要求朝廷兑现政治改革的承诺，撤销皇族内阁，调整铁路干线国有化政策，平息国内骚乱，恢复国内和平。

对于湖北军政府的要求，清廷并没有听进去，依然按照过去的老办法，兵来将挡，任命陆军部大臣荫昌率部南下，强力镇压。

荫昌出身于满洲，但与袁世凯却有着非同一般的亲密关系。在袁世凯担任山东巡抚时，荫昌曾帮助袁世凯在山东主持军务。因袁世凯，荫昌与北洋系有着非同寻常的关系，荫昌曾担任武备学堂总办，北洋系的一些重要将领如冯国璋、段祺瑞、王士珍等按说还算是他的学生，可是荫昌毕竟没有打过仗，没有指挥能力和军事才能，最多只是一个纸上谈兵的人。他之所以能够出任陆军部大臣，主要是凭借他的满洲血统和他留学德国的背景。

荫昌是个有自知之明的人，他在受命前往武汉收复失地途中，当然不忘绕道彰德请教袁世凯。袁世凯告诫他湖北新军举事情形复杂，他们不是要求加薪，不是要求升官，而是要求政治改革，所以对湖北新军不宜鲁莽行事，不宜武力镇压。再加上荫昌统率的军队都是袁世凯旧部，他们以袁世凯马首是瞻，荫昌根本指挥不动，所以武昌起义并没有因为荫昌率军前往镇压而结束。

朝廷也没有指望荫昌能够平息这场军事哗变，所以在命令荫昌率部前往武昌不久（10月14日），就启用三年前因病休息的袁世凯为湖广总督，授权节制湖北所属各军，督办剿抚事宜；同时，宣布启用同样赋闲已久的岑春煊为四川总督，全权负责四川铁路风潮善后事宜。

在接受了朝廷任命后，袁世凯在彰德老家进行了周密准备，就政治解决和军事部署作了安排。在政治解决方面，袁世凯建议朝廷接受湖北军政府的要求，同意并着手准备在明年即 1912 年召开国会，组成真正意义上的责任内阁；建议朝廷宽容武昌兵谏官兵，解除党禁。至于军事部署，袁世凯建议朝廷以军咨使冯国璋为第一军总统，速赴前敌；建议段祺瑞为第二军总统，陆续开拔。在此之前，江北提督段祺瑞已经接受袁世凯的召唤，秘密从任所日夜兼程赶往彰德，参与袁世凯的政治军事谋划。①

段祺瑞在接受了朝廷的任命后并没有像冯国璋一样立即开赴前线，因为就在这个敏感期，突然发生了滦州兵变，接着发生了吴禄贞被刺案，段祺瑞受命转往北方处理这些事。②

11 月 16 日，袁世凯就任内阁总理大臣，重组内阁。袁世凯知道，湖北新军和各地新军起义、反正，其实都不是真的要推翻朝廷，他们就是要朝廷兑现承诺，从事改革。因此，对于这些起义不能像过去对待反叛者那样，完全以武力镇压，而必须诉诸和平方才能够解决。所以他让冯国璋大打了一场，赢得在战场上的绝对优势，紧接着就放弃主动进攻，准备以和平手段化解危机，重建秩序。

在北洋军控制了武昌前线局面后，袁世凯调冯国璋回京担任禁卫军总统，调段祺瑞接任冯国璋第一军总统遗缺。11 月 18 日，又建议朝廷任命段祺瑞署理湖广总督，这实际上将湖广地区善后事宜及南北交涉等一并交给段祺瑞打理。

---

① 吴长翼编：《八十三天皇帝梦》，北京：文史资料出版社 1983 年版，第 180 页。
② 吴禄贞被杀传闻很多，许多回忆将矛头指向袁世凯和段祺瑞，这个看法可能是不对的。参见拙著《1911 年中国大革命》（北京：社科文献出版社 2011 年版）中的相关叙述。

　　段祺瑞是北洋将领中肯动脑子、善于学习，并具有新思想的人物，他或许知道战争永远只是政治的不得已手段，政治家的最高境界一定是不战而屈人之兵，和平解决是一切冲突的必然选择。所以当段祺瑞 11 月 28 日抵达汉口接任湖广总督后，他立即下令停止炮击武昌，暗示其部下可以通过各自的关系与湖北新军进行联系，寻求解决方案；他强调武昌起义只是清政府体制内的一次兵谏、一场哗变，是对朝廷改革不力、改革失误的抗争；他强调南北新军在这一点上是一致的，别无二致，所以也就不一定要兵戎相见。

　　武昌前线的和平攻势当然不会是段祺瑞的个人决策与行动，而是袁世凯整体谋略的一个组成部分。在段祺瑞就任湖广总督的同一天（11 月 28 日），袁世凯奏请朝廷颁发上谕，命刘承恩、蔡廷干前往武昌，继续开导革命党人，重回君主立宪政治轨道，重开和谈。

　　刘承恩、蔡廷干与黎元洪之间的接触与谈判获得了预期效果，经过武力压制和好言相劝，黎元洪和湖北军政府在大原则上同意接受袁世凯的建议，南北和解，推动朝廷兑现政治改革的诺言，重回君主立宪的轨道。

　　然而，南北新军的共识并不被朝廷中的强硬派所接受，这批强硬派就是后来的那批宗社党人，也就是皇室小范围之外的一个利益阶层。这批强硬派执意反对真正意义上的君主立宪，因为一旦真正意义的君主立宪实行了，他们所享有的政治的、经济的一切特权也就终结了。君主立宪可以保护和尊奉的只是君主和皇室，皇室之外的一切宗室、王公等，当然都不再享有特殊的权力。这就是南北之间始终无法达成妥协的根本原因。

　　南北无法妥协，关键就在清廷中的强硬派不愿让步，而不是皇

室，不是隆裕皇太后，更不是那个什么都不懂的小皇帝。于是如何
迫使清廷中的强硬派让步，成了时局转折化险为夷的关键。正像鲁
迅后来所说，中国人的性格在本质上是保守的，就像是一座腐朽的
房子，你要让他拆下窗户，那他是一百个不情愿不乐意。但是你如
果让他直接拆了房子，那别说拆窗户了，他甚至连门都愿意拆掉。
这就是南北僵局无法化解时的情形。

　　鉴于这样一种情形，要想打破僵局，唯一的出路就是怎样才能
倒逼清廷中的强硬派让步。于是我们看到南方革命党人、立宪党人
及新军之间酝酿着两个比较鲜明的政治谋略，两个各具特色相互平
行的谈判渠道。

　　一个是唐绍仪与伍廷芳大张旗鼓地高调谈判。作为袁世凯的总
代表，唐绍仪率领庞大的议和代表团浩浩荡荡从北京至武昌，再至
上海，营造和平气氛，稳定各地局势。但这场谈判从一开始就很艰
难，主要障碍就是真正意义的君主立宪方案并没有得到清廷强硬派
的认同，不得已转而以民主共和去冲击君主立宪，逼迫清廷强硬派
让步。这是公开的透明的谈判，虽然各方私下有交易、有妥协，但
谈判大体在公开状态。

　　与公开谈判几乎同时进行的另一场谈判是秘密进行的，这场谈
判的主导者就是段祺瑞。根据袁世凯幕僚的原初规划，南北和谈化
解危机原本就不是一个单轨策略，当君宪主义不再被朝廷中的强硬
派接受后，以共和替代君宪，或者说以共和去冲击朝廷中的强硬派，
倒逼他们同意接受君宪主义的思路浮上水面。

　　这场秘密谈判的主事者都是南北军人，北方军人有段祺瑞的手
下靳云鹏、曾毓隽、徐树铮、廖宇春。廖宇春早年留学日本，后协

助冯国璋、段祺瑞创办北洋陆军学校等，此时为直隶陆军学堂总办。靳云鹏为段祺瑞的老部下，深得段祺瑞的赏识与器重，与徐树铮、吴光新、傅良佐同列，被视为段祺瑞皖系四大金刚，时任北洋军第一军总参赞官。曾毓隽的职务为参议官、徐树铮为总参谋官，都是段祺瑞身边的重要人物。他们与北方红十字会负责人夏清贻一起商量了一个和平方案。

廖宇春、靳云鹏和夏清贻等人认为，现在南北兵力相当，长此下去，不是造成南北分裂，就是和平永无了期，长此以往，受难的还是老百姓，是全国人民。现在南方革命军的宗旨就是实现共和，而这一点北洋军并不反对，北洋军只是忠于袁世凯才与革命军作战，所以南方能够推举袁世凯为大总统，则共和可望，和平可期。他们以此意上报段祺瑞，获得认同，因为段祺瑞当然知道战争的后果，知道最终的结局只能如此。

有了段祺瑞的首肯，廖宇春等人来到上海找到顾忠琛。顾忠琛毕业于安徽武备学堂，曾任江浙联军攻打南京的参谋总长，此时为黄兴的特别顾问。廖宇春等人向顾忠琛说明来意，而顾忠琛很快意识到这是南北和解的一个重要机会。

顾忠琛的这个反应是对的，因为黄兴早在湖北与黎元洪联合抵抗北军打击时，就有过类似的想法与方案，以为南北之间的和解可能还要从袁世凯身上寻找出路。所以当黎元洪、黄兴等人收到袁世凯南北和谈的书信后，于11月8日、9日分别复信劝说袁世凯离开清廷，赞助民军，表示一旦民军有机会重建中华共和国，就一定推举袁世凯为第一任大总统。

黎元洪、黄兴的主张并没有被袁世凯所接受，因为袁世凯此时心中还是期待以君主立宪体制的真正实现作为化解危机的唯一方案，毕竟这个方案已经提出十年了，也是他们那一代人的共识和奋斗，现在机会来了，虽说是一场政治危机，化危为机，也不失为一个重要选项。所以袁世凯重出江湖担任内阁总理大臣后，他确实在很长一段时间一意孤行坚守君宪主义立场，直至清廷内部的强硬派不愿让步，袁世凯的想法才开始变了。①

以袁世凯为新政府第一任大总统的方案原本就是黎元洪、黄兴的构想，只是当时条件不具备而无法实现，现在段祺瑞的代表向顾忠琛重提这个方案，深知此事来龙去脉的顾忠琛没有不同意的道理。顾忠琛代表黄兴表态说，袁世凯果真像各位所说的那样颠覆清廷，为民造福，那么大总统一席，南方革命军一定会全力支持。黄兴获知这个情报后也表示，自己之所以在过去几天不愿接受南方各界拥戴出任临时总统，其实就是虚位以待袁世凯。现在机会终于来了，所以黄兴授权顾忠琛与廖宇春等人在上海甘肃路文明书局进行谈判，并于 12 月 20 日达成五项秘密协议：一是确定共和政体；二是优待皇室；三是先推覆清政府者为大总统；四是南北满汉军出力将士各享其应得之优待，并不负战时害敌之责任；五是同时组织临时议会，恢复各地秩序。②

---

① 直至 11 月 24 日，袁世凯的立场都并没有根本变化，"革命党人不信任袁世凯，认为他是清朝的支柱；满人也不信任他，认为他在策划倾覆清朝的阴谋"。见［澳］骆惠敏编，刘桂梁等译：《清末民初政情内幕——〈泰晤士报〉驻北京记者、袁世凯政治顾问乔·厄·莫理循书信集》（上），第 800 页。

② 钱基博：《辛亥南北议和别记》，中国史学会主编：《中国近代史资料丛刊·辛亥革命》卷八，第 103 页。

廖宇春、顾忠琛的这个方案是经过段祺瑞同意的，但这个方案在多大程度上代表了袁世凯的意思，历来众说纷纭。许多人认为这个方案就是袁世凯内心深处所想，只是段祺瑞悟了出来，代为进行而已。这当然是一种值得注意的揣测。不过更值得注意的是，当靳云鹏奉段祺瑞的命令携带这个方案前往北京向袁世凯禀报，请其赞成共和，重建秩序时，袁世凯还是发了一通脾气，强调自己身为大清国总理大臣，焉能赞成共和，以负重托？

袁世凯的生气应该是真实的，但他稍后的变化应该也是真实的。袁世凯生气是因为这毕竟牵涉道德层面，这是一个政治家最忌讳的东西。靳云鹏对此作了详细的解释，特别强调这个方案已经段祺瑞等军方将领首肯，甚至会说这就是段祺瑞等将领的指示。

靳云鹏的这个说法当然是有根据有事实的。段祺瑞等武昌前线的将领也确实是袁世凯最仰仗的一支力量，甚至可以说就是老袁的生命和根基。那么，这些高级将领都这样认为了，这样去做了，袁世凯如果继续坚持先前的立场究竟会怎么样呢？这就是袁世凯转变的关键。袁世凯再问：南方革命党人有这样的建议不稀奇，北方军人有这样的想法怎么可能，大家都是为朝廷效力，怎么能有这样的想法呢？段祺瑞究竟是怎样考虑的呢？

对于袁世凯的疑虑，相信靳云鹏早就和段祺瑞等人对过口径，靳云鹏毫不含糊地回答说，段祺瑞统帅的第一军全体一致主张共和，并拟推举宫保（袁世凯）为临时大总统。袁世凯对此仍不敢太相信，质疑军心为什么会突然变成这个样子，这样做的后果段祺瑞等人有没有考虑过，这将把自己置于何种境地，这不就是明明白白要让自己不忠不义，不就是要让自己背负欺负人家孤儿寡母的罪名吗？

袁世凯的这段表白，研究者根据其后来的帝制自为，被认为是一种虚情假意，是其政治上不诚实的表现，甚至说袁世凯真是老奸巨猾，竟然对北洋嫡系都不愿说真话露真情。其实这种说法还是值得探讨的。那时还是帝制时代，像袁世凯这样的传统政治家更注意维护自己的政治信誉和政治形象，事情既然闹到了这个份上，要相信袁世凯生气也并非完全是做作。由此可见，袁世凯从君宪向帝制的转变，或许有段祺瑞的催促；而段祺瑞的态度或许又受袁世凯的暗示。只是史料阙如，这中间的细节我们已经不太容易描述了。

经过两个多月的战火、争夺和几轮和谈之后，清廷内部的强硬派总是慢半拍，总是不愿一次性让步，君宪主义理想逐渐破灭，共和民主的思想渐渐深入人心。更重要的是，由于清廷毕竟是一个满洲贵族组成的利益集团，两百多年来的罪恶到了这个时候更显得格外突出，历历在目。因为清廷在最关键的时候表现出了一个王朝本来不应该有的自私狭隘：亲贵内阁就是不愿向广大汉人开放政权，铁路国有化就是与民争利。这两项新的罪恶唤起了人们的历史记忆，先前久已淡忘的扬州十日、嘉定三屠又都非常清晰地呈现在人们面前。于是在经过两个多月的战争与谈判之后，反清的情绪不仅没有获得必要舒缓，反而日趋高涨，先前并没有多少这种民族见解的立宪党人也逐渐转向了民族主义和民权主义，满洲人和皇帝成了那时中国人非去除不可的了。

在这种形势下，袁世凯一味坚守，即便真的像满洲贵族中有人所指责的那样，拿起大炮去猛烈轰击南方革命党人，但其后果也必然像袁世凯所认识的那样：革命党人或许能够杀绝，但能把那些汉人都杀死吗？要我袁世凯去讨伐黎元洪、程德全，我可以办得到，但要我袁世凯去讨伐张謇、汤寿潜、汤化龙、谭延闿等，我袁世凯实在是办不到，因为他们代表了老百姓，老百姓是斩不尽杀不绝的。[1]

所以在勉力支撑至 1912 年 1 月中旬之后，各地的反叛根本没有停息反而越演越烈的时候，袁世凯有点支撑不下去了。他遂于 1 月 16 日与内阁大臣联衔向朝廷上了一个密折，分析当前形势，建议朝廷尽快召集皇族会议，讨论是否能够接受南方民军提出的共和方案，如果不能接受，那么应该怎么办。

在这份密折中，袁世凯详细回顾了南北议和的全过程，强调现在是海军尽叛，军饷无着，强邻虎视辽东，库伦不稳，人心涣散，继续僵持下去对谁都没有好处。为朝廷计，为皇太后和皇上计，袁世凯态度明朗，建议接受南方民军提出的优待皇室条件，这样不仅能保证皇室尊严和体面，也为大清国历来宣扬的爱民如子树立一个典范，提供一个证据。

袁世凯说，我朝继承历代帝系，师法孔孟，以为百王之则，是民重君轻，圣贤业已垂法守。根据现在与南方民军谈妥的条件，民军表示他们会尊重历史，尊重皇室，尊重大清国的过去。现在南北战争已经僵持数月，东西友邦均因战祸而付出相当代价。列强现在还乐于调停者，是因为他们看到南北纷争说到底只是一个政治制度的改变和改善，所以他们还能坚守中立，不介入、不干预。但是，如果这种僵局不打破而持续下去，谁也没有办法保证列强不出手，因为他们毕竟在这里有着重大经济利益。到那时，列强的抱怨，南

---

① 刘厚生：《张謇传记》，上海：上海书店 1985 年版，第 192 页。

方民军的抱怨，都会将朝廷视为乱源，视为罪恶之首。感情既恶，谁又能保证朝廷未来还会享有什么样的优待条件，谁又有办法去约束、去规范南方民军的行动呢？

袁世凯说到这里不露声色地警告道：读法兰西革命史，假如法王路易十六能够早点顺应舆情，接受妥协，何至于让其子孙后代一起受戮。现在南方民军所争者政体，而非君位；所欲者共和，而非宗社。我皇太后、皇上何忍九庙之震惊，何忍乘舆之出狩，必能俯鉴大势，以顺民心。袁世凯给隆裕皇太后戴上了一顶高帽，端看满洲贵族统治集团如何回应。

袁世凯在养心殿和隆裕皇太后谈完这段话，中午时分从宫中出来，行至东华门外丁字路口的时候，却意外遇到革命党人张先培、黄之萌等人的追杀和炸弹袭击。袁世凯侥幸逃脱，但他的护卫管带袁金标被炸成重伤，袁金标的坐骑被当场炸死，另外还有两名亲兵被炸身亡。[①]

革命党人的炸弹确实震动了袁世凯，他借着这个机会向朝廷提交了一个报告，从此不再去宫中上班，每天躲在自己家中的地窖里处理公务。袁世凯的这些做法当然不是装给别人看的，这说明他个人对于形势的估计也并不是那么乐观的，或者说他并没有稳操胜券的把握。

意外的炸弹当然没有阻止住南北和谈的趋势，清廷本身也在评估着究竟是应该继续打，作最后的挣扎，还是应该以百姓的福祉

① 许宝蘅著，许恪儒整理：《许宝蘅日记》第一册，北京：中华书局2010年版，第390页。

为最高诉求，退一步结束纷争，重建秩序与和平。根据袁世凯的建议，隆裕皇太后于 1 月 17 日召集宗室王公御前会议，讨论是否同意南方的共和，以及应该如何应对等问题。但在连续几天的密集讨论中，有主张主动退位以保全皇室的观点，但并不占上风，逐渐占上风的反而是那些宗室王公中的强硬派，他们不仅纠集起来大闹庆王府，指责庆亲王奕劻与袁世凯和南方革命党勾结出卖朝廷，而且主张为保卫大清不惜焦土抵抗，鱼死网破，他们相信只要能够坚持三个月半年，在全国各地就一定会出现勤王之师，就一定会出现曾国藩，就一定能重现半个世纪之前洪秀全闹事时的局面，以时间换空间，朝廷占有足够的行政资源，一定会成为最后的赢家。[①]

清廷内部强硬派的说辞不能说全无道理，然而如果真的这样打下去，那一定是全国一片火海，一定是人民遭殃。列席会议的外务部大臣胡惟德、民政大臣赵秉钧、邮传大臣梁士诒在发言中强调，现在的形势不是朝廷能不能打得过南方革命党，而是我清国人心已去，君主制度已经很难保全了，为朝廷计，为皇太后和皇上计，他们恳请诸位皇亲国戚转变观念，赞同共和，以维大局。[②]

一个大帝国，让人家说结束就结束，也确实太难了，既没有兵临城下，又没有短兵相接，刀架在脖子上，所以朝廷并没有因为这几位汉大臣的愤怒而痛下决心就此结束。相反，清廷在随后几天调整了布局，以会办江防事宜、江南提督张勋护理两江总督；以山东

---

① 溥伟：《让国御前会议日记》，中国史学会主编：《中国近代史资料丛刊·辛亥革命》卷八，第 113 页。

② 《三水梁燕孙先生年谱》（上），沈云龙主编：《近代中国史料丛刊》第七十五辑，台北：文海出版社 1966 年版，第 105 页。

布政使张广建兼署山东巡抚；赏协统领吴鼎元陆军副都统衔，会办山东防务。大有调整阵容、重新开始的味道。

然而，这一切确实都太迟了。1月19日，清驻俄公使陆征祥联合驻外各清使电请清帝逊位，清政府体制内的逼宫行动至此正式开始。22日，清出使意国大臣吴宗濂致内阁请代奏，呼吁朝廷从速宣布共和，间不容发，以全满汉两族。同一天，出使日本大臣汪大燮致内阁请代奏，认为举国趋向共和，明诏取决国会，昭示大法，光垂史册，也是大清国软着陆的唯一机会，倘相持，为祸烈，他建议朝廷驾幸热河，以全皇裔而保国境。也就是几天时间，大清国出使意、日、美、德、奥等诸大国大臣都向朝廷表达了同样的意思，言下之意，朝廷如果不这样办，他们就可能会转而服务于南京的中华民国临时政府。这对清廷来说确实是一个致命的打击。

更严重的打击还在后面。22日，隆裕皇太后责成内阁大臣胡惟德等仍按照先前议定的办法与南方革命党继续寻找解决办法，看看是否能够将清帝退位的事情交给一个比较正式的国会去讨论。这个意见不能说毫无道理，但这必然意味着时间将向后拖延，谁也无法保证在未来这段时间里不会发生什么。另外，正像袁世凯稍后所指出的，南方革命党已经同意清室优待条件，现在将清帝是否退位交给一个还不存在的国会去讨论，如果将来讨论的结果是清帝不退位还好，假如讨论清帝必须退位，那么谁能保证这个还不存在的国会能继续履行清室优待条件呢？

清廷的犹豫是可以理解的，如果没有外力的推动，仅仅靠清廷内部讨论，谁也无法说服宗室王公主动放弃权力，退出历史，毕竟这是一个具有两百多年历史的王朝。所以能不能有一个外力，又成为时局转折的关键。

对于中国的政治变动，外力也一直有干预，但毕竟这个事情是中国人的事情，外国人也不好干预太多，真正能够有力量化解危机，促动朝廷的力量在许多人看来只有军队，只在北洋。1912 年初，先前发动滦州兵谏的张绍曾与张謇商量出一个新思路，希望以军方力量迫使清廷让步。1 月 11 日，张謇致电袁世凯，表示自己将前往武昌找段祺瑞和黎元洪等人商谈，希望他们能够以军人身份干预政治，要求清廷接纳国民会议办法，否则南北僵局打不开，影响至大。

根据张謇的安排，资政院议员，此时也是张謇高级顾问的雷奋前往汉口拜谒了段祺瑞，段祺瑞大致同意了张謇的意见，所以几天后，张謇再电袁世凯，请由军人干政，化解危机，重建和平。

1 月 23 日，段祺瑞以湖广总督代理的身份向内阁及军谘府、陆军部发了一份电报，报告前线军心不稳，官兵多与南方革命军有勾连，甚至有相约反叛朝廷等情形。段祺瑞表示，共和思想现在已经深入军队将领脑髓，颇有勃勃不可遏之势。我段祺瑞职任所在，惟有旁引远喻，力为维持，只是不知道这样是否能够持久，是否有效。他请求朝廷就战和问题，以及君主还是民主问题尽快决策，以稳军心。[①]

军心不稳可能还不止湖北前线，于是朝廷在第二天（24 日）发布一个通告，告诫全国军民不要轻信浮言，更不能转相煽惑，以维

① 《宣统三年十二月初五日署湖广总督段祺瑞致内阁军谘府陆军部电》，中国史学会主编：《中国近代史资料丛刊·辛亥革命》卷八，第 171 页。

秩序。①

　　朝廷的御旨或许有自己的道理，但实在没有办法平息混乱以稳定军心。就在朝廷御旨发布的同一天，段祺瑞也给内阁发了一个电报，表示不久前得读隆裕太后 12 月 28 日（十一月初九日）懿旨，明白表示将"政体付诸公决。以现在人民趋向，何待再卜"。段祺瑞说，读到这里，真的是禁不住流泪，"涕泣久之"。只是现在前方各将领不时找他，表示人民普遍觉醒，非共和不可。"且兵无备补，饷械缺匮，战守无具，败亡不免"。机会稍纵即逝，如果不及时回应人民的呼声，恐怕山东、安徽、河南等地也将独立或出问题。到那时，皇室尊荣，势必因之而减；瓜分惨祸，将在意料之中。段祺瑞强调，"我辈死不足惜，将何以对皇室，何以对天下？已与各路将领熟商，始则责以大义，令其镇静，而竟刺刺不休，退有后言"。尽管如此，段祺瑞表示只要朝廷方面不出大的误差，前方将士总归会以大局为重。无奈朝廷这几天传出来的消息太令人失望了，表示不少皇亲国戚想着法地阻挠共和，前方将士多愤愤不平，要求代奏，要求联衔。"压制则立即暴动，敷衍亦必全溃"。鉴于前方军心不稳，段祺瑞通过各种方式向内阁表达前方将士的关切，表示他可能很快与前方将领联衔陈请代奏。②

　　段祺瑞的电报引起了朝廷的恐惧，徐世昌、袁世凯、冯国璋及陆军部大臣王士珍等第二天立即联衔电复，劝说段祺瑞谨慎行事，

---

① 《宣统三年十二月初七日旨》，中国史学会主编：《中国近代史资料丛刊·辛亥革命》卷八，第 172 页。
② 《宣统三年十二月初七日署湖广总督段祺瑞致内阁电》，中国史学会主编：《中国近代史资料丛刊·辛亥革命》卷八，第 172 页。

不要轻举妄动。他们指出，"忠君爱国，天下大义。服从用命，军人大道。道义不存，秩序必乱。不为南军所俘，便为乱军所胁，利害昭著，万勿误岐。我辈同泽有年，敢不忠告。务望剀切劝解，切勿轻举妄动。联奏一层，尤不可发，亦不能代递。我军名誉，卓著环球，此等举动，玷辱无余。倘渔人乘此牟利，大局益不可保。务望转饬诸将三思"。[①]

徐世昌、袁世凯等人的劝说并没有打消段祺瑞的干政念头，1月 26 日，段祺瑞以大清国会办剿抚事宜第一军总统官名义率清军将领提督姜桂题、张勋，副都统段芝贵，布政使倪嗣冲，陆军统制官曹锟、王占元、李纯、陈光远、孟恩远，第一军总参赞官靳云鹏，参议官吴光新、曾毓隽，总参谋官徐树铮，陆军统领官鲍贵卿、卢永祥、李厚基、何丰林，巡防统领王汝贤、赵倜等四十七人电请明降谕旨，立定共和政体，以现内阁暂时代表政府，以巩皇位而奠大局，明降谕旨，宣誓中外。[②]

段祺瑞等北洋将领的致命一击对于清廷来说虽然太过沉重，但实际上还真的让清廷解了套，在一定程度上保证了皇室的尊严体面，实现了段祺瑞等将领所期待的"巩皇位而奠大局"，以一种非常规的办法实现了君主立宪梦寐以求的理想：皇位永固，万世一系。假如废帝溥仪后来不是受到外界蛊惑从事复辟，相信"紫禁城的黄昏"可以一直那样美丽。

---

① 《宣统三年十二月初八日内阁徐世昌袁世凯等复湖广总督段祺瑞电》，中国史学会主编：《中国近代史资料丛刊·辛亥革命》卷八，第 173 页。
② 《宣统三年十二月初八日会办剿抚事宜第一军总统官段祺瑞等致内阁请代奏电》，中国史学会主编：《中国近代史资料丛刊·辛亥革命》卷八，第 173 页。

在段祺瑞呼吁书上签名的，囊括了清军几乎所有将领，这就将清廷逼到了一个死角。那些八旗弟子早就被长期执政的优越环境给腐化掉了，早已没有努尔哈赤时代的英气和智慧，王公贵族除了吃喝玩乐没有几人懂政治和军事，更没有几人能够上马提枪为皇帝卖命。一个存在了两百多年的大清王朝成了任人宰割的羔羊，作为这么一个庞大帝国的当家人，隆裕皇太后如果不是因为幼主太小，估计连死的心都有。两百多年的统治怎么就养了这些无用的人呢？怎么突然发现稍微能干的大臣，都是汉人呢？可惜这一切觉醒得太晚了。大清国的终结只剩下一个程序了。

1月29日，与袁世凯关系密切的杨度在北京发起成立"共和促进会"，这对一直主张君宪主义的杨度来说是一个重大转变，标志着他已经从原来的君宪主义立场向民主共和的立场转变，这当然也在某种程度上预示着袁世凯在转变，整个中国恐怕都在发生巨大的转变。杨度强调不能以党见之私召瓜分之祸，此前大家主张君主立宪是以救国为前提，而不是以保存君主地位为唯一目的，是以保存君主地位为手段推动政治改革，而绝不愿以杀人流血去保留君主的地位。现在的中国已经错过了君主立宪的良机，南方革命党武装起义之后，就意味着君主立宪走到了绝境，现在南北分裂，国将不国，要想拯救中国，保全中国，保全皇室，唯一的出路就是接受南方的条件，走向共和。舍此，南北并败，满汉俱亡。

杨度等文人的发言只是在讲一个道理，这个道理或许还不足以打动清廷特别是清廷中的那些顽固派保守派，他们或许内心深处还存在着某种侥幸。然而，段祺瑞的北洋系再次向朝廷展示"肌肉"，告诉朝廷不要再存在什么意外的幻想。2月2日，姜桂题、段祺瑞、冯国璋电各路统兵官，盼北方军界联合团体，集体发声，以厚武力。同一天，段祺瑞的全权代表吴光新、徐树铮等与湖北军政府代表孙武等密切磋商退兵办法。双方达成妥协，如果朝廷不能在旧历年之前即 2 月 17 日之前转向共和，那么段祺瑞的北洋军将挥师北上，直捣龙亭，而湖北军政府和南京的中华民国临时政府将作为后援予以支持。孙中山、黎元洪等南方领导人都同意了这个方案，承诺一定支持段祺瑞和北洋新军走向光明、投诚反正，绝不会在段祺瑞军队挥戈北上时袭击后方。于是，清廷终结的时间表从这时开始倒计时，辛亥年的事情一定要在辛亥年结束，满打满算也就只有半个月的时间了。

南方的武力威胁当然也不是说到就到，鉴于当时的特殊困难，清廷当然也知道南方民军的力量并不是想象的那么大，再加上时值冬季，南方人真的打到北方也不是那么容易。所以，朝廷在获悉段祺瑞与黎元洪、孙中山等人合作的消息后，不是立即宣布安排善后，而是由隆裕皇太后于 2 月 1 日主持召集近支王公及国务大臣御前会议，讨论的结果是准备采用虚君共和政体，并筹商宣布召开国会、颁发君主不得干预国政诏旨等事宜，以保留君主地位的虚君共和政体应对南方及部分清军将领所要求的完全共和。这个主张当然有点一厢情愿的味道了。

清廷的拖延主要还是因为朝廷内部特别王公贵族实在不愿就此罢手，不愿就此丢弃两百多年的江山，然而各方面的压力和不满也使朝廷招架不住，所以到了 2 月 3 日，朝廷又发布了皇太后懿旨，对两天前的决定再作让步，表示现在"时局阽危，四民失业，朝廷亦何忍因一姓之尊荣，贻万民以实祸。惟是宗庙陵寝，关系重要，以及皇室之优礼，皇族之安全，八旗之生计，蒙古、回、藏之待遇等，均应豫为筹画"①，所以耽搁了一些时间，现在责成袁世凯以全权研究一切办法，先行与民军商酌条件，奏明请旨。这是又将皮球踢到了袁世凯的脚下。

开创一个王朝不容易，结束一个王朝也很难。袁世凯在接到皇太后的命令后，当天（2月3日）立即与南方总代表伍廷芳取得联系，并按照先前数次谈判的结果，提出一个综合性的清帝退位条件：甲，关于大清皇帝优礼之条件九款；乙，关于皇族待遇之条件四款；丙，关于满蒙回族各族待遇之条件七款。

伍廷芳在上海收到这些文件后，于4日下午会同袁世凯特别代表唐绍仪及汪精卫前往南京向孙中山作了汇报。当天晚上，孙中山召集中华民国临时政府各部总次长在总统府讨论。第二天（2月5日）上午，南京临时参议院开议孙中山交议的优待清室各条件，孙中山委派胡汉民、伍廷芳及汪精卫到会说明。参议院对这些条款逐条讨论，将《关于大清皇帝优礼之条件》改作《关于清帝逊位后优待之条件》，并对原案中的尊号、岁费、住地、陵寝、崇陵工程、宫中执事人员、清帝财产、禁卫军等项作了修改，删去第八款"大清皇帝有大典礼，国民得以称庆"。会议否决了丙案，以为关于满蒙回藏之待遇，实为民国五族共和应有之义，与优待清帝无涉。

临时参议院会议第二天（2月6日），南方议和总代表伍廷芳将这个修正案电告袁世凯。袁世凯在收到这份电报后，立即委派梁士诒携带这些文件进宫觐见隆裕皇太后，请旨验准。皇太后依然坚持

---

① 《宣统政纪》，北京：中华书局1987年影印本，第1286页。

应该保留"大清皇帝尊号相承不替"等三项条件。

退出后，梁士诒遂将隆裕皇太后的意思向袁世凯作了转达，大约也劝袁世凯还是想办法说服南方接受这些面子上的条件，反正清廷决定退位了，这些细枝末叶也没有什么大不了的了。

梁士诒的建议无疑是一个比较厚道的主意，这个主意也就很容易被袁世凯所接受。袁世凯按照这个意思迅即密电唐绍仪，嘱他务必劝说伍廷芳和南方革命党人不要在这些细枝末叶上节外生枝，对清廷能让一步就让一步，强调"大清皇帝尊号相承不替"这个提法万难更改，并按照皇太后的意思，建议将文件中的"逊位"二字改为"致政"或"辞政"。袁世凯诚惶诚恐，希望伍廷芳和南方革命党人能够从大局出发予以理解，在不影响大原则的前提下尽量满足清廷的要求，尽早结束南北纷争，结束战乱。

对于大清王朝的尊重，其实也是尊重历史的一部分。不管怎么说，清廷在这个历史关键时期，因为隆裕皇太后深明大义，制止皇族中的强硬派，接受了和平方案，现在如果对清廷的历史彻底否定或者给予羞辱，那么真正感到高兴的恐怕只有一直被主流社会排除在外的革命党人，即便那些投诚反正的立宪党人、新军将领也难以接受。

在袁世凯与伍廷芳密商的同一天（2月8日），冯国璋、段祺瑞等北洋军将领六十四人联名致电伍廷芳，表示优待清室条件中的"大清皇帝尊号相承不替"应仍照朝廷提供的原文不要更改，"逊位"这样带有刺激性的词语无论如何都不能出现在正式文件中，否则很难说服军界同仁，大家都是历史的过来人，只有尊重历史，才能说服同仁。

军人一旦干政，就是力量巨大。这可以说是南京临时政府对北洋军人愤怒的善意回应，也可以说是南方革命党人对北洋军人的屈服和顺从。但不管怎么说，冯国璋、段祺瑞等军界将领的建议得到了南京革命党人的极端重视，所有条款都按照袁世凯、梁士诒、冯国璋、段祺瑞等人的建议予以恢复和保留，最具刺激的字眼"逊位"改为"辞位"。这也算是北洋老将对清廷旧主子的最后一次回报与效忠。

2月9日，伍廷芳代表南京临时政府将清帝退位条件最后修正案电达袁世凯，紧接着，唐绍仪和张謇也相继发来两份加急电报。唐绍仪的电报强调南方独立十四省军民以生命财产力争数月，其实目标就在一个"位"字，因此他请求袁世凯务必说服清廷接受"辞位"这个措辞，并及时发表。否则，如稍不忍，南方不满，转生大乱，一切谈判得来的成果再成泡影，得不偿失。唐绍仪还在电报结束处表示，他个人已经言尽意竭，因此他请求袁世凯只能这样做，不要再为这个事情给他打电报发指示。

张謇在电报中也说南方最后修正案中之所以同意种种优待条款，主要是因为条款中有了"辞位"二字。这两个字的代价不可估量，这是南方革命党人同意妥协的前提和根本。张謇恳请袁世凯想尽一切办法务必说服清廷接受这个措辞，否则，迁延两误，败破大局，战火重开，一切从头开始，追悔无及。[1]

唐绍仪、张謇等人的警示无疑是严肃的。袁世凯遂于2月10日

---

[1]《宣统三年十二月二十三日张謇致袁世凯转汪荣宝陆宗舆电》，中国史学会主编：《中国近代史资料丛刊·辛亥革命》卷八，第182页。

召集内阁各部大臣及近支王公会议进行讨论，他向各位大臣、王公详细介绍了南方的意见，并表明自己的妥协立场，认为在能让则让的原则下接受和平，这对朝廷对国家都有利。会议经过慎重讨论，还算比较顺利地接受了南方的这个最后修正案，并在第二天（2月11日）获得了隆裕皇太后的认可，清帝退位，民国建立，1911年的中国大革命终于以暴力发难，以和解结束。[1]

段祺瑞等新军将领要求清廷在辛亥年底前做出决断，这个要求真的使清廷感到了恐惧，清帝退位的时间距离年底还有五天，由此可见段祺瑞等人的力量。这是一方面，另一方面，清帝退位诏书及相关安排，没有再提及孙中山革命党人先前一再鼓吹强调的"驱逐鞑虏，恢复中华"等口号，没有再对清朝的历史污名化，而是参照段祺瑞等人的要求，给予这个将要消逝的王朝应有的尊严，尊重了现实，也尊重了历史。在这个微妙的转变谈判中，我们清晰感觉到段祺瑞等新军将领的深刻影响。

---

[1] 《宣统三年十二月二十五日懿旨》，中国史学会主编：《中国近代史资料丛刊·辛亥革命》卷八，第183页。

第七章

"非袁莫属"

在晚清民初前后二十年，袁世凯无疑是最重要的人物。他大致上继承了李鸿章的衣钵，在内政外交诸多方面比乃师有更多、更大的推动。但他没有李鸿章，更没有师祖曾国藩那样的涵养，"内圣"功夫远远不够，只是因为时代驱使，在"外王"上做了许多极有意义的事情。因而在那时，"非袁莫属"并不是一句空话，更不是浪得虚名。要讲清楚袁世凯与清末民初大变局的关系，至少需要从光绪帝、慈禧太后相继去世的1908年说起。

开缺回籍养疴

对袁世凯而言，1908年无疑属于他的"流年"，从"位极人臣"到"开缺回籍养疴"，奋斗了大半生，从繁华京津退回几十年前起步的故乡。如果说这一切都是正常，毫无阴谋，估计根本没有人信。但这件事为何发生，如何发生，怎样演进？为什么短短三年，袁世凯重出江湖，威望不仅没降低，反而赢得了一个"非袁莫属"的美名？时移世易，一百多年过去了，我们可以尝试着摆脱政治的困扰，重寻袁世凯"开缺回籍养疴"真相。

光绪三十四年十月二十一日（1908 年 11 月 14 日），"上疾大渐。酉刻，崩于瀛台之涵元殿"。[①] 酉刻为傍晚五至七点，"龙驭上宾"的光绪帝生于 1871 年 8 月 14 日，满打满算三十八岁，壮志未酬身先死。然而更为奇特的是，光绪帝后事还没办，翌日"十一时闻太皇太后危笃，又拟进懿旨命摄政王裁定军国政事，有重要事件由摄政王面请皇太后旨行。旋检查孝贞显皇后旧典。二时闻太皇太后换衣，摄政王与庆邸、各堂入宝光门敬视太皇太后升遐，即拟进太皇太后遗诰及哀诏"。亲历其事之许宝蘅惊叹："呜呼！十一时中两遭大丧，亘古所未有，可谓奇变，余缮写各旨时心震手颤，莫知所主。"[②] 国内外一切关心中国事务的人，普遍担心政随人亡的政治规律再度发挥作用，不知道两宫相继去世究竟对中国、对世界意味着什么。

最先做出反应的是那些流亡海外长达十年的老维新党人，他们在过去几年政治演变中蜕变为坚定的保皇党人，坚信清廷内部有两个截然不同的政治派别：年轻的光绪代表变革力量，年迈的慈禧代表保守势力。光绪帝突然死亡，在他们看来很不正常，因为光绪帝那么年轻，也没有听说他生过什么致命的病，所以光绪帝突然死亡在老维新党人看来一定有阴谋。康有为"突闻光绪噩耗，悲病万分。光绪幽囚以来，并无大病，忽撄不治，传说纷纭。嗣闻为袁世凯所毒杀，乃由海外上摄政王书，请诛袁世凯以谢天下，并发布讨袁檄

---

① 《清德宗实录》卷五九七。
② 许宝蘅著，许恪儒整理：《许宝蘅日记》第一册，第 218 页。

文"。在这篇檄文中，康有为明白指控袁世凯是杀死光绪的凶手。根据康的逻辑，袁世凯之所以这样做，是因为他担心慈禧逝后光绪复仇，清理十年前戊戌旧事。[1]

梁启超也利用各种关系上书摄政王、善耆等，言道："鄙意谓为今日之计，必宣布此贼（袁世凯）罪状，乃可杜外人干涉之口。其罪状除离间宫廷为众所共知外，其尤大者则在山东巡抚任上，纵拳出境，以畿辅为邻壑，酿成庚子大祸。此本极显著事，而内外人均熟视无睹。苟揭此状，则外人将憎恶之不暇，岂肯更为卵翼？"这个建议虽然阴毒，击中要害，但梁启超忘了，袁世凯就任山东巡抚由列强建议；袁在山东的全部举措，与列强政策若合符节。

一计不成，再来一计。梁启超如康有为一样，仍然回到袁世凯与两宫关系上做文章："窃谓宜以两宫遗意（必两宫然后可），暴其离间宫廷之罪，措辞虽简单浑括，亦所不妨，盖但有此而两宫日月之明，已永不复为浮云所能掩矣。"如此，"以彼贼诬君误国之罪，虽明正典刑，殊不为过，但监国仁慈，必不忍出此，且持之太急，或恐外人疑及今上皇帝宽仁之度。则以鄙见策之，虽最轻亦宜加以革职，交地方官严加管束"。[2]

康有为、梁启超等政治流亡者对袁世凯的指责，从现在能看到的史料来说，不过是捕风捉影，并没有确凿证据，因而清廷并没有按照他们的要求做。当然，康、梁都是过去十年最具世界影响的中

---

[1]　康文佩编：《南海康先生年谱续编》，沈云龙主编：《近代中国史料丛刊》第七十七辑；《康南海（有为）先生年谱续编》，台北：文海出版社1966年版，第79页。

[2]　丁文江、赵丰田编：《梁启超年谱长编》，第480页。

国政治人物，他们在海外发声，没有影响清廷决策，但却深刻影响了海内外的舆论，风光一时、名声显赫的袁世凯竟然在两宫去世不久迅速成为众矢之的。

国丧未完，清廷于十二月十一日（1909 年 1 月 2 日）突然发布谕旨："军机大臣、外务部尚书袁世凯，夙承先朝屡加酌用，朕御极后，复予懋赏，正以其才可用，俾效驰驱。不意袁世凯现患足疾，步履维艰，难胜职任。袁世凯著即开缺回籍养疴，以示体恤之至意。"①

从这个谕旨看，清廷并没有如康、梁呼吁，去追究袁世凯的责任；摄政王载沣也没有如人们所期待的那样，杀袁世凯为乃兄光绪帝复仇。其实，十年前的故事应该很清楚，所以摄政王在其日记中并没有光绪帝临死前郑重嘱托杀袁的记录，他在摘录开缺谕旨后，只是注明袁世凯开缺后调整的"枢垣"名单：庆王、世相、张相、鹿协揆、那相，即奕劻、世续、张之洞、鹿传霖、那桐。②

军机章京许宝蘅为"天子近臣"，不久前颁布的光绪帝、慈禧太后遗诏等重要文件均为其手笔，因而有资格得知内幕。其十二月十一日（1 月 2 日）的日记："入直。军机见起后复召世、张二相入，发出蓝谕三道：一、袁太保开缺回籍养疴；二、那相入军机；三、溥贝勒在乾清门侍卫上行走。按，溥贝勒为孚郡王之嗣子，乙未、丙申间得罪革爵圈禁，庚子释免者。"③

---

① 《宣统政纪》卷四，第 74 页。
② 《醇亲王载沣日记》，北京：群众出版社 2014 年版，第 310 页。
③ 许宝蘅著，许恪儒整理：《许宝蘅日记》，第 228 页。

从许宝蘅的记录中感觉不到什么阴谋。其实由此向前追溯，两个多月前，许宝蘅曾为袁世凯"足疾"代写过请假条："十三日（10月7日），大风。五时三刻入直，十一时散。袁监述两宫定于二十六日回城，昨日直督荐医屈永秋、关景贤进诊，闻初九日军机大臣召见时，两宫泣，诸臣亦泣，时事艰危，圣情忧虑也。为项城拟请假折，因足疾请假五日。"[1]此时距两宫去世一月有余，知两宫虽然忧心忡忡，但朝局并没有多少异样，因而袁世凯因"足疾"请假只是一件平常事，无足为奇。

"袁世凯现患足疾，步履维艰，难胜职任"，是清廷宣布罢免袁世凯职务，回籍养疴的唯一理由，而且在清廷宣布中甚至明确表示袁世凯"夙承先朝屡加酌用"，宣统小皇帝即位后，仍然获得朝廷信任重用，"正以其才可用，俾效驱驰"，朝廷之所以在如此困难时期同意袁世凯回籍养疴，只是出于袁世凯健康状况考虑。然而一百多年来，研究者很少有人相信清廷这个官方表述的真实性，以为袁世凯开缺就是清廷有意为之，所谓"足疾"，不过是一个借口。事发不久，恽毓鼎发给两江总督端方一份电报："桓温（指袁世凯）之得罪也，外间皆未窥真相。光宗（指光绪帝）上仙，颇有红丸之疑，不啻梁冀之于质帝矣（且结中常侍）。伏皇后曾奉献帝衣带诏，使除曹阿瞒以复仇，相王（指摄政王载沣）亦与闻焉。是日罢相制书，本有'跋扈不臣，万难姑容'八字，以褫职编管处之。代相（指世续）独与谋，力为解，乃易今文。"[2]

---

[1] 许宝蘅著，许恪儒整理：《许宝蘅日记》，第207页。

[2] 《恽毓鼎致端方密函》，《近代史资料》四十三辑，北京：中华书局1981年版，第213页。

恽毓鼎的描写充满八卦，但据这份密信透漏出的信息，参照其他资料，大致可知在两宫相继死亡后，袁世凯确实面临着巨大的政治压力，甚至有人将他比拟为东汉权臣梁冀，暗示光绪帝之死与袁世凯脱不了干系。同是光绪帝同父异母弟，摄政王载沣的弟弟载涛后来回忆："载沣摄政不久，即下谕罢免袁世凯。据我所知，促成其事的为肃亲王善耆和镇国公载泽。他们两人向载沣秘密进言，此时若不速做处理，则内外军政方面，皆是袁之党羽；从前袁所畏惧的是慈禧太后。太后一死，在袁心目中已无人可以钳制他了，异日势力养成，消除更为不易，且恐祸在不测（大意是说袁心存叛逆）。……彼时，凡是谕旨非经军机大臣副署不能发表。载沣处此僵局之下，竟自无可如何；乃将原旨一再修改，措辞前紧后松，变为开缺回籍养疴，纵虎归山，自贻后患，善耆等亦只有付之浩叹而已。"①

这些记录与讨论均从阴谋论出发，都忽略了袁世凯开缺回籍养疴的理由是否成立。按照这些说法，一个权倾朝野的重臣，怎么能因为一点足疾而开缺呢？足疾只是摄政王随便编造的一个理由。

其实，袁世凯患有足疾，而且犯起病来还比较严重也是事实。据《洹上函稿》，袁世凯离开北京并略微安置稳定后，曾给亲朋好友写了一批报平安的信，这些信都或多或少提及自己的身体状况。宣统元年正月十五日（1909年2月5日），袁世凯在复山东巡抚袁树勋、复两广总督张人骏、复浙江巡抚增韫，以及正月十八日（2月8日）复江西巡抚冯汝骙，正月二十日（2月10日）复济东泰武临道徐世

---

① 载涛：《载沣与袁世凯的矛盾》，《晚清宫廷生活见闻》，北京：文史资料出版社1982年版，第80页。

光，正月二十四日（2月14日）复长江水师提督程炳文，二月初五日（2月24日）复安徽巡抚朱家宝，二月初七日（2月26日）复曹州镇总兵陆建章，二月初十日（3月1日）复大理院正卿定成，二月十一日（3月2日）复署南汝光道邹道沂等一系列函稿中，都表达了同一意思而文句稍有差异："兄自去年秋间忽患腿痛，不良于行，曾经请假两旬。只以枢垣职任繁重，不得不销假力疾从公。入直必须人扶掖。腊月，疾益增剧，仰蒙朝廷体恤，放归养疴。圣恩高厚，莫名钦感。比来寄居卫辉，调治宿恙。"[1]

这些向袁世凯问疾并得到回复的人，均与袁世凯有着某种特殊的姻亲关系或私人关系，且均为方面大员，或清政府体制内相当层级的官员，他们或许听到了一些不好的议论向袁世凯婉转求证，而袁的回答虽然没有批驳那些传言，但却正面介绍了自己的病情。宣统元年十二月，即袁世凯回籍养疴一年后，他复信张一麐："弟足疾多方调治，迄未大痊。现经仲芹每夕使用电气，血脉颇觉活泼，惟步履究未能爽健如常。"[2]对这些亲朋故友，且与朝廷关系错综复杂的亲朋故友，袁世凯对自己病情的介绍是真实的，值得据此进行讨论。

清廷发布袁世凯开缺回籍养疴的时间为1909年1月2日，而袁世凯在信函中介绍自己病情的最早一封信为2月5日，其间有一个多月的空白期，因而为各种各样的传闻提供了可能。据张国淦，"有谓是日（1月2日）隆裕太后面谕监国叫杀的，有谓亲贵们主张拿交

---

[1] 骆宝善、刘路生主编：《袁世凯全集》卷十八，郑州：河南大学出版社2013年版，第402页。

[2] 《复知府张一麐函稿》（宣统元年十二月二十八日），骆宝善、刘路生主编：《袁世凯全集》卷十八，第504页。

法部治罪的，经张之洞再三乞恩，始改为开缺回籍养疴。张乞恩理由，以为袁在直多年，握有庞大的军力，如果严惩，恐生他变。当日经过是否如此，外人不知也。有询张者，张亦不明言"。[1]

张之洞没有向询问者明言，但胡钧《张文襄公年谱》却对此事有相当明确的记载："监国摄政王秉太后意，令军机拟旨，祸且不测。公（张之洞）反复开陈，始令回籍养疴。公退语人，曰主上冲龄践祚，而皇太后启生杀黜陟之渐，朝廷有诛戮大臣之名，非国家之福。吾非为袁计，乃为朝局计也。"[2]

而据铁良之子穆瀛，"项城放归事，闻诸吾父，云隆裕召军机领班独对，摄政在侧，庆邸入，后出先帝手敕办袁世凯，庆伏地无言，后怒甚，问汝何意。庆回奏请召汉大臣议，并陈张之洞在值未退。后即斥退庆，召张入，示以此旨，张回奏，大意主幼时危，未可遽戮重臣动摇社稷，可否罢斥驱逐出京？后默许，遂有回籍养疴之谕"。[3]

细读这些来自"消息灵通人士""可靠线人"的八卦，细节丰富。但也正因为细节丰富，所以令人生疑，那些两人私下对话，究竟是如何传出的？假如清廷，或者说隆裕太后、摄政王，以及那些与袁世凯视若仇雠的满洲少壮派真有杀袁之心，或者说光绪临终前真有杀袁谕旨，袁世凯能跑得掉吗？其实，这一切传闻均源于1898年故事，源于那年袁世凯"告密"、背叛光绪、背叛维新派的传言。

在朝政并不透明的时代，这些捕风捉影的传闻当然也并不全

---

[1] 张国淦：《北洋军阀的起源》，《北洋军阀史料选辑》（上），北京：中国社会科学出版社1981年版，第66页。

[2] 胡钧：《张文襄公年谱》卷六，北京：天华印书馆1939年版，第16页。

[3] 张国淦：《北洋军阀的起源》，《北洋军阀史料选辑》（上），第67页。

是空穴来风，仔细梳理各方面的记述，也能找到官方不易解释的蛛丝马迹。袁世凯开缺主因足疾不必怀疑，但足疾既然已有很长一段时间了，而突然在国丧期还没有结束时宣布"开缺回籍养疴"，显然还有不易解释清楚的原因。读袁世凯同寮、军机大臣鹿传霖的日记，如下记录值得注意：十二月"初七日，……六时入直，召见如昨。江春霖的对奏，未交下并召见"；"初九日，晴，美派大使事饬缓"；十一日，"入直召见同前，邸（庆亲王）仍未上。陈田、赵炳麟封奏内存，旨袁世凯解仕回籍养疴，复召世、张入对，遂下罢袁之旨。那桐入枢学习，载洵派乾清门侍卫"；"十六日，晴风，严修封奏，谓项城长外交，遽罢，各国生心，请予病假仍启用，发阅，仍存内"。① 从鹿传霖这几天并不连贯的零散记录中，隐约感到袁世凯开缺回籍养疴，除了足疾，又与当时他负责的外交问题有关，至少袁世凯开缺如严修预示的那样，或许将引起外交上的麻烦。

据《严修日记》，十二月十一日，"项城是日开缺"；十二日，"候项城不遇"；十三日，"再候项城不遇"；十四日，"送项城于车站。遇仲鲁、瑞臣、慕韩、杏城、雨人"；十五日，"拟上封事腹稿"；十六日，"封事传留中"。② 如此，正与鹿传霖记录吻合。

鹿传霖说严修挽留袁世凯的理由，"谓项城长外交，遽罢，各国生心"③，证之后来的研究，袁世凯罢官确实引起了列强对中国政治稳

---

① 《鹿传霖日记》五，《文物春秋》1994 年第 3 期。
② 《严修日记》卷三，天津：南开大学出版社 2001 年版，第 1495 页。
③ 《范孙自定年谱》光绪三十四年（1908）明白说："为袁尚书罢职疏请留外务部尚书任，疏留中。"可知严修上书主要的不是为袁世凯挽留袁世凯，而是为外交挽留袁世凯。详见严修自订，高凌雯补，王承礼辑注：《严修年谱》，济南：齐鲁书社 1990 年版，第 9 页。

定的深度怀疑，美日诸国也通过不同方式、渠道试图干预。[1] 从这个视角进行观察，袁世凯的门生沈祖宪、吴闿生《容庵弟子记》的说法更接近于真实："时，清帝德宗病势日剧，孝钦后预议继统事。公（袁世凯）在枢垣，最为孝钦后所倚任，青浦陈说，情同一家。醇亲王载沣长子常出入内廷，孝钦后密以询公，公一力赞成。十月二十二日，德宗晏驾，遂以宣统帝入承大统，公虑孝钦后年高，且皇族中亦颇有争竞继统者，主幼国危，无所统帅，必生变乱，倡议以醇亲王载沣监国。二十四日，孝钦后遽崩。于是公寓二三老成从容定策，匕鬯无惊，中外咸深叹服。公感悼孝钦后知遇，拟俟大丧事竣，亦即告退。乃未及上书陈请，而局势忽变，论时事者言咙论杂，咸莫测其由来，不知公之去位，实由于派大使一案也。"[2] 由此回想鹿传霖初九日日记"美派大使事饬缓"[3]，大致可知沈祖宪、吴闿生的说法应该来自袁世凯本人。

"派大使一案"由来："先是，公因甲午、庚子之后，政府虽一意讲求外交，而操纵失宜，究不免为外人所轻视，中国等级，向居人后，海牙和平会置列三等，亲贵出洋，何尝无所激刺？奈何事过辄忘。公因美之商派大使，遇我独厚，密建联美之策。先与庆王商定后，乘间独对，畅陈中国宜派大使理由。孝钦后甚韪其议。旋遭大故，枢廷同列以不获预闻其事为恨，有议公之轻举者，于是横生阻力，事败垂成，其机会为至可惜也。"[4] 这是清末最重要的一个外交

---

① 崔志海：《摄政王载沣驱袁事件再研究》，《近代史研究》2011 年第 6 期。
② 沈祖宪、吴闿生：《容庵弟子记》卷四，中华民国二年二月校印本，第 28 页。
③ 《鹿传霖日记》五，《文物春秋》1994 年第 3 期。
④ 沈祖宪、吴闿生：《容庵弟子记》卷四，第 29 页。

大事，也是慈禧、光绪在生命最后岁月所做出的一个重要决定，然而这个决定还是来得太迟了。

当唐绍仪受命率领使团前往华盛顿的时候，日本赶在唐绍仪抵达前，加速与美国达成了一项新协议："唐绍仪，'一个敏感而易于动摇的人大为沮丧'。他有种种理由可以感到沮丧。最坏的事情正在国内发生着。他的上司和支持者袁世凯正面临着厄运，即使能够幸免一死，也难逃贬谪的耻辱。他（袁世凯）正在因为唐绍仪赴美之行预料可以成功而暂保他的官位。他曾经许下诺言说唐绍仪能够从美国获得足够的支持来抵制日本在满洲的侵略。日本急忙利用罗脱－高平换文来证明唐绍仪的谈判失败，从而暗地里伤害袁世凯，造成他的免职，并且终于使唐绍仪奉召回国。"[①]这是在外交上造成袁世凯开缺的原因，也是最有说服力的解释。

袁世凯开缺回籍养疴的真实原因，由于牵涉外交，清廷并没有更详细披露。也正因为没有详细的官方解释，所以为各种演绎提供了可能。至于"回籍"的细节，其实也可以作如是观。一个貌似权威、一手的记录这样说："内阁值日官捧诏告袁曰皇上有旨，袁颓然色变，未及读诏，张之洞自内出，告袁曰上以公足疾，命回籍养疴。袁读诏毕，连呼曰天恩高厚，天恩高厚。袁回寓后，张一麐遂藉故逃避。袁之仆从见张逃，亦皆惶惶，或谓自免官诏下，袁之寓所风声鹤唳，处处惊惶，若不知祸之终极矣。"

第二天（十二月十二日，1月3日）一大早，袁世凯入宫谢恩，

---

① ［美］李约翰著，孙瑞芹、陈泽宪译：《清帝逊位与列强》，北京：中华书局1982年版，第25页。

随后搭乘快车至天津。有英国人海鲁与袁同行，曾作车中纪事，云"头等车内仅三数人，予觅一近暖气处坐定。旋来一人，衣素服，发毛鬈鬈，随从甚多，坐处与余相对。见其仆辈置似新闻类一束于其旁，其人遂翻阅，两点二十五分，车过丰台，约有四十分钟，其人端坐未行动。旋有仆人又置似酒类一樽于几上，车上之仆均事之甚谨。余察其人举动，异于常人，以英语询车中检票人，知为清国军机大臣袁世凯。四点三十分，车至老龙头，袁下汽车，即乘一华丽马车往西行去"，先至德国饭店，饭后至杨士骧衙门，住署后花园。其眷属于是日晚车亦到天津，住德国饭店。①

张国淦据传闻有与上述并不完全一致的描述：袁世凯"匆遽微服赴津，暂憩于英租界利顺德饭店，令人密告直隶总督杨士骧嘱图一晤。杨闻之大惊，立遣其长子毓瑛（字璞山）往见，始知袁拟连夜搭轮赴日本避祸。毓瑛告以其父不便出署，但太老师（指袁世凯）系奉旨穿孝大员（袁以军机大臣外务部尚书奉旨赏穿百日孝），今擅释缟素，又不遵旨回籍，倘经发现，明日续有电旨令拿办赴京，则祸更不测，且亦决无法庇护。袁听之傍徨无策。毓瑛返署报告其父。杨立饬铁路局速备三等车两辆，另调机关车，升火待发。再令毓瑛赴利顺德报告袁，即陪同坐一辆马车赴老龙头火车站登车，由路局某总办陪同返京。杨并坚嘱袁明晨必须返豫，不可稍作勾留"。②

如果按照张国淦的演绎，"老江湖"袁世凯乱了方寸。然而另一

① ［日］佐藤铁治郎著，孔祥吉、［日］村田雄二郎整理：《一个日本记者笔下的袁世凯》，天津：天津古籍出版社2005年版，第109页。
② 张国淦：《北洋军阀的起源》，《北洋军阀史料选辑》（上），第67页。

种说法却是，在袁世凯潜往天津的时候，朝廷内部也为他的出处多有争论。庆亲王奕劻、张之洞、世续等轮番向摄政王载沣求情，以为袁世凯不管有怎样的问题，但毕竟其才可用。"相王（摄政王）言予亦知其有才，但予不忍用之。如用之，予无颜以见元祐皇太后。北骨（张之洞）乃不敢置词，惟云桓（袁）本有去志，可否使乞骸骨，因而允之。相王不悦，云公勿晓晓，奉行制书可也"。[1]据恽毓鼎记录，重臣劝说无法打动摄政王载沣，于是有学部侍郎严修惊人之举：十三日，"军机大臣袁世凯于十一日奉旨罢归，今日学部侍郎严修疏请收回成命，不报。严为项城援引，由编修超擢侍郎。此举尚不失为君子，胜于反面若不相识或更下石者远矣"。[2]

照此思路继续推演，一切努力终归失败，袁世凯只好按照杨士骧的安排十三日早车返回北京。"闻其来天津，一则与杨士骧有密商事件，一则支取银行存款，汇往河南。至其眷属来津，实因惶恐所致"。[3]更有一种说法，袁世凯之所以匆忙逃往天津，主要是因为他想利用与杨士骧的特殊关系在天津暂时躲避，如果局势继续恶化，他将从那里转往日本。此说最系统的表述为袁静雪："有一天，庆王奕劻向我父亲透露说，载沣将要有不利于他的举动，最好赶紧躲避一下。这时候，杨士聪（他是当时直隶总督杨士骧和后来我父亲倚如左右手的杨士琦两个人的八弟）正做着京津铁路督办，便在夜间护送我父亲到了天津，住在法租界利顺德饭店。我父亲原想由天津

① 《恽毓鼎致端方密函》，《近代史资料》四十三辑，第 213 页。
② 《恽毓鼎澄斋日记》，杭州：浙江古籍出版社 2004 年版，第 414 页。
③ ［日］佐藤铁治郎著，孔祥吉、［日］村田雄二郎整理：《一个日本记者笔下的袁世凯》，第 109 页。

逃亡日本。可是，我父亲的门生杨士骧得到消息以后，立刻派他的儿子两次到利顺德饭店说明利害，劝我父亲回京，他自己却避嫌没有出面。我父亲接受了杨士骧的建议，这才又回到了北京。我父亲回到北京以后，就接到了让他'回籍养疴'的命令。这时，他内心的恐惧，才慢慢地缓和下来。"①袁静雪的这个说法极具戏剧性，但其时间、逻辑，均有问题，第一，庆王什么时候向袁世凯透露过如此大事？第二，杨士聪夜间护送有何凭据？第三，袁世凯究竟是先得到免职令，还是先去天津？凡此，均使袁静雪的说法令人生疑。

比较可信的记录，仍属《严修日记》，尽管严修级别低一点，但毕竟同朝为官，所记大致不差：十二月十一日，袁世凯开缺。第二天、第三天，严修在上朝时有意识"候项城不遇"。第四天，十四日，"送项城于车站"；十五日，"拟上封事腹稿"；十六日，"封事传留中"。②从严修记录看，袁世凯在开缺后只有十二、十三两天空当，因此，第一，上述任何一种记述，袁世凯都不可能在两天内往返天津，因为这里还有谢恩、交接、善后诸多事项；第二，严修与袁世凯同朝为官，且为好友，如果袁世凯离开北京，严修不可能一点都不知道，不可能连续三天在上朝时苦等；第三，严修十二月十四日送项城于车站，说明他大致清楚袁世凯的行程。综上所论，袁世凯被宣布开缺回籍养疴后，可能并没有天津之行。

袁世凯是负责外交事务的军机大臣，位高权重，且受到美、英、日诸重要国家外交当局、外交官的尊重，在罢黜袁世凯上谕发布当

---

① 袁静雪：《女儿眼中另面袁世凯》，北京：中国文史出版社2012年版，第21页。
② 《严修日记》卷三，第1495页。

天下午，美国驻华公使柔克义就将这一消息电告国务院，并迅即与各国驻华公使聚集商量对策，建议各国政府联合就此事向清政府提出抗议。① 在这样一种特殊外交背景下，一定要说袁世凯仓皇失措，惶惶如丧家之犬，可能属于小说家言，并不值得采信。

十二月十四日（1909 年 1 月 5 日）晨，袁世凯带着深深眷恋，"由西车站仓皇登车，时到站相送者，仅学部左右侍郎宝熙、严修及端绪（礼部郎中，端方之弟）、继光（端方之子）数人而已"。② 亲临车站送行的严修则记录为仲鲁、瑞臣、慕韩、杏城、雨人诸人。③ 而在袁世凯记忆中，还有那桐的弟弟那晋。④

袁世凯此次返乡，大儿子袁克定、二儿子袁克文并没有一起离开，他们兄弟二人仍留在京城"供职，幼者均携来卫，以便督令读书"。⑤ 据此，袁世凯并不像被彻底罢官、扫地出门的流放，因此对袁世凯"开缺"的真实意义，还值得重新思索。

回籍养疴的袁世凯并没有返回原籍，"因项城原籍屋宇无多，不足栖止全眷。适卫辉有旧置房舍一所，因而暂居，调治宿恙"。⑥ 这是袁世凯自己的说法，而外间纷传后来甚至连他的子女也信以为真

---

① 李永胜：《摄政王载沣罢免袁世凯事件新论》，《历史研究》2013 年第 2 期。
② 《北洋军阀史料选辑》（上），第 67 页。
③ 《严修日记》卷三，第 1495 页。
④ 《复内阁学士那晋函稿》（宣统元年三月初五日）："锡侯四弟阁下：客腊南归，猥蒙枉送。桃潭雅意，纫佩奚如。"骆宝善、刘路生主编：《袁世凯全集》卷十八，第 407 页。
⑤ 《复荆宜道吴品珩函稿》（宣统元年二月二十五日），骆宝善、刘路生主编：《袁世凯全集》卷十八，第 402 页。
⑥ 《复荆宜道吴品珩函稿》（宣统元年二月二十五日），骆宝善、刘路生主编：《袁世凯全集》卷十八，第 402 页。

的另一个说法，是他与兄长袁世敦长时期不睦。[1]

其实，如果照袁世凯说法，他之所以选择卫辉，一是因为这个地方风景宜人，名气很大；二是因为老友徐世昌竭力推荐。徐世昌虽为直隶天津人，但自其曾祖、祖父均在河南为官，徐世昌本人就出生在卫辉府城曹营街寓所，河南卫辉为徐世昌最认同最具感情的故乡，因而他不厌其烦地向袁世凯宣传卫辉好处。据袁世凯回忆："回忆往时，徐菊人相国，尝数数为我言其风景之胜。"据袁世凯实地勘察，徐世昌的说法并不为过，其自然景观、人文资源均负盛名已久："观其山势嵯峨，泉流清澈，信可壮也。辉于古为共伯国，庄生所称共首之山即此。盖其名实由来久矣。自汉晋以来，明贤高隐之士，皆尝顾而乐之。孙登、阮籍、邵尧夫、耶律晋卿、许鲁斋、孙夏峰诸贤，歌啸栖迟，后先蔚映。郁为文采风流，发为丰功伟绩，照耀史策，流辉来祀。"[2]

卫辉今属于新乡，山水佳美，竹木茂盛。而当时属于卫辉的辉县苏门山南麓湖有名胜百泉，小有山水之胜，为魏晋以来高人隐士乐意去处。袁世凯隐居卫辉"慎守大臣去位闭门思过之道意"，"其无聊政客、报馆访事人一切斟酌杜绝"。袁世凯在卫辉的住所，为其

---

[1] "其实，袁不回项城老家是有难言之隐的。袁不回项城老家，除了祖籍的房屋已给亲族外，还有他和兄长袁世敦的矛盾。世敦在义和团运动期间受累于袁世凯，被朝廷革职，于是借袁世凯之母刘氏非正室，不准埋入祖坟正穴。袁静雪回忆说从那以后，我父亲和大伯世敦就不再往来。还由于这个原因，以后就定居在彰德的洹上村，不再回项城老家。"参见苏全有《袁世凯罢官之初并未图谋东山再起》，《求索》2009 年第 6 期。

[2] 《重修百泉祠庙碑》（宣统三年七月），骆宝善、刘路生主编：《袁世凯全集》卷十八，第 708 页。

旧部何枢本提供。何枢本原名何兰芬，字芷庭，卫辉人，曾充新建
陆军粮饷委员，因而为袁世凯购置卫辉马市街旧典肆。[①]

在卫辉，袁世凯深居简出，尽量不与外界联系[②]，但对本地名
流，并不完全拒绝。袁世凯此时似有从官场彻底退出的想法，有向
实业用功的考虑。因身份或其他原因不便出头直接从事，他准备找
几个帮手在前面操作，自己居于幕后。据此时与袁世凯关系密切的
王锡彤记录，在袁世凯离开北京返回河南不到二十天，1909 年 1 月
23 日，王锡彤偕李敏修（李时灿，字敏修）谒袁世凯于马市街寓邸。
袁方五十一岁，须发尽白，俨然六七十岁人，"知其忧国者深矣。且
正在国恤期间，彼此均不薙发，故益觉黯然"。因先约定不谈国事，
寒暄毕遂及实业，屡询禹州矿场之事。[③]

卫辉府，府治汲县，下辖汲县、新乡、辉县、封丘等十一县。
刚到卫辉，袁世凯的病情并没有多少好转，而居住条件也不那么理
想。二月十一日（3 月 2 日），袁世凯复友人信说："出都后寄居卫
辉，调治宿恙，亦无大效。此间屋宇狭隘，人烟稠杂，于病驱甚不
相宜。辉县有荒园一区，拟于春暮赴彼独居静养，眷属仍留卫郡。"[④]

① 王锡彤著，郑永福、吕美颐点注：《抑斋自述》，开封：河南大学出版社
2001 年版，第 142 页。
② 宣统元年（1909）三月，袁世凯姐夫杨益年来信托办一事，袁世凯复信表
示："承属一节，弟杜门养疴，未便与官场通函，有负诿谛，至深歉仄。还
希亮恕是荷。如将来遇有人便，当面托转致前途。"骆宝善、刘路生主编：
《袁世凯全集》卷十八，第 411 页。
③ 王锡彤著，郑永福、吕美颐点注：《抑斋自述》，第 144 页。
④ 《复署南汝光道邹道沂函稿》（宣统元年二月十一日），骆宝善、刘路生主编：
《袁世凯全集》卷十八，第 401 页。

第二天（二月十二日，3月3日），袁世凯在另一复信中说："寄居卫郡，调治宿疴，一时尚未能元复。此间屋宇殊形狭隘，兼之人烟稠杂，于卫生消夏均非所宜。辉县有荒园一区，拟于春暮赴彼独居养病，眷属仍留卫郡。"[1]袁世凯决意在春暮"俟天气和暖"[2]，转至辉县独居静养。三月十六日（5月5日），袁世凯复出使俄国大臣萨荫图："兄养疴乡里，倏已四月。比因卫郡庐舍器隘，适辉县有旧园一所，小加葺治，移来独居。苏门百泉近在咫尺，挂杖看山，优游啸咏，于卫生消夏均尚相宜。足疾调治多日，迄未大瘳，幸气体颇安适。大二两儿仍留京供职，卫寓眷口亦籹平，聊堪告纾雅廑耳。"[3]

在苏门，袁世凯过得很滋润，"引泉灌竹，挂杖看山，间就老农咨询稼事，未始非山居之一适也"。[4]但到了四月底，因为留在卫辉的子女水土不服，袁世凯开始考虑迁往彰德："迩来侨寓苏门，荒园数亩，尚饶竹树，聊可优游。适因事来卫，诸儿女因水土甚恶，宇舍狭湫，患病甚多，拟前后移居彰德。俟布置就绪，弟仍返苏门，藉消长夏。"[5]

五月十二日前，袁世凯一家迁往彰德："弟因卫郡水土不宜，一

① 《复协统商德全函稿》（宣统元年二月十二日），骆宝善、刘路生主编：《袁世凯全集》卷十八，第401页。

② 《复倒袁何炳莹函稿》（宣统元年二月十七日），骆宝善、刘路生主编：《袁世凯全集》卷十八，第402页。

③ 《复出使俄国大臣萨荫图函稿》（宣统元年三月十六日），骆宝善、刘路生主编：《袁世凯全集》卷十八，第410页。

④ 《复北洋官报局坐办即补道冯汝桓函稿》（宣统元年四月十九日），骆宝善、刘路生主编：《袁世凯全集》卷十八，第415页。

⑤ 《复大名镇总兵言敦源函稿》（宣统元年四月三十日），骆宝善、刘路生主编：《袁世凯全集》卷十八，第417页。

昨移来彰德，藉养宿疴。乡居多暇，聊足避烦嚣耳。"①稍后复王士珍信说："兄养疴乡里，倏已半年。春夏之交，曾在苏门侨居月余，荒园数亩，小有竹林荷塘稻畦之胜，云山环绕，聊尔优游，午节前始返卫辉。彼处庐舍狭隘，水土又劣，加之天气干燥，家人多有病者。彰德北郊有亲戚空宅一所，去城少远，似较爽适，月之中旬遂挈全眷移居此间。迩来布置略已就绪，下月仍拟独往苏门，消此长夏，以彼中静僻，于避嚣却署，尤相宜也。足疾多方调治，迄未就痊。所幸气体粗平，堪纾雅注耳。"②

同天复严修信："弟南归半载，调治宿疴，迄无大效。今年春间，就苏门山下营一别墅，小有竹林荷塘稻畦之胜。居彼两月，引泉叠石，莳花灌园，颇得优游之乐。四月秒，回卫辉度节。卫寓庐舍狭隘，水土又劣，加之天气亢燥，家人多有病者。适彰德北郊，有舍亲何副都统仲瑾空宅一所，去城少远，似较爽朗，遂于月之中旬挈同全眷移来此间。迩日布置略已就绪，下月仍拟独往苏门，藉以避嚣养病。昨在辉县六十里之薄璧镇左近，以一千二百金买山一区，周围约二十余里，土脉尚润，宜于种树，更拟茸屋数椽，明年夏间即往彼中消夏，将与山农木客为伍矣。"③袁世凯真有在洹上村的终老规划了："足疾多方调治，迄未就痊，精神亦颇委顿，自度不堪更为世

---

① 《复直隶即补道马吉森函稿》（宣统元年五月十二日），骆宝善、刘路生主编：《袁世凯全集》卷十八，第419页。
② 《复江北提督王士珍函稿》（宣统元年五月二十四日），骆宝善、刘路生主编：《袁世凯全集》卷十八，第421页。
③ 《复学部侍郎严修函稿》（宣统元年五月二十四日），骆宝善、刘路生主编：《袁世凯全集》卷十八，第422页。

用。莳花灌园，优游田里，长为乡人，以终吾身，于愿足矣。"①

洹上村临洹水而得名，洹水又名安阳河。"津门何氏先营别墅于此，公（袁世凯）爱其朗敞宏静，前临洹水，右拥行山，土脉华滋，宜耕宜稼，遂购居焉。宅有小园，草创伊始，莳花种竹，叠石浚池。点缀林亭，题名曰养寿园"。②

"养寿园"占地两百多亩，袁世凯买下来后重新改造，修筑了高大院墙，院墙上还有几个炮楼，仿佛就是一个围子："堂居园之中央，凡三巨楹，周拓广廊，轩敞为全园冠，遂以名园者名堂。堂额以孝钦后赐书'养寿'二字，勒诸贞木。楹帖乃吴江费树蔚集龚孝琪诗句，曰'君恩毂向渔樵说，身世无如屠钓宽'。书则绍县沈祖宪代书也。堦前立奇石二，一状美人，一如伏虎，咸太行山中产也。"园南有谦益堂，面汇流池，倚碧峰嶂，左接峻阁，右挹新篁。明窗四照，远碧一泓，南园之胜，一枕收之。榜为袁世凯书写，缀以跋，曰"光绪辛丑冬季，皇太后御书'谦益'二字，赐臣某，圣意深远，所以勖臣者至矣。园居成，谨以名堂，俾出入瞻仰，用自徇省云。联曰圣明酬答期儿辈，风月婆沙让老夫。"③

袁世凯对这个园子相当满意，宣统元年六月初十日（1909 年 7 月 26 日），他在复亲家，也是这个园子原主人何炳莹的信中说："弟移居彰郡，业已匝月。村野空旷，较之城市，殊形清爽。房廊构造颇合法，工料亦坚致。小园一所，花树皆新栽，围墙四周，杂树槐

---

① 《复京卿吴篯孙函稿》（宣统元年七月十七日），骆宝善、刘路生主编：《袁世凯全集》卷十八，第 427 页。
② 沈祖宪、吴闿生：《容庵弟子记》卷四，第 31 页。
③ 袁克文：《洹上私乘》，上海：大东书局 1926 年版，第 23 页。

柳，数年长成，当有可观。诸荷经营，甚感甚感。家人居此均安适。贱体粗平，堪纾雅注。亦舍弟捐事，多费清神，曷任佩谢。"[1]

那几年，袁世凯的大家庭发生一些变故，这对年过半百、身体有恙的人来说，心情不可能不受影响。时任两江总督的张人骏为袁世凯盟兄弟，也是儿女亲家，袁世凯此时致信张人骏，透露自己心情："迩来家运多艰。二家兄于六月作古。三家嫂又于七月弃世。骨肉凋瘁，哀感相乘，弥觉岁月之易逝也。三家兄已于月前接来彰寓，老年手足，藉得聚首。彰郡距京不远，延至诊治，亦较便捷。惟三家兄久病淹缠，断非一时所能复原。前经禀请午帅代为奏请开缺，未蒙允许，仅予假期三月。刻下假期已满，务恳台端俯允据情奏请开去徐州道缺，俾静心调摄，得以早日就壅。"[2] 据此可以想见袁世凯的兄弟之情，也可由其代为请求开缺回思他自己开缺，两者相证，应该相信一个生病的官员在身体与官位之间究竟孰重孰轻。

在洹上村住下后，袁世凯对政治心灰意懒，不作他想，他用了很大精力财力建设这个园子。他将关系还不错的三哥袁世廉接来同住。兄弟俩或扶杖漫步，下棋聊天，或请几个文人骚客吟诗作词，风花雪月。时而听莺钓鱼，弄舟水池；时而设宴园中，与家人子女共享天伦之乐。袁世凯那张头戴斗笠，身披蓑衣，与三哥袁世廉在舟上垂钓的经典照片，虽说具有"摆拍"的味道，在政治上或有让外界特别是北京放心的暗示，但这种悠闲生活，放松心情，应该是

① 《复副都统何炳莹函稿》（宣统元年六月初十日），骆宝善、刘路生主编：《袁世凯全集》卷十八，第 424 页。
② 《致两江总督张人骏函稿》（宣统元年八月初四日），骆宝善、刘路生主编：《袁世凯全集》卷十八，第 432 页。

袁世凯在洹上村稳定后的生活写照，至少不会与其生活情境太过背
离，有诗佐证：

春日饮养寿园

背郭园成别有天，盘餐樽酒共群贤。

移山绕岸遮苔径，汲水盈池放钓船。

满院莳花媚风日，十年树木拂云烟。

劝君莫负春光好，带醉楼头抱月眠。①

啸竹精舍

烹茶檐下坐，竹影压精庐。

不去窗前草，非关乐读书。②

对袁世凯闲云野鹤式的生活，或以为真实，但更多研究者认为
这是袁世凯刻意做给北京那些反对者看的。他要让那些反对者相信
自己渐渐习惯了这种乡间生活方式，渐渐看破红尘。不过，也必须
指出的是，袁世凯"回籍养疴"的主要使命毕竟是"养疴"，他的病
体在大致轻松的外部环境下休养及慢慢调理，半年后略见好转，"足
疾近来颇见轻减，步履已能如常。惟远行一里以外，则觉费力耳。
自可无庸再加燻治"。③

---

① 《春日饮养寿园》，骆宝善、刘路生主编：《袁世凯全集》卷十八，第622页。
② 《啸竹精舍》，骆宝善、刘路生主编：《袁世凯全集》卷十八，第620页。
③ 《复汝宁知府李兆珍函稿》（宣统元年六月十三日），骆宝善、刘路生主编：
《袁世凯全集》卷十八，第425页。

作为一位老资格的政治家，朝廷一品大员，说袁世凯就此息影林下，不再过问政治，恐怕连他自己都不相信。不过，在他度过"开缺回籍养疴"最初阶段后，他确实想再做点事情，希望在实业上有所斩获。

协助袁世凯从事实业的，除了他的老部下周学熙，还有一个新人王锡彤。王锡彤，字筱汀，号悔斋，晚号抑斋行一，卫辉人，生于1865年，长袁世凯三岁。王锡彤年轻时与李敏修共斋读书，后一起在家乡从事教育，并参与地方事务，如赈灾，还参与主持禹州三峰煤矿公司。

机会总是青睐有准备的人。王锡彤友人王祖同，字肖庭①，河南鹿邑人，1909年初分派至江西任饶州府知府，从北京赴任时经卫辉往访袁世凯。袁在表明自己心迹时说"官可不作，实业不能不办"，力言实业关系国家兴衰之重，并向王祖同询问同乡中有哪些人具有创办实业、管理实业的才能。王以锡彤对，袁世凯说自己见过王锡彤，"余知之檠檠大才也，第恐不肯助我耳，君为我招之"。

王锡彤获知此情，甚为感动，"余思矿务、铁路皆实业事，年来跳身其中，已不作师儒身份矣。惟袁公所创如京师自来水公司、唐山洋灰公司、滦州矿务公司，皆采用新法，规模宏大，余之经验胡足副之，因是踌躇"。后在一些朋友的分析与劝说下，特别是他母亲一锤定音："袁公天下豪杰，汝平日所倾佩者。今既见招，奈何不往？且京津虽远，较禹州近也，火车畅行一日可达。何时思我何时

① 《纪德碑》，王锡彤著，郑永福、吕美颐点注：《抑斋自述》，第339页。

可归，我若思儿亦可电召，何惮为？"①袁世凯看上王锡彤，除王祖同介绍，还有王锡彤侍母最孝，这一点最得袁世凯认同。

有了王祖同介绍，母亲支持，王锡彤宣统元年（1909）六月初专程前往彰德府拜见袁世凯，袁命其迁寓其邸第畅谈数日。袁告诉王："罢官归田，他无留恋。惟实业救国，抱此宗之久矣。所创之实业概界之周缉之（周学熙），缉之以现任臬司，丁忧释服后即当放缺，不定何省，已办之实业弃之岂不可惜。前日缉之来，专为此事研究数日，苦难替人。君幸为我谋之，我知君胜此任也。"袁还说："我知君孝子，求忠臣于孝子之门。"②

由此，袁世凯郑重委托王锡彤帮助打理实业，取代了周学熙原来的部分角色，在京津唐豫等地帮助袁世凯创办或管理实业，在京师自来水公司、天津启新洋灰公司、天津华新纺织公司三个大型企业，协助周学熙、孙多森做了很多具体工作，周学熙任总理，王锡彤任协理。在周学熙两度出任财长期间，王锡彤代理总理。此外，袁世凯隐居期间参与创办或经营的实业还有罗山银矿等。

在开缺回籍养疴第一年，袁世凯开始了新的事业，过着幸福的家庭生活，享受着天伦之乐。而且，随着时间流逝，袁世凯在中国政治生活中不仅没有被忘记，反而屡屡被提起。三年幽禁没有影响袁世凯的影响力，反而成全了袁世凯的英名，并越来越显示出"非袁莫属"的趋势，这对于袁世凯后来被征召出山至关重要。

---

① 王锡彤著，郑永福、吕美颐点注：《抑斋自述》，第147页。
② 王锡彤著，郑永福、吕美颐点注：《抑斋自述》，第148页。

时势要英雄

假如袁世凯没有被开缺回籍，一直在军机大臣的位置上呼风唤雨，说不定他的威望会因为某一件事情而下滑，离开朝廷反而在很多时候显示出了他的重要性："项城去后，政府用人行政一切悉仍其旧。其故有二，一因外国人极为惶恐，倘有更动，益令外人生疑；二因庆邸复出视事，恩眷虽较前稍差，大体仍归主持。然此特目前情形，恐终有不能不变之势，政府或暂用柔缓手段耳。宪政编查馆原系项城主持一切。项城去后，各军机意见分歧，莫衷一是。所有重要规则未能切实酌定，延至年终，只得勉应奏定期限，敷衍成帙，率行入奏。南皮建议，谓该馆为立法机关，关系中外治乱，若如此办理，实酿无穷之患。今后须派专员经理，方能切实整顿，无误事机。泽公极然其说，拟请摄政王交派南皮主持该馆一切事务。项城开缺，泽公之力居多。泽公原可随时见摄政王，而自项城去后，泽公恐招物议，尝谓此后朝中大政概不与闻云。"[1]

袁世凯离开北京不过三个月，王锡彤四月末因交涉事务去外务

① 《端方密函》，《近代史资料》四十三辑，第21乙页。

部，与外务部左参议周自齐会晤。周自齐在谈话中提到"惟疾首蹙额言无办法，且历述自袁宫太保去尚书任，外交上全无可言。洋人到部辄拍案咆哮，有理亦无讲处。公辈欲交涉胜利，只有待袁宫保来耳"。作为局外人，王锡彤闻言大惊："部员乃出此言，殊可诧异。惟细思此言以为滑稽不负责任也，可以为老实话亦未为不可。然福公司交涉终待袁公出山始获了结，则周参议之言是也。当时人心所归，中外所向略见一斑。而摄政王特反之，愈令人生愤慨之心矣。"[①]

确实，外国人对袁世凯归来有很高期待。1909 年 10 月 11 日，袁世凯去职十个月，《泰晤士报》发表《中国局势》一文，在"袁世凯的地位"一节中说："袁世凯自年初被开缺，就一直在其祖籍省份河南的卫辉府乡下居住，过着平静的生活。他身体健康，看上去比他被罢黜时年轻了十岁。他优哉游哉地消磨着时光，由于许多朋友的支持而志得意满，那些朋友坚信他很快会重回政坛。现在人们普遍认为，由于毫无经验的摄政王所为，帝国中最重要的政治家突遭罢黜，这是个愚蠢的错误，是缺乏爱国心之举。报界曾对直隶总督袁世凯充满敌意，并在其失势时对他猛烈抨击，现在则谨慎地为他返回官场而努力。舆论已向着对袁世凯有利的方向发展。国家迫切地需要他，但尽管他健康状况良好，他肯定会表现出一副得体的不愿意重返政坛的样子。军机处已提议启用他，但他礼貌地予以拒绝了。足疾未愈是罢黜他的理由，但在中国，每一个人都知道，那并非真实的原因。而袁世凯拒绝告别田园生活而复出的理由是足疾未愈。这也不是真实的理由。除非发生意外，全国人民都确定他能重

---

① 王锡彤著，郑永福、吕美颐点注：《抑斋自述》，第 146 页。

新掌权。而他的复出将受到所有关心中国进步的人的欢迎。"①

袁世凯对于国内外舆论应该非常关注，在他隐居的那些日子里，他看到了"以退为进"的好处，看到那些原来持严厉批评态度的报社反而因他的退隐改变立场，甚至为他重新出山呼吁。不过，从袁世凯方面说，他对这些呼吁给予适度注意，但因为身体，因为曾经沧海，他并不热衷于或急于重出江湖，"自顾精力就衰，难胜重要，早无复出之念矣"。②旧疾未去，新病又来，生命苦短，这也是袁世凯心情淡然的原因之一。

当他听闻京城各种传闻后曾与安徽巡抚朱家宝有如下讨论："足疾多方调治，迄未大愈。近更患齿痛、头眩诸症。甫逾五十，精力已衰，只合伏处田间，长与老农为伍。迩者都下颇有议论，遂致报纸喧传，未免失实。兄屡世受国厚恩，何敢淡忘大局。惟自忖羸疾之躯，断难更肩艰巨。诚以国计所关，不容再误，至一身罪谤，固所不虑也。"③随后，袁世凯在回复他早年业师问询时同样强调："自顾甫逾五十，精力已衰，遣大投艰，断难胜任。前者都下偶有议论，报纸所传，未免失实。受业屡世受国厚恩，何敢淡忘大局。第以时艰方亟，诚不当以屡疾之躯，再肩巨任。若犹是委蛇，伴食其间，不但为受业所深耻，亦师座所不取也。"④袁世凯回复河南巡抚宝棻询

① 窦坤编译：《直击辛亥革命》，福州：福建教育出版社 2011 年版，第 64 页。

② 《复皖南道李清芬函稿》（宣统元年八月初十日），骆宝善、刘路生主编：《袁世凯全集》卷十八，第 436 页。

③ 《复安徽巡抚朱家宝函稿》（宣统元年八月十六日），骆宝善、刘路生主编：《袁世凯全集》卷十八，第 438 页。

④ 《复福建粮道张星炳函稿》（宣统元年十二月初四日），骆宝善、刘路生主编：《袁世凯全集》卷十八，第 466 页。

问说："兄乡居养疴，毫无淑状。足疾迩来无甚增减，而衰惫日臻，志气颓委，何堪再出问世。谬承期望，何任惭恧。"①

对于知己杨度在京城的运动、建议，袁世凯一方面表示感谢，另一方面仍强调身体不支："昨奉手翰，备荷注存。并代商鄙人出处，语长心重，可谓实获我心。其仰相知之深，见爱之厚，不同恒泛。矧兄侵寻衰病，精力迥非昔比，遗大投艰，实难胜任。幸得优游泉石，长为太平之民，于愿足矣。"②类似询问还见北洋兵备处总办张士钰③、长江水师提督程允和等④，袁世凯的答复类似于对杨度的回复。

此次重出江湖的传闻影响太大了，即便是那些与袁世凯关系紧密的人也信以为真，但从袁世凯复王祖同信中可以体察其谨慎："承代商鄙人出处，卓识伟伦，极深倾佩。至交如小汀诸君，来书相劝，与遵旨略同。足征贤豪所见，不甚相远。惟是弟里居二年，衰病侵寻，弥惭颓放。投艰遗大，断非孱驱所能胜任。林泉可乐，殊不作问世之想矣。厚叨奖许，只增颜汗。"⑤这些说法或许有客气成分在，或许有拘谨因素在，但无论如何，这是他本人当年的一个解释，值得注意。

---

① 《复河南巡抚宝棻函稿》（宣统二年六月初三日），骆宝善、刘路生主编：《袁世凯全集》卷十八，第523页。

② 《复京卿杨度函稿》（宣统二年七月十二日），骆宝善、刘路生主编：《袁世凯全集》卷十八，第530页。

③ 《复北洋兵备处总办张士钰函稿》（宣统二年七月十七日），骆宝善、刘路生主编：《袁世凯全集》卷十八，第531页。

④ 《复长江水师提督程允和函稿》（宣统二年八月十四日），骆宝善、刘路生主编：《袁世凯全集》卷十八，第536页。

⑤ 《复饶州知府王祖同函稿》（宣统二年十月初四日），骆宝善、刘路生主编：《袁世凯全集》卷十八，第580页。

　　或许因为外部环境改变了，袁世凯原先那些幕僚、部下，重新活跃起来。据王锡彤记录，宣统二年（1910）"八月十八日赴彰德。二十日祝袁公寿。是时，袁公去位已将两载，天下之仰望之者愈众。旧日僚属亦明目张胆复来趋附，不似从前之藏头露尾矣。惟袁公殊淡泊，尝着蓑笠持钓竿与其兄清泉徜徉洹水之上焉"。[①]他先前培养、提升的部属本来就没有因为他被开缺受到影响，徐世昌在官场上依然顺风顺水，由东三省总督而邮传部尚书而内阁协理大臣，徐与袁通过各种关系保持着密切联系，朝廷的动态、北洋系的状况，袁世凯相当清楚。

　　冯国璋、段祺瑞等北洋系军人不仅继续活跃掌握着军队，而且他们还不时以各种理由路过彰德府，看望老上司。这不仅让袁世凯随时知道政局变化，而且非常受用，无限欣慰，所谓日久见人心，患难见真情，此之谓也。

　　至于那些幕僚、朋友，那时政治体制并不禁止他们与旧主、朋友往来，不会要求他们与袁世凯断绝关系，南来北往的客人在彰德府络绎不绝，袁世凯在那里设有一家档次不低专门用来招待这些客人的餐馆，至今仍在营业，偶一光顾，仍能听当地人述说袁世凯和他的那些客人留下的故事。

　　举一个例子。据王锡彤记录，宣统二年（1910）正月初三，"接袁云台电报，严范孙侍郎来彰，邀余一谈。范孙学问道德，余夙所称北方之泰山北斗者。初以翰林院编修家居，袁公任直隶总督，亲往造其庐，聘为直隶学务长。锐意经营直隶学校，遂为天下冠。比

---

① 　王锡彤著，郑永福、吕美颐点注：《抑斋自述》，第156页。

学部立，又荐擢学部侍郎。袁公上年被斥去官，部下文武皆哗然，辩非袁党。范孙独上书自陈，越格超升实袁所荐，即不自认袁党人亦以袁党相视，请褫职以去。至是闻袁公移居彰德，特来省视。云台以余与范孙有一日之雅，故特邀往晤。初四日遂至彰德袁邸。时与范孙同来者，林墨卿及范孙之公子约冲，侄公子约敏，因得畅谈。初五日，严林诸公南游去，复留与袁公谈。因言专制之国无大臣。公曰何也？曰位逼则疑，权重则忌。公默然"。[1]

据严修日记，宣统二年正月初三（1910 年 2 月 12 日），偕林墨卿及长子智崇、侄智惺等六人由北京赴彰德府，晚七时半到彰德，宿西关外天保栈。袁世凯之次公子袁克文（豹岑）来车站迎接，邀请严修一行宿于其家。严修以"人多不肯骚扰，托词辞谢"。第二天，袁世凯派"厨丁来烹饪，小碟四、大盘八、大碗四，肴馔可口，淇鲫尤美。项城又遣四车饭后来接，同墨卿率崇、惺往宫保寓城北河北之洹上村，土墙四周，地广二顷有余。入厅后，宫保出见，谈甚畅"。随后，袁世凯陪同严修一行参观养寿园，有乐静楼、红叶馆、杏花村、五柳草堂等处。每至一处，辄坐憩茶话。游园毕，严修一行又出园参观钟楼、鼓楼、天宁寺，然后返回袁宅已晚七点，袁世凯设宴款待，林墨卿、王锡彤作陪。饭后，袁世凯与严修等人"畅谈不休，十一时后散归"。初五日，严修一行由彰德出发，袁世凯遣差官以柬来送，并赠车票。"项城之情谊周至，不惟可感，亦可法也"。[2] 严修发自内心更加敬重、佩服袁世凯。综合王锡彤、严修

---

① 王锡彤著，郑永福、吕美颐点注：《抑斋自述》，第 152 页。
② 《严修日记》卷三，第 1564 页。

记录，可以感到"养疴"中的袁世凯并没有受到怎样严重的约束，大致还是一个自由人。

袁世凯的威望没有因为"开缺回籍养疴"下降，相反，他的威望因为打压、传言而上升，再加上清廷在摄政王载沣主持下，确实刻意排斥元老，排斥汉官，因而显得朝廷中多为碌碌无为的庸才。反过来，袁世凯的行情因此看涨，即便那些因各种原因与其中断往来很久的人，也渐渐承认袁世凯可能是未来中国一个极为重要的人物，张謇便是一个突出的例子。

张謇与袁世凯在青年时代就熟悉，而且是不一般的关系，两人都在吴长庆帐下，甚至有点师生情谊，后来因故中止了往来，但在袁世凯下野后二人不计前嫌恢复了联系，在后来的政治变革中联手合作，成为终结帝制、走上共和最关键的两个政治人物。

恢复联系发生在1911年。当年5月8日，清廷如约宣布内阁官制及办事章程，裁撤旧有之内阁、军机处、会议政务处，新组责任内阁。这是晚清政治改革的巨大进步，将十几年来政治体制改革最困难的部分一举解决。然而在公布的新内阁名单中皇族比重过高，因而引起一些汉人士大夫的不满。第二天（5月9日），新内阁又宣布将粤汉、川汉铁路修筑权收归国有新政策。由于非常复杂的经济原因，这项政策被一些人解读为"国进民退"，剥夺或伤害了民族资产阶级的利益。这两项政治、政策的宣布引起国内政局急剧动荡，作为南方立宪党人的领袖，张謇自然期待听听袁世凯的意见。

当是时，张謇正因公务沿京汉线自汉口赶往北京，"经过彰德的辰光，就和二十八年以来分道扬镳、疏离已久的袁世凯会面，哪知道这无意中的一见，就和下半年的变局引起了很重大的关系"。[1]

五月初十日（6月6日），仍在途中的张謇致电袁世凯："袁宫保鉴：别几一世矣，来晚诣公，请勿他出。謇，蒸。"[2]第二天，"十一日（6月7日），午后五时至彰德，访袁慰庭于洹上村，道故论时，觉其意度视廿八年前大进，远在碌碌诸公之上。其论淮水事，谓不自治则人将以是为问罪之词。有云此等事，乃国家应做之事，不当问有利无利，人民能安业，即国家之利。有令人心目一开。……慰庭留住，未之许也"。[3]

张謇对二十多年未见的袁世凯评价至高，期待至殷。分别时，袁世凯表示如有机会出山，当一定遵从民意，届时希望张謇予以合作。张謇抵京后意犹未尽，致电袁世凯称"日昨谒奉光尘，感卅载之沧桑，快一夕之情话，夜分遽别，慨系横生，积愫离惊，仍兹轸结。濒行承筐之惠，具纫高谊，知非寻常投赠之文，弥极旧雨绸缪之雅。京师已十四年不到，此来虽被商界公推，事有专注，然有不可省之周旋，车马衣冠亦殊无谓，何况人民、城郭均有无限之悲思也。寄奉《光绪朝海关贸易册比较表》，希赐省览"。[4]

对张謇来信及《光绪朝海关贸易册比较表》，袁世凯读后感触极深，他复信表示："窃以为国家富强，基于实业。公家既多忽视此

---

① 张孝若：《南通张季直先生传记》，《民国丛书》第三编第73种，上海：上海书店1991年影印本，第135页。

② 《致袁世凯电》（1911年6月6日），《张謇全集》卷二，上海：上海辞书出版社2012年版，第272页。

③ 《柳西草堂日记》，《张謇全集》卷八，第720页。

④ 《致袁世凯函》，《张謇全集》卷二，第272页。

事，商民又安于固陋，不求新知。惟我公洞烛幾先。十数年来倡导不遗余力。几经困难，始得为实业界一放光明。"①

袁世凯的人气随着时间流逝而上升，而清廷在摄政王领导下错误连连，许多问题解决得确实不太好。张孝若记录乃父张謇进京后的感想："到了北京以后，清摄政王和满朝亲贵尊贤礼士的风气，都还做得十足。就是谈到正经事体，仍旧口是心非，当做耳边风一样。我父那时一看国势衰弱，江河日下，只是瞄准了走上那颓败的道儿，丝毫没有因为筹备立宪、开国会的新局面，大家有了一点觉悟，振作起来；依然是敷衍颟顸，蠹国病民，自家拼命地自杀自己，他人是救不来的。但是我父这次到京，还抱着极兴奋诚挚的心意，想打一针最后强心的忠言，来救醒亲贵的沉迷，来保住那将倒的大厦。"②可惜的是，清廷主政者没有这样的胸襟、智慧，终于让袁世凯等到机会。

实际上，在彰德府隐居时，袁世凯身在江湖，心在庙堂，对于自己几十年一直服务的朝廷并没有因为一时错待而彻底失望，他在那时写的几首诗多少表达了职业政治家的意识："漳洹犹觉浅，何处问江村。"③"开轩平北斗，翻觉太行低。"④字里行间，多少透露出袁世

① 《复翰林院撰修张謇函稿》（1911 年 6 月 13 日），骆宝善、刘路生主编：《袁世凯全集》卷十八，第 680 页。据《张謇全集》卷二第 272 页，袁世凯在张謇来信信封背面手批为："富强之基，系二实业，公家多不留意，士庶又鲜新识。惟我公先觉，历经困难，坚忍经营，开各省风气。进出货列表考校，附以注说，精详中肯，又为人所不及案，不肯为。钦佩，须以文行之。"

② 张孝若：《南通张季直先生传记》，第 146 页。

③ 《和王介艇中丞游园原韵》，骆宝善、刘路生主编：《袁世凯全集》卷十八，第 621 页。

④ 《登楼》，骆宝善、刘路生主编：《袁世凯全集》卷十八，第 620 页。

凯对政治的眷恋、不舍，甚至由此可以读出袁世凯不甘蛰伏、渴望重出江湖的焦灼心情。

对于摄政王不分青红皂白地将他开缺，袁世凯心中不可能没有抱怨，"寄语长安诸旧侣，素衣早浣帝京尘"。[1] 这其间大约暗藏着心中的愤懑，但一定要说袁世凯在隐居期间曾与革命党人联系，并有携手推翻清廷的意愿，要么是为了宣传，要么是误会了袁世凯的意思。

1911 年 11 月中旬，武昌起义之后一个月，孙中山在伦敦给外国记者讲了一个故事："迄今为止的发展，一切如我所料，只是事机来得稍快一点。我原以为袁世凯会坚持的更久些。我当初过分相信这种推测，以致一年前袁派人来请我时，我不敢轻信来使。我认为他在耍花招，其实他是有诚意的。他希望取消对我的通缉，并公开和我一致行动。而我却对他的使者说：'请回禀贵主人，我艰苦奋斗十五载，历尽险阻，不是为了轻易受骗。请转告他阁下，我可以等待。天命无常。'如果我相信了袁的使者，革命就会爆发的更早些，而我现在当已在北京。因为我能够依仗我的千百万追随者。由于他们早已信从我的主义，他们将会追随我而至死不渝。"[2]

一般说来，孙中山不应说谎编故事，但说袁世凯一年前即 1910 年 11 月派遣使者与其联系，商谈合作的可能性，不太合乎袁世凯的性格。即便在孙中山这里真有这件事，可以想象应该是这位使者的意思，而不一定来自袁世凯的直接命令。

---

[1] 《次均》，骆宝善、刘路生主编：《袁世凯全集》卷十八，第 622 页。

[2] 《我的回忆——与伦敦〈海滨杂志〉记者的谈话》（1911 年 11 月中旬），《孙中山全集》卷一，第 557 页。

黄兴 1914 年 7 月也在旧金山讲述一个类似的故事。他说："是时兄弟寄留南京，有直隶总督杨士骧代表人来会，据称宫保此时地位颇觉危险，甚愿与革命党联合，把清室推翻，复我故国。兄弟当时曾答以袁君有此思想，诚为吾辈革命党人所赞同。但吾辈革命党人，原有一定之主张（即推翻满室后，实行共和民主政治，不再立君主于国内是也）。然代表人去后，终不见袁氏有些须举动。未几，袁即辞职回籍，以意测之，或者因有为难之处，故不能动也。"①

黄兴说自己"寄留南京"，显然为记忆错误。他当然也没有编造故事的必要。据宫崎寅藏回忆，"当时袁世凯的地位告急，不得不同革命党携手合作。这位特使没有到东京，电报是在京都打的。黄兴是元旦那天到京都去的。那时，黄兴正被支那的高利贷者逼债，不能回自己家里，在我家躲了五十多天。电报打来，他说这是出去散散心的好机会。便于元旦那天，鼓起勇气到京都去了"。②

到了京都，黄兴于 1 月 3 日电邀宫崎寅藏来京都，共商革命进行方略，因为此时确实有了新的因素。宫崎滔天（即寅藏）"接黄兴邀请电，由东京到京都，寓于郊区下鸭村程家柽宅。黄兴、宋教仁在逗留中（一说程系袁世凯派遣，与革命派来往）"。③

仍据宫崎记录，"正当黄兴和特使谈话之际，袁世凯给特使又打来电报，说一切已晚，速归。结果，黄兴算是白到京都一趟。他不

① 《在旧金山民国公会宴会上的演讲》（1914 年 7 月 16—22 日间），《黄兴集》，北京：中华书局 1981 年版，第 374 页。
② 《宫崎滔天全集》卷四，第 303 页，转引自毛注青著：《黄兴年谱》，长沙：湖南人民出版社 1980 年版，第 86 页。
③ 《宫崎滔天全集》卷五，第 693 页，转引自毛注青著：《黄兴年谱》，第 86 页。

想马上回来，便给我打来电报，叫我也到京都去一趟。于是，我于 1 月 3 日也来到京都。黄兴对我说，一切已晚，大失所望"。[1]

程家柽，安徽休宁人，生于 1874 年，1899 年由武昌两湖书院选送赴日本留学，入帝国大学农科，并在那里结识孙中山、章太炎、宋教仁等，成为革命党人，被袁世凯选下手谕予以缉捕，甚至派杀手追至日本。所以说程家柽受袁世凯派遣与革命党人来往，并讨论与袁世凯合作，并不合乎逻辑。当然，我们也不必怀疑黄兴的说法，因为他没有说谎的必要，其间最可怀疑的，只是程家柽的消息来源。

据张国淦讲，这个环节也不完全是捕风捉影，更不是编造。张说，袁世凯在被开缺回籍养疴决定发布后确实一度乱了方寸，他擅自离开北京潜往天津，试图从那里"连夜搭轮赴日本避祸"，后在直隶总督杨士骧等人劝说和安排下返回北京。[2] 就在天津时，杨士骧也想了另外的可能性，可能就在这个时候，有好事之徒与革命党人联系也未可知。只是这件事情究竟与袁世凯有多大的直接关系，可能还得存疑，毕竟在 1908 年、1909 年时，袁世凯对清廷的统治还不至于如此失望，即便可能涉及他个人的安全，但只要他的那些北洋部下在，还不至于让他身陷囹圄或面临死亡。而且，根据我们前面的讨论，袁世凯在开缺命令发布后，仅从时间上说，并没有潜往天津，更没有与杨士骧密谋逃亡日本的可能性、必要性。

假如不发生皇族内阁、铁路国有两大事件，并引起全国性混乱，

---

[1] 《宫崎滔天氏之谈》，《宫崎滔天全集》卷四，第 303 页，转引自毛注青著：《黄兴年谱》，第 87 页。

[2] 《北洋军阀史料选辑》（上），第 67 页。

假如不发生武昌起义，相信袁世凯即便仍存政治野心，但随着时间推移，随着新政治人物的成长，再有十年时间，他也就对政治淡然对待，安心于那些实业了。历史的机遇就是历史的偶然性，各种特殊的历史因素叠加在一起，促成了历史的转变。

中国的唯一出路

　　1911 年 10 月 10 日（八月十九日）晚，湖北新军在武昌发难。第二天攻占了湖广总督衙门，总督瑞澂逃往军舰，第八镇统制张彪逃往汉口。而恰恰在这一天，袁世凯在彰德府洹上村祝寿，来了不少幕僚、助手、部下。

　　据亲历其事的王锡彤记录，祝寿第二天，"二十一日（10 月 12 日），闻武昌有乱事，人心惶惶，然群以为袁公必将启用。二十二日（13 日），果有督鄂消息，因力劝其不必应命。二十三日，庆王派阮斗瞻来劝驾，袁公谢恩折上矣。惟余与云台主张不应清廷之命，因更进迭劝。杨皙子度与斗瞻同来，其主张与余与云台同。皙子言革命初起，袁公督师必一鼓平之，清之改善殆无希望。余则以为乱事一平，袁公有性命之忧。侍坐再三言之，袁公忽怫然，曰余不能为革命党，余子孙亦不愿其为革命党。余知渺小之身牵及云台矣，默然退，拟即返里避之。适赵智庵、张金波来，云陆军部尚书荫午楼南下督师将过彰，嘱候续息。二十五日（10 月 16 日）荫至，袁公仍称病，荫谒于寝室，语密不得闻。二十七日（10 月 18 日）遂返里，邻里咸来问讯，余告之曰不闻乡里旧传有八月十五日之谚乎？此即是也。各宜镇定，不可惊慌"。过了几天，"九月一日（10 月 22 日），接袁公来电促返。初二日（10 月 23 日），赴彰谒袁公。袁公曰：'余甚稳健，对于革命党决不虐视，请公放心。'初三日（10 月 24 日），余遂返京自来水公司，云台已先到京矣"。又过了几天，"初八日（10 月 29 日），偕云台赴彰，以袁公督师赴鄂，往送也。京汉车上拥挤甚，妇孺尤多。远隔三千里，而逃难者已如此之多，群众心理皆知清之必亡矣。余偕云台、仲仁在一头等房间，闻赵智庵在车役室中，乃邀之来。……袁公札派余随办营务，实亦无事可办。初九日（10 月 30 日），袁公南行，送至车上，袁公独招余上车，问有何嘱。余曰凡事留有余地步。袁公颔之"。①

　　从王锡彤的观察看，袁世凯个人面对清廷遇到的极大困难并没有幸灾乐祸，也没有试图火中取栗，没有采纳杨度的主意利用南方危机推动北京久已停滞不前的政治改革。当然，像王锡彤建议的那样，袁世凯在随后的行动中，"凡事留有余地步"，既没有将革命党赶尽杀绝；对清廷，也没有见死不救，而是顺势而为，尽人事听天命而已。

　　作为传统体制受惠者，袁世凯和他的老师李鸿章及太老师曾国藩一样，打死了也没有僭越想法，他无论如何不可能看到武昌的一个小火星就想着要夺取大清两百多年的江山。此其一。

　　第二，君主立宪是自 1901 年新政开始后，袁世凯和那一代中国政治精英孜孜追求的东西，也正是因为这场立宪运动，方使袁世凯在平庸的清末官场异军突起，成为头号人物。预备立宪到了 1908 年《钦定宪法大纲》颁布，大致轮廓已经划定，只是由于光绪帝和慈禧

---

① 王锡彤著，郑永福、吕美颐点注：《抑斋自述》，第 173 页。

太后在一天之内相继去世，中央政治中心发生些微偏移，摄政王载沣在随后的两年间也确实犯了一些错误，特别是第一届责任内阁名单出台、铁路干线国有化方案发布，确实有考虑不周密的地方，但这些政策也不能说就完全是错的。第一届责任内阁不用这些人还有人可用吗？铁路不收归国有，还有机会纠正问题加快发展吗？要不了几年，各省筹集的资金真的都像川汉铁路公司那些被消费、挪用，那可真的要出大问题。袁世凯对于这些并没有表示反对，而是认为有其合理性，给予相当支持。①

第三，对于武昌事变，袁世凯起初并不认为是个什么了不起的大事变，他清楚看到军中不稳，主要是因为朝廷第一届责任内阁名单出台后，使军队将领和各省立宪党人相当失望，他们失去分享权力的机会，所以袁世凯此时的反应不是要推翻清廷，而是要帮助清廷渡过这个难关。当然，他也希望利用来自武昌的压力，随后还有来自独立各省的压力，促使清廷早点觉悟，纠正在责任内阁上的失误，调整铁路干线国有化方案中的问题，更重要的还要促使清廷接受一些宪法方面的改革，如此则武昌叛乱，以及各地骚乱将失去继续恶化的理由。②这是袁世凯在武昌起义后所能做出的合乎情理、合乎逻辑也合乎历史事实的本能反应。

基于这种判断，袁世凯重出江湖主要做了两件事：一是寻求与

① 1911 年 6 月 22 日，袁世凯致信督办粤汉川汉铁路大臣端方，批评各省风起云涌的所谓保路运动简直就是"无理取闹，亦足见人民程度之太低"。王尔敏、陈善伟编：《近代名人手札真迹》卷九，香港：香港中文大学出版社1988 年版，第 4261 页。

② ［美］李约翰著，孙瑞芹、陈泽宪译：《清帝逊位与列强》，第 271 页。

武昌方面和解，答应南方政治改革的要求，充分照顾立宪党人和军队将领的利益；二是对朝廷，袁世凯则是利用武昌和南方各地的压力，促动朝廷重启政治改革，重新制定政治变革路线图和时间表，真诚对待而不是虚情假意地糊弄人民，一定要将大清国带上君主立宪轨道。至于其他，正如袁世凯当时对王锡彤所表示的那样：我袁世凯不能作革命党，我更不会同意我的子孙作革命党。

对于袁世凯的这个表态，过去的研究者差不多都认为这是袁世凯的策略性考虑，他就是要东山再起，就是要重登政治舞台。其实，设身处地替袁世凯想想，他所接受的教育，他多年来的政治理想，都使他没有任何必要不这样想，他就是要为朝廷分忧，就是要用智慧去化解一场政治危机。这是优秀政治家最亢奋的事情。所以不必以太小心胸去揣测袁世凯重出江湖的用意。

基于这些考虑，袁世凯在接到朝廷任命后立即回复，一方面表示武昌事变确实是关乎朝廷安危的大事，不可掉以轻心[1]；另一方面表示这几天正是换季时节，旧疾复发，容稍加治疗，即当力疾就道，借答朝廷高厚鸿慈于万一。[2]

在袁世凯回复朝廷电报的第二天即 10 月 15 日，奉命前往武昌平息叛乱的陆军部大臣荫昌途经彰德府，专门停留、拜访袁世凯征

[1] 丁士源：《梅楞章京笔记》，《近代稗海》第一辑，成都：四川人民出版社1985 年版，第 458 页。

[2] 《袁世凯奏折》，中国史学会主编：《中国近代史资料丛刊·辛亥革命》卷八，第 307 页。对于袁世凯的解释，过去许多人不太相信，认为是袁世凯向朝廷特别是向摄政王"拿架子"，是要报 1908 年被开缺回籍养疴的一剑之仇。其实，这个说法是没有根据的，我更详细的论证见拙作《袁世凯罢官归隐说》，《史学集刊》2011 第 4 期。

求意见。袁世凯语重心长地告诫荫昌不要轻敌，不要妄动，不要以为湖北新军无人，要妥协处理，争取和解，但也要有武力解决的准备。袁世凯的分析是有道理的，对荫昌的叮嘱也是对的，不存在传统研究所说袁世凯有意让荫昌鲁莽行事扩大事态，加重自己出山的砝码这样的雕虫小技。如果一定要说袁世凯在用智谋的话，他的智谋大约就是金庸武侠小说中所说的"无招胜有招"。袁世凯信奉的是大智慧，那就是请求朝廷尽快推进政治变革，以政治变革回应南方要求，平息各省怨气。

根据这些原则，袁世凯通过梁士诒、唐绍仪、张謇等人向朝廷建言，希望接受立宪党人的要求，加快立宪进程，以政治变革去消弭南方各省军事叛变的压力。袁世凯认为，根据他对目前时局的观察，解决湖北及各省军事问题并不是难事，现在最难的还是北京的政治，中国如果不能在政治上有办法，军事上就很难有办法。政治上的办法就是这些绝对君宪主义者一直渴求的宪政。在袁世凯的政治概念中，朝廷只有向这个方向去用力，才能将压力转变为动力，化危为机，推动中国政治由此上一个大台阶。[①] 这才是袁世凯的大智慧。

根据袁世凯的提示，已经有很长一段时间不谈政治的梁士诒重新活跃起来，他与唐绍仪等相互呼应相互配合，从事政治运动，原先混乱不堪的北京政界逐渐向袁世凯所期待的方向发展。所以，袁世凯重出后的关注重心并不在武昌前线，他在组织了一次有限但非常有力度的武装反击后，就兵临城下按兵不动，利用各方面关系施

① 《三水梁燕孙先生年谱》（上），沈云龙主编：《近代中国史料丛刊》第七十五辑，第 100 页。

展政治诱降，希望湖北新军将领相信他一定会说服朝廷下诏罪己，开放党禁，实行立宪，皇族一定不会在未来的责任政府中担任要职，过问国政。[①]

通过谈判化解危机是袁世凯的既定方略，也是当时最可行的一个步骤。因为袁世凯和他的幕僚还有清廷中的许多人都清楚，武昌的政治危机主要是因为朝廷的倒行逆施，假如不是将责任内阁变成了皇族内阁，假如不是那样不合时宜发布铁路干线国有化政策，政治危机或许也会发生，但肯定不是这个样子。所以与南方进行和平谈判，不仅是可能的，而且是必须的。

袁世凯的判断是对的，10月29日的滦州兵谏也是按照这个方向发展的。滦州兵谏发生后，朝廷终于低下高昂的头，下诏罪己，宣布撤销皇族内阁，建议资政院选举袁世凯为内阁总理大臣，全权筹组真正意义上的责任内阁；宣布将盛宣怀革职查办，意味着将调整铁路干线国有化政策；宣布接受滦州将领的《十二条政纲》，为尽快制定公布宪法，颁布以《宪法重大信条一九条》为蓝本。

清廷的转向为政治解决由武昌危机引发的政治危机提供了可能。11月2日，山东巡抚孙宝琦建议袁世凯对南方要适可而止，不要强攻，应该尽快派员往见黎元洪，面对面谈判，和平解决。[②]

孙宝琦的建议其实就是袁世凯的想法。同一天，袁世凯指示刘承恩致信黎元洪，强调朝廷已下诏罪己，宣布立宪，开放党禁，禁止皇族干预国政，大家的目的差不多都已达到了，大家还是应该重

---

① 《致袁世凯书》，《黄兴集》，第81页。
② 《闵尔昌旧存有关武昌起义的函电》，《近代史资料》1954第1期。

建共识，结束对峙，和平了结，共同推动中国的改革与发展。

对于袁世凯抛出的橄榄枝，黎元洪确实有意接受。这不仅因为黎元洪是被迫参加革命，而且因为他发自内心认为中国目前还根本走不到民主共和那一步。中国在政治上的唯一选择，在黎元洪等新军将领看来还是君宪主义，所以他对袁世凯的和平建议并不反感，更不反对。再加上清廷发布了十九信条，未来的政治架构已经大致描绘出来了，君主只是一个国家的象征，不再拥有实质性权力，新的政治架构与革命党人的共和理想并没有多大差异，所以黎元洪对刘承恩的传话发自内心地表示欢迎和理解，并不反对南北双方坐下来商谈。

如果按照黎元洪或湖北军政府的意见，南北和谈应该没有问题，但是此时的武昌毕竟注入了新因素。就在袁世凯向黎元洪发出和平倡议同一天，湖北军政府在阅马场举行了一次声势浩大的拜将典礼，任命黄兴为战时总司令。革命党人的加入使南北和谈增加了新因素，也使袁世凯的和谈计划遇到了新困难。11 月 7 日，黎元洪向北方信使王洪胜坦率说出自己的忧虑，认为朝廷尽管现在已同意进行重大改革，但可能已经太晚了，南方各省像多米诺骨牌一样相继宣布独立了，如果现在不将皇帝推倒，随便谈和，以后大权如果还归皇帝，那么皇帝一定会比过去更厉害。因此黎元洪开始考虑筹组新政府的可能性，和平希望日趋渺茫。[1]

黎元洪的担心是真的，清廷确实有过这方面的记录，只是在和

---

[1] 黎元洪 11 月 7 日对袁世凯的答复是："现在要说和，须将皇族另置一地居住，管他的吃穿，不准他管我们汉人的事情，如果此事不将皇上推倒，随便和了，将来更无法子了。"《刘承恩致袁世凯书》，《近代史资料》1954 第 1 期，第 69 页。这是最早提出清帝逊位别居但给予优待的方案。

平希望还没有完全破灭前，袁世凯并不愿意放弃。11月10日，袁世凯接受英国公使朱尔典的建议，修书一封，委派亲信蔡廷干、刘承恩往见黎元洪，表明只要南方承认君主立宪为解决危机的唯一出路，那么其他问题都好说，秋后算账云云，也就不成问题。[1]

袁世凯不希望此时抛弃朝廷另起炉灶，这不仅有条道德底线无法突破，更重要的是袁世凯那一代中国人毕竟在过去的十几年一直都追求君宪主义，现在眼见有机会了，为什么还要放弃转而走上过去十几年大家一致反对的共和道路呢？[2] 在内阁总理大臣就职之初，袁世凯曾向各国公使表示，他的任务就是要保存大清王朝既有体制的同时又要进行体制创新，既要留存本朝皇帝，又要施行人民多年来期待而一直没有真正实现的君主立宪政体。至于从前的满汉歧视，自当在此次变革中一扫而空。更为重大的问题，则在于保存中国，避免中国因此次动荡而导致分裂。他期望各党在这个大目标上能够建立起码的政治认同，能牺牲小我，为保全大我作贡献。

很显然，袁世凯的目标是不战而屈人之兵，达成南北和解，所以对各种方式和手段，他都不会拒绝尝试。11月20日，袁世凯通过俄国驻汉口领事，再派刘承恩和张春霆到汉口俄国领事馆与黎元洪的代表孙发绪等人谈判，向南方介绍新内阁的情况，表示皇族已完全退出政府，不再与闻国政，所以将来的政治改革必将能够顺利进行。刘承恩等人还重申外交危机，忧虑外国干涉。南方的态度依然

---

[1] 曹伯亚：《武昌革命真史》（正编），上海：上海书店1982年影印本，第263页。

[2] 郭孝成：《议和始末》，中国史学会主编：《中国近代史资料丛刊·辛亥革命》卷八，第66页。

很坚决，表示已不会重新回过头来承认清政府，清政府的历史已成为过去，南方执意建设一个新国家新政府。

南方革命党人之所以有这样的底气，是因为独立各省代表联合会在这一天议决以武昌为中央军政府，以鄂军都督执行中央政务，并请以中央军政府名义委任伍廷芳、温宗尧为民国外交总副长。以武昌为中心的南方各省临时政府已是一个既成事实。

面对这种情势，袁世凯并没有立马转变既定立场。他在 11 月 21 日答《泰晤士报》驻北京记者时一再强调，如果一旦消除了清政府，中国必然发生内乱，而内乱的发生，又必然引起列强干涉甚至瓜分中国，中国的唯一出路就在于君主立宪，只有君主立宪才能保全中国，发展中国。

按照袁世凯原先计划，既然和平对谈这条路走不通，走得不顺畅，那就来点武力。刘承恩、孙发绪谈判失败次日（21 日），袁世凯示意清军加大对南方的进攻。李纯的第六镇直攻汉阳，守卫汉阳的民军在黄兴指挥下英勇抵抗，终因力量悬殊，失利严重的民军只得退守三眼桥。

南北开打引起了列强的不安，俄国驻汉口领事出面调停罢兵和谈，刚刚发起攻击的北洋军当然不会就此罢手，清军在此后几天发动一连串进攻，相继占领一些战略要塞，稳步向前推进，逐步取得了绝对优势。27 日，清军占领了汉阳，武昌局势已十分危急，滞留在武昌的革命军士气低落，总司令黄兴愤不欲生，痛恨自己无面目见一班死去的同志，发誓唯有一死以谢同胞。[1]

---

[1] 曹伯亚：《武昌革命真史》（中），第 339 页。

袁世凯的军事目的当然不是要踏平武汉三镇,他的目的就是要用绝对优势的军事进攻迫使南方革命党人在政治上让步,重回君宪主义谈判轨道。应该说,袁世凯确实达到了这个目的。27 日,湖北军政府召集紧急会议,黄兴在会上报告了汉阳战事失利情形,提出在目前兵力根本无法与北洋军对阵的情况下,应该主动放弃武昌,进取南京。

黄兴的建议不可能获得湖北军政府的同意,但是坚守武昌也不是湖北军政府的选择,不得已,黎元洪准备接受袁世凯先前的动议,将君主立宪作为解决危机的一个备选方案。①

如果仅从军事战略角度说,北洋军此时已占领战略高地龟山和整个汉阳,军政府所有的残兵败将全部撤退至武昌。这个时候,如果袁世凯接受前敌总指挥冯国璋的建议乘胜追击,渡江作战,那么即便有相当程度的牺牲,也一定会扫平江南,占据武汉三镇,进而平定湖北。然而,袁世凯没有这样做,他在接到冯国璋的请示后,直接打电话制止冯国璋渡江作战,指示他只要保持军事上的高压就行。

第二天(11 月 28 日),段祺瑞抵达汉口,接任署理湖广总督。同一天,袁世凯奏请朝廷颁发上谕,命刘承恩、蔡廷干前往武昌,继续开导革命党人,重回君主立宪的政治轨道,重开和谈。

战争终归不能永远打下去,军事进攻原本就是为和谈作准备的。然而当袁世凯真的这样做了,却受到来自各方面的普遍批评和后人的广泛质疑。后来的研究者从权谋视角认为袁世凯此举就是要用南

---

① 《朱尔典爵士致格雷爵士电》(1911 年 11 月 28 日发自北京),胡滨译:《英国蓝皮书有关辛亥革命资料选译》(上),北京:中华书局 1984 年版,第 96 页。

方革命党人的势力压制清廷，攫取更大权力，为自己登上总统宝座铺路。而当时的人特别是满洲贵族，以及那些保守汉人则自作聪明以为洞察了袁世凯的奸谋，以为袁世凯在龟山大捷收复汉口后不愿乘胜追击渡江作战，一定隐藏着和南方革命党人合作的巨大阴谋。

实事求是地说，研究者是以后来的语境回望前事，而满洲贵族也只是站在非常狭隘的立场上去猜疑袁世凯，这种猜疑究竟对袁世凯发生了怎样的作用不好评估，但毫无疑问不会是正面的激励和信任，而是引起了袁世凯的反感和愤怒。袁世凯当时就不软不硬地回敬那些满洲贵族：是的。汉口已收复，但是你们可知道南京又告陷落？南京的地位有多重要，你们知道吗？你们能想到黄兴为什么弃守武昌赶往南京吗？南京的地位倍于武汉。革命党人的势力日益强大，国人受其蛊惑，人心浮动，军心不稳。重开和谈，稳定军心，重回君宪主义，这才是我袁世凯为什么不去乘胜追击渡江作战的根本原因。议和不过是权宜之计，不过是要收抚那些反叛党人，这是大清王朝的根本利益，与朝廷自武昌事变发生后的决策是一致的。目前的叛乱已经传遍全国，如果以天下为孤注，殷鉴不远，噬脐何及？平定这样全国规模的大叛乱需要时间，需要耐心。如果你们这样疑神疑鬼，前方将士如何安心坦然作战呢？[1]

袁世凯的这段话，可以说他是义正词严，也可以说他是花言巧语，但是不管怎么说，从清廷整体利益进行考量，重开和谈是最好的选择，强攻硬打可能适得其反。北洋军能够踏平武汉三镇，能够

---

[1] 张达骧：《我所知道的徐世昌》，《文史资料选辑》四十八辑，北京：文史资料出版社 1981 年版，第 224 页。

平定湖北，但能够在短时间内平定全国吗？答案显然不乐观。

不论从政治战略还是军事战略上说，袁世凯此时停止对武昌的进攻，重开和谈都是对的，因为在那短短的时间里，全国的形势在急剧变化，特别是东南各省相继光复，宣布独立，清军对武汉、对湖北发动强攻是没有出路的，袁世凯的唯一选择就是谋求与南方革命党人坐下来谈。而且有足够信息表明，全国许多省份的新军之所以那么迅速发动起义，宣布光复，在很大程度上并不是支持革命党人，而是担心革命党人插手本省事务，所以急匆匆宣布独立宣布光复，宣布脱离清政府。[①]

袁世凯在军事上取得绝对优势的时候同意停战，其目的就是要拉住黎元洪，重回君主立宪道路。从这个意义上说，袁世凯在这次和谈攻势开始后，并没有放弃君宪主义，并没有摆脱清廷的想法。这不是袁世凯刻意要这样做，而是形势使然。

对于黎元洪来说，停战议和确实是他求之不得的，他被迫走上革命道路后，并没有转变成一个像孙中山、黄兴那样的民主主义者与共和主义者，他的知识、经历和修炼，都使他继续在君宪主义理想中空转，他觉得朝廷的君宪主义确实遇到了挫折，但并不意味着这条路不通，只要有袁世凯这样的政治强人驱逐了政治上的障碍，君宪主义依然是中国最不坏的选择。所以他尽管没有在第一时间获知停战消息，但他获知后还是非常欣慰的，甚至使他觉得自己的政

---

① 日本政府当时指示驻英国代办说，中国各省现在争相宣布独立，并非他们真有实力这样做，而是为了自保，希望避免与革命军冲突。详见《日本政府给日本驻英代办山座圆次郎的指示》，章开沅、罗福惠、严昌洪主编：《辛亥革命史资料新编》卷八，武汉：湖北人民出版社2006年版，第120页。

治地位在这一过程中都有所提高，因为清廷毕竟将他视为谈判对手，这就是不一样的政治待遇，所以他在此后就很容易顺着袁世凯君宪主义的思路走，一步步离开革命党人民主共和的道路。

在黎元洪的影响下，湖北革命党人的思想也在悄然变化，像军务部部长孙武等，就越来越觉得既然朝廷现在开始慎重考虑造反者的意见了，开始考虑朝着君宪主义道路前进了，那么革命党人是否应该作出适当让步，减少流血，重建和平呢？所以在停战开始后，湖北军政府就向独立各省征询意见，询问各省可否照政府条件结束战争，而这个条件最重要的一点，就是仍然沿用君主立宪的政治体制。[①]

黎元洪及湖北军政府的想法不必怀疑，他们同意可以考虑重回君宪主义，是因为他们确实面对北洋军的巨大压力，但是正如许多人都已看到的那样，黎元洪只能代表湖北发言，无法代表其他已独立的十几个省份，无法代表全国民军。而更吊诡的是，其他独立省份中虽然有一些省份的政治权力并不掌握在革命党手里，虽然还是立宪党人或军界将领掌权，但是他们没有来自北洋军的攻击和压力，而又有革命党人的宣传鼓动和请求，他们的态度就不像湖北军政府那样软弱了，就不那么容易向袁世凯屈服了。

袁世凯和朝廷将黎元洪作为谈判的主要对手，但黎元洪和湖北军政府并没有节制独立各省的权力和能力，相反，在袁世凯、北洋军与黎元洪和军政府停战的那几天里，南方的形势继续变化，特别

---

① 《宣统三年十月九日路透电》，中国史学会主编：《中国近代史资料丛刊·辛亥革命》卷八，第 196 页。

是随着革命党人占领南京，南方军民受到了极大鼓舞，各省援助湖北的军队也相继出发，这为南方革命党人增加了抵抗的勇气和谈判筹码，然而这一切变化，并没有改变袁世凯对君宪主义的信仰和追求，他依然认为存在重回君宪主义的可能，只是条件越来越苛刻，难度越来越大而已。

南方逐步向革命方向转化并不意味着清廷就没有机会。事实上，如果清廷内部给予密切配合，内阁总理袁世凯应该还有办法让南方放弃成见，重回君主立宪轨道。所以袁世凯 12 月 8 日在与北方和谈代表谈话时依然强调，君主体制是万万不可更易的，这个制度是他们那一代中国人十几年来的政治选择，是君主专制和民主立宪两个极端体制的中和。袁世凯极端沉痛地表示："我袁家世受国恩，不幸局势如此，更当捐躯图报，只有为此君宪到底，不知其他。"[①] 由此可见，至少在袁世凯此时心目中，君主制的保存应该没有什么疑问。

按照袁世凯定的调子，唐绍仪与伍廷芳在上海开始了谈判，君主立宪依然是供讨论的方案。根据随团代表严复观察，南方革命党人虽然不愿明白表示君主立宪是当时中国一项重要选择，但言谈举止间，并没有表示对君主立宪绝对拒绝。南方所竭力反对的，是用君主立宪而辅以袁世凯内阁，表现出对袁世凯的严重不信任。南方党人宁愿以共和而立袁世凯为总统，以民主宪纲钳制之，也不愿以君主而用袁世凯为内阁。大约他们担心袁世凯后将坐大，而至

---

① 张国淦：《辛亥革命史料》，第 289 页。

于必不可制。①

严复的观察是对的，南方是对清廷不太信任，那么清廷要想重建信任，就必须拿出诚意来。而这个诚意最具体的表现，就是尽快举行议会选举，构建一个正式的民选国会。然而在这一点上，清廷内部强硬派也就是那些顽固皇族有自己的看法，不愿让步。这就彻底惹恼了南方革命党，还有那些立宪党人，甚至还有北洋系新军将领，他们认为清廷是故意拖延时间，继续耗下去意义不大。12月20日，唐绍仪在第二次南北和谈开始时，就君主制与共和制的优劣发表了一通看法，大意是他个人比较倾向于共和政体。

就个人政治立场而言，唐绍仪确实是清廷内部比较倾心于共和的开明派，正如他坦然告诉过黄兴，也告诉过伍廷芳的那样，当武昌起事发生后，他就向朝廷上过一个折子，请国民大会决定君主民主问题，服从多数之取决，清廷不允。他对伍廷芳说，他个人现在还是持这种观点，认为只有这样的办法，才能使袁世凯接受，也才能将军队解散。开国会以后，必为民主，而又和平解决，使清廷易于下台，袁氏易于转移，军队易于收束。所以唐绍仪认为和平解决未来国体政体问题，只有这条正路。

唐绍仪的表态不像是朝廷的代表，反而很像来自革命党方面的代理人。不过，值得注意的是，唐绍仪和伍廷芳两个人都有留学美国和英国的经历，他们对民主共和的认识，对民主共和体制与君主立宪体制的优劣，当然也较一般人认识得更清楚。南北双方选择他们去对谈，不知是一种巧合，还是一种有意识的安排。

---

① 《与陈宝琛书之四》，王栻主编：《严复集》第三册，第503页。

其实，唐绍仪的这个表态是有深意的，是对舆论的一个公开测试。因为就在唐绍仪与伍廷芳此次谈判的同一天（12月20日），另一场更为机密的谈判也在上海秘密举行。其南方代表是顾忠琛，北方代表是廖宇春、靳云鹏和夏清贻。他们分别代表着南方革命党的黄兴和北洋新军前线指挥官段祺瑞。经过谈判，达成妥协。

北方谈判总代表唐绍仪将与伍廷芳的第二次谈判情形报告朝廷后，其情形与靳云鹏所说大致相似。伍廷芳的要求就是那么简单，清廷如果不能承认共和的话，那就不要耽搁功夫进行谈判了，言下之意有谈判决裂的意思。唐绍仪当然不愿意谈判决裂，所以他答应向北京请示，希望朝廷能够同意回到由国民大会决定君主还是民主的问题上来。

官僚们的言辞威胁尚不足以吓倒强硬派，真正使强硬派低头的还是新军将领。1月23日，正在湖北前线的段祺瑞向朝廷发了一份电报，报告前线军心不稳，官兵多与南方革命军有勾连，甚至有相约反叛朝廷等情形。段祺瑞表示，共和思想现在已深入军队将领脑髓，颇有勃勃不可遏之势。

朝廷的御旨或许有自己的道理，但实在没有办法平息混乱、稳定军心。就在朝廷御旨发布的同一天，段祺瑞又给朝廷发了一个电报，认为朝廷之前曾表示将共和还是君主立宪付诸公决，这使新军将领非常感动，只是现在共和已渐成大势所趋，用强硬手段已经很难压制，为了皇室尊严，段祺瑞希望朝廷尽快决策，不要拖延，否则后果不堪设想。段祺瑞顺带指责那些想法阻挠共和的皇亲国戚不负责任，表示如果这些皇亲国戚继续这样做，他将和其他将领一起联衔奏请。①

　　提出一个综合性的清帝退位条件，尽最大限度为旧主争取更好的优待条件。至此，袁世凯也就从先前的君宪主义转变为"有限的共和主义者"了。

---

① 《宣统三年十二月初七日署湖广总督段祺瑞致内阁电》，中国史学会主编：《中国近代史资料丛刊·辛亥革命》卷八，第172页。

第八章

乍暖还寒：现代困局

在人类历史上有一个带有普遍规律的现象，那就是几乎所有急剧性的变革虽然可以在极短的时间内导致天翻地覆的变化，然而也往往在极短的时间内伴随着一场不可避免的复辟运动；而那些缓慢的、渐进的变革，虽然可能收效甚微、进展甚缓，但它往往使人们不易察觉真正的变革，当人们一旦醒悟过来，世界已经发生了根本性的变化，人们不仅不愿意再归复旧的秩序，即使依然有人愿意那样做，却已根本不可能，因为社会的基础、社会大多数成员的情感已不再允许历史车轮倒转。在这个意义上说，渐进的变革的彻底性远远大于急剧的变革，而且较容易保障社会秩序的稳定与持久。

"意义世界"

辛亥革命无疑是中国历史上最为急剧的变革，它不仅以出人意料的速度获得了全国的胜利，而且在不太长的时间内就彻底改变了中国长达两千多年的传统社会：赶跑了皇帝，几乎废除了与中国传统社会相关联的所有制度。民主共和将成为中国的必然之路。

然而，来得快，丢失得也快。几乎在辛亥革命取得胜利的同时，辛亥革命实际上也就走上了失败的道路。它不但没有给中国带来光明和希望，而且直接造成了军阀割据、内战不已、人民生命财产没有基本保障的恶果。

在这种情势下，中国向何处去？不能不引起中国人，至少是知识分子层面的中国人的关注。一种意见认为中国应该继续往前走，因为辛亥之后的一系列问题不仅不能归罪于革命，相反，正是革命不彻底的结果；另一种意见则认为，主张中国问题的根本解决恐怕不能单纯采取革命的手段，更不能不顾及中国国情而盲动，中国要想尽快地恢复秩序与稳定，就要充分考虑中国的国情，恢复旧有的形式，然后再以渐进的方式推动中国的进步与发展。前一种意见无疑是革命的，后一种主张则是保守的复辟思潮。

依据 20 世纪形成的中国价值观念来判断，革命的等于进步的，保守的、复辟的等于反动的、落后的。然而历史发展的客观规律并不以这种价值判断为唯一取向，革命的主张虽然在 20 世纪的中国具有一往无前的锐气，但它带给中国的负面效应也将随着这个世纪的结束而日益清晰。相反，保守的、复辟的，尽管在辛亥之后昙花一现，但其思想的影响却随着 20 世纪的结束而愈加持久和深远。这一奇特现象颇值得玩味。

辛亥革命对中国传统社会的冲击是多方面的，其中影响最大的当属推翻君主政体，建立民主共和政体。它的意义不同于中国历史上的改朝换代，也不仅仅限于赶跑了一个皇帝，而是从根本上动摇了大多数中国人的信仰，使中国人特别是中国的知识分子一时间觉得无所适从，既对新的世界感到迷惘不解，又不可避免地对中国传统社会怀有无限的眷恋之情。这是社会大变动时期的必然反映。

就中国传统社会形成的历史而言，所谓家国一体，就是说从部族衍生出的政治体，并不是一个具有公共性的机构，而是头领、强人率领的一部分人的组织。这时的君主是一种理所当然的选择，他的唯一性、至上性，也就成为这种政治体的必须，所以，为这种体制进行理论证明的儒家很坦率地承认天无二日，国无二主，尊无二上。君主的意志就是部族意志，也就是后来的王朝意志。后来的研究者往往不明白私天下的理据，以后世的观念批评君主专权，虽然具有公天下的情怀，具有现代意识，但实在错解了古典社会，尤其是错解了中国形成过程中部族政治形态的形成史。

当然，到了晚近，私天下的帝国政治开始发生裂变，特别是在与域外近代政治体发生政治军事冲突之后，中国人的民族国家意识开始萌生，一些进步的中国人开始从国家层面、从制度层面思考中国的困境与出路。冯桂芬以为中西之间的根本差异在制度，西人人无弃才，地无遗利，君民不隔，名实相符，这都是清帝国所不具备的，也是清帝国在与西人发生冲突后一败再败的根本原因。[①]他们这一代人开始具有民族国家重构的朴素意识，但真正重构近代民族国家还是冯桂芬那一代人之后的事情。

冯桂芬那代思想者都曾注意到中国以前君主政体的不合理性和弊病，但他们也都充分意识到，在中国，君主政体只能改善，而不

---

① 《校庐抗议·制洋器议》，郑振铎编：《晚清文选》，上海：上海书店出版社1987年，第106页。

能骤然推翻，中国的进步与发展，在相当的程度上有赖于中国是否可能有一个圣明君主在领导和推动中国的改革。因为他们清楚地知道，君主政体并非仅仅关涉君主个人，也不仅仅关涉某些利益集团。

君主政体是不是社会进步的根本滞碍，这是一个迄今为止说不清的政治难题。辛亥革命前十年，1901 年，梁启超曾发表《立宪法议》，集中讨论中国未来变革应该走的路，他以为从世界范围两百年来的政治变革实践看，革命共和太惨烈，缺少稳定性；君主专制太自私，也太无效率与智慧。就总体而言，梁启超赞成介于革命共和、君主专制两种极端体制的中间路线，以君主立宪作为未来中国应该达成的目标。

梁启超的这个说法事实上赢得了中国政治精英、知识精英的认同，辛亥前十年中国政治的轨迹大致沿着这个方向。只是辛亥时期各种复杂的因素，促使中国走上了革命共和之路，因而才出现康有为、劳乃宣等一大批对革命后现状不满的人，时刻梦想重回君主立宪轨辙。

平心而论，康有为民国初年那些政治见解虽显得陈腐，但他显然看到了社会的进步与发展并不取决于"旦夕之际"的政体变动，社会的变革有赖于"积久岁月，以渐乃成"，有赖于社会公众，尤其是下层民众渐渐养成新的习惯，渐渐培养新的道德。他说："且即令师人之长，从人之学，亦必积久岁月，以渐乃成，未有造次之间，旦夕之际，尽舍己有而能成就者也。""夫政治空言理想所能为也，以政治法律皆施于人民者，必与人民之性情习俗相洽相宜，乃可令下如流，施行无碍也，非可执欧美之成文，举而措之中国而即见效也。岂徒不效，其性情风俗不相宜者，且见言焉。"①

所谓与人民之性情习俗相宜与不相害，实际上是考虑到中国人的意义世界怎样既能完整地得以延续而又能得以变革的问题。康有为说："中国乎积四千年君主之俗，欲一旦全废之，甚非策也。……夫今欲此木偶之虚君，举国四万万之人，谁其宜者，谁其服者，苟一不慎，必将争乱，以召外国之干涉瓜分矣。投骨于地，众犬喧喧而争之，若有定分，争者即止。夫虚君无事无权，不须才也，惟须有超绝四万万人之资格地位，无一人可与比者，然后有定分而不争焉。"②辛亥革命之后几十年中国历史的发展，不管有多少客观、主观的原因，都证明了康有为的这个判断与预言并非危言耸听。

推翻帝制，建立民主共和国，在 20 世纪初年的中国确实不失为一个重要的选择。然而问题在于，中国毕竟有几千年的君主专制历史，当时绝大多数的中国人毕竟尚不具备民主共和的知识和经验，因此，"天子一旦从人们心目中消失，中国的政治生活无可避免地乱了套，因为这时国家元首没有获得通常那种思想意识上的公认，来行使最终的权力。由一个朝代所体现出来的统治权，比刚宣称的人民的统治权更为具体和明确的多，特别是因为当时还没有什么选举过程来把权力的某种形式赋予人民"。③如果从这个意义上来理解辛亥革命之后的复辟思潮，我们就不得不承认他们的主张或许有不尽合理之处，但也并不是无的放矢，而是中国人的意义世界从总体上

---

① 《中国颠危误在全法欧美而尽弃国粹说》，汤志钧编：《康有为政论集》（上），第 893 页。
② 《共和政体论》，汤志钧编：《康有为政论集》（上），第 691 页。
③ 费正清著，张理京译：《美国与中国》，第 158 页。

瓦解之后的本能反应，只是他们以复辟旧有的秩序来回应这种危机，未免显得智慧资源的贫乏乃至枯竭。

中国人在辛亥之后意义世界的丢失并不仅仅表现在君主政体被推翻这一个方面，事实上，意义的丢失只是中国人信仰危机的一部分，是中国人信仰危机在政治层面的凸现。这种现象之所以发生和如此严重，除了现实政治的不尽如人意之外，最主要的在于中国人旧有的价值体系的崩溃。

辛亥革命成功之后，中国政治并没有走上正轨，反而是军阀擅权、武人专制。中国在推翻了清朝皇帝之后，除了民族主义在理论上和实践上获得了胜利之外，政府的权威丧失殆尽，中华民国在事实上深受中央政权衰微之苦。"辛亥革命使政权实质并无改变，却由于甩掉一个作为权力中心象征的清朝皇帝，反而造成了公开的军阀割据，内战不已，人民的生命和权利连起码的保障也没有，现实走到原来理想的反面"。[①] 中华民国仅仅剩下一幅空招牌，社会秩序甚至远远不如革命前平静、安宁。

权威信仰的危机，是当时急剧变化的政治形势下的必然产物。千百年来，中国人习惯于在圣明天子皇恩浩荡的荫庇下生存。旧的皇帝推翻了，新的权威建立不起来，一般国民如丧考妣，社会精英一筹莫展，人们开始怀疑辛亥革命是否必要，进而思考如何在中国现实条件下建立新的权威，以稳定中国的社会秩序，推动中国社会的进步与发展。

---

① 李泽厚：《二十世纪初资产阶级革命派思想论纲》，《中国近代思想史论》，北京：人民出版社 1979 年版，第 307 页。

中国人的困惑，特别是社会秩序的紊乱，引起国际社会的广泛关注。国际舆论一般认为，中国作为世界上潜力最大的市场，应当保持稳定的秩序，应当建立强有力的中央政权。中国社会秩序的稳定不仅对中国自身有利，而且关系到整个世界的利益。外国势力经过庚子事变之后，已明白无力瓜分中国，将中国沦为他们的完全的殖民地。基于这种最现实的利益上的考虑，国际社会不希望看到一个混乱的中国，许多国家也不准备利用中国内部的混乱以肥己。

自身的利益决定了外国列强的对华政策，当武昌起义爆发之后，各国并没有立即支持革命党人，甚至迟迟不愿承认南京临时政府。他们虽然对清政府的作为不甚满意，任又确信孙中山和南京临时政府不可能给中国带来统一、和平与发展，"惟恐北京政府倒后，共和党不能组织完全，乏统一全国之力，势必陷于恐怖时代，殊足忧耳"。[1] 那样势必对各国的在华利益带来不利影响。因此，当中国政治前途尚不明朗之际，外国列强虽有心"千方百计掩护清军"[2]，不过作为主导地位的主张实际上是尽量保持中立，等待观望，以免将来政治格局真的发生变动而尴尬被动。各国列强在辛亥革命爆发不久达成一项谅解，采取合作政策："为了保护外国人生命财产的安全（假如受到威胁）采取共同行动，在斗争中的各派之间保持严格中立，在中国人组织新政体时避免施加任何影响。"

当中国政治格局逐渐明朗的时候，外国列强"对中国人民采取

---

① 《欧报对于中国革命之舆论》，中国史学会主编：《中国近代史资料丛刊·辛亥革命》卷八，第 498 页。

② 中国近代史资料丛刊编辑委员会：《中国海关与辛亥革命》，北京：中华书局 1983 年版，第 28 页。

的共和原则已经适当地表达了自然的同情"。① 他们期望中国尽快出现强有力的人物组成政府，以便使中国尽早摆脱动乱，重建秩序。因而从这个意义上说，外国列强支持袁世凯成为"将来中国之真主人"②，便是顺理成章的事。因为他们所期望的是中国尽快恢复秩序，也因为在当时的中国，唯有袁世凯足以担此重任。孙中山说："革命起于南方，而北方影响尚细，故一切旧思想，未能扫除净尽。是以北方如一本旧历，南方如一本新历，必新旧并用，全新全旧，皆不合宜。故欲治民国，非具新思想，旧经练旧手段者不可，而袁总统适足当之，故余之荐项城，并不谬误。"③

袁世凯掌管中国之后，面对的首要课题无疑是如何尽快恢复中国的秩序，并建立持续稳定的机制。他在就任临时大总统的誓词中说："民国建设造端，百凡待治，世凯愿竭其能力，发扬共和之精神，涤荡专制之瑕秽。谨守宪法，依国民之愿望，达国家于安全强固之域，俾五大民族同臻乐利。"④换言之，如果民主共和的原则可以恢复中国的秩序，袁世凯并非不愿乐而为之，无奈现实并不尽如人意，经过相当一段时间的努力，中国的秩序不仅未见恢复，反而有愈演愈烈之势。袁世凯说："民国肇造临时政府，一年以来，无日不以恢复秩序，力谋统一为事。盖非此无以靖地方，办非此无以立国

---

① 《塔夫脱总统在第四个年度咨文里谈辛亥革命》，阎广耀、方生选译：《美国对华政策文件选编：从鸦片战争到第一次世界大战（1842—1918）》，北京：人民出版社 1990 年版，第 514 页。
② 《欧报对于中国革命之舆论》，中国史学会主编：《中国近代史资料丛刊·辛亥革命》卷八，第 497 页。
③ 《在上海国民党欢迎会的演说》，《孙中山全集》卷二，第 485 页。
④ 杨玉如：《辛亥革命先著记》，北京：科学出版社 1958 年版，第 280 页。

也。……若本国不能统一,对内则裁汰冗兵、划一币制,无从入手。因此于各国商业保护条件,俱有妨害。不独无以对本国良民,亦何以对和好各国?"[①]残酷的现实不能不使袁世凯对民主共和产生怀疑,不能不使他对恢复秩序的指导原则做重新思考。

当然,袁世凯从来不是一个真正的共和主义者,他虽然在当总统的头一年中遵循他就职时的誓言,但他信仰的转变,毕竟程度很浅。同南方革命派某些把共和主义当作绝对原则的人对比,袁世凯支持、遵守共和政体也只是为了平衡国家内部的各种力量和把国家置于他的领导之下而做出的一种实用主义的反应。[②]一旦共和政体无法帮助他实现上述目标,那么他对共和政体的怀疑也便在情理之中了。

袁世凯对共和政体的怀疑,一方面基于政治上的考虑,即怎样才能重新确立政府或他个人的权威,重建社会秩序;另一方面,出于意识形态的考虑,袁世凯深感秩序的紊乱不已,主要不在地方势力的破坏,而在于中国人信仰体系的全面崩溃,"今日大患,不在国势,而在人心,苟人心有向善之机,即国本有底安之理"。[③]由于人们价值取向的不一致,因而无法使全体社会成员对中国的未来发展达成共识。

---

① 《通告各国公使书》,《袁大总统文牍类编》,上海:上海会文堂新记书局1929年版,第58页。

② [美]恩斯特·扬《袁世凯何以能登上总统宝座?》一文对袁是不是一个"共和主义者"有平实公正的分析,见《辛亥革命史丛刊》第四辑,北京:中华书局1982年版,第266页。

③ 袁世凯:《复学校祀孔命令》,《民国经世文编》第三十九册,台北:文海出版社1983年版,第48页。

　　要使国人在中国的未来发展上建立共识，首要的问题自然是寻找一种既合乎中国国情，又有益于中国进步与发展的学说作为官方意识形态，作为中国人价值取向的参照系。当此时，西方的自由、民主等思潮虽然大量输入，并逐步在中国知识分子中赢得了相当的信仰者，但对中国绝大多数人特别是下层民众来说，自由民主尚是十分陌生的东西，国人不仅没有这方面的经验，恐怕也没有这方面的常识。因为即使在此后的若干年里，连《新青年》的一班人和晚年的孙中山都一再抱怨国人民智低下，期望以改造国民性作为解决中国问题的突破口，孙中山甚至专门著成《民权初步》，从如何集会，如何选举等常识入手，"而以教国民行民权之第一步"。[1] 遑论民国初建、袁世凯就任之初的时代？

　　自由、民主在民国初年尚不足以成为中国人价值体系的参照，袁世凯别无选择只能在共和政体的框架内完成意识形态的重构。他说："前据南京留守黄兴电陈：民国肇造以来，年少轻躁之士，误认共和真理，以放恣为自由，以蔑伦为幸福。纲纪隳丧，流弊无穷。请讲明孝悌忠信礼义廉耻，以提倡天下，挽回薄俗等情。仁人之言，闻之感喟。本大总统深惟中华立国，以孝悌忠礼义廉耻为人道之大经。政体虽更，民彝无改。盖共和国体，惟不以国家一姓之私产，而公诸全体之国民。至于人伦道之原，初无歧异。古人以上思利民，朋友善道为忠，原非局于君臣之际。自余七德，虽广狭有殊，而人群大纪，包举无遗。……须知家庭伦理、国家伦理、社会伦理，凡属文明之国，靡不殊途同归。此八德者，乃人群秩序之常，非帝王

---

① 《建国方略》，《孙中山选集》，北京：人民出版社1981年版，第384页。

专制之规也。"①简言之，在袁世凯的心目中，中国旧的纲常伦理并不与共和制度相冲突，它不仅合乎中国的国情，而正足以解决当时的问题，有助于重建国人的信仰体系。

平心而论，袁世凯试图以中国固有纲常伦理作为整合社会，维系人心的信仰，"欲树尼山教义以作为民族精神"，在一定程度上找到了中国问题的症结，不失为合乎中国国情的一种选择。因为无须否认，在1913年的中国，人民对和平、法制和秩序安定的渴望，超过了其他一切。只要能达到这目的，就应该承认是有效的手段。至于中国旧有的纲常伦理是否真的与共和制度相吻合，那倒不必过于从学理上去计较。因此，当袁世凯表示这种思想倾向时，立即赢得了相当普遍的好感，国人以为袁世凯真正把握了中国国情。某些外国人拿袁的主张和孙中山的主张进行比较之后说："盖孙之思想太高，于中国社会程度不合。彼之所计划者，中国人民殊茫然也。现时孙之劲敌为袁，于大局最有希望……袁欲保存孔教……彼知非此不足得民意，非此不足弭消一切反抗。"②

袁世凯重建中国人信仰体系的主张虽然在一定程度上合乎中国国情，但他并没有获得预想的成功。一方面，他的这种主张和革命党人有着相当的差距，他尽管能够以此调动社会一般民众的情绪，迎合民众的心理，但在民主共和政体下，他无法强迫革命党人的信仰自由，在革命党人不能和他达成共识的情况下，袁世凯的主张便

①《通令国民尊崇伦常文》，《袁大总统文牍类编》，第64页。
②《欧报对于中国革命之舆论》，中国史学会主编：《中国近代史资料丛刊·辛亥革命》卷八，第508页。

无法成为现实。另一方面，袁世凯的主张毕竟迎合了康有为、陈献章一班旧势力的情绪，康、陈等人喋喋不休的鼓噪或许有助于造成极大的舆论声势，但又不可避免地为革命党人更强烈的反对留下口实，使其主张变成现实的可能性更为减少。

重建威权体制

袁世凯重构中国人价值体系的努力没有取得预想的效果，政府权威的丧失依然是当时极为严重的问题。在旧的纲常伦理失去作用之后，人们又不得不把注意力转回到政体上来。

一般而言，当时的国内外人士普遍不满意辛亥暴力革命所造成的直接后果，不论是保守派、革命派，还是新一代知识分子，都认为中华民国建立之后所产生的混乱状态已远过于晚清，他们都在认真地思考如何尽快结束这种混乱局面，使中国尽快走上统一富强之道。思考的结果是，他们认为民主共和政体下的政党政治与中国的文化传统相差太远。

在中国传统社会，皇帝垄断政治机构，并通过他所委派的一些官员进行统治，这些官员不仅对国家负责，而且必须具有效忠于国家元首的基本责任心。而在民主共和政体下，以政党纲领作为组织集团的原则，重要官员虽然经过总统的任命或委派，但他们主要是向国会负责，国家元首实际上空有其名，相互间的牵制往往使总统的意图并不能得到有效的执行。况且，民国初年的政党组成主要不是基于利益原则，而是各种政治势力的结合体，各地老派的地主利益的代表不习惯参与国家大政问题，而通商口岸的新兴商人势力又不够强大，无法成为社会的主导力量。因此，当时的政党政治并不具有真正的现代意义，对社会秩序的恢复与重建也并不都起积极作用。

李大钊说："彼等见夫共和国有所谓政党者矣，于是集乌合之众，各竖一帜，以涣浮人间，或则翊为稳健，或则夸为急进，或则矫其偏，而自矜为折衷。要皆拥戴一二旧时党人、首义将士，标为自党历史上之光荣。实则所谓稳健者，狡狯万恶之官僚也；急进者，蛮横躁妄之暴徒也；而折其衷者，则又将伺二者之隙以与鸡鹜争食者也。"像这样的政党政治，"不过假手于国法以抑民权，托辞于民权以抗国法，国法民权，胥为所利用以便厥私。中央视之无奈何也，人民视之无奈何也。则革命以前，吾民之患在一专制君主；革命以后，吾民之患在数十专制都督"。[①]

政党政治或许是中国社会的发展方向之一，但在20世纪初中国社会发育并不完善的条件下，政党政治的直接后果是严重削弱了中央政权整合社会和控制社会的功能及主导地位，使中央政府无法谨慎地选择社会变革方式，以稳健的改革促进社会的长治久安，在长期稳定中求得持续发展，逐步推动中国社会的前进。现实的演变并没有按照设计者的要求去发展。

面对这种现状，极端保守主义者主张恢复旧有的秩序和政府权威，并将这一切乱象统统归之于共和政体，康有为说："国愈纷而无力统一，国愈贫而无术理财，政府无权不能行治，旧制尽扫而乱状

---

① 《大哀篇》，《李大钊文集》，北京：人民出版社1984年版，第6页。

日出。"[①] 为此，他主张救中国之良药不在名称的好恶，"为国之道，先求不乱，而后求治"，"今者保救中国之亟图，在整纲纪，行法令，复秩序，守边疆，万事之本乎，莫先于弭暴乱以安生业也"。[②] 一句话，中国之乱来源于政体的变革，救中国的唯一出路也只在于恢复旧政体。

问题在于，民国既已建立，皇帝亦已被推翻，中国社会的重新整合是否一定要推翻民国，进行帝制复辟，是否能为中国的发展再找出第三条道路来？今天看来并非难解的这些问题，在 20 世纪初确实困扰着无数中外社会精英。以孙中山为代表的革命派固然不愿放弃为之奋斗多年、且得来不易的革命成果，然而又确实无力在短时期内建立统一的强有力的中央政府，重建社会新秩序。而旧派人物包括相当一部分外国人除了尊孔、复辟帝制外，也提不出新的方案，中外社会精英都患上了"理论贫血症"。显然这是畸形的、政治变化过激的近代中国所特有的现象。

在新的思维方式没有问世之前，政治的决策往往取决于最直接的社会现实，而无须顾及理想与主义。袁世凯虽曾"明誓数四，口血未干"[③]，表示忠于共和政体，无奈也敌不住残酷现实的冲击，而逐渐走上弃新复旧之途。当然，不可否认袁世凯采取阴谋手段打击孙中山、黄兴势力以大权独揽，由临时大总统到正式大总统，由正式大总统到终身总统、世袭总统，拥有实际上的皇帝权力。然而，值

---

① 《中国以何方救危论》，汤志钧编：《康有为政论集》（上），第 816 页。
② 《中华救国经》，汤志钧编：《康有为政论集》（上），第 705 页。
③ 丁文江、赵丰田编：《梁启超年谱长编》，第 714 页。

得重新思索的是，袁世凯的这种一意孤行，如果没有任何现实的可能性，仅靠阴谋手段，何以顺利得逞？

诚如前述分析的那样，辛亥革命政治上的成功并没有使中国摆脱危机，相反，中国由清政府统治下的统一而走上了分裂，中央政府失去了应有的权威。现实呼吁新权威的诞生，这就是袁世凯帝制复辟最直接的原因，通观袁世凯在辛亥之后的全部努力，每一步都和重建政府权威密切相关。

不过，袁世凯的努力虽然使总统拥有至高无上的权力，成为没有皇帝之名的皇帝，但中央政府整合社会、控制社会的功能并没有取得预想的效果。孙中山等革命党人对袁氏多有不满，逐渐失去合作的信心。尤其是经过宋教仁血案、二次革命等一系列冲突之后，孙中山更采取了坚决不与之合作的态度，决计兴兵倒袁，建立真正意义上的共和制度。

袁世凯如果就此止步，即使政府权威建立不起来，中国会继续动乱与撕裂，社会秩序依然失范，人们也只能指责袁世凯的无能，但或许能谅解他的一番苦心。无奈袁世凯一意孤行，悍然推翻共和，恢复帝制，其结局便可想而知。

揆诸情理，袁世凯推翻共和、恢复帝制，固然有其个人方面的原因，但实在说来也是一种不得不如此的趋势。就国内而言，以张勋、康有为为代表的前清遗老时刻准备恢复清朝统治，而北洋一系则受这股复辟势力与孙中山革命派的夹攻，袁世凯此时只有两条道路可供选择，要么与孙中山合作，维护共和制，要么向复辟派投降，还政于宣统。而孙中山一派由于此时已失去与袁世凯合作的信心，采取坚决的不合作态度，这便迫使袁世凯与旧势力结合，迎合复辟思潮，以建立袁系皇朝来和清朝遗老相抗衡。于是，以鼓吹帝制复辟为唯一宗旨的筹安会正式登场。

筹安会诸公坚信中国问题的根本解决，有待于国体的变更。而国体的原则，在目前现实的条件下，是强调国家必须定于"一"，实行中央集权和君主开明专制，才能有效地保证中国的统一和安定。没有统一和安定的内部环境，中国的富强与统一只是一句空话。"我国辛亥革命之时，人民基于情感，但除种族障碍，未计政治进行，仓卒制定共和政体，国情适否，不及三思。深明之士，明知隐患方长，而委曲附从，以免一时危亡之祸"。[1] 在他们看来，中国的一切危机皆为"共和之弊也"。[2]

今日看来，筹安会诸公对中国国情的认识并无太大偏差，在此后半个多世纪的中国历史已清楚地说明共和制度在中国实行的条件并不充分具备。他们的错误不在于认识上的偏差，而在于将学理上的研究与实际政治运作混为一谈，忽视了理论的可操作性。20 世纪的中国历史表明，口号与现实可以有偏差，但追求以名符实或以实符名，以知识分子的学理去研究现实政治过于"较真"，其结果总是悲剧性的。这或许正是民国初年复辟思潮留给我们的最深刻的教训之一。

---

[1] 《筹安会通电》，《杨度集》，长沙：湖南人民出版社 1986 年版，第 591 页。
[2] 《君宪救国论》，《杨度集》，第 566 页。

一个制度史解释

民国初年动荡不安的政治态势，并不是因为人性恶，如果从更深层面去解释，其实与当时的制度设计有关。

我们知道，辛亥前十年，中国人心中理想的政治未来是君主立宪，朝野各界最担心的就是法国大革命和美国式的共和体制在中国重演。今天的中国人可能觉得法美制度均有可取之处，法兰西文明、美国精神此后确实成为中国人追慕的对象，但从制度层面而言，那时的法国还没有从18世纪的政治动荡中完全走出，至于美国，那时还远远不是灯塔国，其内部和外部，均有许多问题需要处理。美法的制度、精神等方面赢得了中国精英的好感、追慕，只是相当多的中国人在内心深处更倾向于英国式的君主立宪制度。读严复1895年以后的政治论述，读梁启超1901年的《立宪法议》，以及清廷自1901年新政、1906年预备立宪，以及1908年《钦定宪法大纲》这些重要的政治文献，都可以清晰感受到中国政治发展应有的逻辑。

就此而言，1911年武昌起义是一场"计划外革命"。按照清廷1906年"预备立宪"规划，以及1908年发布的《钦定宪法大纲》，中国的政治改革即便不会像预想的那样顺利，但也不至于发生根本性颠覆。然而，一切善良的期待都因光绪帝、慈禧太后相继突然去世而改变。

湖北谘议局议长汤化龙在武昌首义第二天发布的通电，比较细致地解释了起义原因："清廷无道，自召灭亡。化龙知祸至之无日，曾联合诸公奔赴京都，代表全国民意，吁请立宪，乃伪为九年之约，实无改革之诚。"汤化龙在这份发给各省谘议局的通电中细数清廷之误之错之罪："皇帝溥仪竖子黄口，摄政载沣愚谬昏庸：兵财大权，存亡所系，而竟摈弃汉人，悉授亲贵；溥伦、载涛，童騃儿戏，分掌陆海军部；载泽贪狠，管领度支，意在钳制汉人。"归纳如此罪责，汤化龙宣称清廷"强持专制，维新绝望，大陆将沉。吾皇神明之裔，岂能与之偕亡？楚虽三户，誓必亡秦；非曰复仇，实求自救"。[1]清廷在改革的关键时刻，暴露出其自私本性，原本并不势若水火的满汉冲突被迅速激活，因而武昌起义带有明显的民族革命性质。

推翻清政府，重建汉人国家，是武昌起义前十几年革命党人的宣传。清廷在那个时候如果能够兑现承诺，重建一个宪政国家，民族主义，特别是复仇式的民族主义革命应能避免。只是清帝国命数已尽，溥仪、载沣、隆裕皇后的胆识与智慧，实在无力驾驭中国这艘大船；溥伦、载涛、载泽的能力与品行，也不足以与汉人同心合力，权力分享。

最初发动武昌起义的主导者无疑以推翻清廷为诉求，但是他们的声望、资历，都不足以出面担纲主事人。经过一个晚上的战斗，

---

① 张国淦：《辛亥革命史料》，第 101 页。

武昌全城光复，党人集齐谘议局商组军政府，推举黎元洪为都督。拟电请上海黄兴、宋教仁等从速来鄂，并请转电孙中山，早日回国，主持大计。这几份电文，均以黎元洪的名义发出。

黄兴自 1911 年春天黄花岗起义失败后，极度失望。想不到几个月后，皇族内阁出台，铁路干线国有化政策发布，各省相继起而抗争，尤其是四川保路运动，"风云激发，人心益愤"，这让黄兴格外亢奋，"回念蜀同志死事之烈，已灰之心复燃"，起而致信"同盟会中部总部"诸同志，密谋在清政府统治稍微薄弱的长江中游起事，进而将长江流域连贯一起，以期给清廷以巨大打击。

宋教仁此时正在上海参与《民立报》笔政，密切关注国内政治动态，四川保路运动发生后，他也迅即意识到在长江中下游发动革命的必要性、可能性，与谭人凤、陈其美等组建同盟会中部总部，相机行动。

由于有了这样的思想基础，武昌起义的消息还没有传来的时候，在上海的革命党人陈其美等人就决定委派居正、谭人凤秘密潜往武汉打探消息。据居正《辛亥札记》，他们二人至九江，"则见武汉下水轮避难者山积。九江岸上，兵士皆荷戟梭巡，形势严重。据避难者口述，始知武昌已被我军占领"。[1] 于是他们星夜兼程，13 日一大早渡江至武昌，与黎元洪等军政府领导人以及革命党会面，交换意见。各方的普遍看法是，湖北的形势不错，独立的目的已达到，但是，"满清尚未倒，各省尚未响应，我们革命不能算成功"。商量的结果是，湖北方面敦促居正、谭人凤迅速前往上海，敦请黄兴、宋

---

① 《辛亥革命在湖北史料选辑》，武汉：湖北人民出版社 1981 年版，第 152 页。

教仁赶快来鄂。据曹亚伯《武昌革命真史》，"大众闻黄兴、宋教仁之名，极为仰慕，又听说促各省响应，更为欢悦"。[1]

黄兴、宋教仁，均属于湖广地区的人才。湖北方面仰慕黄兴的军事才能，随后，黄兴的到来也确实对湖北的军事行动多有帮助。至于宋教仁，更是广为人知的宪政专家，湖北军政府方面对其仰慕，显然期待他在这些方面出谋划策。

10 月 28 日，黄兴、宋教仁、田桐、李书城及日本人北一辉自上海至武昌，敬于黄兴过往威名，前线将士军心大振，士气高涨。据黄中垲《辛壬闻见录》，"宋教仁素抱大志，留学国外，娴于外国语文，通晓各国政治，抵达武昌后，入驻军政府'招贤馆'"，曾当面对黄中垲说："革命之目的在造成立宪国家，当宪法未成之先，虽有政府，不过临时应急设施。而临时政府不可无法令以资遵守，此种法令，法美先进国家皆曾经过，大抵名之曰临时约法。今革命军初兴，诸事草创，一般人士率亟亟以战事为务，无暇注意及此。一旦临时政府成立，仓卒莫就，必感困难。余不敏，日来闲居无事，草成约法草案若干条，拟邀同志之有法律知识者数人，枉过寓所共相讨论。"[2] 这就是著名的《鄂州约法》生成始末。

《鄂州约法》主要得益于宋教仁的贡献，也是湖北军政府集体智慧的结晶，特别是汤化龙的贡献。

汤化龙原为湖北谘议局议长，是国会请愿运动最重要的组织者

---

① 曹亚伯：《武昌革命真史》（中），上海：中华书局 1930 年版，第 89 页。

② 湖北省图书馆辑：《辛亥革命武昌首义史料辑录》，北京：书目文献出版社 1981 年版，第 14 页。

之一。他对摄政王载沣接班后的政治逆转非常不满，认为清廷应该
按照 1906 年、1908 年的政治承诺，让中国尽快走上宪政轨道。摄政
王倒行逆施让汤化龙等立宪党人非常失望，当武昌起义发生后，汤
化龙毫不犹豫地与君主立宪挥别。

首义发生翌日晨，汤化龙最早站出来支持，并设法说服黎元洪
就任军政府都督。在黎元洪还没有完全答应的情形下，汤化龙就未
来中国的政治体制向外界作了明确的宣布。这一点对后来中国的政
治走向至关重要。

按照袁世凯、黎元洪等清政府体制内改良主义者的看法，清廷
自皇族内阁出台，确实属于政治上的倒行逆施，是十年来政治改革
的逆转。但是，不论袁世凯，还是黎元洪，他们大概都没有想到废
止、终结清朝的政治架构而另起炉灶，因为在这之前十年间，关于
中国未来政治道路的争论已经很多，也很彻底，比较让人认同的看
法，就是世界上普遍采用的君主立宪体制。这是黎元洪面对首义将
士呼吁迟疑不决的原因，也是袁世凯重出江湖的价值底线。[①]

但汤化龙并不这样想。在汤化龙等立宪党人看来，历史给满洲
人留下了足够的时间、空间，但满洲人实在辜负了历史的期待，现
在湖北新军首举义旗发难，阻止了满洲人的倒行逆施，中国也就不
应该继续抱着君主立宪体制，应该毕其功于一役，将中国顺势引领

---

① 10 月 29 日，刘承恩奉袁世凯之命致书黎元洪，愿意以"实行立宪，敕开党
　禁，下诏罪己，皇族不问国政"为条件进行和谈，显然固守君主立宪的底
　线，并不主张废帝制，更不主张废除满洲人为皇帝。刘承恩、黎元洪往返信
　件见渤海寿臣《辛亥革命始末记》，《实行立宪汇编·武昌》，台北：文海出
　版社 1969 年版，第 82 页；也见曹亚伯著《武昌革命真史》（中），第 173 页。

至共和体制。

　　军政府成立，黎元洪出任都督，消息传出，汉口各国领事纷纷渡江入城请谒都督，名义上非正式酬酢往还，实际上希望通过正面接触了解军政府的内外政策。黎元洪此时还没有下定最后决心，因而一再以各种理由推托，强调"地方湫隘，秩序未整，婉言辞拒弗见"。13日，法国领事来谒，军政府接待人员循例辞谢。法国领事谓"地方狭隘，秩序未整，胥未足为革命病。各国革命谁非起自仓卒，如吾法国革命，旗帜不备，至有以女人衣裙代之者，至今且传为美谈。吾辈此来，盖钦都督之为人，欲瞻风采耳。立谈数语，于愿已达，他非所望也"。这样的理由无法让人继续拒绝，黎元洪与法国领事寒暄数语，其欣然而去。

　　继而美国领事亦至，适汤化龙亦在，遂与黎元洪一起会见美领事。美国领事问："贵军此次起义革命，吾辈极所钦佩，惟满清政府所负各国外债，贵军政府对之将如何？"汤化龙代答："自本年八月十九日（10月10日）以前一切外债军政府皆继承之，此后设有新发生债务，概不负责。"美国领事曰："革命乃改进政府之手腕，民生疾苦不可不兼顾。今岁贵省水患浩大，灾民遍地。设一旦饥民乘势为乱，扰害地方，亦足妨碍革命之进行。贵军政府对之将如何？"汤曰："敝军政府对此问题正在熟筹审虑之中，现拟推举柯大臣专办赈务，俾与革命事业同时并进。"第三个问题最难问答，美国领事问："贵国此次革命，关系种族问题自不待言，于政体上有无影响？"黎元洪、汤化龙同答："此次革命当然连带政治问题。"又问："拟采何种政体？"汤化龙曰："共和。"美国领事随问随以小册书之。问答毕，极表满意。遂于怀中出英文日报一纸，乃汉口发行之英文《楚报》，谓上有论文一首，题为《满洲政府之不平，中国人民应革命论》，美国领事就是这篇文章的作者。[①]

　　汤化龙以"共和"回答美国领事，乃至国际社会对军政府未来政治架构的询问，这个回答显然不完全是随机应变，而是汤化龙等人在经历了几年政治改革波折后，对清廷的绝望。在汤化龙内心深处，也对共和有了一定的构想，他不仅担任谘议局议长，担任各省谘议局联合会主席，而且以进士身份留学日本两年，如宋教仁那样专习法律、法政，在宋教仁抵达武昌之前，汤化龙在繁忙的事务之余，仍与胡瑞霖等一起拟定了《都政府组织条例》，继而，"正日夜究心以制约法为一大事"。[②]

　　宋教仁到来之前，汤化龙是否如此认真思考制定约法，还可以讨论。但是毫无疑问，宋教仁的到来，使约法的制定迅即成为现实。经过数日奋笔疾书，宋教仁草拟约法若干条，并邀约具有法律知识者数人进行讨论。据黄中垲《辛壬闻见录》，他个人极佩服宋教仁的"伟识"，欣然前往，参与讨论，陈登山、汤化龙、胡瑞霖等皆在。"宋出其稿授余等传观，时在座者大抵皆有职务，无暇细心研究，相与赞赏而已"，[③]这就是鄂军都督府11月14日发布的《鄂州临时约法草案》。

　　黄中垲说各位没有时间细心讨论，可能只是囿于他自己的见闻。

---

① 湖北省图书馆辑：《辛亥革命武昌首义史料辑录》，第15页。

② 汤震龙等：《汤化龙行状》，章开沅、罗福惠、严昌洪主编：《辛亥革命史资料新编》卷二，第183页。

③ 逸民（黄中垲）：《辛壬闻见录》，湖北省图书馆辑：《辛亥革命武昌首义史料辑录》，第16页。

据《汤化龙行状》，"四方豪杰才智之士集武昌者，如黄兴克强、宋教仁遁初，见（汤化龙）皆交相爱重，而先生与遁初语此事尤投合，遂除室馆之夜分人寂，对灯促膝，所谈无非约法者。如此二十余日，议论微定，大要兼取法美二国之长而力避偏枯拘挛之病，其草稿出遁初手"。[①] 这个说法或许更接近于事实，尽管汤化龙的讨论并不一定都被宋教仁接受。

汤化龙以"共和"为未来中国政治架构的基本原则，这一点与宋教仁最近几年的思考也相当吻合。

过去的研究，普遍将宋教仁视为革命党人的领袖，是同盟会的重要领导人。这些判断当然不错，但是，同样为革命党人的领袖，每个人的思想见解并不一样，所采取的路径也有差别。

宋教仁和所有革命者一样，都是为了中国富强、现代而走上革命道路，而他和那个时代的几乎所有的革命者一样，之所以走上革命道路，是因为清廷的不改革，或改革不彻底，令人失望。反过来说，一旦清廷踏上变革之路，宋教仁以及其他许多革命者，也愿意放弃暴力的革命抗争，回归主流社会，参与变革。一个最明显的例证，就是宋教仁完成《间岛问题》写作后，并没有用来批判清政府卖国、误国、无能，没有以此论证革命的理由，相反，宋教仁想方设法将这部作品转给清政府，期待清政府用他的研究，运用政府力量，通过外交渠道维护中国领土完整。甚至还可以说，宋教仁也期望以此作为见面礼，重回主流社会，参与国内已经开始的政治变革。

---

① 章开沅、罗福惠、严昌洪主编：《辛亥革命史资料新编》卷二，第183页。

对于宋教仁的《间岛问题》，驻日公使李家驹、吉林边务督办陈昭常、外务部尚书袁世凯等，都格外重视。袁世凯、外务部遂电令驻日公使安排宋教仁回国。公使馆将此意通知宋教仁，宋表示："我系通缉有案之人，焉能回国？""公使馆据以告袁，袁复电允请慈禧太后取消通缉，并赏四品京堂官职。宋乃就商于孙（中山）、黄（克强）及同盟会诸同志，得孙同意。宋方拟成行，忽收到由民报馆转来两信，封面书'宋京卿启'，或'宋京堂启'，信中大意云：'你既然回国做官，请讲点情面，将来我等回国做革命工作，如被你拿获，请勿用刑讯。'宋阅后痛哭流涕，遂决计不回国。"①这是宋教仁没有回国的主因，由此也可见，在宋教仁的意念中，革命、改良，并没有势若水火不共戴天的鸿沟，当改良没有发生时，宋教仁积极参与革命；当改良发生了，而且朝廷也在认真去做了，就应该放弃革命，参与改良。

宋教仁没有借助于《间岛问题》顺利回国，没有像刘师培夫妇那样退出革命，参与正在进行的改良。这个无意中的结局成全了宋教仁的一世英名。

没有回国介入政治变革的宋教仁并没有放弃自己的责任，他在此后几年用很大力气研究各国宪法、政体，研究中国未来所应采取的体制。对于清廷主导的预备立宪，宋教仁也有很多专业性评论，大致上说，他认为清廷主导的宪政改革可能在一开始就有问题："朝廷编定宪法，皆模拟日本之钦定主义，以为日本皇统万世一家，天

① 马文义：《宋教仁与间岛问题》，《辛亥革命回忆录》（第六集），北京：文史资料出版社1981年版，第39页。

下最有利安全之宪法，莫日本若也。""虽然，近日日本亦有幸德秋水等，谋以炸弹危其皇室，则又何以称焉？""甚矣，日货之不中用也。"①

很显然，宋教仁不认为中国的国情与日本相仿，更不认为中国的宪政应该追随日本的路径，中国的宪法应该另起炉灶，可以参考日本，但绝不能皆模拟日本。

宋教仁的预判，没有多久就得到了验证。1911 年 5 月 8 日，中国原本应该在这一天进入一个全新的宪政时代，然而清廷带给中国人的却是一个皇族内阁。这不仅让国人大跌眼镜，而且引发此后持续的政治抗争。宋教仁对于清廷立宪的失望，主要是宪政改革的主导者没有弄清宪政的意义，不知道所谓宪政，就是宪法最大，一切政治设施都必须在宪法的框架里进行："夫立宪之根本，孰有大于宪法者？立宪之精神，孰有大于立法机关之作用与责任政府之组织者？天下岂有虚悬一宪法于此，政府不必遵守，徒责人民之服从，而犹谓之立宪者乎？又岂有立法机关之作用与政府之组织不合宪法政治之原则，而犹谓之立宪者乎？"

宋教仁从资政院的功能、皇族内阁之不妥，判定"立宪者，决非现政府之所得成者也；现政府之所谓立宪，伪也，不过欲假之以实行专制者也；其所以设资政院，立内阁，非以立宪国之立法机关与责任政府视之者也，故其所以对付资政院之权限与内阁之组织者，亦不得责以立宪之原则者也；其所谓宪法大纲者，不过欺人之门面，赖人之口实，万不可信者也"。宋教仁的结论就是一句话："立宪者，

---

① 《钦定宪法问题》，陈旭麓主编：《宋教仁集》，第 153 页。

决非现政府之所得成者也。"①

清政府不可能引领中国走上宪政之路，这是因为清廷主政者不明白宪政改革的本质，不知道宪政改革的要义在于权力分享，在于约束君主、政府的行为。既然清廷主政者不明白这些道理，或者明白但根本不准备实行这些宪政原则，那么在宋教仁的概念中，君主立宪已成过去，未来的宪政中国，一定要排除君主专制："今后吾国政治变革，结局虽不可知，然君主专制政体，必不再许其存在，而趋于民权的立宪政体之途，则固事所必至者。"②

基于这样的认识，宋教仁将为新生政权起草一个"非君主"的宪法，已经没有任何疑问。

经过差不多半个月讨论、修改，鄂军都督府总监察处 11 月 14 日发布议决《鄂州临时约法草案》及《官制草案》的特别通告。《鄂州临时约法草案》简称《鄂州约法》，共七章六十条。七章目录为总纲、人民、都督、政务委员、议会、法司、补则。《鄂州约法》以人民为本位，人民享有现代宪政国家所拥有的全部权利。

至于国家的权力机关，《鄂州约法》的制度设计充分体现了三权分立的宪政原则。都督由人民公举，任期三年，续举时得连任，但连任一次为限；总督代表政府总揽政务，统率军队，任命文武职员；政务委员依都督之任命执行政务；议会由人民于人民中选举议员组织之，享有一般宪政国家议会的同等权利；法司以都督任命之法官组织之；法官非依法律受刑罚宣告，或应免职之惩戒宣告，不得

① 《希望立宪者其失望矣》，陈旭麓主编：《宋教仁集》，第 255 页。
② 《论都察院宜改为惩戒裁判所》，陈旭麓主编：《宋教仁集》，第 281 页。

免职。[①]

《鄂州约法》是民国宪政的起点，是中国在排除了帝制，排除了君主立宪体制后第一份共和制宪法。这部宪法还不是那么严密，也不是那么详尽，但其三权分立、人民至上的原则，无疑获得了充分体现。这个约法成为民国宪政的原点，约法起草者宋教仁并不是一般意义上的"议会迷"，从更广大的历史视野说，宋教仁可谓中国宪政之父，是现代国家的重要开启者之一。

1922年6月25日，章太炎在《申报》发表《大改革议》，认为1911年战乱频仍，主要是因为当初没有静下心来为中国制定一个好的制度框架："往者武汉倡义，各省本自为谋，因而导之，即为联邦之局，而现行约法务与此反，《天坛宪法》虽经增订，微使地方权力扩大，亦无联邦之文，其为集权专制之护符，彰彰可见。逆于国情，则桀骜者生心，而寡弱者致死，势使然也。"[②]章太炎的说法有一定道理，民初乱局确实值得从制度史层面重新解读。

武昌首义，具有极强的示范效应。清廷如果在湖北新军发难后一周内平定，后来的历史必将改写，湖北新军首义不过是历史上常见的军人哗变。然而，清廷此次实在无力有效处理这场危机，湖北军政府影响力迅即扩大。10月22日，长沙新军发难，巡抚余诚格潜逃，湖南军政府成立。23日，江西九江新军起义，成立九江军政府。25日，陕西新军、会党在西安起事，组织军政府。29日，太原新军起义，举标统阎锡山为山西都督。31日，南昌新军起义，成立江西

---

① 《中华民国鄂州约法及官制草案》，陈旭麓主编：《宋教仁集》，第350页。
② 汤志钧：《章太炎年谱长编》，第637页。

军政府。11 月 1 日，昆明新军起义，举蔡锷为都督。11 月 3 日，陈
其美、李燮和率领商团、巡警起义，第二天攻占江南制造局，上海
光复。4 日，贵阳新军起义，成立军政府。同一天，杭州新军起义，
第二天举汤寿潜为浙江军政府都督。5 日，江苏巡抚程德全宣布独
立，江苏不费一枪一弹，和平光复。7 日，广西巡抚沈秉堃、布政
使王芝祥宣布独立，广西光复。8 日，福州新军起义，福建光复指
日可待。不到一个月，长江流域及其以南十个省份已不在清廷有效
统治下。

　　清廷内部已经失去整合的能力，滦州兵谏意味着中央军不稳，
也迫使清廷大幅度后退，下诏罪己，发誓维新更始，实行宪政；发
誓组织新内阁，不再以亲贵充国务大臣；发誓速开党禁，以示宽大
而固人心。①

　　可以说，清廷此时改革力度前所未有，但一切都晚了。人们早
已对清廷的不改革、"伪改革"死心。严复不无惋惜地指出，"如果
一个月前做到这三条之中任何一条的话，会在清帝国发生什么样的
效果啊！历史现象往往重演。这和十八世纪末路易十六的所作所为
如出一辙。所有这些都太迟了，没有明显效果"。②

　　清帝国已成往事，南方独立十省究竟应该怎样做，同样没有预
定方案，革命党没有想到革命会如此顺畅；至于新军，更没有人想
到会有一天调转枪口，对准自己的主子。历史走向了一个全新道路，

---

① 《宣统政纪》卷六十二。
② ［澳］骆惠敏编，刘桂梁等译：《清末民初政情内幕——〈泰晤士报〉驻北
京记者、袁世凯政治顾问乔・厄・莫理循书信集》（上），第 782 页。

政治家也只是摸着石头过河。11 月 7 日，鄂军都督黎元洪致电苏州程德全，商筹共同组建新政府："现在义军四应，大局略定，惟未建设政府，各国不能承认交战团体。敝处再四筹度，如已起义各省共同组织政府，使近于偏安，且尚多阻滞之处；若各省分建政府，外国断不能于一国之内，承认无数之交战团。兹事关系全局甚大，如何自处，乞贵军政府会议赐教。"①独立各省如何自处，是黎元洪的困惑，也是章太炎 20 世纪 20 年代初辛亥革命十年后反省要旨。

　　回顾辛亥年政治变动的经验教训，章太炎坦率承认独立各省那时不应该匆忙重建统一，而应静下心来，像美国独立各州那样，好好谈出一个宪政制度。章太炎这个想法自有理据，但揆诸史实，实在来不及，因为在那之前十几年，外国资本在中国的份额越来越大，中国政治在很大程度上不能不顾及外国资本的利益。资本需要稳定的投资环境，自皇族内阁以来的政治风波，已使外国资本蒙受了相当损失，各国政府之所以还能在武昌首义后宣布中立，是因为他们看到了中国走向共和是势不可当的，而清廷在过去几年确实没有进行踏实的政治改革。但是，外国资本对政治不稳定的容忍不可能是无限期的，独立各省必须要找到一个新的办法。11 月 9 日，云南都督蔡锷通电各省："窃查目前各国情状，对于各省义军，虽已认为交战团体，暂守中立，并未认为完全政府，列为国际团体。自今以后，非有集中统一之机关，即无对外活动之资�。现在长江以南渐次光

---

① 《黎元洪关于如何组织政府致苏州程都督电》，辛亥革命武昌起义纪念馆等
　　编：《湖北军政府文献资料汇编》，武汉：武汉大学出版社 1986 年版，第
　　185 页。

复，黄河流域当必陆续反正，统一机关之急宜组织，谅为数万万同胞所共认。"①

中国没有地方分治的传统，更没有经验，各省独立确实带来了一些实际问题，蔡锷的忧虑并不是个别性的，黎元洪在同一天（11月9日）所发布的通电中，也有类似表述，以为"非组织临时政府，内政外交，均无主体，极为可危"。②

统一的中央政府肯定还要建立，但在建立之前，确实应该让独立各省模仿美国十三州召开制宪会议，就相关问题进行充分讨论。11月11日，江苏都督程德全、浙江都督汤寿潜致电上海都督陈其美，比较详细地表达了这一想法：

> 自武汉事起，各省响应，共和政治已为全国舆论所公认。然事必有所取，则功乃易于观成。美利坚合众国之制度，当为吾国他日之模范。美之建国，其初各部颇起争端，外揭合众之帜，内伏涣散之机，其所以苦战八年，卒收最后之成功者，赖十三州会议总机关有统一进行、维持秩序之力也。考其第一次、第二次会议，均仅以襄助各州议会为宗旨，至第三次会议，始能确立国会长治久安，是亦历史上必经之阶段。吾国上海一埠，为中外耳目所寄，又为交通便利、不受兵祸之地，急宜仿照美国第一次会议

① 《致各省军政府电》，曾业英编：《蔡松坡集》，上海：上海人民出版社 1984年版，第 69 页。
② 《黎元洪为请独立各省组织临时中央政府致各省都督电》，辛亥革命武昌起义纪念馆等编：《湖北军政府文献资料汇编》，第 185 页。

方法，于上海设立临时会议机关，磋商对内对外妥善之方
法，以期保疆域之统一，复人道之和平。

程德全、汤寿潜不仅有清醒的认识，而且提出"集议方法"四
条、"提议大纲"三条，以作为中国制宪会议的最初准备。

集议方法四条为：

1. 各省旧时谘议局，各举代表一人；

2. 各省现时都督府，各派代表一人；

3. 以江苏教育总会为招待所；

4. 两省以上代表到会，即先行开议，续到者随到随议。

提议大纲三条为：

1. 公认外交代表；

2. 对于军事进行之联络方法；

3. 对于清室之处置。①

程德全、汤寿潜代表了独立各省的大致看法。11 月 14 日，沪
军都督陈其美向独立各省发出通电，建议各省"公举代表，定期
迅赴上海，公开大会，议建临时政府，总持一切，以立国基而定
大局"。②

陈其美、程德全、汤寿潜代表了最富庶的东南诸省，他们的呼
吁迅即赢得山东、广东、福建、吉林、直隶等省都督或谘议局的赞

---

① 《程德全、汤寿潜致陈其美电》，上海社会科学院历史研究所编：《辛亥革命
　在上海史料选辑》，上海：上海人民出版社 1981 年版，第 752 页。

② 《沪军都督陈通电各省都督文》，上海社会科学院历史研究所编：《辛亥革命
　在上海史料选辑》，第 312 页。

同，相继派代表前往上海，仿美国独立后制宪会议为临时政府，或临时国会之准备。

15 日，江苏都督府代表雷奋，沪军都督府代表袁希洛、俞寰澄、朱葆康，福建都督府代表林长民、潘祖彝，在上海江苏教育总会举行会议，定名各省都督府代表联合会，议定会所设上海，认定武昌为民国中央政府，以鄂军都督执行中央政务。11 月 28 日，以湖北军政府坚请，各代表赴武昌会议，每省留一人在沪以为联络。

在武昌，各省都督府代表联合会规模持续扩大。12 月 2 日，会议议决先规定临时政府组织大纲，并推雷奋、马君武、王正廷为起草员。第二天，各省都督府代表联合会举行会议，谭人凤、潘祖彝、谢鸿焘、雷光宇、时象晋、王正廷、孙发绪、胡瑛、邹代藩、赵彬、王竹怀、许冠尧、张其锽、谷钟秀、黄可权、陈毅、黄群、汤尔和、陈时夏、马君武、雷奋、陈陶遗到会，会议议决《中华民国临时政府组织大纲》，制宪会议以超乎想象的速度完成了一个历史性任务。

《临时政府组织大纲》经独立十省共二十二名都督府代表签字确认，是中华民国第一部宪法性文件，也是后来民国政治发展的原点，当然也是民国政争的起点。

这部文件共四章二十一条，简明扼要，要言不烦。末章"附则"规定六个月内由临时大总统召集国民会议，其余三章分为"临时大总统""参议院""行政各部"，分别规定了各自权限、产生办法。

临时大总统由各省代表选举产生，投票权每省一票；临时大总统有统治全国、统率海陆军的权力，经参议院同意，有宣战、媾和、缔约，任用各部部长、派遣外交使节，以及设立临时中央裁判所的权力。

　　参议院由各省都督府所派三名参议员组成，其职权为议决宣战、媾和、缔约，通过对行政各部长的任命，议决政府预算、税法、币制、公债发行，议决各暂行法律、大总统交议事件，以及答复大总统咨询事件。

　　对于参议院所议事项，大总统如不以为然，可在十天内交参议院复议。如复议三分之二以上参议员仍持前议，大总统应发交行政各部执行。

　　行政各部规定中央政府设外交、内务、财政、军务、交通五部。

　　《临时政府组织大纲》立法倾向非常明显，就是仿照美国的总统制，将国家元首、政府行政首脑合一，各部部长对总统负责，总统则对全体国民负责，议会与行政分离，各自独立行使职权。

　　这个大纲肯定有许多不严密或还没有想到的地方，比如大总统由每省一票产生，每省参议员由都督府所派，每省都督如何产生，这都是后续必须解决的问题。但从总体上说，《临时政府组织大纲》还是一个很不错的文件，此后如果能在这个文件基础上进行修正，而不是根本性颠覆，民国政治或许不会那样反复，权力也不至于那样失衡。

　　然而，后来的历史注入太多偶然因素、人为因素，从而使这个文件并没有得到忠实贯彻。

　　这些偶然、人为因素，主要来自同盟会，来自宋教仁、黄兴等人。宋教仁不是各省都督府代表联合会的成员，因而没有参与《临时政府组织大纲》的制定。他从武昌返回上海，与陈其美合作，致力于组建有别于武昌的临时政府。

制宪会议：短视与远见

　　黄兴在汉阳防守失利后负气出走，12月1日返回上海。与黄兴同行的，还有在湖北军政府失势的汤化龙。12月4日，宋教仁、陈其美担心武昌成了中央政府，对同盟会不利，因此鼓动留沪代表召开会议。参加此次会议的各省留沪代表有沈恩孚、俞寰澄、朱葆康、林长民、马良、王照、欧阳振声、居正、陶凤集、吴景濂、刘兴甲、赵学臣、朱福诜。江苏都督程德全、浙江都督汤寿潜、沪军都督陈其美到会。章太炎、章驾时、蔡元培、王一亭、黄中央、赵竹君、顾忠琛、彭锡范到会。会议议决南京为临时政府所在地，票举黄兴为大元帅，黎元洪为副元帅。

　　宋教仁、陈其美或许担心武昌坐大对同盟会不利，但他们这次的做法却使同盟会声誉一落千丈。"各省代表赴鄂者与留沪者，原是一体，（宋教仁、黄兴）他们两人只利用留沪一部分，而瞒着赴鄂代表，瞒着鄂军政府，皆不令闻之，其谬一也。江苏都督、浙江都督、沪军都督，皆令其到场投票，淆乱职权，蔑视其他各省都督，其谬二也。开会时，加入不伦不类、毫无根据之章太炎、章驾时、蔡元培、王一亭、黄中央、赵竹君、顾忠琛、彭锡范诸人，令其列席，令人怀疑这一伙人到底是干什么的，其谬三也"。是日到会的湖南人欧阳振声，并不是湖南都督府或谘议局的代表，而是宋教仁个人委派的代表。宋教仁只是代表之一，而居然委派代表，此等举动，在批评者看来，"既不合理，又不合法"，因而 12 月 4 日的上海会议，不仅违反了各省都督府代表联合会组织规程，而且破坏了独立各省已经达成的共识，埋下了后来民国政争的种子，同盟会 – 国民党的威望在民国初年国内政治中威望不高，黎元洪后来不断被妖魔化，都可以从这次会议中找到蛛丝马迹。

在民国制宪史上，"各省都督府代表联合会"是一个最具标志性的机构，甚至可以说，是民国宪政的创始者。它的最初成员，由独立各省都督府、谘议局委派，每省两人，负责为未来的民国制定规章，甚至是宪法制定的准备。一个充满活力的中国呼之欲出。

抛弃帝制之后的中国，究竟应该建立怎样的制度框架，在武昌起义发生后的一段时间并不是很清楚。君主立宪肯定不是主要选项了，君主的名声正如梁启超后来所说，已经被严重妖魔化，没有神圣的光环了。君主立宪不再是中国的选项，但晚清以来的立宪路径不会改变。十年前，梁启超曾对世界现行政治架构进行过分析，君主专制之外，就是君主立宪与共和立宪。没有君主立宪了，剩下的唯一选择，就是共和。共和立宪是武昌首义后的唯一选择。

按照独立各省都督府、谘议局的意见，他们郑重其事地召集各省都督府代表联合会，就是按照共和立宪的路径往下走，大家集思广益，博弈、妥协，为未来中国构建一个尽可能完美的制度。

实事求是地说，各省都督府代表联合会用时虽短，但他们在 1911 年 12 月 3 日通过的《中华民国临时政府组织大纲》，就是一个很不错的开始。这个文件虽然显得比较粗糙，对于许多细节还没来得及规范，但是这个文件的立法方向没有问题，是一个可以作为政治基础继续讨论的文件。各方政治势力相互质疑、讨论、妥协，一定会沿着这个方向继续往前走。

各省都督府代表联合会是一个政治上比较中立的准立法机构，是类似于美国"制宪会议"的"准制宪会议"。各位代表接受各省授权，为各省，也为未来重建统一的国家服务。他们中个别人或许有革命或改良的不同政治倾向，但这些倾向并不太容易在立法上反映出来。

政治倾向比较强烈的是湖南都督府派出的谭人凤。他在 11 月 30 日与党人刘揆一、刘公、马伯援、孙武、胡瑛、田桐、蒋翊武、查光佛、杨玉如、杨时杰、蔡济民、覃振、丁复等联名致电《民立报》社转山陕景耀月、于右任，两广汪精卫、马君武，四川李肇甫，浙江章太炎、汪寄生，福建宋渊源，云南张大义，江苏章梓等，呼吁他们"速来鄂组织一切"。①

对于谭人凤等人的呼吁，章太炎 12 月 2 日回电称："武昌都督转谭人凤诸君鉴：电悉。革命军起，革命党消。天下为公，乃克有济。今读来电，以革命党人召集革命党人，是欲以一党组织政府。若守此见，人心解体矣。诸君能战即战。不能战，弗以党见破坏大局。章太炎。文。"②

---

① 《民立报》1911 年 11 月 30 日。

② 此电最初发表于《神州日报》1911 年 12 月 4 日；又发表于天津《大公报》12 月 12 日，改题《章太炎之消弭党见》；后收入《章太炎选集》，改题《致武昌都督转谭人凤等电》。

细绎章太炎的意思，他不认为未来中国政治架构应该受制于政党政治。"革命军起，革命党消"，意味着当武昌首义发生，各省独立，革命党的历史使命已经完成，未来中国政治不再受制于政党，未来要建立的政府，也不应该具有政治色彩，而应该是政治上中立、专业、技术，是"非政治的政府"。

章太炎的想法或许超前，或许不切实际，但通览章太炎个人思想史，他确实是近代中国比较早地反省西方近代以来政治模式，试图为中国寻找政治新路的思想家。章太炎朦胧预见到了政党政治并不合乎中国，政党政治的结局就是结党营私，就是朋党，不会有什么好结果。

后来中国政治发展，被章太炎不幸而言中，不过也让人遗憾的是，章太炎自己很快也卷入了政党政治，且成为至关重要的一员。

当谭人凤、章太炎等人讨论怎样构建新政府时，武昌前线告急，汉阳防守失利，黄兴负气出走，12月1日返回上海。与黄兴同行的，还有在湖北军政府失势的汤化龙。

与黄兴同时前往武昌的宋教仁，或早于此时也回到了上海。

前线失利，确实影响了南方统一政府的成立；统一政府不能成立，又确实影响南方独立各省形成一支完整的力量与清廷对峙，进而逼退清廷，重建中国。这确实是南方独立阵营面临的巨大问题。

为此，宋教仁、林长民、居正、陶凤集、吴景濂、赵学臣等于12月1日向各省谘议局发布通电："目前大局安危，不在一时一地之胜负，实在统一机关之成否。同人在沪公行准备，各代表一到便当开会，一切进行，共矢不懈。南京垂下，大势并不动摇，仍望诸公力持。"宋教仁、林长民等人署名前专门冠以"留沪代表"的名义。①

各省都督府代表联合会"留沪代表"的功能在上海联络各省，也有为赴武昌"各省都督府代表联合会"备份的意思。武昌前线局势危机，他们在后方上海就一些重大问题研究、发声，并不存在违规、不合适之处。但是，这种事情不能太过，不能喧宾夺主，更不能无视联合会的主体，即在武昌的大多数。

宋教仁等人对武昌的焦虑也非后人所能理解，基于这样的焦虑，他们在 12 月 2 日继续集会，进而讨论在武昌危机情形下，怎样在南京重建新的政治中心。黄兴是从武昌前线回来的将领，他在武昌就力主"放弃武昌，率所有精锐及饷糈械弹乘舰东下，进取南京，以为根据，再图恢复"。②

章太炎、汤寿潜、程德全等与此相反，认为在当时情形下更应该坚守武昌，但汤、程二人均不敢发言，更不敢坚持，其中的缘由，章太炎在第二天致信赵凤昌时有详述。按照他的说法，昨日议临时政府地点，迄无成议。主鄂者唯有他自己，主金陵者唯有黄兴，而宋教仁"斟酌其间，不能谈论"。现在的希望，在临时政府从速发表，若如宋教仁"圆活之说，又迁延无期矣"。程德全、汤寿潜意在主鄂，而皆沉默不语，不敢坚持。盖程德全处嫌疑之地，汤寿潜则慎于发言，"坐令议政府地点者，惟在一二党人之口，此国人之耻耶"？章太炎强调，"以武昌为都城，以金陵为陪都，此今日正当办

---

① 《致各省谘议局电》，陈旭麓主编：《宋教仁集》，第 369 页。
② 胡祖舜：《武昌开国实录》，第 110 页，转引自毛注青著：《黄兴年谱》，第 148 页。

法"，他请求赵凤昌仗义执言，"大宣法语，以觉邦人"。不然，"其祸将不可解也"。①

武昌的局势确实危险，但还没有危险到沦陷的地步。就在黄兴、宋教仁、章太炎等人讨论放弃武昌的第二天（12月3日），各省都督府代表联合会在汉口通过了《临时政府组织大纲》。因此，夸大武昌危机可能另有原因。

黄兴、宋教仁、陈其美等同盟会一系的革命党人，清楚地知道在各省都督府代表联合会中，他们并不占多数，如果听任形势发展，革命党人必将功亏一篑，武昌成了中央政府，同盟会一系即便不会出局，也很难在既有体制中发挥功能。这可能是他们最担心的问题。

12月4日，宋教仁召集"留沪代表"等会议，决定移师南京。同一天，汉口各省代表会议"临时政府设于南京，各省代表开临时大总统选举会于南京。有十人以上之代表到南京即开选举会，临时大总统未举定以前，仍认鄂军都督府为中央军政府，有代表各省军政府之权"。②

分析汉口会议与留沪代表两个会议的决议，移师南京是相同的，所不同的只是留沪代表会议"票举"黄兴为大元帅，黎元洪为副帅；而汉口的代表会议决定在临时大总统"未举定前"依然认鄂军都督府为中央军政府。

其实，从当时国内政治格局看，武昌不仅是首义之地，最先发

---

① 《章太炎致赵凤昌密函》，上海社会科学院历史研究所编：《辛亥革命在上海史料选辑》，第1067页。

② 刘星楠：《辛亥各省代表会议日志》，《辛亥革命回忆录》（第六集），第246页。

难，为独立各省表率，而且湖北推举出来的黎元洪，也最具领袖风范，具有领袖群伦的资格，拥有很高的威望，各省都督府及其代表并没有对黎元洪的人品、能力提出质疑。独立各省都督府普遍相信，通过各省代表会议的努力，制定出一些基本文件，进而根据这些文件选举临时大总统，只要完成了这一套程序，中国的临时大总统究竟是谁，都不再是问题。

然而，黄兴、宋教仁、陈其美等同盟会成员却不这样看。他们之所以策动留沪代表"票举"黄兴，其实就是要控制住未来新政府的领导权，从好的方面说，就是保证未来中国政治的主导权在革命党人手里。但从坏的方面说，黄兴，特别是宋教仁对政治的操控，令人反感，批评者认为"宋教仁为人，眼高识闇，志大才疏，说话则夸张不伦，办事则杂乱无章，自身取祸则有余，担当天下大事则不足"。[①] 这也是后来宋教仁威望一度下滑的深层原因之一。

留沪十四省代表推举黄兴为"假定大元帅"，黎元洪为"副元帅"的消息通过"西电"传到武昌后，立即激起在武昌独立各省都督府代表的愤怒与反对。12 月 7 日，各省都督府代表会议举行会议，议决由大都督黎元洪向各省都督府发布通电，说明上海公举大元帅的真相，并致电沪军都督陈其美，请其查明真相，宣布撤销。[②]

宋教仁等人在上海策划的选举实属一场误会，一个插曲，不仅没有达到预想目的，反而引起了武昌主流派的警觉。12 月 8 日，在

---

① 刘星楠：《辛亥各省代表会议日志》，《辛亥革命回忆录》（第六集），第 249 页。
② 《致各省都督电》，易国干、宗彝、陈邦镇辑：《黎副总统政书》卷一，上海：上海古今图书局 1915 年版，第 22 页。

武昌的各省都督府代表根据决议同船出发前往南京。12 月 10 日，留沪各省都督府代表朱葆康、欧阳振声、王照、居正、陶凤集、吴景濂、刘兴甲、廖名搢、刘揆一、赵学臣、李鍪、吴铁城、林森举行会议，决议第二天同赴南京，与从武昌赶往南京的各省都督府代表联合会代表会合。南方新政治中心，已从武昌、上海向南京汇集，一个全新的民族国家很快就会建立起来，但肯定不会一帆风顺。一个全新的政府，究竟应该是一党的政府，还是超越政党的"非政治政府"，在各位代表前往南京的路上，已经发生了巨大分歧。

讨论民初政治制度构建，《临时约法》是一个无法绕开的问题。民国前半期几乎所有政争，都是围绕着这部"准宪法"展开。即便到了 21 世纪，《临时约法》的意义、得失，依然很难在学术界达成共识。肯定的人誉其为"民国象征"，否定的人以为中国宪政始终无法走上轨道，《临时约法》是个关键。

1911 年 12 月 8 日，各省都督府代表联合会同船离开汉口，顺流而下，前往南京。他们的使命，就是在那里"公举"临时大总统，组织临时政府。10 日，"留沪代表"议决第二天同赴南京。各省都督府代表联合会先前分开的两个部分至此重新合在一起，一个完整的"准制宪会议"总算可以有一个新的开始。

两路人马会合后，12 日，联合会代表齐集江苏谘议局举行第一次会议。参加这次会议的有：

江西：吴铁城、林森、赵士北、王有兰、俞应麓；

浙江：汤尔和、黄群、陈时夏、屈映光；

湖北：马伯援、杨时杰、陶凤集、居正、时象晋；

湖南：廖名搢、邹代藩、刘揆一、欧阳振声；

奉天：吴景濂；

河南：李盤、黄可权；

山西：仇亮、乔义生、景耀月；

福建：林长民、潘祖彝；

江苏：雷奋、陈陶遗、马良、袁希洛；

广西：马君武；

广东：王宠惠、邓宪甫；

四川：周代本、萧湘；

直隶：谷钟秀；

安徽：赵斌、王竹怀、许冠尧。

计十四省三十九人。

两路人马汇集南京时还有一个小插曲：林长民，也就是后来很有名的林徽因的父亲，风尘仆仆与"留沪代表"刚到南京，就被以"汉奸"罪名逮捕。举报林长民的是江西代表林森，二林同乡同姓同宗，但素有嫌隙。某日在同盟会本部开会，林森曾讦发林长民为福州著名的宪政党员，现在他长期混迹于代表会内，显然是宪政党的代言人。林森的说法传到陈其美的耳朵，陈其美毫不客气指派青帮打手，向林长民开了一枪。陈其美并不是要林长民的小命，而是打草惊蛇，警告他赶快离开南京，退出各省都督府代表联合会。林长民遂辞职回闽。①

---

① 刘星楠：《辛亥各省代表会议日志》，《辛亥革命回忆录》（第六集），第250页。据亲历其事的吴景濂说，各省留沪代表启程之日，电告江苏都督派兵到车站保护。是日夜八九点钟，车至南京下关，吴景濂、于右任、李盤三人先行，仆人穆忠和押取行李。下车后未见保护卫兵，行出十数步，（转下页）

各省都督府代表联合会代表前往南京，原本只是为了组织临时政府，选举临时大总统，而最有可能出任临时大总统的，无疑就是被各省都督府代表联合会"留沪代表""公举"的"假定大元帅"黄兴。①

选举黄兴，遭到了黎元洪、章太炎等人的强烈反对。黎元洪通电认为"情节甚为支离"，要求取消；章太炎则从上海致电光复南京的英雄、浙军总司令朱瑞，"劝其反对黄克强败军之将不能来宁就职。因此组织政府之举不敢冒昧进行，为之无形停止者约计半月，人情大为皇皇"。②

各种反对让黄兴重新思考未来的政治布局，力推首义领袖黎元洪为大元帅，而自己愿意"领兵北伐，誓捣黄龙，以还我大汉河山而后已"。③12月17日，黄兴向各省代表会电辞大元帅之职，并推举黎元洪大都督为大元帅。会议当即改举黎元洪为大元帅，黄兴为副元帅；并议决黎大元帅暂住武昌，由副元帅代行大元帅职权，组织临时政府。

（接上页）忽闻枪声数响。后知"刺客为系福建都督孙道仁派遣，谓林为保皇党，在上海数日，未在秘书处办公，系与北方秘密勾结。而林某在沪，因办理秘书处事，住于代表团会所。因公推林起草临时政府章程，林以会所嚣杂，故在旅馆开房间两日，专为起草之事，为诸代表所共知"。所以，吴景濂并不相信那些指控、传闻，他与江苏都督程德全商量后，将此情形通知福建都督孙道仁。但林长民"经此番打击，对代表团秘书职务决意辞去，在南京暂时闲居"，并没有很快回闽。《吴景濂自述年谱》，《近代史资料》总一零六号，北京：中国社会科学出版社2003年版，第43页。

① 《选举假定大元帅》，《时报》1911年12月5日。
② 《吴景濂自述年谱》，《近代史资料》总一零六号，第44页。
③ 《民立报》1911年12月6日。

朝令夕改让南方革命党人的信誉受到了相当损失，"前于十月十四日（12 月 4 日）公举黄兴为大元帅，黎元洪为副元帅。相距不到半个月，突然又将黄、黎二人姓名倒置。古人云置君如弈棋，此则举元帅如弈棋，狐埋狐搰，真儿戏也"。①

这还不算结束。各省都督府代表联合会在推举黄兴以副元帅代行大元帅职权，遂公函邀请他用最快的速度前往南京，组织临时政府。黄兴原本已答应这个邀请，并为此做了一些准备，但事到临头，黄兴又突然变卦。据亲历其事的李书城说，黄兴"本拟早日启程赴南京就职，并已商请张謇向上海日商三井洋行借款三十万元作到南京后军政费的开支。但在预定启程赴南京的先一天晚上，黄先生忽向我说，他明天不去南京了。我问何故不去。黄先生说：顷接孙中山先生来电，他已启程回国，不久可到上海。孙先生是同盟会的总理，他未回国时我可代表同盟会；现在他已在回国途中，我若不等待他到沪，抢先一步到南京就职，将使他感到不快，并使党内同志发生猜疑。太平天国起初节节胜利，发展很快，但因几个领袖们互争权利，终至失败。我们要引以为戒鉴"。②

在同盟会中，黄兴始终比较注意大局，注意孙中山的领袖威望，这是一个难得的优点。只是黄兴的迟疑，让组建临时政府的事情不得不延后。

12 月 25 日，孙中山抵达上海，使南方革命党人极为兴奋，因

---

① 刘星楠：《辛亥各省代表会议日志》，《辛亥革命回忆录》（第六集），第251页。
② 李书城：《辛亥前后黄克强先生的革命活动》，《辛亥革命回忆录》（第一集），第196页。

为毕竟是孙中山最先提出"驱逐鞑虏，恢复中华"，而且为此理想不得不坚持十几年，不得不流亡海外如丧家之犬，栖栖惶惶。

孙中山深孚众望，他的归来，不仅让黄兴暂停组织临时政府的活动，而且真诚拥戴孙中山为临时政府大总统。这个看法，也不独黄兴一人，也不独为同盟会的主张，即便如赵凤昌这样与各方面关系紧密的政治操盘手，也真诚支持孙中山"建府开基"，"遂一一陈说沪汉情事。其后屡至，商统一建国诸要端，尤先以网络英贤及国家财政事"。[①]

对于孙中山出任临时政府总统，绝大多数革命党都没有不同意见，但是也有几个例外。章太炎在武昌起义后，认为"革命军起，革命党消"，反对一党组织政府。但是，现在随着孙中山归国，特别是因为清廷在僵持了那么长时间依然不妥协，拿不出解决问题的办法。如果不在南方成立一个临时政府，统一独立各省的内外政策，对内对外都很难应付。各省都督府代表联合会当然也做这项工作，他们的目标就是制定一个宪制框架，然后公举大总统，组织临时政府。各省都督府代表联合会在武昌通过的《临时政府组织大纲》并没有反对"一党组织政府"，因而新政府的组建，也不可能反对政党政治这个选项。

然而，清廷开放党禁的时间很短，除了1905年在东京成立的同盟会，即便康有为、梁启超，也没有建立起具有组织政府能力的新政党。至于各省都督，更是如此。历史给同盟会提供了一个组织政府的难得机遇。章太炎反对"一党组织政府"，现在恰恰必须由同盟

---

① 赵尊岳：《惜阴堂革命记》，《近代史资料》总五十三号，第76页。

会"一党"去组织政府。

面对同盟会一党组织政府的必然格局，章太炎转变了看法，也能接受，只是他依然有自己的保留意见，不认同同盟会多数人倾向于孙中山出任大总统的意见。他在不少场合倡言，如果一定要在同盟会内部选择一人出任临时政府大总统，那么，"以功则黄兴，以才则宋教仁，以德则汪精卫"，独不提同盟会总理，也即是多数人认同的孙中山，因而"同志多病其妄"。[①]

章太炎固然是中华民国的缔造者之一，也是中华民国最早的命名者，是比较资深的革命党，也常以"革命名宿"自居，但当清廷1906年预备立宪开始后，革命渐趋困境，内部冲突日趋严重，章太炎与孙中山的个人关系也在这个时候出现了前所未有的危机。直至武昌起义发生，他们也没有机会，更没有意愿弥合。这是章太炎不会推戴孙中山的一个主要原因。[②]

除了章太炎，不利于孙中山出任大总统的还有宋教仁。宋教仁"初居日本，颇习政党纵横之术，内挟克强为重，外亦与赵（凤昌）、张（謇）、汤化龙、熊希龄相结纳，立宪党人因乐之以进，宋之声誉乃骤起，故章太炎才之。然终以党人故，克强不敢夺首领之地位，钝初始欲戴为总统，己为总理，至是亦不得不服从党议，然仍主张

---

① 《胡汉民自述》，台北：传记文学出版社1982年版，第63页。
② 胡汉民认为："盖章（太炎）以革命名宿自居，耻不获闻大计。其在东京破坏军器密输之举，党未深罪之，章仍不自安，阴怀异志。江浙之立宪派人，如张謇、赵凤昌、汤寿潜之属，阳逢迎之。章喜，辄为他人操戈，实已叛党。"见《胡汉民自述》，第63页。

内阁制"。[①] 按照胡汉民的分析，宋教仁之所以策动"留沪代表"举黄兴为大元帅，主要是自己欲望膨胀，要当总理，因而提出内阁制，希望通过内阁控制国家权力。

孙中山归来，使黄兴、宋教仁等人的计划无法继续执行，特别是黄兴，并不完全认同宋教仁的这些操作。12月26日，孙中山抵达上海第二天，在寓所召集同盟会最高干部会议，讨论选举及组织政府问题。由于同盟会之外的政治势力，也多倾向于至少不反对孙中山出任临时政府临时大总统，因而将要组建的临时政府组织架构，无须修改各省都督府代表联合会通过的《临时政府组织大纲》。而这个大纲就是仿照美国的总统制，将国家元首、政府行政首脑合一。如果按照这个大纲执行，同盟会只需要提供组阁人选，不需对政府架构进行修正。

此次会议理论上说无权讨论《临时政府组织大纲》的修改，不论同盟会在各省都督府代表联合会中占有多大比例，此次会议的主旨，就是同盟会内部推举出一个临时大总统候选人，交给各省都督府代表联合会进行选举。然而就在这个时候，章太炎、宋教仁等人的不同议论肯定传到了孙中山的耳朵，孙中山在这次会议上开宗明义强调自己主张总统制：

> 内阁制乃平时不使元首当政治之冲，故以总理对国会负责，断非此非常时代所宜。吾人不能对于唯一置信推举之人，而复设防制之法度。余亦不肯徇诸人之意见，自居

———————

① 《胡汉民自述》，第63页。

于神圣赘疣，以误革命之大计。[1]

孙中山一直推崇美国的政治制度，也一直认为中国在革命胜利后，应该建构美国式的政治制度，包括总统制。孙中山不愿在原则问题上让步，他最后那句不愿"自居于神圣赘疣"，很有气势，大有撂挑子不干了的意思。

参加当天会议的还有胡汉民、汪精卫、黄兴、陈其美、宋教仁、张静江、居正等。张静江闻言率先表态："善！先生而外，无第二人能为此言者，吾等惟有遵先生之意而行耳。"张静江一锤定音，众皆翕然。中华民国成立之际的一场体制危机悄然化解。

孙中山的坚持，特别是黄兴从大局考虑，力劝宋教仁放弃内阁制，并前往南京，向各省都督府代表联合会解释同盟会的方案，会商选举孙中山为大总统。孙中山的坚持，黄兴的努力，宋教仁的让步，各位代表的大局观，终于使民国诞生关键时刻的第一次宪政危机比较顺利获得解决。[2]

经过紧锣密鼓的准备，南京临时政府成立在望，宋教仁的内阁制并没有得到认同，这个建议也就渐渐成为往事。

南京临时政府成立时，清廷还没有妥协，南北议和也没有头绪，

---

① 《胡汉民自述》，第 63 页。

② 据居正《辛亥札记》，孙中山回到上海，各界咸来候教，有日不暇给之势。12 月 26 日，假哈同花园公宴孙中山，宋教仁自南京专程赴会。席次，黄兴、陈其美、宋教仁密商，举孙中山为大总统，分途向各代表示意，计已成。晚间复集孙中山寓所，会商政府组织方案。宋教仁主张内阁制，孙中山"力持不可"，黄兴劝宋教仁取消提议，未决。黄兴定期赴宁，向代表会商定。见《辛亥革命在湖北史料选辑》，第 171 页。

未来的中国究竟应该采纳君主立宪，还是民主共和，南北之间并没有达成一致认识。1 月 3 日，清政府内阁总理大臣袁世凯致电孙中山："君主、共和问题现方付之国民公决，所决如何，无从预揣，临时政府之说，未敢与闻。"①袁世凯，还有清廷显然不会轻易认同孙中山的南京临时政府。

从当时的情形看，各省独立继续僵持，当然使清廷的合法性大半丧失，但是只要清廷不宣布结束，宣布投降，独立各省也没有力量发兵北上，直捣黄龙。毕竟清廷手中还有相当一部分军队，继续僵持，南北分裂，完全有可能。

为了避免最坏的结局，为了不让排除了满洲统治者之后的中国四分五裂，南北和谈渐渐走向了妥协，一个重要的方案，就是由袁世凯设法逼退满洲统治者，然后南方承认袁世凯为新政权中华民国临时大总统。

由袁世凯出任中华民国临时大总统的动议很早之前就由黄兴等人提出来了，这个建议在多大程度上是策略，多大程度上是诚意，还可以研究。但可以肯定的是，这个建议对于后来化解僵局，促成清帝退位，民国建立，意义重大，孙中山也不反对这个方案。12 月 27 日，有人对孙中山说："在代表会所议决的临时政府组织大纲，本规定选举临时大总统，但袁世凯的代表唐绍仪，到汉口试探议和时，曾表示如南方能举袁为大总统，则袁亦可赞成共和。因此代表会又议决此职暂时留以有待。"对此，孙中山坦然回答："那不要紧，只

①《申报》1912 年 1 月 6 日。

要袁能真拥护共和，我就让给他。"①

孙中山和革命党主流的思考是严谨的，承诺也是庄重的，并不会因为某些特殊的、突发原因而食言。南方不断传递的信息是：若清帝退位，则南京政府即可发表袁之正式公文；孙中山即可正式宣布解职，"以功以能，首推袁氏"。②

我们当然不会轻易相信，袁世凯从君宪转向共和的关键是孙中山、革命党的许诺。但是也必须承认，历史就是这样一步一步走过来了，有了这些许诺，新军将领渐渐改变，袁世凯也在渐渐改变，即便是那些满洲贵族，大部分也只能顺应形势，听天由命。至1912年1月下旬，清帝退位已是大势所趋，孙中山兑现承诺让位给袁世凯逐步提上日程。

1月21日，孙中山致电和谈代表伍廷芳及各报馆，并转致袁世凯，提出清帝退位后和平移交权力的五个要点："一、清帝退位，由袁同时知照驻京各国公使电知民国政府现在清帝已经退位，或转饬驻沪领事转达亦可。二、同时袁须宣布政见，绝对赞成共和主义。三、文接到外交团或领事团通知清帝退位布告后，即行辞职。四、由参议院举袁世凯为临时总统。五、袁被举为临时总统后，誓守参议院所定之宪法，乃能接受事权。按一、二两条即为袁断绝满政府关系，变为民国国民之条件。此为最后解决办法，如袁并此而不能行，则是不愿赞同民国，不愿和平解决，如此则所有优待皇室八旗

---

① 《迎中山先生选举总统副总统亲历记》，尚明轩、王学庄、陈崧编：《孙中山生平事业追忆录》，北京：人民出版社1986年版，第779页。
② 《共和关键录》编一，第71页。

各条件，不能履行。战争复起，天下流血，其罪当有所归。"[1]

面对清帝即将真的退位，孙中山和南方革命党人并没有足够的心理准备，他们普遍没有与袁世凯直接打过交道，再加上各方面不断渲染袁世凯"谲诈百端，心术不测"，[2]劝告孙中山、南方革命党人保持警惕，防人之心不可无。因而在此后的日子里，孙中山、南方革命党人对北方，对袁世凯，不是进一步理解、体谅、与之和平相处、顺利移交权力，而是猜疑不断、防范不断，南北和解，几次面临中断的危险。

经南北之间反复磋商，清廷终于在 2 月 12 日宣布退位，袁世凯也于当天致电孙中山、参议院及黎元洪，承认"共和为最良国体，世界之公认"，"大清皇帝既明诏辞位，业经世凯署名，则宣布之日为帝政之终局，即民国之始基，从此努力进行，务令达到圆满地位，永不使君主政体再行于中国"。[3]

清帝和平退位了，和平重现了，孙中山也没有迟疑，迅速兑现承诺，第二天（13 日）即向参议院辞职，推荐袁世凯继任。孙中山提出三个附加条件："一、临时政府地点设于南京，为各省代表所议定，不能更改；二、辞职后，俟参议院举定新总统亲到南京受任之时，大总统及国务各员乃行辞职；三、临时政府约法为参议院所制定，新总统必须遵守颁布之一切法制章程。"[4]就情理而言，孙中山提

---

① 《共和关键录》编一，第 89 页。

② 《犬养毅致孙中山函》（1912 年 1 月 22 日），《孙中山藏档选编（辛亥革命前后）》，北京：中华书局 1986 年版，第 453 页。

③ 《临时政府公报》第十五号。

④ 《临时政府公报》第十七号。

出的这三个条件并不过分，至于袁世凯能否做到，为什么不能做到，都可以交给参议院进行裁定。

但困难在于，袁世凯对于这三个条件太不重视了，太不理解孙中山及革命党人的心情与用意了。他用各种理由与方式坚持将政府继续放在北京。他的理由自然不错，也可以成立，但对革命党人、孙中山来说，则觉得有点故意为之，尤其是京津保兵变来得过于蹊跷，总让人觉得不是那么回事。

在三个附加条件中，最值得注意也是后来政治冲突根源的是第三条，即"临时政府约法为参议院所制定，新总统必须遵守颁布之一切法制章程"。而这个《临时约法》就是专门为袁世凯"私人定制"的一部法律，因人制法，为20世纪中国开启了一个极不好的头。

南京临时政府临时大总统的选举，即孙中山的当选，所凭借的是各省都督府代表联合会在武昌制定的《临时政府组织大纲》。这个大纲尽管有许多不完善、不严密的地方，但其立法原则就是美国的宪制，为总统负责制。这也是宋教仁在临时大总统选举前试图废弃总统制，改用内阁制而无法成功的一个法律障碍。只是在后来的南北议和中，袁世凯要接替孙中山出任大总统的可能性越来越大时，孙中山与革命党人却想到了这个最蹩脚的办法，试图用一纸法令去约束袁世凯的手脚。

1912年1月28日，南京临时参议院成立。这个参议院实际上是由先前的各省都督府代表联合会改制而来，十七省都督委派了三十八名议员，院址仍为各省都督府代表联合会旧址，即江苏省谘议局原址。会议推举林森为议长，陈陶遗为副议长，陈旋即辞职，由王正廷接任。

临时参议院成立的法理依据在武昌各省都督府代表联合会制定的《中华民国临时政府组织大纲》，其功能为临时政府的立法咨询机构，具有立法权、财政权、任免权、外交权及顾问权。此外，临时参议院还可对临时大总统交议事件进行议决。

根据《临时政府组织大纲》，孙中山在临时参议院成立之后的第三天（31 日），将法制局所拟《中华民国临时政府组织法草案》五十五条咨请参议院审议。孙中山在咨文中说："临时政府现已成立，而民国组织之法尚未制定，应请贵院迅为编定颁布，以固民国之基。"①

《中华民国临时政府组织法草案》为法制局局长宋教仁起草，1月 27 日曾以《中华民国临时政府组织法》的名义全文发表于《民立报》。28 日，法制院觉得不妥，致函《民立报》更正："贵报所载《中华民国临时政府组织法》系我院提出供参考之草案，现尚未经参议院议决。请更正为《中华民国临时政府组织法草案》。"②

孙中山将宋教仁起草的文本送交参议院后，并没有获得认同。"参议院当恐受命政府，有损立法独立之尊严，主张自行起草，不肯接受"，将原案撤回。③

临时参议院不愿接受政府起草的文本，并不意味着参议院否认重新制定《临时约法》的重要性。2 月 7 日，临时参议院召集《临时约法》起草会议，名为"编辑委员会"，重新起草，但仍由宋教仁主

---

① 《临时政府公报》第三号（元月三十一日）。

② 迟云飞：《宋教仁与中国民主宪政》，长沙：湖南师范大学出版社2008年版，第 105 页。

③ 杨幼炯：《近代中国立法史》，上海：上海书店1989年影印"民国丛书"本，第 91 页。

稿，① 会议共三十天，至 3 月 8 日全案告终。3 月 11 日由临时大总统孙中山发布。须知，3 月 8 日，为袁世凯向南京临时参议院提交"大总统誓词"的日子，誓词曰："民国建设造端，百凡待治。世凯深愿竭其能力，发扬共和之精神，涤荡专制之瑕秽，谨守宪法，依国民之愿望，蕲达国家于安全强固之域，俾五大民族同臻乐利。凡兹志愿，率履勿渝。俟召集国会，选定第一期大总统，世凯即行解职。"②

对于南京临时参议院制定的《临时约法》，袁世凯并没有及时发现问题，或者即便发现了问题，可能他也并不在意，因为第一期正式大总统有待选举，正式国会有待召集，一切都处于变动中，何必急不可耐。

然而，孙中山 3 月 11 日公布的《临时约法》却成为民国元年政治发展的障碍。这个约法凡七章五十六条，最大的改变，是放弃了武昌各省都督府代表联合会制定的《临时政府组织大纲》中规定的总统制，而接受了宋教仁在南京临时政府成立前提出的内阁制。

从善意角度去理解，"盖当各省联合之始，实有类于美利坚十三州之联合，因其自然之势，宜建联邦国家，故采美之总统制。自临时政府成立后，感于南北统一之必要，宜建为单一国家，如法兰西之集权政府，故采法之总统制。至孙总统提出之《组织法草案》内容，大致与《临时约法》相仿佛"。③

但如从孙中山以及南方革命党人的主观诉求看，他们之所以改

① 杨幼炯：《近代中国立法史》，第 92 页。
② 章开沅、罗福惠、严昌洪主编：《辛亥革命史资料新编》卷三，第 198 页。
③ 杨幼炯：《近代中国立法史》，第 92 页。

总统制为内阁制，就是要用法律条文约束袁世凯的手脚。这里当然主要是因为那段时间南北之间误解不断，事故不断，南方革命党人自以为不是袁世凯的对手，只好提前防范。他们计划推黄兴、宋教仁为内阁总理，这样，袁世凯就是虚置的大总统，位高世尊而没有权，即便袁世凯老奸巨猾，野性难驯，也只好屈从于法律条款。

　　总统制、内阁制，都是近代代议制中的一种制度，各自利弊得失，在孙中山、宋教仁的争论中已有辩白。现在的问题，是革命党人在将袁世凯视为一个潜在对手，而又不得不向他让权时，总统制、内阁制的随意改变，实际上潜伏着巨大的隐患。民国元年、二年，乃至洪宪帝制，都可以在这一改变中寻找到蛛丝马迹。

第九章

历史是自己写的

中国人本来有很清晰的历史观，不论是孔子的让"乱臣贼子惧"，还是董狐的执着、司马迁的一家之言，乃至司马光的"资治"，中国历史学一直承担着"类宗教"的功能，让读者知善恶、知敬畏、知不朽、知青史留名泽被后人，而不要遗臭万年，遗憾子孙。因而相当多的统治者面对历史还能守住底线，即使失败，也可以称为"失败的英雄"。

　　然而，不知何时，清晰的史学价值论被一些莫名其妙的说法所遮蔽，其中一个最值得注意的就是"历史是胜利者书写的"说法。这是对历史学最无情的摧残，也是一种极为有害的判断。我的看法是，胜利者可以有自己的叙事模式，但是一定要相信、要记住，历史是自己写就的。借用政治权势获得的历史学话语权可以控制历史叙事十年、二十年，甚至一百年、两百年，但是历史就是历史，真相迟早会大白于天下，永恒的历史评估并不因胜利者的话语为唯一依据。袁世凯的"洪宪王朝"就是一个生动的例子。

现代要旨

在近代中国转型时期，民主确实不是中国最急切的事项。工业化、城市化，重构一个全新的工业文明，中国人那时最需要的就是严复所说的是"自由为体，民主为用"。中国人只有从传统社会政治架构，即四民社会的严密束缚中解放出来，自由思考，自由行走，自由居住，自由表达，才能有助于中国社会转型。

然而，近代中国的历史进程由于长时期人为扭曲，不仅让中国的工业化人为迟到了一百年，而且在人为迟到之后缺乏深刻的检讨，缺少一个思想启蒙运动，因而自由的思想并没有真正进入中国人的意识。陈独秀后来之所以一再强调思想自由的意义，一再鼓吹"自主自由之人格"，"绝不认他人之越俎，亦不应主我而奴他人：盖自认为独立自主之人格以上，一切操行，一切权利，一切信仰，唯有听命各自固有之智能，断无盲从隶属他人之理"。① 进而，陈独秀和他的同道发起推动了"中国的文艺复兴运动"，补上了思想启蒙这一课。

---

① 《敬告青年》，《青年杂志》一卷一号。

稍感遗憾的是，陈独秀等人推动的补课毕竟还是迟了几年，毕竟是中国在经历了一系列挫折，尤其是袁世凯政治逆转颠覆性挫折之后的事，因而中国还是遇到了相当大的困扰。

话说两头。袁世凯政治扭转颠覆性挫折既是历史事实，也是一个带有历史必然性的事件。毕竟，辛亥前十年，中国人追求的就是君主立宪，中国人反对民主共和，然而历史没有按照普遍性的认识演变，反而在辛亥年底突然转向了民主共和。

在推翻清王朝"专制"政权后，中国人确实渴望建立一个现代化的高效率的民主政府。民国初年政党社团的蓬勃兴起，正是这种愿望的最直接的反映。然而，由于中国社会发育的不成熟，政党政治在民国初年的尝试以失败而告终。这不仅堵塞了中国政治民主化的道路，而且因其失败的原因过于复杂，从而又为20世纪中国政治反复、曲折，提供了"实例"和口实。

作为"后发国家"的中国当然无法完全照搬先发国家的经典模式。但是，现代化作为人类的共同选择和人类社会发展的一个必然阶段，它必定需要具有某些共同的特征，在这方面中国的现代化不可能完全独具一格，而必然要具有先发国家现代化的某些共同特征。尤其重要的是，20世纪中国拒绝接受政治民主化的"实例"和口实的前提并不一定充分和完备。也就是说，民国初年民主政治失败的原因可能并不能完全说明民主政治不合乎中国国情，而是别有原因。它的原因可能还不足以构成中国人拒绝政治民主化的充分理由。因此，深入探讨民国初年民主政治失败的真实原因，对于中国现代化历程的研究乃至中国未来道路的选择来说，并非毫无意义。

民主政治既是现代化、现代文明的必然派生物和重要标志，也是现代文明的重要推动力和促成者。在中国传统社会和欧洲中世纪之前的漫长岁月中，虽然都存在不同形式的政治集团和"党"的雏形，但真正使"党"变成一种政治工具，以及在国家决策过程中发挥中枢性的作用还是近代社会的事情。确切地说，是在 17 世纪中叶英国资产阶级革命之后。爱尔兰富有"热情奔放的想象力"的政治家埃德蒙·伯克比英国其他政治家都更早地看出政党在议会制政府中所具有的必不可少的地位。他坚定不移地相信，任何严肃的政治家，必定具有他认为什么才是正确的公共政策的想法，如果他是负责任的，他必然公开宣布其要把政策付诸实施的意图，并寻求实施其政策的手段。他必然要同与他持相同观点的人一道行事，并且不让私人的考虑破坏他对共同观点的忠诚。这些人必然要联合成为一体，并且拒绝与同他们的政党赖以组成的原则不相容的团体结成同盟或接受其领导。因此，伯克为政治民主化过程中的政党政治提出的经典定义是："政党是人们联合的团体，根据他们一致同意的某些特定原则，以其共同的努力增进国家的利益。"[①] 显而易见，政党不是一个单纯的利益集团，而是具有某种政治目的的联合体。

随着社会经济的发展，资产阶级的力量日趋壮大，并最终成为居于社会统治地位的主导阶级。经 18 世纪的大变动，到了 19 世纪，政党政治，以及以政党政治为依托的代议制政府、议会政治已成为西方先发国家政治民主化过程中普遍采用的形式和手段，从而对西

---

① ［美］乔治·霍兰·萨拜因：《政治学说史》，北京：商务印书馆 1986 年版，第 684 页。

方社会的发展也起过相当大的积极作用。

在中国传统社会里，普遍遵守的道德伦理高于个人的政治信仰，因此中国政治生活中虽然向来存在各种形式的政治集团，但中国人从理论上则绝不愿意承认这种既成事实，而总是将"结党"与"营私"天衣无缝地联系在一起。《尚书·洪范》说："无偏无党，王道荡荡；无偏无党，王道平平。"传统中国政治，更多地强调一致性，强调服从，而不太主张结社，更不主张组党。

但是到了近代，随着中国社会经济的不断发展，新的生产力因素逐步成长，社会结构发生了新的变化，于是中国人对政党政治的看法便自然而然地发生了根本性的改变，开始认为政党政治是一个健康社会必不可少的现象。薛福成说："英国有公、保两党。公党退，则保党之魁起为宰相；保党退，则公党之魁起为宰相。两党互为进退，而国政张驰之道以成。然其人性情消静，其议论亦较持平，所以两党攻讦倾轧之风，尚不甚炽，而任事者亦稍能久于其位。"[1]显而易见，薛福成承认政党政治自有其政党政治的好处。

政党政治的基本功能之一，无疑如薛福成所认识到的那样，在于协调和稳定社会秩序，尤其是政治秩序。但是，政党政治得以存在的基本条件无疑又在于市民社会的发育和成熟，是与代议制的政治制度互为表里的。也就是说，如果中国依然处在传统的君主专制政体下，那么政党政治便无发生、发展的可能。只是由于近代中国市民社会的不断成长与发育，新兴的市民或者中产阶级需要参与政治以维护自身的利益，需要以选举而实现上述目的。在这个意义上，

---

① 薛福成：《出使英法义比四国日记》，长沙：岳麓书社 1985 年版，第 515 页。

中国的政党政治便和西方先发国家一样，是在走向现代化的道路上对民主政治、政党政治的必然诉求。

郑观应说："窃谓中国病根在于上下不通，症成关格，所以发为痿痹，一蹶不振。今欲除此病根，非顺民情，达民意，设议院不可。有议院则捐苛禁，破障界，敦睦守，公黜陟；且借以收民心，筹捐款，实于国计民生两有裨益。"[1] 这里虽然依然表现为强烈的忧患意识，但其本质无疑在于以议院政治作为改革中国传统政治的工具，使中国政治尽快走上与社会经济的发展同步的道路。

议会政治是现代化的必然诉求，而政党又是议会政治得以实现的必不可少的首要条件。诚如时人所评析的那样："政党之与立宪政治，犹如鸟有双翼。非有立宪之说，则政党不能兴；若立宪之政无政党兴起，亦犹鸟之无双翼耳。"[2] "天下者，党派之天下也。国家者，党派之国家也。欧西各国政治，皆操之于政党。政党者，聚全国爱国之士，以参与一国之政；聚全国舌辩之士，以议论一国之政者也。凡设立内阁，则内阁之大臣，皆政党之魁首。召集议会，则议会之议员，皆政党之名士。用以抵抗暴政，则暴政绝迹而不行；用以代表民情，则民情无微而弗达。故文明之国，但闻有无国之党，不闻有无党之国。……故吾国国民而坐视吾国之亡则亡，苟不忍吾国之亡，则必大声疾呼，号召国之志士，联为大群，不论为士为农为工为商，苟痛心疾首以四万万之水深火热为己忧者，皆听其入会，立一中国三千年来所未有之大党，其而后中国之元气，乃聚而不散，

---

[1] 《答某当道设议院论》，《郑观应集》（上），第 322 页。
[2] 《政党论》，《时务报》第十七册，北京：中华书局 1991 年影印本。

一而不纷，风霜不能侮，刀火不能侵，暴君民贼不能制，异国异族不能灭，非中国历史上一大盛事乎？"①

应该承认，这种政党政治的呼吁不论来自哪一个阵营，它基本上都代表了当时有觉悟的中国人之共同心声，是近代中国人经过几十年的艰难探索而建立的一个起码共识，是进步的中国人在辛亥革命之前的共同追求。正是从这个意义上说，一旦辛亥革命完成推翻帝制的任务，从根本上消除政党政治、议会政治的禁锢，那么，各种政党、社团纷纷建立，如"过江之鲫"，如"雨后春笋，蓬勃兴起"，②便是自然而然的事，中国只能走上议会政治、政党政治的道路。

---

① 《政党说》，《清议报》第七十八册，北京：中华书局 1991 年影印本。
② 邹鲁：《民初之国会》，《中国国民党五十年纪念特刊》；《革命史谭》，第179 页。

权力架构缺陷

辛亥革命之后的中国，在政治上的选择只能是西方先发国家所普遍采用的经典模式——资产阶级民主共和国。然而，由于中国国情的特殊性，这一选择不仅没有有效地解决中国问题，将中国引上现代化的坦途，反而导致了比晚清更加混乱的社会、政治秩序，更加黑暗的政治统治，甚至一度出现帝制复辟的思潮和行为，中国的前途究竟应该向何处去，曾一度困扰着中国人。

存在的并非都是合理的，只是已经存在或已经发生的历史事实必定具有发生的内在依据和原因。辛亥革命之后的帝制复辟思潮，以及由此演化而成的洪宪帝制及更为短命的张勋复辟，虽然是中国历史上的"怪胎"，是一场逆历史潮流而动的"丑剧"，但平心分析这一思潮的发生与发展，以及这一思潮之所以发生的历史背景和文化原因，便又不能不承认这一思潮，以及由此思潮演化而来的行为，并不是某些人的异想天开或一厢情愿，而是在某种程度上具有历史发展的"必然意味"，是20世纪初国人精神迷惘的必然结果。于此既不能证明民主政治、议会不合乎中国国情，更不能由此得出辛亥革命不合乎中国的需要，中国只能向后走而不能前进的结论。

辛亥革命之后帝制复辟思潮之所以发生的直接动因，无疑来源于权力危机。按照孙中山的设想，在推翻专制主义的政治制度之后，建立"主权属于国民全体"的资产阶级民主共和国，[①]主张由国民选举共和国总统，选举议员，制定宪法，并最终实现国家的一切大事都按照宪法执行，社会生活的各个领域都能洋溢着自由、平等、博爱的精神。然而，由于中国历史发展的特殊性，"中国奴隶制度已经行了数千年之久"，"一般人民还不晓得自己去站那主人的地位"。[②]绝大多数国民并不具备民主共和的基本素质，无法彻底摆脱传统社会下所形成的生活习惯和思想意识，"以一盘散沙之民众，忽而登彼于民国主人之位，宜乎其手足无措，不知所从"。[③]

在民众尚未根本觉悟的现实条件下实行民主共和，要么使这种制度流于形式，一般国民并没有条件和能力表达自己的意志，行使自己的权力；要么居于社会领导之地位的革命党人也不得不趋从于一般民众的现实思想水平，当"革命破坏满清政府以后，一般人民每訾谓只有破坏的能力，没有建设的经验，所以一般议论都希望官僚执政。如袁世凯时代，几乎大家说非袁不可。革命党自审中华民国主权属于国民全体，既舆论说非袁不可，只好相率下野，将政权交与官僚"。[④]中华民国除了一块空招牌之外，其余一切照旧。辛亥革命前，革命派所宣扬的资产阶级民主共和、平等自由并没有得到

---

① 《中华民国临时约法》，章伯锋、李宗一主编：《北洋军阀》卷一，武汉：武汉出版社 1990 年版，第 680 页。
② 《在上海中国国民党本部会议的演说》，《孙中山全集》卷五，第 401 页。
③ 《建国方略》，《孙中山选集》，第 384 页。
④ 《改造中国之第一步》，《孙中山选集》，第 474 页。

实行，中国依然循着旧有轨道前进。如鲁迅所描述的那样："我们便到街上去走了一通，满眼是白旗。然而貌虽如此，内骨子是依旧的，因为还是几个旧乡绅所组织的军政府。"① 更有甚者，"我觉得革命以前，我是做奴隶；革命以后不多久，就受了奴隶的骗，变成他们的奴隶了"。② 民主共和的理想并没有随着清王朝的灭亡而变成现实，苦难的中国依然面对着艰难而不可预测的前途。

民主共和的构想和中国现实之间存在着重大差距，当国民尚不知民主共和为何物时，职业政治家却重新设计了中国的权力结构的新模式。旧式官僚依然将群众作为群氓来对待、来利用，而革命党人在即将被迫将政权交给旧式官僚时，则希望借助人民的力量和新的权力体制来约束旧式官僚的行动。

本来，按照孙中山的设计，中华民国将参照美利坚合众国的制度，采用总统制。他认为，美国的总统制和三权分立虽然也不是尽善尽美，如监察权不独立，归属于议院，往往容易导致议院"擅用此权，挟制行政机关"，削弱总统的权力，造成"议会专制"。除非有雄才大略的总统如林肯、罗斯福者，否则很难达到行政独立之目的。③ 但是，如果用五权分立改造美国的三权分立，既可以保障总统权力的实行，也可以分权限制个人的专权。

他说，五权分立把其中所包含的"行政、立法、司法三权提出，作三个独立底权，来施行政治。行政设一执行政务的大总统，立法

① 《范爱农》，《鲁迅全集》卷二，北京：人民文学出版社1981年版，第313页。
② 《忽然想到（三）》，《鲁迅全集》卷三，第16页。
③ 《在东京〈民报〉创刊周年纪念大会的演说》，《孙中山全集》卷一，第331页。

就是国会，司法就是裁判官，与弹劾、考试同样是一样独立的"。①
很显然，在孙中山的思考中，既要建立一个强有力的政府，居于社
会的主导地位，又要设法克服大权独揽、个人独裁的倾向。"如果用
这种天然的资格（指中国丰富的自然资源等——引者），再加以人为
的功夫，建设一个很完全、很有力的政府，发生极大力量运动全国，
中国便可以和美国马上并驾齐驱"。②

　　强有力的政府是孙中山总统制权力结构设想的出发点和归宿，
在某种意义上说，它合乎中国地域广大、人口众多的基本国情。然
而在政治实践中，孙中山的主张并没有得到有效的运用和施展。同
盟会领导人在中华民国南京临时政府筹建过程中就为未来政府的权
力结构发生了严重分歧。孙中山主张总统制，不设总理；宋教仁主
张采用内阁制，设总理。这种分歧在同盟会内部虽然没有实质性的
区别，因为二者都是资产阶级政权的一种组织形式，但这种分歧的
严重危害在于，它一方面为后来的权力危机埋下了潜在的因素，为
此后的权力结构的争论，以及各种解决权力危机的手段提供了借口；
另一方面，孙、宋争论的关键毕竟涉及由孙掌权，还是由宋掌权的
具体问题。如果采纳宋的内阁制，实际上就架空了孙中山；孙中山
或许也是基于这种考虑，坚决反对内阁制。他认为，"内阁制乃平时
不使元首当政治之冲，故以总理对国会负责，断非此非常时代所宜。
吾人不能对于惟一置信推举之人，而复设防制之法度。余亦不肯徇

---

① 《五权宪法》，《孙中山选集》，第 495 页。
② 《三民主义》，《孙中山选集》，第 793 页。

诸人之意见，自居于神圣赘疣，以误革命之大计"。① 不过，由于孙中山有黄兴等人的有力支持，最后多数赞成实行总统制，因此由孙中山出任中华民国南京临时政府大总统。

然而，问题也正在于此。由于孙中山是同盟会内部众望所归的总统当然候选人，因而采纳了孙中山的总统制的建议。但是，一旦孙中山不能继续总统之职怎么办？难道还要因人而异修订政体吗？后来的事实恰好如此发展，于是为 20 世纪初的中国开了一个极不好的先例，即个人不受法律、制度的制约，而法律、制度则总是因人而异地改来改去。

按照 1912 年 1 月 2 日颁布的《修正中华民国临时政府组织大纲》的规定，临时大总统既是国家元首，又是政务执行官，拥有"统治全国""统率陆海军""宣战、媾和、缔结条约""制定官制、官规兼任免文武职员""设立临时中央审判所"一系列权力。② 就其权力结构而言，颇合乎孙中山建立强有力政府的构想。不过，遗憾的是，这种权力模式并没有存在多久，就因人事的变动而做了根本的修正。

孙中山出任临时大总统之后，南京政府所面临的问题是怎样尽快推翻清政府，从当时的实力看，南京政府举兵北伐并非全无可能，因为此时的清政府正如袁世凯所分析的那样："财政困难已达极点，万不能再以兵戎相见，只有退让，以维大局。"③ 但由于国内外势力的阻挠，南京临时政府并没有采取断然的北伐之举，转而期待南北议

---

① 《胡汉民自传》，《传记文学》第十四卷第三期。
② 《中华民国史档案资料汇编》第二辑，南京：江苏人民出版社 1981 年版，第 5 页。
③ 杨玉如：《辛亥革命先著记》，香港：文化资料供应社 1978 年版，第 256 页。

和成功，反复宣布只要清朝皇帝退位，袁世凯公开赞成共和，南京临时政府就将推举袁为中华民国临时大总统。[1]

袁世凯基本满足了南京临时政府的条件。孙中山旋即兑现诺言，宣布辞去南京临时政府大总统，推举袁世凯代之。但孙中山和南京临时政府毕竟是在被迫的情况下交出政权的，因而必然希望通过法律制度和法律手续来约束袁世凯的权力和行为，保护革命成果，于是便有了《中华民国临时约法》的诞生。

《临时约法》对《中华民国临时政府组织大纲》的最大修正在于放弃总统制，改用内阁制。它规定以"国务员（国务总理及各部总长）辅佐临时大总统，负其责任"，"国务员于临时大总统提出法律案，公布法律，及发布命令时，须副署之"。而临时大总统的权力则受到严格限制，既受参议院的约束，又受国务员的掣肘。[2]

这一重要修改的主观用意无疑是善良的。它期望以法律的手段来肯定辛亥革命的成果，保卫资产阶级民主共和国的象征，束缚袁世凯的手脚，以国务员分割大总统的一部分权力，主要目的是为了防止袁世凯走向个人独裁。孙中山说："盖以服从《临时约法》为服从民国之证据，余犹虑其不足信，故必令袁世凯宣誓遵守《约法》，矢志不贰，然后许其议和。故《临时约法》者，南北统一之条件，而民国所由构成也。"[3]换言之，如果不是被迫将权力交给袁世凯，可能就不会制定这样的约法，《临时约法》在某种意义上，可以说是为

---

[1]　《致伍廷芳及各报馆电》，《孙中山全集》卷二，第34页。
[2]　《中华民国临时约法》，章伯锋、李宗一主编：《北洋军阀》卷一，第684页。
[3]　《中国革命史》，《孙中山全集》卷七，第70页。

袁世凯一人所制定。

《临时约法》对总统权力的限制，袁世凯起初并没有提出异议，因为他认为，既然采用内阁制，那么，他只要有效地控制内阁，就不仅不会使其权力丧失，而且可以增加自己的权力，建立强有力的政府。① 更何况，《临时约法》毕竟只是一个"临时"的权宜安排，有效期只是区区一年，现在各党各派精诚合作，一年后制定正式宪法，选举大总统。这些不足都可以届时一并解决。

不过，袁世凯没有料到，他所期望的控制内阁，也正是孙中山等革命党人在制定《临时约法》过程中所期望达到的主要目的之一。孙中山等人认为，他们可以把政权从形式上让给袁世凯，但责任内阁的主脑——国务总理这一重要职务则应由同盟会会员来担任，只有这样，才能保证国务员副署权对总统约束的有效性，否则依然难以保证袁世凯不走向个人独裁。孙中山等革命派的想法和袁世凯的设计形成了鲜明的冲突，双方一度相持不下。最后由立宪派官僚赵凤昌从中调解，采取一个所谓"双方兼顾"的办法，提名袁世凯的心腹唐绍仪出任内阁总理，但条件是，唐必须同时加入同盟会。

唐绍仪出任内阁总理，暂时缓解了南北冲突，使权力结构一度实现了平衡。但对唐个人来说，由于处于权力冲突的夹缝之间，内心的不平衡自然难免。于是唐在任职仅三个月之后，便因"王芝祥事件"而自动辞职。责任内阁的第一次实践遂以失败而告终，权力危机在辛亥革命之后再一次出现。

---

① 李宗一：《袁世凯传》，北京：中华书局 1989 年版，第 207 页。

如果说唐绍仪因"王芝祥事件"而辞职带有某种偶然性的话，那么，内阁与总统之间的权力之争则带有某种必然性。事实上，在北洋政府统治的整个时期，内阁首脑像走马灯一样地频繁更迭，除去某些特殊的原因外，都与总统、总理之间的不协调存在着一种内在的关联。

在《临时约法》责任内阁的框架内，内阁（正式名称为"国务院"）名义上辅佐大总统执行国务，实际上则往往牵制总统而对参议院直接负责。不仅总统发布的法律命令，须经有关国务员签署才能生效，而且由于国务总理为内阁中实际上的行政首长，所有阁员均须由他提名，经国会同意后由总统任命。这样，总理既拥有组阁权，又有副署总统发布的所有法律命令权。因此，总统除非甘愿无所事事，否则动辄便与内阁冲突。反之亦然。

唐绍仪辞职之后，袁世凯先后任命其心腹陆征祥、赵秉钧担任总理，这两任总理事事顺从袁世凯的旨意，无所事事，被称为"御用内阁"。至此，孙中山和革命党人所设计的以责任内阁与袁世凯分权，防止袁世凯走上独裁道路的制度实际上已经破产。

好在《临时约法》仅是民国宪政的起点，并事先规定在《约法》实行的十个月内，由临时大总统召开国会，制定宪法，选举正式大总统。

面对这样一个契机，革命党人和袁世凯以及一切关注中国命运与前途的人，都应当冷静地重新思索权力结构的模式，以期在民主共和的前提下，真正解决权力危机的问题，从而既能有效地防止个人独裁，又能建立一个民主的强有力的中央政府，使政府有能力从容地推进中国民主化的进程和社会经济的繁荣与稳定发展。

无奈，在当时特殊的社会背景下，盲动的从众心理支配着一切，人们更多的不是从制度本身来思考改进措施，而依然局限于个别人的道德品格问题。革命派普遍认为，他们让权给袁世凯并没有错，只是袁世凯这个人"极不可信"，但鉴于在即将进行的国会选举中，袁世凯出任正式大总统已成定局，因此，他们解决权力危机的基本思路依然是怎样束缚袁世凯的手脚，限制袁世凯的权力。

此时最为活跃的革命党领袖宋教仁主张，先定宪法，后选总统，然后在政党内阁的框架内削弱袁世凯的权力。他说："今者吾党对于民国，欲排除原有之恶习惯，吸引文明之新空气，求达真正共和之目的，仍非奋健全之精神一致进行不可。至于先定宪法，后举总统，本光明正大之主张，不能因人的问题以法迁就之，亦不能因人的问题以法束缚之。吾人只求制定真正的共和宪法，产生纯粹的政党内阁，此后政治进行，先问诸法，然后问诸人。凡共和国家存在之原理，大抵如此。"[1] 这里虽然声明不以袁世凯个人作为制定宪法的依据，但在潜意识层无疑是期望以"真正的共和宪法"来约束袁世凯，在本质上与孙中山对《临时约法》的期待并无二致。

制定宪法，选举总统，实行政党内阁，并不是宋教仁的个人主张，而在某种程度上代表了当时的社会共识。人们普遍相信，只有政党政治才是导共和于"正轨"的必由之路，也才能真正解决权力的危机问题。革命派认为，"进步派人士苟不互相联络，互相结合，为一致之进行，则进步党之势力失，保守党之势力盛，共和之维持

---

① 《国民党交通部公宴会演说辞》，陈旭麓主编：《宋教仁集》，第487页。

不可期，而少数人政治上之专横将复活矣"。[①]于是，在 1912 年，政党如雨后春笋，风起云涌，代表各种思想倾向的政党、社团纷纷树起了自己的招牌。

在某种意义上说，现代政治确实属于一种政党政治，代表各种不同利益集团的政党通过议会和组阁进行有序的斗争。但是，这种政党主要是基于经济利益，是他们出于维护自己的经济利益而结成的政治集团。在民国初年，中国的社会经济状况并没有获得根本的改观，这时的政党主要不是基于经济上的原因，而是取决于政见的不同。试想，在政见根本不同的前提下，依靠政党政治进行有序的斗争只能化为泡影。易言之，政党政治至少在当年并不合乎中国国情。

事实上，当宋教仁不遗余力地合并各友党，试图组建中国第一大党，争夺组阁权的时候，他的政治对手也在采取同样的手段，联合了民社、国民协进会、国民公会等社团组建了另一大党共和党，作为与宋教仁的国民党相抗衡于议会的政治势力。

本来，按照袁世凯此时的想法，既然国民党可以联合其他政党成为中国第一大党，那么，他也有能力另组一个大党与之相抗衡，以期通过政党政治在议会争夺组阁权，控制内阁，建立强有力的中央政府。他甚至承认，政党政治是现代政治所不可避免的一种形式，"民国肇造，政党勃兴，我国民政治之思想，发达已有明征，较诸从前帝政时代，人民不知参政权之宝贵者何止一日千里。环球各国，

---

① 《民权报》1912 年 8 月 30 日。

皆恃政党与政府相须为用"。①

如果袁世凯能按照这条道路走下去，即使中国的政党政治的社会经济基础尚未发育成功，但随着时间的推移，中国政治也必将纳入正轨，各集团之间的争斗也必将纳入和平的秩序之中，权力的危机也终将获得彻底的解决。无奈，袁世凯毕竟是旧官僚出身，他虽然渴望建立秩序与和平，渴望建立强有力的中央政府对内对外，但他对怎样才能获得这些东西则不甚了了，现代政治的基本概念毕竟在他脑子里太少。

宋教仁血案是民国政治史上的一大转折，它一方面预示着政党政治、责任内阁在民国初年的彻底失败只是时间问题，另一方面也预示着袁世凯试图通过旧手段去建立强有力的中央政府，挽救权力危机的基本思路并不合乎当时的中国国情，而且使他的真面目彻底暴露，不但失信于国民党人，同时也失信于国内舆论，使他个人的政治资源、政治信誉受到了极大的损失。在某种程度上可以说，宋教仁血案使袁世凯本可以辉煌灿烂的一生由此黯然失色，也由此注定了他的悲剧性的命运。

面对袁世凯的挑衅，革命党人并没有迅速地制定正确的对策，孙中山武力讨袁的主张虽然在群情激昂的革命党人中间占主导地位，但其实力显然不足以战胜袁世凯。况且，袁世凯此时居于法定的国家元首之位，他甚至期望革命党人挑起战争，这样他便有足够的理由举兵讨伐，以武力统一中国。他故意向舆论界透露说："现在

---

① 白蕉：《袁世凯与中华民国》，《近代稗海》第三辑，成都：四川人民出版社1985年版，第42页。

看透孙、黄，除捣乱外无本领。左又是捣乱，右又是捣乱。我受四万万人民付托之重，不能以四万万人财产生命，听人捣乱。自信政治、军事经验，外交信用，不下于人。若彼等能力能代我，亦未尝不愿，但今日诚未敢多让。彼等若敢另行组织政府，我即敢举兵征讨之！国民党诚非尽是莠人，然其莠者，吾力未尝不能平之！"①于是在"宋案"之后，袁世凯对革命党人并没有丝毫的妥协迹象，相反，他加紧了战争准备：一是迅速签署善后大借款的合同；二是相继免去李烈钧、胡汉民、柏文蔚三人所担任的江西、广东和安徽的都督职务。

战争不可避免地爆发了，但革命党人迅即失败。这一事实一方面使中国实现民主政治的阻力加大；另一方面不能不进一步诱导袁世凯在既定的原则下加强政府权力，重建个人权威。袁世凯的强人政治意识正如革命党人早先预料的那样获得空前膨胀。他先是强迫国会修改既定的"先制宪后选总统"的程序，期望尽早当上正式大总统；继而唆使一些人冒充"公民团"，强迫国会就范。终于，袁世凯如愿以偿，于1913年10月10日，即辛亥革命两周年纪念之际登上了中华民国正式大总统的宝座。

袁世凯当上正式大总统，只是实现其强人政治的第一步，距建立强有力的中央政府还有相当长的路程。尤其重要的是，尽管他当上了正式大总统，但只要《临时约法》不加修改，依然采用责任内阁，那么，他的权力及强有力的中央仍将随时受到威胁。因此，他在国会制定正式宪法时，考虑扩大总统的权限，并明确提出总统任

---

① 《时报》1913年5月24日专电。

命国务员不必经过国会和总统有权解散议会的两项权力要求。

对于袁世凯的这些要求，国会在 10 月中旬完成的"天坛宪法草案"中，对第一条作了明显的让步，相当多地扩大了总统的权限，但对后面的两条，则未予采纳，依然坚持了责任内阁的原则。16 日，袁世凯根据《临时约法》第五十五条大总统有提议增修约法之权的规定，向国会提出《增修约法案》，明确提出将内阁制改为总统制，并减少对总统权限的诸种限制。他的理由是："夫以吾国幅员之广大，人口之众多，交通之隔绝。革命而还，元气凋衰。欲持急起直追之策，以谋间阎一日之安，纵遇事加以便宜，犹恐有所未逮。何况《临时约法》限制过苛。"

袁世凯指出，以过往不到两年之经验，凡从约法上所生障碍，均有种种事实可凭。他认为，将要制定的正式宪法，以及由正式宪法而产生的正式政府，之所以别于临时政府者，不只是要有一正式之大总统，而是要让新政府具有足够的力量，"必其政治刷新，确有以厌足吾民之望，而后可以收拾乱极思治之人"。基于这种思路，袁世凯表明自己的立场，"《临时约法》第四章关于大总统职权各规定，适用于临时大总统已觉有种种困难，若再适用于正式大总统，则其困难将益甚。苟此种种之困难，其痛苦若仅及于本大总统之一人一身，又何难以补苴弥缝之术，任与周旋。无如我国民喁喁望治之殷，且各挟其身命财产之重，以求保障于藐躬。本大总统一人一身之受束缚于约法，直不啻胥吾四万万同胞之身命财产之重同受束缚于约法"。[1]

---

[1] 《致众议院咨请增修约法案文》，《袁大总统文牍类编》，第 29 页。

　　平心而论，袁世凯的这些理由也未尝全部不能成立，但国会认为制宪工作即将完成，袁世凯的建议毋庸讨论。至此，袁世凯试图以强人政治解决权力危机的思路也就基本上以失败而告终。

国体的选择与急不可耐

袁世凯的《临时约法》修正案，不论其要求正确与否，它毕竟是依据《临时约法》的规定而提出的，根据同一约法，国会得"答复临时政府咨询事件"。[①]换言之，同意与否是国会的权力，而必须答复则是国会的责任。

然而，由于此时国会与政府几乎成为对立的两极，双方已差不多不存在合作的基础，特别是国会中的国民党议员，虽然已有些许分化，但从总体上看，他们基于前面一连串的失败，不能不对袁世凯有怨言甚至仇恨，因此，不论此时国民党议员如何改组分化，但他们的内心深处无疑都倾向于以一纸宪法来制约袁世凯，故而很难说他们所坚持的那些原则都是出于对国家最高利益的总体考量，难免有一种情绪化的东西在支配着他们。事情的真相或许如民宪党所认为的那样，对于袁世凯，"如国民党过于牵制，徒使其绝足而驰，逸出常轨；如进步党一意迎合，又易使其骄纵自恣，甚至动摇国本，

① 《中华民国临时约法》，《北洋军阀》卷一，第682页。

俱非国家之福"。①

　　果然不出所料，国民党议员"过于牵制"的不妥协精神与做法并没有收到预想的效果，反而为袁世凯的反击提供了口实。袁世凯在向各省军民长官发布的通电中说："制定宪法，关系民国存亡，应如何审议精详，力求完善，乃国民党人破坏者多，始则托名政党，为虎作伥，危害国家，颠覆政府，事实俱在，无可讳言。"他在列举了他所认为的种种流弊之后说："综其流弊，将使行政一部，仅为国会所属品，直是消灭行政独立之权。近来各省省议员掣肘行政，已成习惯，倘再令照国会专制办法，将尽天下文武官吏，皆附属于百十议员之下，是无政府也。"②

　　袁世凯的理由能否成立，已属于另外一个问题。但他向全国发表通电，以及此后以各地回电为依据，宣布国民党为"乱党"，并勒令解散，取消国民党议员的资格等，则显然是"绝足而驰，逸出常轨"的举动。它所造成的"国会危机"不仅无助于解决政府权力的危机问题，反而使已经相当混乱的政治秩序更加混乱。

　　面对这种状况，袁世凯并没有急于超出民主共和的范围去寻求解决之道，他虽然于匆忙中拼凑了一个带有浓厚的独裁色彩的"袁记约法"——《中华民国约法》，但他此时并没有考虑一脚踢开中华民国这副招牌而另建新王朝，至少他仍期望依照"中华民国"的法律程序来解决权力危机的问题。

---

① 韩玉辰：《民初国会生活散记》，《文史资料选辑》五十三辑，北京：中国文史出版社 1986 年合订本，第 249 页。
② 白蕉：《袁世凯与中华民国》，《近代稗海》第三辑，第 63 页。

　　不过，由于"袁记约法"以及此后所进行的体制改革，特别是重新修订的大总统选举法，无限制地扩大了总统的权力，且使总统连选连任，并有权推荐继任总统。这样，不仅使总统与君主专制政体下的君主没有本质上的区别，而且势必引发人们对国体问题的重新思考。也就是说，人们不禁要问，既然共和国的总统可以实行终身制，并有权指定继承人，那么，这与帝制有什么区别？辛亥革命究竟是否一定必要呢？

　　事实上，在辛亥革命之后，清王朝的遗老遗少们一直存在着复辟的企图，清廷废帝溥仪一直在皇宫中称孤道寡，延用清廷体制，而且社会上也一直存在着极强大的复辟势力，既有康有为等文人为之鼓吹，又有"辫帅"张勋之流伺机而动。在袁世凯与孙中山等人合作的那段时间，复辟势力稍有收敛，但当"二次革命"之后，孙、袁彻底闹翻时，袁世凯实际上便面临来自革命党和复辟势力的双重夹攻。他一方面通过加强个人的权力来抵制革命党人的威胁，另一方面又不得不和复辟势力周旋，以防止清王朝复辟阴谋得逞。

　　到了1914年下半年，清室复辟的谣传越来越盛的时候，袁世凯在下令内务部"查照办理"杀一儆百的同时，公开发表声明，反对复辟邪说。他强调，"此等狂瞽之谈，度倡言者不过谬托清流，好为议论，其于世界大事如何，国民心理奚若，本未计及，遑顾其他。岂知现当国基未固、人心未靖之时，似兹谬说流传，乱党将益肆浮言，匪徒且因以煽惑，万一蹈暇抵隙，变生意外，势必妨碍国家者，倾覆清室。不特为民国之公敌，且为清室之罪人。惟本大总统与人以诚，不忍遽为诛心之论，除既往不究外，用特布告中外，咸与闻知。须知民主共和载在《约法》，邪说惑众厥有常刑。嗣后如有造作谣言，或著书立说及开会集议以紊乱国宪者，即照内乱罪从严惩办"。[1] 很显然，袁世凯至少此时并不赞成帝制复辟，而依然主张在中华民国的基本框架内去解决已发生的所有问题。

但是，袁世凯并没有将这一既定的原则坚持下去。他不仅没有有效地制止在此后出现的帝制复辟的议论，而且在某种程度上说，正是由于他的纵容与默许，才使得本不容有讨论余地的"国体"问题再次成为中外舆论的热点，并最终导致由一般学理的探讨而转化为实际的政治运作，一念之差铸成千古之罪。

1915 年年初，袁克定偕杨度约请梁启超谈话，"历诋共和之缺点，隐露变更国体求我（梁启超）赞同之意"。[2] 此为帝制复辟思潮的最初萌生。不久，这一思潮则泛滥于京城内外。袁世凯对此并没有如前所表示的那样严加禁止，反而以"学术自由"为由听之任之。确实，现代社会的学术自由，当然包括就某种政治问题进行自由讨论，对君主与共和制之优劣长短的学术研究固然也应在可以讨论之列。但在中国当时的条件下，学理的探讨与政治的运作并不容易截然分开，允许学理的探讨则势必容易导致政治秩序的混乱。

就古德诺、杨度以及筹安会诸公的心态来说，他们的帝制主张诚然有为中国未来政治设计规划的企图，但是由于身份的局限性，他们的主张本身毕竟带有浓厚的学理性质，只是这种学理一旦与政治人物尤其是政治主导者的思想相吻合，便极容易进入政治运作阶段。而政治运作与学理毕竟是两码事，学理研究所获得的真知并不

---

[1] 《爱国报》1914 年 11 月 25 日。

[2] 梁启超：《国体战争躬历谈》，《饮冰室合集》专集之三十三，第 143 页。

容易被政治运作全面吸收，政治运作往往受制于现实诸因素，只能截取学理的某一部分或某一方面，故而政治发展的实际结果往往可能与其所依据的学理相差甚远，有时甚至走向反面。

这对中国知识分子来说，悲剧是过于看重"经世致用"的传统和政治参与意识，天真地以为中国问题的真解决完全取决于学理的探讨，往往不自觉地以"王者师"自居，期望统治者尽快采纳自己的学理，而不愿将学理与现实政治之间保留一适当的距离；这对中国的统治者来说，政治智慧与哲学智慧真正能完美结合的毕竟为数太少，他们往往困惑于现实问题迟迟不能得到根本的解决，而有一种急不可耐的智慧饥渴。因此，一旦他们发现某种学理可能解决现实问题时，便很难保持一种冷静的、谨慎的拣择态度，无法顾及这种学理可能带来的负面效应，更不要说全面地把握这种学理的精神实质了。

由此反观辛亥后帝制复辟思潮与帝制复辟实践，我们便不难发现学理的研究与政治运作之间并没有真正打通。易言之，帝制复辟政治实践的理论根据是古德诺、杨度等人的基本观点，但袁世凯的帝制自为的真实状况并不是古、杨的理论模式。[1]

诚如传统的评论所指出的那样，古德诺在袁世凯帝制复辟的过程中起过恶劣的作用，正是他所发表的一系列鼓吹、赞美帝制的文章，使帝制复辟思潮达到了空前的状态，为此后的帝制复辟实践提

---

[1]　杨度在《挽袁世凯联》中说："君宪不负明公，明公实负君宪，九泉之下，三复斯言。"显然是说袁世凯的帝制自为并不是他杨度的理想。参见《杨度集》，第 615 页。

供了理论上的重要根据。但是，传统的评论无疑忽略了一个重要的事实，即古德诺在论证哪一种制度最合乎中国国情时，出于中国应当尽快建立"稳固强硬之政府"的目的，确曾认为中国"由专制一变而为共和，此诚太骤之举动，难望有良好之结果"，"中国如用君主制，较共和制为宜，此殆无可疑者也。盖中国欲保存独立，不得不用立宪政治，而从其国之历史习惯、社会经济之状况、与夫列强之关系观之，则中国之立宪，以君主制行之为易，以共和制行之则较难也"。

　　不过，他在论述中国是否应当由共和政体改为君主政体时，并没有草率地主张中国应当立即将共和政体改为君主政体，而是相当谨慎地提出中国如欲将共和政体改为君主政体，必须满足诸种条件。他认为，"虽然，由共和改为君主，而欲得良好之结果者，则下列之要件，阙一不可"。一是"此种改革，不可引起国民及列强之反对"；二是君主继承之法律，必须有明确的规定，且"君主之继承，不可听君主之自择"；三是如政府不提前为之准备，以求立宪政治之发达，则虽由共和变为君主，亦不可能获得长久的稳定的利益。"盖中国如欲于列强之间处其相当之地位，必其人民爱国之心日渐发达，而后政府日渐强固，有以抗外侮而有余。然苟非中国人民得与闻政事，则爱国心必无从发达；政府无人民热诚之赞助，亦必无强固之力量。而人民所以能赞助政府者，必先自觉于政治中占一部分，而后乃能尽其能力。故为政府者，必使人民知政府为造福人民之机关，使人民知其得监督政府之动作，而后能大有为也"。[①]古氏强调，上

---

① 古德诺：《共和与君主论》，《北洋军阀》卷二，第952页。当年，（转下页）

述条件皆为中国改用君主制必不可少的，他只是从学理上提供了这些方案，至于中国是否具备这些条件，则不在他的思考范围，而由"周知"中国情形，并以中国之进步为己任的中国统治者"自决耳"。

如果仅就理论而言，很难说古氏的分析过于偏离中国的国情，问题在于，袁世凯在对这种学理加以运用时，并没有充分考虑古氏所提出的警告，无视古氏理论的前提，而仅仅截取了其结论。至于杨度与筹安会的主张和袁世凯帝制复辟的关系也存在类似情况，因为杨度等人所强调的，他们只是从学理的角度探讨共和与君主两种制度孰于中国为宜，"至于实际进行之方法，皆不在讨论范围之内，本会所绝不议及者也"。[①] 至少在主观目的上，是期望统治者进行审慎的选择而后定。当然，他们一再地请愿及呼吁，也不能不对政治运作构成直接的影响力。如此错综复杂的形势无疑是对最高统治者的智慧之最严峻的考验。可惜，袁世凯由于帝王意识太浓，没有真正把握中国国情和政治时机，更由于一些政治投机者的蒙骗，使他没有经得起这次考验，贸然同意将帝制复辟由学理转化为政治实践，从而将中国导入一个更加危险的境地。

（接上页）《申报》记者曾就古德诺关于中国问题的主张询问梁启超："筹安会一派谓古德诺博士实倡此（帝制复辟）说，而本记者前访古德诺博士，（古）则谓并无此主张。（梁启超）先生与（古德诺）博士夙交好，尝与论及否？"梁君答曰："此次（古德诺）博士重来，曾一见访，吾适在天津，未获相见，惟（古）常有书致宪法起草会，所言皆就国民宪法立论，未尝他及也。"（丁文江、赵丰田编：《梁启超年谱长编》，第724页）由此可证古德诺的真实心迹究竟是否要在中国鼓吹立即实行帝制复辟，恐怕并非那么简单。他的那些言论与解读者的阐发可能还是存在相当大的距离。

① 《谈筹安会》，《杨度集》，第593页。

第十章

挫折与重建

1911 年的辛亥革命，结束了秦始皇以来两千余年的帝制时代，开启了中国的"第一共和"。然而正如一百多年前的法国大革命一样，如此巨大的政治改变必然会遇到想象不到的阻力。法国在此后的一百多年间，共和、帝制，反复拉锯，直至戴高乐第五共和出现，法国才终于"走出帝制"，让法兰西共和架构稳定下来。中国也是如此。"第一共和"很快遇到巨大困扰，于是引发"国体危机"。"洪宪王朝"出现，中华又一次变成了名副其实的"中华帝国"。这就是袁世凯复辟。袁世凯复辟，"中华第二帝国"洪宪王朝并没有存在很久，护国战争，"共和再造"，中国迅速转回共和架构，也可称之为黎元洪－段祺瑞之"第二共和"。只是第二共和不仅没有解决共和制度带来的"意义世界"危机，甚且增加了新问题。于是，1917 年 6 月，也就是袁世凯去世不到一年时间，"第三帝国"的构想又在中华大地悄然发生，依然有相当多的追捧者。

寻求意义

公元 1917 年，为中国纪年"丁巳年"。

放开历史的大视野，共和肯定不是人类社会最好的制度，民国初年的政治实践也确实出现了许多问题。但是，根据人类历史经验，共和是到民国初年为止最不坏的制度，因而不论"丁巳复辟"的主导者张勋、康有为有什么理由，这样的政变终归违背了多数民意，是逆历史潮流，是"反现代化"，必然注定失败。对溥仪、张勋、康有为而言，这是一个深刻的无法重来的教训；对于中国，也是一次历史性大转变。这场复辟运动，犹如一年前的"洪宪王朝"一样，从反面夯实了民主共和的基础，让中国人意识中残存的帝王思想越来越少。

一百多年过去了，今天应该如何评价这场复辟运动，人们从这场复辟运动中可以汲取什么样的经验，我们中国人内心深处的帝王意识还有多少，还有多少人像张、康等人那样，将国家希望寄托于圣明天子？

丁巳复辟时，距袁世凯帝制自为羞愧而逝仅仅一年多。袁世凯的失败没有成为张勋的教训，反而激励了张勋、康有为搞一场真正意义上的帝制复辟。

丁巳复辟是近代中国历史上的一个重大事件。假如说清帝退位，民国建立为第一共和的话，那么袁世凯帝制自为，洪宪王朝就是清帝国之后的第一帝国；洪宪王朝夭折，共和重建，为第二共和，那么张勋主导的丁巳复辟就是清帝国之后的第二帝国。事不过三。这是两千多年帝制被颠覆后的第二次复辟，也是最后一次帝制复辟。此后虽然还出现过各种各样的专制体制，但敢于实行帝制体制的再也没有出现。丁巳复辟让中国人与帝制挥别，是帝制的真正终结。

平息丁巳复辟的是北洋系段祺瑞，参与、支持，或认同平息的有冯国璋、梁启超，精神赞助或默许的有革命党人，还有章太炎这些民国元老。因而张勋和他策动的这场复辟运动在此后的北洋时代、国民党统治时代，均作为一场闹剧，并没有多少人认真研究过为什么在这个时候出现这件事。尤有甚者，张勋及其同僚、介入者、赞助者如康有为等行为确实怪诞，因而这场复辟运动留下了很多真真假假的段子，而缺少严肃的研究。这是很可惜的。一百多年过去了，我们应该平心静气检讨这场运动的缘起，应该给予合乎历史真实的描述。

辛亥后连续发生帝制复辟，绝不是一个人或几个人的主观盲动，而必须从历史大背景、大思路来寻找理由。

几乎所有急剧性的变革都在短时期内导致天翻地覆的变化，但随后也往往不可避免地会发生一场或多场纠偏运动。相反，那些貌似缓慢、渐进的变革，短时期内收效甚微，进展缓慢，但它却往往使人们在不易觉察时发生了真正的变革。当人们一旦醒悟，世界已经全然改观，人们不愿意再回到旧秩序，而且也根本不可能再回到旧秩序，因为社会基础全变了，人们的意识也变了。所以在很大程度上说，历史上真正的变革，还应该是温水煮青蛙式的变革，温和、舒适，但不可逆，所谓"周虽旧邦，其命维新"，此之谓也。

辛亥之变不仅以出人意料的速度迅速颠覆了一个近三百年的王朝，而且只用了四个月时间就毫不惋惜地抛弃了奉行两千多年之久的帝制，实行过去十几年多数中国人不愿实行的共和。国体变更是中国历史上最大的变革，有史以来不过两次，其中一次就包括辛亥革命。

然而，正像俗语所云，来得快去得也快。在国体变更后的第一年，人们还没有感到有很多问题，但到了第二年，国会选举还没有正式开始就出了大问题，可能的议会第一大党领袖宋教仁被莫名其妙暗杀。共和新体制由此进入混乱，由国民党人控制的南方数省宣布讨袁起义，袁世凯毫不客气地调兵遣将给予严厉镇压。这次冲突很快结束，但袁世凯与国民党人结下的梁子至袁世凯病逝也没有获得消解，甚至直接导致了北洋主导的中华民国在1928年结束。

民国初年的混乱引起了各方面的深度关切，试图补救重建秩序的想法从1913年开始就没有停止过。正如一些观察者在民国元年就看到的那样，"革命以来新政府所实行的新政新法，不仅不能取悦于人心，混乱的社会秩序依然不能恢复。新的设施尚未见眉目，旧的恶弊仍在困扰着人们。兴一利而百害生，内外施政经营尚不及前清时代。内地各省常常陷入混乱，生灵涂炭。天下人心已厌共和，讴歌前朝者渐多，复辟帝制的时机，似将来临，复辟分子在暗中活动，犹如一股涓涓暗流，在寻找他的归宿"。①

　　这是一个比较普遍的看法，认为"民国不如大清"，主要是因为1912年废黜君主体制太匆忙了，缺少后续预判。君主制的废黜不仅赶跑了一个皇帝，而且从根本上动摇了绝大多数中国人的信仰，使中国人特别是知识人一时间无所适从，不知所措，他们既对新世界感到迷茫，又不可避免地对传统社会的幽静安逸重生无限眷恋。所谓"遗民"，不是他们守旧，而是新的现实不如旧的世界让人舒心、放心。只有经历过巨大社会变动的知识人才能在心里深处进行社会的比较，才知道新不如旧的道理。

　　这批具有遗老情结的旧人物，在过去的研究中，差不多一概被斥为思想落后、守旧、僵化，这显然是基于近代以来进化、进步的历史观，是一种线性的历史意识。其实，历史进程极为复杂，远非单线条延长，也不是过去一些研究者所说的螺旋式上升，历史可能在某些方面变化了进步了，同时又因为这些进步变化而在另一方面付出了必要的或不必要的代价。

　　从帝制走向共和，任何时候都可以视为一种历史进步，毕竟从私天下转向了公天下，现代民主国家的建构有了可能。当然，这个急剧变化也引起极大混乱，两千年帝制的文化氛围养成的国民性格，无法一下子适应这个新环境。因而发生政治上、文化上的复辟倒退，从理论上说并不是不可思议，这是人类社会的共有现象，1789年的法国大革命是历史上最伟大的事件之一，开启了现代世界。但此后法国用了一百七十年的时间才恢复正常，共和、复辟，再共和、再

────────────

① 《宗方小太郎报告》，《北洋军阀》卷三，第190页。

复辟，直至戴高乐第五共和，法国才终于完成现代国家建构。

法国也是一个具有悠久历史传统的国家，也发生过近代启蒙运动，尚且如此一波三折。那么具有两千年连续性帝制的中国，突然在一夜之间转型共和，后续发生几次反复，有什么可奇怪的呢？从这个意义上说，袁世凯帝制自为，创建洪宪帝国，是看对病吃错了药。中国如此急切地从帝制转向共和，而不是转向国人十年来最认同的君主立宪，更没有防止十年来国人最恐惧的法国式暴力革命，袁世凯和他的追随者看到了问题的症结，但他的解决方式，特别是帝制自为，将公天下变为袁家私天下，理所当然被人们所唾弃。

袁世凯成为了历史，但袁世凯所忧虑的问题并没有解决。于是，满打满算近一年，张勋、康有为等人又粉墨登场，颠覆袁世凯之后修复的第二共和，重回帝制。与袁世凯极为不同的，是张勋没有再走帝制自为的路，而是"帝制他为"，请几年前退位的宣统皇帝出来，重回大清。

一位独特的"保守主义者"

张勋，字绍轩，又写作少轩，江西奉新人，生于 1854 年。辛亥年时，五十七岁，在北洋系中，属于袁世凯小站练兵时的老部下。在平息义和拳运动时，张勋统领巡防营防剿，贡献卓著，论功赏"壮勇巴图鲁"。两宫回銮，他随扈至京，谕留宿卫，授建昌镇总兵，擢云南提督，改甘肃，皆不赴。日俄战争结束后，张勋调奉天，充行营翼长，节制东三省防军，赏黄马褂，旋命总统江防各军，驻浦口，调江南提督。

作为近代中国第一代职业军人，不必怀疑张勋在军事上的造诣，在政治上的忠诚更是格外突出。他在出任江南提督时，适值武昌变起，苏州独立，两江总督张人骏、将军铁良方与众筹战守。有持异议者，张勋毫不客气直斥之。翌日，新军哗变，张勋指挥所部殊死抵抗哗变新军，浴血雨花台，大破之。江浙联军来攻，力量悬殊，粮援胥绝，乃转战退屯徐州，"完所部"[①]，损失极少，是辛亥巨变南北冲突时竭尽全力不背叛朝廷的"真男儿"。从后来的革命立场，当

---

① 《清史稿》卷四七三《张勋传》。

然可以批评张勋不识时务，不知变通，但从政治信仰、政治立场角度而言，也应该承认张勋这样的人在历史巨变关头并非毫无意义，而且由此才可以理解张勋后来的立场与作为。

退守徐州的张勋忠心不改，张人骏、铁良均已逃走，清廷遂任命张勋为江苏巡抚，摄两江总督，张勋成为清廷与南军对峙的第一道防线，"部伍逾两万人，铠甲斗具犀利，自号定武军。皆蓄发结辫，别为制，威名棱棱称重镇。于是，康有为外为主师，万绳栻内为谋士，遗臣从之如归。当天下郊劲兵处，斩然有复辟志"。① 这为后来的历史事变预留了种子，张勋也以其特殊的政治立场成一时领袖。

张勋在大变局时代没有像新军绝大多数将领那样迅速转身，认同共和，放弃君宪，而是坚守过去十几年普遍认同的君主立宪信念，"蓄发结辫"为志，这种做法遭到相当多的嘲笑、嘲弄，但从做人做事立场看，并非全无可取。而且当清廷决定退位让国，袁世凯遣使劳问，张勋从容对答："袁公之知不可负，君臣之义不能忘。袁公不负朝廷，勋安敢负袁公？"② 他在政治上虽不认同中国就此走上共和，但当大家都这样做时，他也只好屈从，但他同时警告袁世凯应该谨守南北妥协谈判达成的全部方案，不要辜负朝廷顾全大局、退位让国的一片苦心。

其实，包括袁世凯在内的北洋将领，对清廷退位深表同情、敬佩，也一直通过各种方式维持清室的尊严。民国与退处紫禁城的小

---

① 钱海岳：《书张勋复辟事》，卞孝萱、唐文权编：《民国人物碑传集》，北京：团结出版社 1995 年版，第 49 页。
② 《清史稿》卷四七三《张勋传》。

清王朝犹如亲戚般不时走动，张勋在这样的历史背景下与退居内宫的前朝"岁时朝谒，贡奉惟谨"，不时向内宫上奏折，"愿上忍须臾。时有变，臣必起而报清"。[①]反过来说，假如民国一直稳定发展下去，比大清好，张勋也就没有起而改变体制的理由了。

民国初年的政治混乱，中国人价值观紊乱，让张勋这样的政治保守主义者、文化保守主义者忧心忡忡，过去的研究说他以"上将军"的头衔倡导蓄发留辫，倡导尊孔读经，主张定孔教为国教。驻防兖州后，张勋派兵守卫曲阜圣地，继续维持孔府旧有的经济收入体制与来源；倡导保持前清一直奉行的礼仪习惯，认为中国人的风俗礼仪、道德伦理，不应该以一姓之天下而废弃，应该寻找那些具有超越性的价值。从适度保守，"其命维新"的立场看，而不是从20世纪形成的绝对革命的立场看，张勋这些柔和的主张，并非没有可以继续思考的空间。

文化上的适度保守并不是问题，政治上的稳定才是关键。然而恰恰在这一点上，民国初年确实留下了许多遗憾，民国二年（1913）开始政治纷争，让占据中原战略要地徐州的张勋不能不思考中国已经走过的路，同时也让他与那些政治保守主义者、文化保守主义者越走越近，如曾经坚决反对宣统退位的蒙古贵族升允、前京师大学堂监督刘廷琛、沈曾植、长庚、王乃徵、胡思敬、李经羲、锡良、温肃、陈曾寿、辜鸿铭、梁鼎芬，以及梁鼎芬的门生陈毅，前御史王宝田、江苏阳湖绅士恽祖祁、恽毓昌父子等。他们奔走于青岛、大连、徐州、天津等地，与各地试图归复旧制的政治保守主义者、

---

① 钱海岳：《书张勋复辟事》，卞孝萱、唐文权编：《民国人物碑传集》，第49页。

文化保守主义者互通信息，并与紫禁城里的陈宝琛等保持着联系。

"据他们说，共和政体不适于中国国情，革命以来的方针措施，有百害无一利，人心厌恶共和而眷恋前朝。为将来完成统一大业，救国安民，长治久安计，非君主政体不可。天下有心之士，无不思此。因目前时势尚非其时，暂不宜活动。复辟之时，可为君主者，实难物色其人。虽有适宜其任者，但不足以服人心。宣统退位仅一年，民心对前朝未全忘记，待机复位，依旧君临天下，此为上策。世上往往言满汉种族不同，持华夷之说，难免出于偏见。从大的方面看，满汉同种，有何种族之别？况且清朝三百年统治虐政可数者有几？在人心未离散之时，及时使宣统复位，统一天下，恢复旧业。若犹豫逡巡，时移势转，恐人心渐忘前朝，故应及早为之，此系切要事"。[1] 这批政治保守主义者、文化保守主义者，虽然对袁世凯的"帝制自为"相当反感，但又从这里看到了真正的帝制复辟的希望之所在。

当袁世凯的势力足以控制一切的时候，张勋这些人"虽怀兴复之志，苦于无隙可乘"。及筹安会发声，帝制复辟呼声出现时，张勋和他的这些同志"颇有携贰，复辟之机，遂动于此矣"。刘廷琛时常往来于徐州，另一积极分子胡嗣瑗正在南京冯国璋幕中，亦时以微词暗示冯，"冯意颇为之移，其贰于袁氏，胡君盖有力焉"。[2] 事为袁世凯知悉，欲加害于胡嗣瑗，胡嗣瑗遂出冯幕，迁居于上海，然犹

---

[1] 《宗方小太郎报告》，《北洋军阀》卷三，第 191 页。
[2] 冷汰：《丁巳复辟记》，《近代史资料》1958 年第 1 期，北京：科学出版社1958 年版，第 109 页。

时时往冯国璋处沟通信息。

假如不发生袁世凯的洪宪帝制，假如袁世凯的洪宪王朝正式开张并能持久下去，张勋和他的那些追随者应该没有机会。然而这一切假如都不存在，袁世凯的洪宪王朝未及开张而结束，袁世凯本人也在国人唾骂声中忧愤而逝。张勋和那些追随者终于等来了机会。

袁世凯洪宪帝制的失败是一个极大的教训，尽管共和可能不太合乎中国国情，尽管之前几年共和办得确实不怎么样，但是当共和已经成为相当一部分人的认识之后，废弃共和，重回帝制，大概只能是袁世凯这样的结局。一世英名，毁于一念之差。

共和正解

但在张勋和他的那些帝制拥戴者看来，袁世凯的失败并不表明帝制必然失败，更不表明共和已经深入人心。他们认为，袁世凯"洪宪王朝"从根本上就不对，"其有野心，欲自己称帝"，"终不可信赖"。[①] 真正的帝制复辟，必须由他们这些真正的君宪主义者才能完成。他们鼓吹、推动复辟帝制，不是为了自己称帝，而是鉴于共和带来的问题，重复清帝国晚期开启的君主立宪之路，是宣统复辟，而不是其他任何人对皇权的觊觎。

在辛亥后国内外许多人看来，共和尝试显然是不成功的，放弃共和，重回帝制，只是迟早的事情。但是，由谁来重回帝制，就很有讲究了。当南北和谈还在进行的时候，严复就一再告诫国人应该利用这次机会推动君主立宪的实施，而不是别出心裁跨越式地进入共和。极具思想深度的劳乃宣则认为，共和也不是不可以，但是共和应该用其本来的意义，而不是后来附加的意思，"吾愿今之言共和者恪守正解以维君统而奠民生，勿为谬解所误致蹈无君之愆而贻民

---

① 《宗方小太郎报告》，《北洋军阀》卷三，第191页。

生之戚"。①

劳乃宣指出，所谓"共和"是正宗的中国传统，周成王登基时，因年幼不能理政，遂由周、召二公辅佐王室，称"共和政治"。共和政治"其本意为君幼不能行政，公卿相与和而修政事，故曰共和，乃君主政体，非民主政体也。故宣王年长共和即罢，伊尹之于太甲，霍光之于汉昭，皆是此类，与今日东西各国君主立宪绝相似，而不学之流乃用之为民主之名词，谬矣"。

在劳乃宣看来，君宪为有君政治，民主立宪为无君政治。古之共和，明明有君，因而无论如何不能将共和解读为无君政治。现在南北都在说共和，但若以共和本意解之，则朝廷 1906 年宣布君宪，1908 年颁布《钦定宪法大纲》，尤其是宣统即位，摄政王监国，其体制架构正与周之共和若合符节。所谓"周召共和"，简直就是为当今政治情形所专设。

劳乃宣不反对共和，而是反对废除君主后的所谓共和。他认为，共和的本意在有君，只是君主年幼尚不能主政，因而需要公卿共和行政。如果废君主而共和，劳乃宣说，那就不是共和，而是民主。假如中国就此走上民主道路，劳乃宣预言，必定不会有什么好结果。因为就世界范围看，民主还是一个不成熟的体制，而且有着一些很不一样的条件制约，"抑民主之制何自始乎欧美？以工商立国，希腊、罗马早有市府之政，其人民即具有法律之知识，渐摩服习垂数千年，几于人人有自治之能力，民政久有基址"。这是西方可以实行共和的历史条件。

---

① 《共和正解》，《桐乡劳先生遗稿》卷一，民国十六年桐乡卢氏刊本。

反观中国，劳乃宣认为，中国不仅没有实行民主的条件，而且没有实行民主的必要。就条件而言，实行民主，需要"全国人民皆谙法律"。至于必要，劳乃宣认为西方国家实行民主，主要是因为那些国家的君主沿袭酋长时代劣习，暴虐成性，甚于桀纣，"激而生反抗力，相推相演，乃成今日民主之制"。这种情况在中国并不存在，"朝廷本无虐政，德泽犹在人心，虽近日当轴不得其人，致滋民怨。然怨者政府，非怨君上，与欧洲革命之怨毒生于其君者迥不相侔，尤不可同日而语"。这些分析逻辑自洽，但历史并没有沿着劳乃宣的期待往前走，清帝不得已退位，劳乃宣随之弃职而去，归隐田园。

归隐田园的劳乃宣卜居青岛，与周馥、吕海寰、赵尔巽等遗老聚居，与德人卫礼贤合办"尊孔文社"，致力于儒家伦理重建。青岛此时为德国租借地，享有特别权力，这是遗老聚居青岛的一个原因。

这批遗老静观北京时局演变，他们差不多都与袁世凯有或多或少的关系，因而对袁的动作格外关注，也给予适度回应。袁世凯就任正式大总统后，公布《中华民国约法》，重订《大总统选举法》，并逐步采取祭天祭孔、制礼作乐、恢复爵位等措施，以徐世昌为国务卿，并延聘劳乃宣等一大批遗老到参政院参政。

对于袁的这些举措，劳乃宣并不反感，以为拨乱反正，值得期待。但他个人并没有迅速返回北京，重进官场，而是奋笔疾书，作《续共和正解》，发挥先前"共和"理想，为袁世凯下"指导棋"。

《续共和正解》开篇，作者借客人口吻自吹："子作《共和正解》于辛亥之冬，其时革命之风方炽，而子谓特为少数无知妄人所煽动，不轨军队所劫持，昧者不察，遽谓民主之制可以实行。其实，民主之制断不能行于中国，使果行其说，若辈中骁桀之徒人人有大总统之想，必互不相下，彼此相争，诸方豪杰又必有仗义执言起而致讨者，乱民土寇因而乘之，宇内糜烂，将不可问。当其时，见子之说者不尽信也。今民主制实行三年矣，此三年中变乱百出，子之说若烛照而数计，是子洵有先见也。近者，总统之制定，党人之焰衰，大权集于一人，外虽有民主之名，而内实有君主之实。以项城雄才大略，运以精心，或者可作末流之挽乎？"①

对袁世凯改制，劳乃宣表示认同，但他认为远远不够，认为"项城今日所处，实天下至危之境也。乱党虽暂摧抑，而魁首无一歼除，处心积虑，伺隙而动，丁字街之变时时可虑。武人骄纵，不可羁勒，脱巾一呼，立肇奇祸。即使早夜周防，幸免衅陬，其情亦甚苦矣"。劳乃宣的方案是，总统制说到底还不是一个具有稳定预期的机制，总统任期总有期满时，不论十年、五年，退位后无异齐民，无以自卫，终难保证不发生其他意外。为了一个最长远的稳定预期，劳乃宣重解"共和"真意，认为袁世凯此时更应利用内外有利机会，重建一个稳定的"共和"机制，为十年后还政于清帝做准备："此时遽议归政，冲主不能亲裁。别求居摄，殊难其选，实仍无以逾于项城。故拟议预定十年还政之期，昭示天下，俾众释然，而仍以欧美总统之名行周召共和之事，福威玉食，一无所损，而名正言顺，俯仰无惭。"②

按劳乃宣设计，当时民国所遇到的困难既复杂又简单，"每闻都人传述多谓项城实有不忘故主之心，特势成骑虎，无计转圜，因思

① 《续共和正解》，《桐乡劳先生遗稿》卷一。
② 《致赵次珊书》，《桐乡劳先生遗稿》卷四。

若师古之共和，一转移间，即成两全之道"。① 这就是劳乃宣《续共和正解》的写作主旨。

劳乃宣对共和的解读，其实就是"帝制人为"，与袁世凯后来的"帝制自为"具有本质不同。"帝制自为"，是要更姓易代，建立一个新王朝；"帝制人为"，则要求袁世凯"因思古者周召共和，行之于先朝失国嗣主幼冲之际者十余年，仍卒归于嗣主，与今日情形颇为相近，若以仿行之，实属两全之道"。②

据劳乃宣《君主民主平议》解释，共和制度是一个不错的设计，但其与民主毫无关联，共和是特殊历史时期的特殊举措，而民主只是某些小国，或某些具有特殊历史背景国家的一种制度安排。不必说民主之制好与坏，但关键一条是这个制度断不能行于中国。

劳乃宣指出："无古今，无中外，莫不以家天下为立国之常道。若夫官天下则不易言矣。"家天下可以给权力传承一个稳定预期，而官天下数年一选举，除极个别国家，则往往沦为政治动荡，或黑金政治。民主政治有其适用范围，并非所有国家都具备实行民主的条件。劳乃宣与康有为等人一样，格外强调民主制除历史背景外，一个限制条件就是可在一个比较小的国家中实行。

所有讨论民主政治不能在大国推行的人，都无法回避美国的经验，美国既不是小国，也不是君主制。如何理解美国经验，劳乃宣、康有为那代人各有说辞。劳乃宣认为，美国经验不可复制，因为美国说到底是一个"移民国家"："惟北美联邦区域颇大，亦能行民主

---

① 《致徐菊人书》，《桐乡劳先生遗稿》卷四。
② 《致周玉山书》，《桐乡劳先生遗稿》卷四。

之制，则以美之人民，皆英之中流以上人物因教争而迁往者，人人具有法律知识，非他国智愚灵蠢杂然不一之民所能及也。"说到底，还是美国历史背景不一样，从英国迁徙过来的移民，具有极高的文明素养。

同样为美洲国家，南美情形就很不一样。南美诸国效法北美改行民主，则每次选举，总是伴随着一场战争，其结局反不如继续充当欧洲君主国属地。劳乃宣认为，南北美的差异，主要就是民众文明程度不一样。民众文明程度还没有达到时，强行推广民主，就是东施效颦。

从世界各国情形看，劳乃宣认定"家天下为常，官天下为变。外国之民主，犹中国之禅授。同一非常之举，非普通邦国所可常行。能为环球诸国通行之常道，惟君主之制而已"。

基于此，反观中国废君主行民主的三年，情况当然不容乐观，不要说上溯康雍乾嘉之盛，"试问国势之安危，民生之苦乐，比之光绪时何如，比之宣统时何如。虽乡曲愚民亦咨嗟太息而慨其不及也。是则民主之制不适用于中国，已实行试验，彰明较著，不容讳言矣"。这是劳乃宣《君主民主平议》主旨，论证民主之制不合乎中国，中国之安宁，必待重回帝制，将政权完整交还给清帝："大清列祖列宗深仁厚泽，沦浃海内，洪杨捻回之乱，扰攘十余年，蔓延十余省，而民心未尝稍去，故卒能勘定复就奿平。迨光宣之际，亲贵用事，金壬在朝，致滋民怨。然德宗恭默无为，冲主专心典学，未尝躬为得罪于民之事，故怨者政府，非怨君上。革命变起，民皆痛恨党人。民国政成，民转追思旧泽，与夏癸、商辛之世不同，与太康、厉王之时相近。此而为少康、宣王之中兴，实顺天应人之举，非于一姓有所私也。况当日原以为欲救中国，非政民主不可。是以大清让天下于国民，今实验之后，灼知民主之制不适用于中国，是以国民又让还大清。彼此皆出于大公。譬如一物本属此家所有，众意其适用于公众，劝其让出，公之众人。及众试之，并不适用，自应仍还此家。理所当然，无待再计。奉故物还故主，尤不得谓私于一姓也。"①

劳乃宣对晚清事实描述自成一家，也有逻辑。然而他的问题在于：第一，不合乎时代诉求。中国已踏上民主宪政之路，任何向回走的想法，都很难再有成功机会。此后，袁世凯、张勋相继进行的尝试，其诚心不必怀疑，但结局没有一个成功。时移势易，此之谓也。第二，劳乃宣奉清帝为至上，维持袁世凯的大总统地位，让袁以大总统实际统治为大清"看家"十年，待宣统成年亲政，袁世凯如周、召二公，也如日本幕府将军"奉还大政"。这个构思很有创意，但显然不是袁世凯的想法。劳乃宣重解共和，劝诱袁世凯"帝制人为"，其实只是读书人的一厢情愿。

袁世凯没有劳乃宣的境界，也没有充分理解劳乃宣、古德诺、有贺长雄，甚至杨度的君宪体制的真实含义，因而袁世凯1915年匆忙中选择帝制自为，等于选择了自杀，不仅自绝于共和，而且自绝于君宪，未及即位的洪宪大帝成了历史笑柄，袁世凯为此付出了信誉、生命，以及已经建构的历史勋业。

---

① 《君主民主平议》，《桐乡劳先生遗书》卷一。

想象的历史机遇

劳乃宣的方案是为袁世凯量身定制的。袁世凯如果仔细斟酌他的方案，不论在辛亥，还是后来，假如坚守"帝制他为"，而不是"帝制自为"，那么在中国人"意义世界"完全丧失，共和政治威权基本不在时，通过利用某个特殊的政治危机时刻，尽量争取多数人的同意，还政大清，相信结局或许依然不理想，但袁世凯的历史际遇、历史评价一定不一样。

然而，袁世凯没有接纳劳乃宣的"私人定制"，用"帝制自为"将自己送上了绝路。袁世凯的去世，并没有使中国政治困境得到纾解，后袁世凯时代的政治危机依然非常严重。正是在这种情况下，张勋等人继续推动君主立宪体制回归，他们不是没有看到袁世凯的失败，而是认为袁世凯败在"自为"，而他们从开始就没有丝毫"自为"的意思，因而袁世凯突然去世后，张勋和他的同党不仅不认为帝制是条不通的路，反而认为他们遇到了非常难得的历史机遇。

"张勋则不然，其恋恋故主，实出真诚。癸丑三月，曾与刘公幼云等密谋发难于济南。事泄而止。及二次革命起，赴约国璋按兵不动，以要袁氏复辟。国璋不允，又不果。袁氏既死，其志愈决，日与诸公密相计议。时黎元洪继袁位昵于民党；北洋诸将自二次革命时，与民党结怨甚深；以黎之昵近也，颇愤之。张性情赣直，无所瞻顾，诸将有所愤而欲发者，恒推张为首以争之；张亦乐以一身担之而不辞，遂隐然有为诸镇盟主之势"。①

张勋在袁世凯之后地位渐重，一方面因为他是那个时代军政要员中很少直接表达如此明白政治理念、文化理念的人，他的政治保守主义、文化保守主义，人们可以不同意，甚至坚决反对，但毕竟他直截了当地说出了自己心中的意思，有坦诚的一面；另一方面，张勋在袁世凯之后的中国政治格局中权重一时，主要是因为袁世凯之后再也没有绝对的威权人物，甚且在中央政府层面，诸强相争不相上下，于是京外最具实力的张勋在这样一个特殊情景下脱颖而出。

在中央政府层面，后袁世凯时代，没有一个人可以像袁世凯鼎盛时期那样一言九鼎，重大问题可以找到一个妥协的方案。此时的中央，总统黎元洪与国务总理段祺瑞两强的"府院之争"，外加国会，以及复杂的各政党，在对德绝交、参战等问题上各派政治势力互不相让，无法妥协。中国政治陷入一个死局中。

1917年4月6日，美国对德宣战，并希望中国能够与其一致行动。假如中国此时有足够力量，站在美国方面当然不成问题。无奈此时的中国困难重重，站在美国方面参与战争，必然立即产生财政上的问题。投入战争是要花钱的，并且需要钱以备万一真的投入战争——中国在对内对外方面都确实需要整顿好财政。袁世凯称帝，结果留下来一大笔债。此时的中华民国需要靠新的国家信贷系统和

①《近代史资料》1958年第1期，110页。

开发自然资源来加强地位。目前国家债额相对说来还是小的，对亿万公民的税收率也是低的。情况基本上是好的。自夏季以来，有人提出了这样一个问题："美国会不会由于给中国提供一亿美元的贷款，从而给中国带来一些企图统治中国和把中国分割成'势力范围'的债主呢？"[①]这确实是一个令人担心的问题。

国务总理段祺瑞力主追随美国，对德宣战；而大总统黎元洪则不以为然。段祺瑞为达到参战目的，电召各省督军前来北京开会，商定外交大计。4月25日，督军团会议开幕，山东督军张怀芝、湖北督军王占元、直隶督军曹锟、江西督军李纯、河南督军赵倜、山西督军阎锡山、福建督军李厚基、吉林督军孟恩远、安徽省长倪嗣冲、绥远都统蒋雁行、察哈尔都统田中玉、晋北镇守使孔庚，以及浙江、陕西、山西、新疆、湖南、四川、广东、广西、云南、贵州、黑龙江等省及热河，均派有代表"待抒怀抱"[②]。会议结果，一致赞同内阁方针，决计对德宣战。

在这个与会名单中，我们没有看到当时最有力量的军事强人张勋。张勋没有出席，实际上是另有安排，是有意不来。而他的地位、号召力，又是所有督军中最强的，具有领袖群伦的意思，其重要性日趋凸显。黎元洪、段祺瑞等争相拉拢，希望张勋站在自己一边，利用特殊地位影响各省督军。

然而，就在会前，阮忠枢密信张勋，介绍了黎、段两方的期

---

① ［美］保罗·S.芮恩施著，李抱宏、盛震溯译：《一个美国外交官使华记——1913—1919年美国驻华公使回忆录》，北京：商务印书馆1982年，第200页。
② 胡平生：《民国初期的复辟派》，台北：台湾学生书局1985年，第167页。

待，并建议张勋应守的立场："总统府秘书唐君郢郑（名浩镇，常州人），系黄陂之亲家，与张小松同乡至好。黄陂对于此次军事会议，深恐各省督军受芝泉之运动，赞成与德宣战，而亟盼我公来京，反对此举。因令郢郑往告小松，意欲使小松赴徐劝驾。小松则推荐道坚，电约道坚到京，由郢郑介绍私谒黄陂。但道坚、小松均不主张我公北来，因谓公之宗旨，本反对参加战团（加入协约一方面）。不如先去一电，请公电致中央，力持反对之议；如将来有必须面达之言，再由道坚前往等语。黄陂允之，嘱由道坚等拟电（道坚、小松并将贱名列入），送府拍发。"①这是黄陂黎元洪对张勋的期待，希望他站出来反对段祺瑞的参战主张；而这一点也是张勋已经表露的立场，但阮忠枢建议张勋不要来，不要为黎元洪加持。

至于段祺瑞，也对张勋抱有很大期望。仍据阮忠枢报告，参加此次会议的倪嗣冲告诉他，"此次会议，系由伊发起，先商诸东海、芝泉，均极端赞成；曾电约大树，大树不来，我辈亦不强其必至。缘彼既不来，正可推定武作一领袖，执坛坫之牛耳。而赣鄂两督军，究属北洋系中人，向虽屈服大树，此次与之离开，正可设法，俾与定武联成一气，是以切盼定武北来。并云兄（指枢言）此来极好，我正与香岩商量，拟请兄来津，如能赴徐一行最妙；如暂不赴徐，亦拟请兄去电劝驾。因此次会议，表面上虽为对外，实则对内有许多作用，有极大关系。弟问系何作用？丹忱谓对内视对外尤重，如内政不修，内患环伏，尚何必谈外交？姑先外交言之，我未到京之

---

① 《张勋藏札·阮忠枢函》（1917 年 4 月 19 日），《近代史资料》总三十五号，北京：中华书局 1965 年版，第 44 页。

前，本系反对加入，即各省督军，除非北洋系外，其余十七省，我敢断言，其与我同一意见。及到京后，察看政府情形，乃幡然变计，知乃经抗议绝交，则第三步文章，决无可以中止之理。其反对议论者，约计不外五种理由，我皆可以诸层将其驳倒（其所言甚长，似皆一偏之见，故不赘述）。定武如不北来，则我等近日研究所得者，不能详晰面陈，定武势必抱定最初主见，而于个中情势，莫由了然，故不得不盼其速来。然我辈所注重者，不仅在此，最要紧者，莫如对内。中国之势力仍在北洋系，华甫为北洋重要一分子，又居于副总统地位，而对于此次会议，国家存亡所关，竟推脱不来，是自己甘心放弃。且其近来名誉扫地，正可乘此机会，排而去之。至现在内阁，虽不必完全改组，但阁员中如某某部总长，声名狼藉，必须更换，另选贤能。现行内阁制，名为责任内阁，则一切用人行政，元首不得加以干涉。府院权限，必须厘定分明，即如命令盖印等事，均须详细规定。如黄陂不以为然，即可借此推倒黄陂。倒黎排冯，即可拥戴东海。此系千载难逢之机会，断断不可错过。如此做去，中国庶有转机，内政庶有希望，然后始有外交之可言。东海并非不肯出山，但决不肯做第二人。如东海得居首席，一二年后，将内政整理，国势略定，再由东海之手，归还旧主，其势尤顺而易。凡此种种问题，以现在地位、声望、魄力而论，均非待定武前来解决不可"。①

　　定武，即张勋；东海，指徐世昌；大树、华甫，即冯国璋；丹

①　《张勋藏札·阮忠枢函》（1917 年 4 月 19 日），《近代史资料》总三十五号，第 45 页。

忱，倪嗣冲；芝泉，段祺瑞。阮忠枢，袁世凯幕僚，且与袁世凯有着不同寻常的关系，对于北洋系，对于民初政治均有极大影响。他向张勋复述倪嗣冲这段话，即最后那几句——"如东海得居首席，一二年后，将内政整理，国势略定，再由东海之手，归还旧主，其势尤顺而易"——对张勋误导最甚，后来几个月的历史走势，都可以从这段话中找到痕迹。

这段话迎合了张勋这一批保守主义者的情绪，以"倒黎排冯"，推举徐世昌作为前置条件，渐次由徐世昌出面整理内务，然而找准时机将政权还给宣统，物归旧主。这是相当一批北洋旧人内心深处的一个愿望，毕竟他们当年是为大清效力，清帝退位也有他们的责任，而"民国不如大清"又让他们内心有点不安，尤其是袁世凯帝制自为失败后，如何将权力安全地转给宣统，"帝制他为"而不再是"帝制自为"，是这批保守主义者的基本共识。阮忠枢的复述让这个行动具有了可操作性，其幕后操盘手至少在这个时候就是段祺瑞，倪嗣冲只是将段祺瑞的意思说了出来。

张勋对黎元洪、段祺瑞两个阵营的示意、邀请，均没有给予积极回应，而是按照自己的节奏进行准备。他相信黎、段相斗，或许是一个非常重要的历史机遇，把握得好，中国政治从此踏上坦途，一举解决辛亥国体变更后遗症，重建中国人的意义世界，重建一个有效率的威权体制和秩序。

顺着阮忠枢的思路，张勋没有在黎、段之间选边站，而是继续驻守徐州，密派心腹机要赴南北各地，与主张还政于宣统的各派势力接洽。商衍瀛在天津与张镇芳、雷震春甚至商量了利用武力配合宣统复辟的行动计划，梁敦彦基于外交背景集中讨论了对外交涉，

"主张乘机即发，不必专以抗德为题，宜痛陈内政之不善，带说外交失败。我势若成，各国不必顾虑。若日本之野心，亦在因应得宜而已"。[1]

在张勋等人看来，中国当时最大的困扰在权力结构，因此要有一个根本性的解决，要有制度性变革。只有完成了这一步，剩余的问题比如府院之争，对德宣战等这些枝节问题必将迎刃而解。但在黎元洪、段祺瑞等人那里则不这样看。

4月25日的督军团会议，已经就中国参战问题达成一致。5月1日，国务会议通过对德宣战案。旋由段祺瑞率同阁成员面请黎元洪核准，黎元洪也明白答应只要国会通过，他就履行总统在命令上盖章的责任。此后几天，为了争取两院议员认同，段祺瑞以及各省督军都通过各自的关系与议员们沟通。

5月10日，众议院举行参战案审查会。就议员党派构成而言，即便当天的审查无法通过，但也不至于太尴尬。然而，段祺瑞的手下太想一举通过了，于是找了一些不三不四的人冒充"公民请愿团"包围议会，以民粹手法威胁议员必须在当天通过此案，否则就不让议员出去。

公民团事件让相当一部分议员非常恼火，他们分批谒见黎元洪，希望总统出面调解。农商总长谷钟秀、司法总长张耀曾、海军总长程璧光愤而辞职，外交总长伍廷芳微行出走。至此，段祺瑞内阁只剩下段祺瑞一人。

---

[1] 《张勋藏札·商衍瀛函》（1917年4月11日），《近代史资料》总三十五号，第37页。

11 日，段祺瑞在府学胡同私邸召集亲信共商对策。国务院秘书长张国淦建议段祺瑞辞职，另组多党派合作的"国防内阁"，专力应对参战问题。但徐树铮、靳云鹏、傅良佐，以及在京各督军等均以为不可。权衡利弊，段祺瑞放弃了辞职念头，继续努力，让督军团成员各显其能与议员联谊，并派员到上海等地疏通宣战案，争取议会早日批准。

各方疏通并没有从根本上解决问题。5 月 19 日，众议院复议宣战案，议员褚辅成动议，"谓阁员辞职者甚众，不如缓议，俟全体内阁改组，再行讨论"。^① 当时以二百二十九人对一百二十五人，未投票者五十四人之结果，获多数通过，即以此意咨复政府；盖至此已将参战案暂时搁置，而转为变相的不信任段祺瑞而欲其辞职。后经屡次疏通，均无效果。

众议院出乎意料的做法让段祺瑞、督军团恼怒不已。当天（19 日）下午，督军团在倪嗣冲私邸召集紧急会议，研究系的重要人物也出席了这次会议，并出谋划策。他们决定采取最后一个步骤，对国会再施以压力，迫使其通过参战案，否则督军便联名呈请总统解散国会。

就程序而言，众议院暂停讨论参战案，转而探究内阁信任，并不违规。但是这些督军毕竟缺少议会政治的训练，不明白议会政治的真实意义，甚至不清楚议会终究不敢否定参战案，议员们的刁难，其目标只是争取宣战之后的话语权。这些军人太霸道了，山东督军张怀芝是一个粗暴的大块头，他在省议会对着议员讲话时竟然这样说：

---

① 顾敦鍒：《中国议会史》（燕京大学政治学丛刊第二号），苏州：苏州木渎心正堂 1931 年版，第 255 页。

"你们像一群聚在大笼子的鸟。如果你们规规矩矩，并且唱一些悦耳的歌儿的话，那么我们就喂养你们；否则，你们就什么都没得吃。"①

军人公开干涉外交，并以此为借口破坏国会，终究不是一件体面的事。因此，在徐树铮的建议下，督军团只能撇开参战案，"借口国会宪法二读会中所通过的宪法草案条文，严重地违反宪政精神，呈请总统解散国会"。②督军们认为这个主意相当高明，决定采纳实行。同时，还补充了一个意见，就是总统如果拒绝解散国会，各督军便联名辞职，宣布不负地方治安的责任。大家也齐声叫好。

但是，又有人提醒他们，这样做也是不妥当的。因为宪法尚未完成，假如宪法不良而请解散国会，未免言之过早，不如改做两个步骤：先呈请总统咨文交国会改正宪法草案，如果国会拒绝改正，再呈请总统解散国会。此外，各督军相约不离京，可能产生另外一种后果，如果总统命令北京军警监视大家的行动，大家就会成为政治俘虏而无用武之地。联名辞职也有可能引起一种相反的后果，督军在自己的地盘内以辞职为要挟手段，是可以吓倒总统的。在北京辞职，如果总统一概批准，而以你们的部下来接任，就是自己解除自己的武装，成为手无寸铁的人。因此，不如在总统拒绝解散国会的时候，集体离开北京，回到防地进行反抗。

根据这个方案，督军团当天呈请黎元洪咨交国会改正宪法草案。文曰："日前宪法会议二读会，及审议会通过之宪法数条，内有'众

---

① ［美］保罗·S.芮恩施著，李抱宏、盛震溯译：《一个美国外交官使华记——1913—1919年美国驻华公使回忆录》，第202页。

② 徐道邻编述：《民国徐又铮先生树铮年谱》，台北：商务印书馆1981年版，第54页。

议院有不信任国务员之决议时，大总统可免国务员之职，或解散众议院。惟解散时，须得参议院之同意'；又'大总统任免国务总理，不必经国务员副署'；又'两院议决案，与法律有同等效力'等语，实属震悚异常。查责任内阁之制，内阁对于国会负责。若政策不得国会同意，或国会提案弹劾，则或令内阁去职，或解散国会，诉之国民。本为相对之权责，乃得持平之维系。今竟限于有不信任议决时，始可解散。夫政策不同意，尚有政策可凭；提案弹劾，尚须罪状可指。所谓不信任云者，本属空渺无当。在宪政各国，虽有其例。较无明文内阁相对之权，应为无限制之解散。今更限以参议院之同意。我国参众两院，性质本无区别，回护自在意中。欲以参议院之同意，解散众议院，宁有能行之一日？是既陷内阁于时时颠危之地，更侵国民裁制之权。宪政精神，澌灭已尽。"

关于责任内阁的权利，督军们也有自己的看法："且内阁对于国会负责，故所有国家，法令虽以大总统名义颁行，而无一不由阁员副署。所以举责任之实际者在此，所以坚阁员之保障者亦在此。任免总理，为国家何等大政？乃云不必经国务员副署。是任命总理时，虽先有两院之同意为限制，而罢免时，则毫无牵碍，一惟大总统个人意志，便可去总理如逐厮役。试问为总理者，何以尽其忠国之谋，为民宣力乎？且以两院郑重之同意，不惜牺牲于命令之下。将处法律于何等，又将自处于何等乎？"

对宪法草案更激烈的指责是，"至议决案与法律有同等效力一层，议会专制口吻，尤属显彰悖逆，肆无忌惮。夫议员议事之权，本法律所赋予。果令议决之案，与法律有同等效力，则议员之与法律，无不可起灭自由。与'朕开口即为法律'之口吻，更何以异？国家所有行政司法之权，将同归于消灭，而一切官吏之去留，又不容不仰议员之鼻息。如此而欲求国家治理，能乎不能"？

督军们认为，正在二读的宪法草案问题太大，"以常事与国会较，固国会重；以国会与国家较，则国家重。今日之国会，既不为国家计，是以自绝于人民代表资格，当然不能存在"。因此，为国家前途安危计，"惟有仰恳大总统权宜轻重，依然独断。如其不能改正，即将参众两院即日解散，另行组织，俾议宪之局，得以早日改图。庶几共和政体，永得保障"。^①

这个呈文推年龄最长的孟恩远领衔，督军、都统以及部分代表二十多人在上面签名。张勋不在北京，没有在这个呈文上签名，但他在第二天专电督军团，支持解散国会，声称"勋当力持正义，为诸公后盾"。倪嗣冲当天将呈文送交国务院，请其转呈大总统。徐树铮在呈文上加盖了一个将军府的大印，另外拟就一份解散国会的命令，一并送往公府。

黎元洪当天就看到了这个呈文。他认为，各省督军以个人资格，以国民一分子的资格，就宪法草案提出修改意见，原无不可，但是联名提出来，并且要求解散国会，这就不是在轨道以内而是在轨道以外的一种行动了。总统为国家的最高行政首长，没有干涉国会制宪和解散国会的权力。他愿意以个人资格邀请国会议员谈话，代表各督军表达对宪法草案的意见。但是对于各督军送来的这个呈文，黎元洪决定不予批答。

20 日，黎元洪邀请国会中各政团领袖——政学会的谷钟秀、研

① 顾敦鍒：《中国议会史》（燕京大学政治学丛刊第二号），第 261 页。

究会的汤化龙、益友社的吴景濂、政余俱乐部的王正廷到公府谈话。黎元洪介绍了督军团对宪法草案的意见，希望国会自动改正。各政团领袖表示对此并无成见，他们愿意将这些意见转达给本团体的议员进行考虑。由此可以感觉到，尽管议会、总统府、国务院之间有诸多不同意见，但是如果用心沟通，和平相处，对许多重大问题并非完全不能取得共识。

谈话将结束，或问黎元洪，如果督军团一定要解散国会，总统有什么办法对付。黎元洪说："我抱定了九个字的主意：不违法，不盖印，不怕死。"①也就是说，在任何条件下，既不解散国会，也不对德宣战。

正在这个关键时刻，北京英文《京报》揭露段祺瑞以允许日本训练中国军队和控制兵工厂为条件，向日本借款一亿日元②。这个条件是"二十一条"中曾经出现过的内容，因而引起舆论大哗。

段祺瑞率领各省督军所要做的事情，就是推动中国追随美国，对德国宣战，加入战团。在他们看来，宣战的障碍主要在议会，因而他们不遗余力试图推翻议会。但是他们根本不知道美国人尽管希望中国尽早对德宣战，但美国人在任何情况下都很难接受军人们发动反对国会的政变。在这个微妙时刻，美国驻华公使芮恩施曾与外交部次长陈篆进行了一次私人谈话，他对各省督军不在自己的省份处理紧要事务而聚集在北京干涉中央政府感到奇怪。芮恩施还让这位次长清楚地理解，"为了执行参战政策而发动任何推翻国会的运动，

---

① 徐道邻编述：《民国徐又铮先生树铮年谱》，第58页。
② 来新夏：《北洋军阀史》，天津：南开大学出版社2000年版，第453页。

决不会得到美国的同情"。① 芮恩施知道这位次长和督军们过从甚密，他一定会将美国公使的意见转达给督军团，也会报告给黎元洪、段祺瑞。

或许是美国的看法，或许是其他因素，总之，黎元洪对于督军团的态度没有趋软，反而日益强硬。21 日，他邀请督军团呈文领衔者孟恩远入府谈话。黎元洪诚恳表示，解散国会在约法上是没有根据的，当前的问题在内阁而不在国会，段祺瑞已经无法继续干下去了。因此，解决时局困扰的关键，唯有总理辞职，另外组织一个健全的内阁。黎元洪透露，他准备在徐世昌、王士珍、李经羲、赵尔巽四个人中选择一人继任国务总理。孟恩远表示愿将总统的意见转达各督军，即由公府退出，前往曹锟住所召开督军团紧急会议。会议散后，孟恩远又单独前往公府见黎元洪，介绍督军们的讨论结果，仍然建议维持段祺瑞内阁。

当天（21 日）晚上，督军团又在府学胡同段祺瑞住处举行会议。会议结束，大约 23 时，就有一批督军。或各省军事代表实践"打伙儿离开北京"的计划，乘坐特备的火车前往天津。据芮恩施说，他当天获知消息后，迅速驱车前往车站，"我们穿过前门，一路看到大街上有许多马车装载着军用品和家具急速地驰过。还有许多辆汽车也正在从这些马车旁急速地驰向车站。月台上一些军队在忙乱地把各式各样的军用品搬进车厢。我们的朋友督军们正聚集在一辆特等客车里"。

① ［美］保罗·S. 芮恩施著，李抱宏、盛震溯译：《一个美国外交官使华记——1913—1919 年美国驻华公使回忆录》，第 204 页。

第二天（22日）中午，黎元洪为美籍法律顾问威洛比博士饯行，芮恩施应邀作陪。芮恩施发现黎元洪的心情很愉快。督军们遭受挫折，使他心里非常高兴。"一切危险都过去了，"黎元洪宣告说，"我要免段将军的职，组织一个新内阁，并且让国会在不受强迫的情况下决定参战问题。"芮恩施想要知道黎元洪为什么那样信心十足，就问他将启用谁来代替段祺瑞和他的内阁，以及他是否相信不同哪个重要的党派联合，政府能维持下去。"哦，我想是能够的。"黎元洪向芮恩施保证，"一切都已安排好了。"芮恩施又进一步追问，问他准备依靠什么人，黎元洪的答复使芮恩施"感到说不出的惊讶"。黎元洪说："张勋将军会帮助我。"[1] 张勋渐次成为时局转变的关键人物。

但是，芮恩施对张勋并不看好。他认为，黎元洪依靠的不是张勋提出的主张，而是张勋与段祺瑞的不和。黎元洪虽然对于政府具有十分现代的概念，但对这件事他却继承着中国人的一种强烈的本能，就是企图使一些强有力的人之间互相对抗，而从中制胜。

在天津，据闻各督军往访徐世昌，争取支持，但徐世昌拒而不见，不愿现在沾惹黎、段之间的是非。各督军渐渐分成三派，一派有倪嗣冲、张怀芝等三四人，准备前往徐州，往商张勋，请张勋领衔电请解散国会，留总理换阁员，否则一律辞职，以为要挟。第二派有孟恩远、赵倜、田中玉等，返回任所，遥为声援。第三派就此脱离[2]。在徐州的张勋，此时也"有电报到津，拒绝督军等来徐，然

---

① ［美］保罗·S.芮恩施著，李抱宏、盛震溯译：《一个美国外交官使华记——1913—1919年美国驻华公使回忆录》，第206页。
② 胡平生：《民国初期的复辟派》，第168页。

彼等因计划既归失败，亦未便贸然回任，务欲力劝张少轩（张勋）引人彀中，共策后图，故赴徐州矣"。[1]

5月23日凌晨1时30分，李厚基、王占元、张怀芝、倪嗣冲自天津乘车南下，前往徐州，并邀请与张勋关系甚密、同样具有强烈复辟倾向的雷震春、张镇芳同行。雷、张二人婉辞，认为张勋"自有宗旨，非听人指使者"。众督军答曰："彼之宗旨固在复辟，余等助之复辟可也。"二人遂允偕行。于是众督军与张勋在复辟帝制上无须商量而达成了共识，这是"丁巳复辟"一个最值得注意的节点。

到达徐州之后，众督军欲张勋为之泄愤，然张勋却以淡漠待之。此时，黎元洪免段祺瑞国务总理的命令已经发布，而众督军在旅途中，并不知道。张勋"出京电相示，众愈哗。张遂语之，曰诸君既欲泄愤，则非兵力不可。然以何名义而兴师乎？既无名义，则只得听之耳。遂其人内。是夜，又得免倪嗣冲职，以安武军归张节制，及免朱家宝职之令。张命人以京电出示于众。众怒汹汹，请张出共议。久之，未至。众排闼径入，谓张曰：'公意必在复辟，余等誓从公后。'张曰：'既若此，大善。然此事非空言，且须坚定不渝。'众曰诺。乃皆定约署名而散。大旨分三步进行：一解散国会，二迫黎退位，三复辟"。[2]

众督军如此爽快，让张勋误以为帝制复辟大业确实遇到了千载难逢的历史机遇。

---

[1]　《倪王李由津赴徐　雷张亦同行》，《顺天时报》1917年5月24日。
[2]　冷汰：《丁巳复辟记》，《近代史资料》总十八号，第110页。

归复旧制

这一段历史描述极具画面感。张勋大帅绝对不像过去许多人所描述的那样迂腐不堪，脑后一个小辫子，摇头晃脑，而是一个足智多谋者，很会设局，又会把握节奏，抑扬顿挫，调动各督军情绪似如来佛。

当然，这段描述也不可尽信，不同或相互冲突的描述所在多有。一个略有差别的说法是："及到徐州，代表毕集，立开（第四次徐州）会议。张勋亲自出席，略说数语，意谓现在时局如此，势非复辟不可，大家如以为然，即请签名为证。倪嗣冲首起赞成，连曰是是，老大哥所见不错的。各代表亦同声应曰是。而张笑谓倪曰：'老三，你只会吃饭，如何会办事。'盖倪张系香火兄弟，倪第三也。彼时倪也微笑应之，曰：'是'，于是依次签名，倪为首，而奉天代表为殿，其间绝无表示反对者，更无发表赞成意见者。人谓彼时张勋之气势足以慑人，余知各代表亦未尝无深明大义者，不过当场出诸仓卒，只得屈从一时，殆一离徐，多数反对，而张勋固在梦中也。"[1]

---

① 翘生：《复辟纪实》，台北：文海出版社1984年版，第25页。

换言之，张勋是有备而来，欲借北京政治危机实现复辟目的，而众督军没有料到黎元洪此次出手如此迅猛，事出突然，事到临头，又碍于军界同行的面子，在张勋突然动议帝制复辟时，无法反对，也不便反对，但事后就很难说了。

5月24日午前，各督军纷纷启程离开徐州，返回各自任所。张勋致电大总统黎元洪，陈述徐州会议情形，重申各督军绝对反对罢免段祺瑞，声称"凡任免官吏，向由国务院发出，非经国务总理副署，不能发生效力"，并以"如无持平办法，必将激生他变"威胁黎元洪。黎元洪也迫于开弓没有回头箭，他既然已经发布罢免段祺瑞的命令，也只好一条道走到黑。

段祺瑞在黎元洪罢免令之后迅速通电全国，拒绝承认黎元洪的免职令，认为这份文件没有经过他这位国务总理副署，"将来地方及国家因此生何影响，祺瑞一概不能负责"。至于黎元洪先前信心满满，认为可以在徐世昌、王士珍、李经羲、赵尔巽四人中任选一位接任国务总理，结果，最优先的徐世昌死活不愿出来帮忙。至于王士珍，段祺瑞在21日往访，希望其代理国务总理，王推辞不就。25日，黎元洪亲访王士珍私宅，劝王出任国务总理，王依然婉言谢绝。28日，黎元洪特任李经羲为国务总理，动荡不安的政局有可能平息。

然而仅仅过了一夜，29日，安徽省省长倪嗣冲首先发难，通电宣告安徽独立，宣布"自今日始与中央脱离关系"："大总统继任以来，群小弄权，扰乱政局，国会议员乘机构煽，日事纷呶。派别竞争，权利攘夺，正人则多方阻抑，党人则尽力疏通，以致脏私之案层见叠出，几乎政府一空。所定宪法，又系议院专制。现象如此，其何能国？为大局计，为小民计，非筹解决之法不足以拯危亡。世有救国之英杰乎？嗣冲不敏，愿执鞭以随其后矣。自今日始，与中央脱离关系，合特奉闻。"① 倪嗣冲旋即下达动员令，并截留津浦路车辆，运兵北上。

倪嗣冲"与中央断绝关系，其影响及于各方面甚大"。同一天（29 日），河南督军赵倜、省长田文烈致电黎元洪，宣告河南独立。

翌日（30 日），浙江督军杨善德、省长齐耀珊在张勋"以期一致"电催下宣布浙江独立；奉天督军兼省长张作霖也在这一天通电声明"与中央脱离关系"。

第三天（31 日），黑龙江督军兼省长毕桂芳、帮办军务许兰洲致电黎元洪，要求收回免段职令，否则"江省亦惟有取各省自保治安之法，一致进行"；陕西督军陈树藩通电宣布陕西将与安徽、山东、河南"采取同一行动，与中央脱离关系"，理由是"国会专制"；山东督军兼署省长张怀芝致电黎元洪，要求解散国会，重组内阁，否则山东将"对中央脱离关系，与奉皖豫浙秦等省为一致行动"；驻岳军总司令吴光新通电称独立各省"已相继自由行动，与中央脱离关系"，宣布岳阳"自本日起，一律戒严，所有地方行政、财政、司法、交通各机关，应移居于司令官监督保护之下"。

时局至此，北京政府陷入瘫痪状态。各条铁路对一切为督军们办理运输的命令都绝对服从。督军们的计划是要使北京陷于孤立和窒息状态。他们控制了通向北京的铁路，而且禁止装载粮食。黎元洪的北京政府由于缺乏军事和财政方面的权威迅即陷于瘫痪。不得已，黎元洪于 6 月 1 日发布一道命令，召安徽督军张勋入京共商国是："本大总统德薄能鲜，诚信未孚，致为国家御侮之官，竟有藩镇

---

① 《蚌埠倪嗣冲艳日通电》（1917 年 5 月 29 日），《北洋军阀》卷三，第 115 页。

联兵之祸，事与心左，慨歉交深。安徽督军张勋功高望重，公诚爱国。盼即速来京共商国是，必能匡济时艰，挽回大局。"①

对于黎元洪的邀请，张勋期待已久，因而欣然从命。只是黎元洪所想与张勋所想，根本就不是一回事。6月6日，张勋致电独立各省，宣布7日将"挈队入京，共商国是"，切盼独立各省一致进行，"各省业经出发军队，均望暂屯原驻处所，勿再进扎"。对于各界关于其将进京复辟帝制的传闻，张勋在答大陆报记者时给予否认，并要求黎元洪三日内解散国会，否则他张勋绝不负调停责任。

7日，张勋率定武军十二营，号称六千人，或曰五千余人，实则四千多人，自徐州乘车北上，8日抵达天津。抵津后，得知日本人不予支持，张勋不得不停止前进，待机入京。对于复辟，张勋也开始有点彷徨犹豫，不知如何进行。

抵达天津当天（8日），张勋下车首先往访直隶省长朱家宝。之后前往李经羲私宅拜谒，稍事晤谈。接着拜访徐世昌，商量调停办法。这一天，张勋还与奉大总统黎元洪命专程前往天津迎接进京的总统府秘书长夏寿康会晤，张勋提出收拾时局，调解纷争的诸多条件：第一，解散国会；第二，行责任内阁；第三，解散省议会；第四，修正约法；第五，惩办群小；第六，赦免帝制关系人物；第七，改造宪法会议。

同一天（8日），张勋先遣卫队五百人进入北京，驻扎天坛，随后又遣一千五百人继至，驻扎于南城永定门外。"张勋的理论是，一个骑兵的本分就是使人畏惧。这些野蛮的骑兵，穿着宽大的黑色制

---

① 孙曜：《中华民国史料》，上海：文明书局1929年版，第347页。

服，辫子盘在脑后，以征服者的神气骑着马在北京城横冲直闯。这位'调解者'带来了足够的兵力以支持他的意见"。[①]

滞留天津的张勋不再急于进京调停，他以最后通牒方式致书黎元洪，要求黎元洪必须在三天内解散国会，"如不即发明令，即行通电卸责，各省军队自由行动，势难约束"[②]，由此发生的任何问题，他张勋不负责任。张勋限黎元洪四十八小时就此给予明确答复。

张勋武力进京调停政治纷争，是当时震惊中外的一件大事，引起了国内外各界广泛关注，支持者有之，日本驻华公使就认为"张勋将军的调解是和平的最后希望。最好取消国会，它是碍事的，它几乎使人不可能办事"。而美国政府对此明确反对，指示驻华公使芮恩施传达一个声明，恳切希望中国国内政界和谐一致，强调中国的参战问题与中国政界团结和把党派争端放在一边的问题相比，是一个次要问题。芮恩施口头上又连带提出了一个个人声明，说美国认为这是一场为了民主原则的战争，如对美国敦请中国参战有任何曲解，认为美国企图对中国的行动自由加以强制和限制，美国对此将感到遗憾。芮恩施明确表示，不论美国多么希望中国与其在战争中合作，都不愿利用政治纷争或无视国会而跟任何派系合作来达到这一目的。因而美国对张勋进京调停政治纷争，甚至企图解散国会的行动，一直抱有相当警惕[③]。

---

① ［美］保罗·S.芮恩施著，李抱宏、盛震溯译：《一个美国外交官使华记——1913—1919年美国驻华公使回忆录》，第209页。
② 《民国日报》1917年6月14日。
③ ［美］保罗·S.芮恩施著，李抱宏、盛震溯译：《一个美国外交官使华记——1913—1919年美国驻华公使回忆录》，第208页。

　　张勋的最后通牒让黎元洪后悔不迭，所谓引狼入室，不过如此。黎元洪走投无路，只得按照他请来的调解人的要求，签署了解散国会的命令，并派人送给代理国务总理伍廷芳副署。伍廷芳是民国共和体制最早的倡导者、构建者之一，因而他并没有顺从地接受黎元洪的指令。据无意中亲历其事的美国公使芮恩施目睹："几天后我同伍廷芳博士在一起的时候，有一张内阁秘书的名片送了进来。我晓得他是想诱导伍博士签署一项解散国会的命令。总统依赖张勋的援助。他无可奈何，必须接受他召来的人的指挥。我同坐在外面汽车里等我的朋友重新聚谈。他刚才无意中听到内阁秘书的司机和外交部的传达的谈话。司机曾说：'你们的老头子预备签字吗？你最好设法使他签署，否则或许会发生问题的。'这些部属们正在睁大眼睛注视着。……伍廷芳博士起来反对副署解散国会的命令。对于唯灵论、素食主义和长寿术等事情，我也许并不能总是十分认真地了解他，但是我钦佩他即使在黎总统屈服以后，仍有沉着的勇气，毫不妥协。"[1]

　　伍廷芳不愧为坚定的共和主义者。张勋气势汹汹威吓过伍廷芳："兵临近畿，且夕即可横决，设以一人之梗议，致大局之全隳，责有专归，悔将何及？"但伍廷芳不为所动，坚定地表示"约法无解散国会明文"，非得全国一致赞同，不能'遽然从事"。黎元洪以及冯国璋等见伍廷芳不肯向张勋妥协，转而敦促李经羲"即日进京就

---

① ［美］保罗·S.芮恩施著，李抱宏、盛震溯译：《一个美国外交官使华记——1913—1919年美国驻华公使回忆录》，第272页。

职"，副署解散国会的命令。而李也躲闪不前。①

在任何时代，均不乏逆行、逐臭者，"6月13日黎明以前，伍（廷芳）博士被人从床上叫醒，请他副署总统指派兴致勃勃的步军统领江朝宗将军代理国务总理并接受伍博士辞职的命令。拂晓前江朝宗将军就签署了解散国会的命令。总统同意发出这个命令，有人告诉他不这样做就不可能制止北京的动乱"。②

国会既经解散，张勋、李经羲第二天（14日）由津入京。15日，张勋赴总统府谒见黎元洪，商讨解决时局的办法。第二天（16日），张勋做出一个惊人举动，进宫叩见前清废帝溥仪，将帝制复辟的闲言碎语转化为实际的政治运作。这确实是一个作死的举动。

---

① 李新、李宗一主编：《中华民国史》第二编第二卷，北京：中华书局1987年版，第73页。

② ［美］保罗·S.芮恩施著，李抱宏、盛震溯译：《一个美国外交官使华记——1913—1919年美国驻华公使回忆录》，第272页。

历史如何能一马平川

据溥仪《我的前半生》的描述:"在这(张勋入宫)以前,我亲自召见请安的人还不多,而且只限于满族。我每天的活动,除了到毓庆宫念书,在养心殿看报,其余大部分时间还是游戏。我看见神武门那边翎顶袍褂多起来了,觉得高兴,听说勤王军发动了,尤其兴奋,而勤王军溃灭了,也感到泄气。但总的说来,我也很容易把这些事情忘掉。肃亲王逃亡旅顺,消息不明,未免替他担心,可是一看见骆驼打喷嚏很好玩,肃亲王的安危就扔到脑后去了。既然有王爷和师傅大臣们在,我又何必操那么多心呢?到了事情由师傅告诉我的时候,那准是一切都商议妥帖了。阴历四月二十七日(6月16日)这天的情形就是如此。这天新授的'太保'陈宝琛和刚到紫禁城不久的'毓庆宫行走'梁鼎芬,两位师傅一起走进了毓庆宫。不等落座,陈师傅先开了口:'今天皇上不用念书了。有个大臣来给皇上请安,一会奏事处太监会上来请示的。''谁呀?''前两江总督兼摄江苏巡抚张勋。''张勋?是那个不剪辫子的定武军张勋吗?''正是,正是。'梁鼎芬点头赞许,'皇上记性真好,正是那个张勋。'梁师傅向来不错过颂扬的机会,为了这个目的,他正在写我的起居注。"

溥仪接着回忆："按照清朝的规矩，皇帝召见大臣时，无关的人一律不得在旁。因此每次召见不常见的人之前，师傅总要先教导一番，告诉我要说些什么话。这次陈师傅用特别认真的神气告诉我，要夸赞张勋的忠心，叫我记住他现在是长江巡阅使，有六十营的军队在徐州、兖州一带，可以问问他徐、兖和军队的事，好叫他知道皇上对他很关心。末了，陈师傅再三叮嘱道：'张勋免不了要夸赞皇上，皇上切记，一定要谦逊答之，这就是示以圣德。''满招损，谦受益。'梁师傅连忙补充道，'越谦逊，越是圣明。'"①

16 日上午 7 点半，张勋找出压在箱底的那些前清时期的官服，头戴红顶花翎，身穿纱袍褂，坐汽车至神武门换乘特赏肩舆，赴宫请安，并带定武军统领四人，随同入谒。清废帝溥仪当即赏给张紫禁城骑马的资格，即时叫起，张勋与四统领入内。行礼毕，四统领退出，张勋则由世续、绍英、耆龄三人并禁卫军索团长，护卫营唐统领，导入养心殿谒见，面陈时局。四皇妃复亲临养心殿，垂询一切。

据溥仪回忆："我进养心殿不久，他（张勋）就来了。我坐在宝座上，他跪在我面前磕了头。'臣张勋跪请圣安……'我指指旁边一张椅子叫他坐下（这时宫里已不采用让大臣跪着说话的规矩了），他又磕了一个头谢恩，然后坐下来。我按照师傅的教导，问他徐、兖地方的军队情形，他说了些什么，我也没用心去听。我对这位'忠臣'的相貌多少有点失望。他穿着一身纱袍褂，黑红脸，眉毛很重，胖乎乎的。看他的短脖子，就觉得不理想，如果他没有胡子，倒像

---

① 爱新觉罗·溥仪：《我的前半生》，北京：群众出版社 1964 年版，第 67 页。

御膳房的一个太监。我注意到了他的辫子，的确有一根，是花白色的。后来他的话转到我身上，不出陈师傅所料，果然恭维起来了。他说皇上真是天生聪明。我说我差得很远．我年轻，知道的事挺少。他说本朝圣祖仁皇帝也是冲龄践祚，六岁登极呀。我连忙说，我怎么比得上祖宗，那是祖宗……这次召见并不比一般的长，他坐了五六分钟就走了。我觉得他说话粗鲁，大概不会比得上曾国藩，也就觉不到特别高兴。可是第二天，陈宝琛、梁鼎芬见了我，笑咪咪地说张勋夸我聪明谦逊，我又得意了。至于张勋为什么要来请安，师傅们为什么显得比陆荣廷来的那次更高兴，内务府准备的赏赐为什么比对陆更丰富，太妃们为什么还赏赐了酒宴等等这些问题，我连想也没有去想。"①

也有资料说当天的宴请主人就是宣统，前清摄政王载沣以及载涛、毓朗贝勒均在座，11 时半始撤宴。张勋献纳修理陵寝经费，为数甚巨。清室亦赏赐古瓷名画数件。张勋这一天一切礼节，悉依旧例，即持前两江总督职衔谒上，仍称奴才，仿佛重回大清帝国时代②。

另据"熟悉内幕"的冷汰记录，清废帝宣统与张勋的这次会面极端重要，实为张勋决定复辟的关键：先是张勋入都，即持前两江总督职衔入宫拜谒宣统。宣统召见，慰劳甚至，继问沿途灾象。毕，张勋遂奏曰："自改共和以来，政治芜秽，变乱数起，国势飘摇，民不聊生，求皇上悯生灵之愁苦，复亲大政．以救中国。"宣统还算有

① 爱新觉罗·溥仪：《我的前半生》，第 68 页。
② 胡平生：《民国初期的复辟派》，第 212 页。

点自知之明，答称自己年幼，难担此重任。张勋依然不依不饶，劝说宣统："昔圣祖仁皇帝冲年亲政，手夷大难，奠定寰宇。皇上天亶聪明，上符圣祖，必致中兴之业。"宣统闻言肃然起立，曰朕何敢比圣祖？张勋曰："皇上知其难则不难矣。天下虽难，其要只在中枢之得人，有好军机则有好督抚，有好督抚则有好州县，今旧日老成尚有在者，可资辅佐。"宣统问其人，张勋举张人骏、刘廷琛、袁大化等以对。宣统问刘廷琛何如，张勋说，此人极忠，但性情太急耳。宣统接言："忠爱之士，固多耿直者。"此后，两人还有不少对话，但宣统始终强调自己年龄尚小，不足以担此重任。临退，宣统问张勋曾见醇邸载沣否。张答尚未。宣统曰，既如此，那么我们两人的谈话也就不必告诉王爷了，王爷胆小，经不起惊吓。"张出语人，惊叹不置，谓皇上甫十二龄，而出语非成人所及，可见帝王自有真。其决即复辟之意，源于此矣"。[1] 这段对话较溥仪的回忆更多细节，更多实质性内容，但是也被一些研究者以为不可信，理由"时溥仪为十二岁的儿童"，如此理智、深刻的谈吐，"实难使人相信，但由此可以看出张勋等人的反动宣传伎俩"。[2]

溥仪的英姿、胆略、睿智让张勋佩服不已，坚定了他复辟帝制、彻底解决时局危机的勇气和信心。一个篱笆三个桩，一个好汉三个帮。张勋清楚，关涉国体变更如此大的事情，没有一批志同道合的文武百官肯定是玩不转的。张勋遂通过各种关系约请在上海等地主张复辟的同志尽快进京，共襄盛举；并委托陈曾寿亲至上海邀请并

① 冷汰：《丁巳复辟记》，《近代史资料》总十八号，第 113 页。
② 冷汰：《丁巳复辟记》"编者按"，《近代史资料》总十八号，第 109 页。

迎接最著名的几位帝制复辟分子沈曾植、王乃征、郑孝胥、李季高、沈爱苍北上。

6 月 25 日（五月初七日），陈曾寿抵津，正准备搭乘津浦线列车南下时，忽然收到北京来电，告诉他沈、王二公同康有为已经启行，请在津稍候。27 日（初九日），沈、王、康到津，遂一同入都。张勋派员接待，设行馆于法华寺中①，唯康有为居于张宅。"康有为自辛亥以后，当局屡招致不肯出，平居持论亦主复辟，诸君子以此多与往还。然虽主复辟，欲行虚君之志，宗旨固别有所在。张亦知之，故相待礼貌极优，而正事概不与商。虽居张宅，实同赘疣耳"。②

这个说法只是一面之词，另一个说法可能更合乎实际。被誉为中国"现代圣人"的康有为抵达北京之后，参与了张勋的复辟密谋，并且成为一个很重要的角色。"康有为是 1898 年反对专制体制的第一次改良运动的领导人，后来一直是坚决的君主立宪派信徒。他用哲学的理论鼓励张勋，并为他撰拟一切文稿。他们两人都相信，皇帝复辟一定会立刻使所有督军们都积极支持政府，因为督军们的真实情感是明显的拥护帝制的。他们的同意被认作当然之事，在拟就的文稿中也明白地假定已得到了他们的同意"。③ 这些当然都不是真实的，就像 1898 年那次政变一样，康有为的超级想象，成为下一步

---

① 一说居于贤良寺。《瘿庵诗集·沈培老挽诗》："是时初复辟，徽旬虑搆兵。萧寺谒吾师，苦口劝之行。"南海先生与公及王病山同寓贤良寺。详见徐全胜著《沈曾植年谱长编》，北京：中华书局 2007 年版，第 451 页。

② 冷汰：《丁巳复辟记》，《近代史资料》总十八号，第 113 页。

③ ［美］保罗·S. 芮恩施著，李抱宏、盛震溯译：《一个美国外交官使华记——1913—1919 年美国驻华公使回忆录》，第 211 页。

政治发展的起点。也正是从这个意义上说，康有为不仅断送了戊戌年间政治变革的前程，而且实际上将一个原本可以继续在紫禁城里长久传承的"小清帝国"永远送进了历史。

28 日（初十日），张勋请沈曾植、王乃征到张勋位于南河沿的私宅会议，雷震春、张镇芳已先在，雷、张二人专任联络北方军队之务，其余则预于密谋诸人。这一天的会议大体决定了行动方案，然后由各人分头进行准备。

30 日（十二日），张勋已让他的一些亲密顾问，特别是康有为，拟妥了必需的皇帝上谕。上谕中说，政府的首要官员如冯国璋、陆荣廷，以及其他同样显赫的人物，都奏请皇帝恢复帝制。中央政府和各省最高级官员的任命名单也已准备妥当。还有一份准备好的上谕说，民国大总统黎元洪本人曾奏请重建帝国，这道上谕封黎元洪为一等公。这是认为黎元洪的同意是当然之事的一个惊人事例。

等到各种上谕都准备就绪并可以提出时，30 日晚，张勋在江西会馆举行宴会，邀请北京军警机关的长官参加。在喝了很多酒以后，张勋宣布了他拯救中国的计划，他说各种筹备工作都已办妥，并已确实获得军事上和外交上的支持。于是他指着陆军总长兼参谋总长王士珍说："当然，你是支持这个行动的啰。"

王士珍闻言大为震惊，但他知道没有办法拒绝了，因为在他面前摆着的是一个既成事实。张勋也用同样的办法取得了步军统领江朝宗和警察总监吴炳湘两位将军的同意。①

---

① ［美］保罗·S.芮恩施著，李抱宏、盛震溯译：《一个美国外交官使华记——1913—1919 年美国驻华公使回忆录》，第 212 页。

　　另一个不同的版本是，30日晚，张勋赴同乡会之招，往会馆观剧，至12时始归。归后，张勋以电话约陆军总长王士珍、步军统领江朝宗、警察总监吴炳湘、第十二师师长陈光远等四人立即前往其南河沿私宅。四人至，散坐院中。张勋突然发话："余此次入都，实为复辟而来，今已定于明晨举行，诸公意如何？"王士珍、江朝宗犹豫未决，问各省及外交有接洽否，又以西南反对为虑。张勋以徐州会议之情形，陆荣廷、陈炳焜、谭浩明催办此事之电，及外交接洽之状告之。盖陆荣廷春间入都，曾以前广西提督职衔入宫请安，蒙宣统召见，极服皇上之英明。南返时经过徐州，曾与张勋谭宴甚欢，早有成约。两天前，陆荣廷曾同陈炳焜、谭浩明二督密电张勋催办。至于外交方面，据张勋经历，一年多来，时有日本人至徐州，述其总理寺内切望中国复辟之意。张勋入都后，暗约梁敦彦担任外交，梁诺之。微探各使馆意向，均无异词，唯美使稍有怀疑之态。张勋介绍完这些情形后，以一语断之曰："此事余志在必行，诸君赞同，则请立即传令开城，放余天坛兵队入内。否则请各归布置，决一死战。"①王、江等皆唯唯，遂下令打开城门，让驻扎在天坛等处的张勋定武军进城，遍布各处。

　　这件事就这样进行了。张勋指使王士珍和另外四个人立即到黎元洪总统寓所，去唤醒正在睡觉的黎元洪。这是黎元洪命中的不幸，人生中的两次重大事件都是在睡梦中被人惊醒。王士珍等人要黎元洪同意奏请恢复帝制的奏折。

　　与此同时，张勋带着其他人到皇城去。但是他的计划并没有得

---

① 冷汰：《丁巳复辟记》，《近代史资料》总十八号，第113页。

到皇室中王爷们的支持。张勋以重金贿赂了管理宫门的太监，太监替他和他的随从打开了宫门，并将他带到小皇帝的寝宫。

据溥仪回忆，7 月 1 日，一大早，还是在毓庆宫，陈宝琛、梁鼎芬和朱益藩三位师傅一起出现，面色都十分庄严，还是陈师傅先开的口："张勋一早来了……""他又请安来啦？""不是请安，是万事俱备，一切妥帖，来拥戴皇上复位听政，大清复辟啦！"陈宝琛说到这里，看到溥仪正在发怔，赶紧说："请皇上务要答应张勋。这是为民请命，天与人归……"溥仪被这个突如其来的喜事弄得昏昏然。他呆呆地望着陈宝琛，希望多说几句，让他明白应该怎样当这个"真皇帝"。"用不着和张勋多说话，答应他就是了。"陈宝琛胸有成竹地说，"不过不要立刻答应，先推辞，最后再说既然如此，就勉为其难吧。"如此安排之后，溥仪回到养心殿，召见了张勋[1]。

在养心殿，溥仪身着黄纱袍马褂，头戴困秋帽，上覆红绸，端坐在皇帝的宝座上。身穿蓝纱袍黄马褂的张勋率领众人伏地行三跪拜礼，阶下定武军高呼万岁三声。张勋奏请复辟，以为经国以纲纪为先，救时以根本为重。大清帝国开基忠厚，圣圣相承。立教则首尚人伦，敷政则勤求民隐，是以虽经内乱外患，卒赖二三大臣效忠疆场，用能削平祸乱，重振国威，盖列祖列宗仁泽入人既深，而王纲又以维系之也。辛亥后，隆裕皇太后"不忍以一姓之尊荣，罹万民于涂炭，勉循所请，诏设临时政府。原冀惠安黎庶，止息干戈，岂意根本动摇，竟以安民之心，助彼厉民之虐"。七年来，共和实践令人失望，"上下皆以党贿为争端，各便私图，以贪济暴，道德沦丧，

---

[1] 爱新觉罗·溥仪：《我的前半生》，第 68 页。

民怨沸腾。内外纷呶，迄无宁岁，苍黎凋瘵，逃死无门"。此实非隆裕皇太后"逊政"之初心，因而现在收回政权，重新开始，并没有什么问题。①民国不如大清，这是张勋建议宣统中止1912年与临时政府达成的逊位协议，收回政权。

据溥仪回忆，张勋这次当面说的不像奏折上写的那样斯文，大概意思差不多，就是"隆裕皇太后不忍为一姓的尊容，让百姓遭殃，才下诏办了共和。谁知办的民不聊生……共和不合咱的国情，只有皇上复位，万民才能得救"。听了张勋的啰唆、念叨，溥仪按照师傅的交代回答说："我年龄太小，无才无德，当不了如此大任。"张勋夸了一顿，又把康熙帝六岁做皇帝的故事念叨一遍。听着张勋叨叨着，十二岁的宣统竟然想出了这样一个问题："那个大总统怎么办？给他优待还是怎么着？"张勋答道："黎元洪奏请他自己退位，皇上准他的奏请就行了。"这显然是个假消息，但张勋的情报确实如此，这也是他后来不得不失败的原因。

黎元洪、徐世昌、冯国璋、瞿鸿机这些前清旧臣对民国现状确有不满之处，也确实发过民国不如大清的感慨，但这并不能与他们主张、同意帝制复辟画等号，更不能假借他们的名义伪造请求帝制复辟的奏折，否则只要一个人出来声明，整个事情肯定败露。②张勋、康有为，都是以自己的想象代替了事实。张勋既然如此表达，宣统按照师傅的交代，一句话结束了此次"召见"："既然如此，我就勉

---

① 《张勋奏请复辟折》，《北洋军阀》卷三，第213页。
② 《北洋军阀》卷三，第218页。

为其难（重当皇帝）吧。"① 丁巳复辟，宣统复辟，就这么简单。

召见结束后，陆续有人来给溥仪磕头、请安、谢恩，稍后奏事处太监拿来一堆提前准备好的上谕用印，一口气发布了九道谕旨。最关键的复辟谕旨说："朕不幸，以四龄继承大业，茕茕在疚，未堪多难。辛亥变起，我孝定景皇后至德深仁，不忍生民涂炭，毅然以祖宗创垂之业，亿万生灵之命，付托前阁臣袁世凯，设临时政府，推让政权，公诸天下，冀以息争弭乱，民得安居。乃国体自改共和以来，纷争无已，迭起干戈，抢劫暴敛，贿赂公行。岁入增值四万万，而仍患不足；外债增出十余万万，而有加无已。海内嚣然，丧其乐生之气，使我孝定景皇后不得已逊政恤民之举，转以重苦吾民，此诚我孝定景皇后初衷所不及料，在天之灵，恻痛而难安。而朕身居宫禁，日夜祷天，彷徨饮泣，不知所出者也。今者复以党争激成兵祸，天下汹汹久莫能定。共和解体，补救已穷。据张勋、冯国璋、陆荣廷等，以国体动摇，人心思旧，合辞奏请复辟，以拯生灵；又据瞿鸿禨等为国势阽危，人心涣散，合词奏请御极听政，以顺天人；又据黎元洪奏请奉还大政，以惠中国而拯生民各等语。览奏情词恳切，实深痛惧，既不敢以天下存亡之大责，轻任于冲人微眇之躬，又不忍以一姓祸福之嚣言，遂置亿兆生灵于不顾。权衡轻重，天下交迫，不得已允如所奏，于宣统九年五月十三日临朝听政，收回大权，与民更始。"② 仅从这些文字看，仅从宣统方面看，既然民国不如大清，既然有那么多老臣一再吁请，那么勉为其难，收回大权，与

---

① 爱新觉罗·溥仪：《我的前半生》，第 68 页。
② 《宣统复辟谕》，《北洋军阀》卷三，第 216 页。

民更始，拯救民众于水火之中，自然有其正当性。可惜的是，这里所说的许多前提条件，诸如冯国璋、陆荣廷、瞿鸿禨、黎元洪等呼吁，并不真实，甚至相反。

还应该指出，丁巳复辟并不是要恢复到君主专制的体制，而是要恢复经过改革的君主立宪体制，甚至是虚君体制。这个体制在清末改革十多年一直求而不得，现在却被作为一个重要的方案提出来备选。宣统复辟谕规定了新体制必须遵守的九个原则：

1. 钦遵德宗景皇帝谕旨，大权统于朝廷，庶政公诸舆论，定为大清帝国，善法列国君主立宪政体。

2. 皇室经费，仍照所定每年四百万元数目，按年拨用，不得丝毫增加。

3. 懔遵本朝祖制，亲贵不得干预政事。

4. 实行融化满汉畛域，所有以前满蒙官缺，已经裁撤者，概不复设。至通婚易俗等事，并着所司条议具奏。

5. 自宣统九年五月本日以前，凡与东西洋各国正式签订条约及已付债款合同，一律继续有效。

6. 民国所行印花税一项，应即废止，以纾民困。其余苛细杂损，并着各省督抚查明，奏请分别裁撤。

7. 民国刑律不适国情，应即废除，暂以宣统初年颁定现行型〔刑〕律为准。

8. 禁除党派恶习，其从前政治罪犯，概予赦免，倘有自弃于民而扰乱治安者，朕不敢赦。

9. 凡我臣民，无论已否剪发，应遵照宣统三年九月谕旨，悉听其便。①

这九条宣布，大致属于清末十年政治变革中一致呼吁强烈而始终无法落实的内容，由此可以看出，统治者在自己掌握着绝对权力时不愿意改革，一旦失去了权力，想改革而不得，因而对于先前的改革呼吁愿意给予最大限度的回应。

复辟第一天，张勋让溥仪一口气下了九道谕旨，认为黎元洪"奏请奉还国政"，因而封黎为一等公，以彰殊典。特设内阁议政大臣，其余官制参照宣统初年，现任文武大小官员均著照常供职；授张勋、王士珍、陈宝琛、梁敦彦、刘廷琛、袁大化、张镇芳七人为议政大臣；授张勋的参谋长万绳栻、冯国璋的幕僚胡嗣瑗为内阁阁丞；授梁敦彦、雷震春、朱家宝、张镇芳、王士珍等为外务、陆军、民政、度支、参谋等部尚书；授徐世昌、康有为为弼德院正副院长；授张勋为直隶总督兼北洋大臣、冯国璋为两江总督兼南洋大臣、陆荣廷为两广总督。随后，又授瞿鸿禨、升允为大学士，并授沈曾植、萨镇冰、劳乃宣、李盛铎、詹天佑、贡桑诺尔布为学部、海军、司法、邮传、理藩部尚书。一个与民国毫无关联的帝制政府就这样搭建起来了。只是这个政府实际上只存在了一天，而且只是理论上存在，并没有投入实际的运转。

据亲历其事的美国公使芮恩施记录："正如人们可以想象到的，这时发生了一些可笑的事情。一个颇著声望的人被国务总理请去和总统讨论关于就任内阁某部总长的职务。我的一个中国朋友听到复辟的消息后，还在早晨10时左右在旅馆里遇见他。问他来北京有何

———————————

① 《北洋军阀》卷三，第217页。

任务，这位著名人物表示信任地说，他只等马车接他到总统府去。"没有总统了，'人家告诉他说，'现在是一个帝国了，皇帝已经在今晨4时登位了。'这位大人物听到这消息，其惊愕之状，令人发笑。"像军事首领头天晚上被欺骗一样，北京也被欺骗了一天。"当复辟的消息传开时，群情激动，一片欢腾。到处飘扬着黄龙旗子，全城很快地呈现着节日的景象。对过去的光辉的记忆的复活，似乎使北京居民全都成为帝制派。但是，这一运动到7月2日早晨已经达到了它的顶点"。①

顶点就是衰败的开始。7月1日，梁启超闻讯后立即发一通电，表示反对，以为倡帝政者，首先借口于共和政治成绩之不良。确实，近年政治之不良，不必讳言，然共和政治实践不良造因多端，根本在人而不在法，苟非各界各派之人，咸有觉悟，洗心革面，那么即便频繁更换国体，也无助于政治之改良。梁启超强调："若曰建帝号则政自肃，则清季政象何若？我国民应云健忘，今日蔽罪共和，过去罪将焉蔽？"梁启超以为，"帝政论者"动以现今之党派轧轹为口实，夫党争之剧，我们亦曷尝不疾首痛心，然各位弃共和主帝政者务必清楚，现在"既以宪政号国中，则党别实无可逃避，容之则渐纳于轨，蠱之则反扬其波，今之定策，刜立者岂能举全国青年才智之士而尽坑之，坑之不尽，党固在也，坑而尽，又焉知来者之不如今也"。梁启超列举中国历史上正反方面的教训，重点强调大家一定要有耐心，相信历史，相信大势，相信中国毕竟进入共和的时间太

---

① ［美］保罗·S.芮恩施著，李抱宏、盛震溯译：《一个美国外交官使华记——1913—1919年美国驻华公使回忆录》，第213页。

短，专制时间太长，因而共和运行中出现一些问题，第一不要回避，第二不要灰心。中国的出路不在于复辟，而在于完善，今次复辟，就外交论，就财政论，就军事论，均无正当性、合法性，也没有存在的理由。梁启超大胆预测，"虽举国之士，噤若寒蝉，南北群帅袖手壁上，而彼之稔恶自毙吾敢决其不逾两月"。[①] 这就是政治远见，乃师康有为与其相比，差距实在太明显了。

梁启超不仅发布通电，号召志士起而反对，捍卫共和，而且与研究系同仁汤化龙，以及徐树铮，迅速拥戴段祺瑞复出，再造共和。

张勋、康有为，以及清室遗老对外部的真实情形太缺乏了解了，他们说黎元洪如何如何，完全不是那么回事。黎元洪不仅没有所谓"奏请奉还国政"的声明，相反却借机逃到日本使馆避难，并迅即发布通电："此次政变，动摇国体，不能行使职权，请冯副总统依法代行大总统职务，并任段祺瑞仍国务总理，此后一切救国大计，由副总统、总理协力进行。"[②] 这也为段祺瑞重新出山提供了一个法律上的依据。

7月2日晚，段祺瑞、梁启超、汤化龙等一行驰抵马厂，往见陆军第八师师长李长泰。李长泰出身于北洋武备学堂，与段祺瑞为同班同学，因而对段祺瑞毫无保留地给予支持。3日上午8时，李长泰召集军事会议，议决公推段祺瑞为讨逆军总司令。同日夜，段祺瑞即以讨逆军总司令名义发布檄文，痛斥张勋，指为逆贼，"颠覆

---

① 《梁任公反对复辟之通电》，丁文江、赵丰田编：《梁启超年谱长编》，第826页。

② 吴廷燮：《段祺瑞年谱》，北京：中华书局2007年版，第42页。

国命，震扰京师，天宇晦霾，神人同愤"。通电追述事件始末，宣布"本军伐罪吊民，除逆贼张勋外，一无所司；凡我旧侣，勿用以胁从自疑。其有志且同仇，宜诣本总司令部商受方略，事定后，酬庸之典，国有成规。若其有意附逆，敢抗义旗，常刑所悬，亦难曲庇。至于清室逊让之德，久而弥新，今兹构衅，祸由张逆，冲帝既未与闻，师保尤明大义。所有皇室优待条件，仍当永渤成宪，世世不渝，以著我国民念旧酬功全始全终之美。祺瑞一俟大难戡定之后，即当迅解兵柄，复归田里，敬候政府重事建设，迅集立法机关，刷新政治现象，则多难兴邦，国家其永利赖之"。[①]

继段祺瑞之后，冯国璋、陆荣廷、徐世昌等相继通电，反对复辟。4 日，段祺瑞马厂誓师，并与冯国璋联电历数张勋八罪，即以讨逆军总司令名义任命段芝贵为东路司令，曹锟为西路司令，倪嗣冲为皖鲁豫联军司令，并以梁启超、汤化龙、李长泰、徐树铮为参赞，靳云鹏为总参议，傅良佐、曲同丰为军事参议，张志潭为秘书长，曾毓隽、刘崇杰、叶恭绰、丁士源分任军需、交涉、交通、军法处长。段祺瑞宣布就任国务总理，用武力讨伐张勋已经成为一个不必怀疑的政治选择。

5 日，曹锟率讨逆军西路军攻占卢沟桥，东路冯玉祥第十六混成旅、李长泰第八师攻占黄村。6 日，冯国璋在南京就代理大总统职，段祺瑞设国务院办公处于天津。张勋面对前所未有的压力，通电申述徐世昌、冯国璋先前均曾赞同复辟，徐州会议各省督军亦曾就此做出决定。尽管张勋将帝制复辟的责任分解给各位，但毕竟将

---

① 吴廷燮：《段祺瑞年谱》，第 47 页。

一个概念转化为政治实践的，还是张勋本人。

外部压力实在太大，尤其是各国外交官也并不是张勋、康有为原先所认识的那样，赞成帝制复辟。军事的压力，外交压力，终于使张勋帝制派内部发生急剧分化，清室中的一部分人将责任全部推给张勋，康有为逃到美国使馆避难，公使团劝告清室解除张勋所部武装，而张勋的部下也渐渐不再赞成复辟主张。7月11日，段祺瑞通告公使团，宣布将于第二天进攻北京，炮击天坛及皇城附近张勋部。

7月12日黎明，进攻北京的战斗打响了。大约11时，战斗进入高潮，皇城被飞机扔下的炸弹击中。中午之前不久，张勋由一个在中国警察方面工作的德国职员送到荷兰公使馆。张勋是被他的部下将领用近乎使用武力的方法劝服的。张勋还抱着可以调解的幻想，但荷兰公使告诉他，那是不可能的。张勋又想回到他的部队去。当然这也是不能被允许的，丁巳复辟至此以失败告终。

"张勋（帝制复辟）冒险计划的迅速失败并不是由于中国北方没有帝制的情绪这一固有的弱点。事实上，北方军界倾向帝制是众所周知的。人们认为帝制运动是会发动起来的，如果能够慎重地计划和筹备的话，或许可以容易获得成功，至少会在一个时期内获得成功。这次失败是由于张勋指望北方军人对帝制的倾向，却忽视了实现的磋商，因为这种磋商会使潜在的支持转化为实在的力量。如果这是正确的话，那么张勋的失败无疑使中国的帝制事业受到一次极大的挫折。在两次复辟的企图失败后，野心家们在从事这种冒险以前将要再三考虑了。这就是说，复辟的种种努力实际上有助于进一步维护共和政体"。[①]

中国因张勋主导的丁巳复辟付出了巨大代价，但其最大的收获是将帝制彻底送进了历史。中国没有像法国大革命之后那样没完没了地复辟、反复辟，共和、反共和，在经历了一百六十多年，直至20世纪50年代晚期法国第五共和建立，方才彻底打消了帝制复辟的可能。中国如果从1912年初清帝退位算起，至1917年丁巳复辟，前后不过六年，经历不过两次，此后的中国，帝制再也没有存在的空间，再跋扈的统治者，最想集权、专制的统治者，无论怎样变换名词花样，也没有人再胆敢尝试帝制，尽管内心深处有着浓厚的帝王情结。这就是历史进步，这就是世界潮流。

共和体制肯定不是人类最优体制，这个本制顾及了公平、权利、正义，但也确实有碍于效率。如何将这些需求汇为一炉，对于政治学家来说，还是一个未解难题。究竟是牺牲正义、公平、权利而追求效率，还是在尊重正义、权利、公平的前提下提升效率，这都是值得政治学家继续探究的问题，但作为政治家，一定要切记历史潮流犹如长江、黄河，无论如何曲折，一定要流向大海。

自从大航海时代开始，全球化就是一个不可遏止的趋势，与全球化相配套的制度设施，不论从亨廷顿"第三波民主化浪潮"的观点看，还是从托夫勒"第三次浪潮"的观点看，民主化，让人民拥有更多的权利，都是毋庸怀疑的事情。政治家能够改变历史的方向，但这种改变一定是顺着历史大势，而不是逆行。

---

① ［美］保罗·S.芮恩施著，李抱宏、盛震溯译：《一个美国外交官使华记——1913—1919年美国驻华公使回忆录》，第220页。

此后的中国再也没有出现大规模、带有全局性的帝制重建运动，但是中国人内心深处的帝制思想，特别是底层社会对皇恩浩荡的想象与期待，其实在很大程度上也为政治野心家提供了施展的空间。更重要的是，整体上，中国人自袁世凯、张勋两次帝制复辟，特别是俄国十月革命中获得新的启示，即讲究效率的威权主义并不一定需要建立一家一姓的帝制，国家的组织方式、制度安排还可以有很多可供选择的方案。中国渐渐走出"家天下"的政治迷思。